D1755510

Abhandlungen zur Philosophie, Psychologie und
Pädagogik, Band 147

Heidegger und Parmenides

Ein Beitrag zu Heideggers Parmenidesauslegung
und zur Vorsokratiker-Forschung

von Jochen Schlüter

1979

BOUVIER VERLAG HERBERT GRUNDMANN · BONN

Die vorliegende Arbeit ist eine stark gestraffte Bearbeitung der im Frühjahr 1977 von der Philosophisch-historischen Fakultät der Universität Heidelberg angenommenen Dissertation mit dem Titel:
Heidegger und Parmenides:
1. Teil: Parmenides. Philosophische Aussagen und Motive
2. Teil: Der erste Anfang des Denkens. Ein Beitrag zu Heideggers Auslegung der „Vorsokratiker" unter besonderer Berücksichtigung des Parmenides

CIP-Kurztitelaufnahme der Deutschen Bibliothek
Schlüter, Jochen:
Heidegger und Parmenides: e. Beitr. zu Heideggers Parmenideauslegung u. zur Vorsokratiker-Forschung/ Jochen Schlüter.
(Abhandlungen zur Philosophie, Psychologie und Pädagogik; Bd. 147)

ISBN 3-416-01519-3

ISSN 0065-0366
Alle Rechte vorbehalten. Ohne ausdrückliche Genehmigung des Verlages ist es nicht gestattet, das Werk oder Teile daraus zu vervielfältigen. © Bouvier Verlag Herbert Grundmann, Bonn 1979. — D 16 — Printed in Germany. Druck und Einband: Druckerei C. Plump KG, Rheinbreitbach

INHALT

Vorbemerkung zur Themastellung ... 1

ERSTES KAPITEL: Heideggers Weg zu "Sein und Zeit" ... 3
§ 1 Heideggers Position in SuZ und Husserls transzendentale Phänomenologie ... 4
§ 2 Heideggers Verhältnis zu Husserl in DS ... 8
§ 3 Diltheys Frage nach der kategorialen Verfassung des Subjekts als geschichtlichem Leben; das Verhältnis des frühen Heidegger zu Dilthey ... 14
§ 4 Heideggers Thematisierung des Vollzugssinnes des "Lebens" im Anschluß an Simmel ... 19
§ 5 Die ursprüngliche Selbst-erfahrung des Lebens nach Heideggers "Anmerkungen zu Karl Jaspers' 'Psychologie der Weltanschauungen'" von 1919/21 ... 22
§ 6 Heideggers Interpretation der paulinischen 'Lebens-erfahrung'; der Übergang zur Frage nach dem Sinn von Sein überhaupt ... 26
§ 7 Die Phänomenologie und Aristoteles; die Destruktion der heutigen Auslegung der griechischen Philosophie ... 30

ZWEITES KAPITEL: Zu Heideggers Auslegung des Parmenides nach "Sein und Zeit" ... 40
§ 8 Parmenides und die Seinsfrage nach SuZ ... 41
§ 9 Der 'Ursprung' der griechischen Seinsfrage in der Entschlossenheit ... 44
§ 10 Das Wahrheitsverständnis des Parmenides nach SuZ ... 47

DRITTES KAPITEL: Heideggers Auslegung des Parmenides in "Einführung in die Metaphysik" ... 66
§ 11 Die Frage nach dem Sinn von Sein als Wiederholung der Seinsfrage der Griechen (des Parmenides) ... 66
§ 12 Heideggers Auslegung von Entschlossenheit und Verfallen in EM und ihr Verhältnis zu der in seiner Früh- und Spätphase ... 73

§ 13 Heideggers Interpretation von Parmenides
B 2 in EM   78

§ 14 Heideggers Interpretation von Parmenides
B 6,4-9 nach EM   87

§ 15 Heideggers Interpretation von Parmenides
B 1,28-30 nach EM; Hinweise auf seine Aus-
legung der Doxa   104

§ 16 Heideggers Interpretation von Parmenides
B 3 nach EM   108

§ 17 Heideggers Interpretation von Parmenides
B 8,34 nach EM   117

§ 18 Heideggers Interpretation von Parmenides
B 6,1-3 nach EM   118

§ 19 Heideggers Interpretation von Parmenides
B 8,35 f und B 7,3-6 nach EM   126

§ 20 Zu Heideggers Destruktion der modernen Auslegung des Parmenides (nach EM)   138

VIERTES KAPITEL: Die Auslegung des Parmenides
                  durch den späten Heidegger   140

§ 21 Heideggers "Kehre" und seine Auslegung des
Parmenides   140

   A. Die für SuZ geplante Kehre von "Sein und
Zeit" zu "Zeit und Sein" und die Kehre
vom frühen zum späten Heidegger   140

   B. Der Wandel der Auslegung des Nichts in
Heideggers "Kehre"   143

   C. Von der Selbstbehauptung in der Ohnmacht
zum dienenden Vollbringen der Wahrheit
des Seins   144

   D. Von der phänomenologisch-transzendentalen
zur seinsgeschichtlichen Interpretation
der Tradition   146

§ 22 Die Frage "Was heißt Denken?" und Heideggers
Interpretation des Parmenides in WD   149

§ 23 Heideggers Interpretation des ἐόν ἔμμεναι
in Parmenides B 6,1 in WD   150

§ 24 λέγειν und νοεῖν in Parmenides B 6,1 nach WD 154

§ 25 Heideggers Interpretation des χρή in Parmenides B 6,1 in WD   160

§ 26 Rückblick von Heideggers Interpretation des χρή-Satzes in Parmenides B 6,1 in WD auf EM ... 163

§ 27 Heideggers Interpretation von Parmenides B 6,2b nach WD ... 165

§ 28 Heideggers Interpretation des Dreiwegs (Parm. B 2; B 6,4-9) nach WD ... 167

§ 29 Heideggers Interpretation von Parmenides B 7,1-5 in WD ... 169

§ 30 Heideggers Interpretation von Parmenides B 3 und B 8,34f in WD ... 172

§ 31 Heideggers Interpretation von Parmenides B 8,34-36a in VA III ("Moira") ... 175

§ 32 Heideggers Interpretation von Parmenides B 3 in VA III ("Moira") ... 176

§ 33 Heideggers Interpretation von Parmenides B 8,36b-38a in VA III ("Moira") ... 178

§ 34 Heideggers Interpretation von Parmenides B 8,38b und des Zusammenhangs der beiden Teile des parmenideischen Gedichts nach VA III ("Moira") ... 182

§ 35 Das αὐτό in Parmenides B 3 nach ID ... 185

§ 36 Heideggers Interpretation des ἔστι γὰρ εἶναι (Parmenides B 6,1) ... 189

§ 37 Heideggers Interpretation des Parmenides in EPh ... 197

FÜNFTES KAPITEL: Parmenides - eine philologische Analyse seiner Wichtigsten Fragmente ... 204

§ 38 Das parmenideische ἔστιν als Kriterium der Untersuchung des Seienden (Parmenides B 2 und B 8,15-21) ... 204

§ 39 Der strenge Sinn des Seins des Seienden (Parmenides B 6,1 f) ... 214

§ 40 Der dritte Weg nach Parmenides B 6,4-9 ... 218

§ 41 Zum Gedankengang von Parmenides B 7,1 ff ... 223

§ 42 Zur Bedeutung von ἀλήθεια bei Parmenides ... 225

§ 43 Zur Bedeutung von Πειθώ, ἐτήτυμος und ἀληθής ... 228

§ 44 Das 'Wesen' der σήματα (Parmenides B 8,1-3)   232
§ 45 Textkritische Überlegungen zu Parmenides B 8,4   235
§ 46 Zur Stellung von Parmenides B 8,5-6a   237
§ 47 Zur Struktur des Beweisganges Parmenides B 8,6b-21   237
§ 48 Die Ewigkeit des parmenideischen Seienden   244
§ 49 Ἀκίνητον (Parmenides B 8,26)   248
§ 50 Δίκη, Ἀνάγκη und πίστις   249
§ 51 Zur Bedeutung von οὕνεκεν in Parmenides B 8,32   253
§ 52 Die Kugelförmigkeit des Seienden Parmenides B 8,42-49   254
§ 53 Übersetzungsmöglichkeiten von Parmenides B 8,34   259
§ 54 Zur Problematik von Parmenides B 8,35b   266
§ 55 Interpretationsmöglichkeiten von Parmenides B 3   268
§ 56 Erkennen, Sein und Seiendes nach Parmenides B 3 und B 8,34 ff   272
§ 57 Licht und Nacht als komplementär-gegensätzliche Benennungen der Menschen   274
§ 58 Die kontinuierliche 'Seiendheit' der Doxa-Welt (Parmenides B 9,4)   280
§ 59 Die Doxa als geoffenbartes Wissen   283
§ 60 Die Theologie innerhalb der Doxa und ihre Funktion   287
§ 61 Die Erklärung der Wahrnehmungen der Sterblichen nach Parmenides B 16   295

SECHSTES KAPITEL: Kritische Bemerkungen zu Heideggers Auslegung des Parmenides   305

§ 62 Allgemeine Vorbemerkung   305
§ 63 Zu Heideggers Interpretation von Parmenides B 2 (in EM)   310
§ 64 Zur Problematik der Interpretation des parmenideischen ἐόν   314

§ 65 Zu Heideggers Interpretation der Doxa   317

§ 66 Zum Problem der verstehenden 'Einsicht'
     des Parmenides in das Verfallensein der
     Sterblichen und in die Ent-schlossenheit
     der Denker   321

§ 67 Zum Problem der Offenbarung bei Parmenides   327

§ 68 Zu Heideggers Interpretation von Parmeni-
     des B 3 und B 8,34   328

ANMERKUNGEN zu Kapitel I   334
     "   "   " II   338
     "   "   " III   341
     "   "   " IV   348
     "   "   " V   357
     "   "   " VI   382

ABKÜRZUNGEN und LITERATUR   385
WERKE HEIDEGGERS   385
LITERATUR zu den Kapiteln I-IV und VI   387
LITERATUR zu Kapitel V   390

Vorbemerkung

Die vorliegende Arbeit möchte ein Beitrag zu H.s Auslegung des Parmenides sein. Zwar hat bekanntlich H. seine Parmenidesinterpretationen in engsten Zusammenhang mit seinen Auslegungen der anderen 'Vorsokratiker' und der 'Seinsgeschichte' als ganzer gerückt; doch sollen gleichwohl im Folgenden aus Raumgründen die anderen 'Vorsokratiker' und die Verknüpfung mit der 'Seinsgeschichte' weitgehend ausgeklammert werden. Eine weitere Beschränkung der Arbeit liegt auch darin, daß sie das Verhältnis von erstem und anderem Anfang, Andenken und Vordenken nur nebenbei berührt. Ebenso verhält es sich mit dem Einfluß von H.s Platon- und Aristotelesstudium auf seine Parmenidesauslegungen. Hauptaufgabe der Arbeit soll es vielmehr sein, H.s U m g a n g   m i t   d e n   p a r m e n i d e i s c h e n   Fragmenten qua T e x t e n zu erhellen. Dies soll auf dreifache Weise geschehen:

(1) H.s Auslegungen des Parmenides sind, soweit veröffentlicht, oft durch erhebliche Knappheit und immer durch Unvollständigkeit gekennzeichnet. Daraus erwächst die Aufgabe, das von H. Gesagte so durchsichtig zu machen, daß seine Auslegung der Fragmente soweit wie möglich in ihren Einzelheiten sichtbar wird und auch Licht auf die Interpretation der nichtausgelegten Fragmente fällt.

(2) Hierauf aufbauend sollen H.s philologische Voraussetzungen, 'Vorurteile' und Fehlentscheidungen, soweit sie für seine Parmenidesauslegung von Bedeutung sind, sowie die inneren Bezüge und Gefüge derselben kritisch erhellt werden. Um die hierzu nötige Distanz und Einsicht zu gewinnen, soll den kritischen Bemerkungen eine philologische Analyse der parmenideischen Fragmente vorangestellt werden.

(3) In H.s Interpretation des Parmenides (wie auch der anderen 'Vorsokratiker') lassen sich immer wieder Modifikationen nachweisen. Eine Untersuchung, die in die Hintergründe von H.s Umgang mit den parmenideischen Texten einzudringen sucht, wird naheliegenderweise nach den Gründen jener Modifikationen fragen. Dabei ergeben sich von der Sache her drei Fragerichtungen:

(a) Eine gleichbleibende Prämisse von H.s Auslegung der 'Vorsokratiker' ist es, daß diese (nach SuZ neben Aristoteles) innerhalb der Tradition am ursprünglichsten, wenn auch in Grenzen und Modifikationen seine, H.s, Einsichten vorweggenommen haben. Wenn sich nun H. selbst die 'Wahrheit' wie z.B. in der "Kehre" anders zeigt, so steht zu erwarten, daß sich auch seine 'Vorsokratiker'-interpretationen aufgrund der genannten Prämisse wandeln. Somit ist bei den Modifikationen von H.s Parmenidesinterpretationen jeweils zu fragen, ob sie auf einen 'Standortwechsel' H.s zurückgehen.
(b) Zugleich ist zu fragen, ob jene Modifikationen bedingt sind durch Einsichten H.s in die sprachliche oder gegebenenfalls in die logische Struktur des Textes.
(c) Ferner ist zu fragen, inwiefern andere Gründe, wie z.B. veränderte Auslegungen der von H. so genannten Grundworte des 'vorsokratischen' Denkens (λόγος, φύσις usw.) die genannten Modifikationen bedingen und ob sich nicht dieser Grund mit den oben genannten Gründen verschränkt haben könnte.

Bei der Ausarbeitung der vorliegenden Arbeit hatte ich Einsicht in eine ziemlich zuverlässige Nachschrift von H.s Vorlesung über Anaximander und Parmenides vom Sommersemester 1932. Da sie in aller Ausführlichkeit darlegt, was H. in den bis jetzt veröffentlichten Werken oft nur andeutet oder garnicht behandelt, erlaubte sie mir, mich in H.s Auslegungsstil bezüglich Parmenides einzuarbeiten und auf dieser Grundlage den Gehalt und die Eigenart der veröffentlichten Texte in einer auf deren Basis allein kaum möglichen Weise herauszuschälen. Da nun einerseits H.s Urheberrecht an jener Vorlesung respektiert werden mußte, andererseits aber seine Parmenidesvorlesungen veröffentlicht werden sollen, wird hier zwar von Bezugnahmen auf die oben genannte Vorlesung abgesehen, zugleich aber versucht, die Analyse so anzulegen, daß ein Vergleich mit den zu erwartenden Veröffentlichungen im Hinblick auf die oben genannten drei Fragerichtungen möglich ist.

ERSTES KAPITEL:

HEIDEGGERS WEG ZU "SEIN UND ZEIT"

Die Darstellung von H.s Parmenidesauslegung soll mit der Nachzeichnung einiger Grundgedanken der in SuZ sichtbar werdenden Parmenidesinterpretation einsetzen. H. legt nun Parmenides in SuZ als einen Philosophen aus, der die in diesem Werk vorgelegte Philosophie in bestimmten Grenzen und Modifikationen vorweggenommen hat. Andererseits ist SuZ "kein geschichtsenthobenes Buch einer ... den zeitgenössischen Fragen im Grunde fremden Systematik, sondern eine Aufgabe, die ... auf dem ... Boden dieses Jahrhunderts entstanden ist"[1]. Deshalb können sowohl SuZ als auch Art und Bedeutung von H.s Auslegung des Parmenides in diesem Werk nur ganz verstanden werden, wenn man das Verhältnis, d.h. die positiven und negativen Bezüge von SuZ zu den philosophischen Strömungen des ersten Viertels unseres Jahrhunderts mit in den Blick nimmt. Darum soll, bevor auf das eigentliche Thema eingegangen wird, versucht werden, die genannten Bezüge in den Blick zu bekommen und zwar in der Weise, daß die philosophische Entwicklung des jungen H., und d.h. eben auch seine Auseinandersetzung mit den für ihn bedeutsamen philosophischen Richtungen seiner Zeit nachgezeichnet werden. Da nun auch schon für H.s frühes Denken eine Auseinandersetzung mit der Tradition charakteristisch ist, muß auch diese in den Blick gebracht werden. Beabsichtigt ist jedoch keine historische Darstellung und auch keine Diskussion aller philosophischen und theologischen Ansätze, die H. in SuZ verarbeitet hat; im Rahmen der vorliegenden Arbeit können vielmehr nur einige Linien der Problematik nachgezeichnet werden, die H. zur Daseinsanalyse, Seinsfrage und schließlich zur philosophischen Interpretation des Parmenides geführt hat.

§ 1 HEIDEGGERS POSITION IN SuZ UND HUSSERLS TRANSZENDENTALE PHÄNOMENOLOGIE

H. hat, wie sein selbstbiographischer Rückblick "Mein Weg in die Phänomenologie"[2] und seine frühen Schriften zeigen, früh erkannt, daß Husserls Phänomenologie philosophische Pionierarbeit darstellt. H. hat nun aber bekanntlich in SuZ den Sinn von Phänomenologie in Abweichung von Husserls Ansatz bestimmt, und dies mit dem Anspruch, damit die Phänomenologie erst ganz zu ihrem Wesen gebracht und also erst das eigentlich erfüllt zu haben, was Husserl im Grunde anstrebte. In den nun folgenden §§ 2 bis 7 sollen einige der entscheidenden Motive und Probleme herausgearbeitet werden, die H. zur Umgestaltung der Husserlschen Phänomenologie geführt haben. Um dafür die Leitfragen zu gewinnen, seien die Positionen H.s und Husserls in den wichtigsten Punkten voneinander abgehoben.[3]

Husserl hatte sich zur Aufgabe gemacht, das Sein der Welt und ihrer Regionen im Rückgang auf ihre Konstitution (Gegebenheitsweise) im Bewußtsein und auf die korrelative Intentionalität aufzuklären. Aufklärung des Seins der Welt und ihrer Regionen war für ihn nur möglich auf dem Wege einer Aufklärung der apriorischen Formen der Intentionalität und ihrer konstitutiven Leistungen. Hierin kommt für Husserl das Wesen des Bewußtseins in den Blick: Es erweist sich als das absolute Sein, das in den Möglichkeiten seiner Leistungen die apriorischen Formen aller erdenklichen Welten und alles erdenklichen Seins in sich trägt. Nach H.s Auffassung ist damit jedoch das Sein des Bewußtseins nicht wirklich zum Problem gemacht. In seiner Kritik an Husserl stimmt er diesem zunächst darin zu, daß das die 'Welt' konstituierende Seiende kein welt-zugehöriges Seiendes sein kann, doch - so fährt er fort - sei damit nicht gesagt, es "sei überhaupt nichts Seiendes - sondern es entspringt gerade das P r o b l e m , welches ist die Seinsart des Seienden, in dem sich 'Welt' konstituiert? ... Das Konstituierende ist nicht Nichts, also etwas und seiend ..."[4]. H.s Einwand gegen Husserl besteht also darin, daß dieser nicht genügend beachtet hat, daß auch das absolute Subjekt Seiendes ist und darum in seinem Sein eigens bestimmt werden muß. Soll nun auf

dem Boden von Husserls Konstitutionsanalyse das Sein
des absoluten Subjekts zur Aufklärung kommen, so
könnte, da alles Sein im Rückgang auf die konstitutiven Leistungen des absoluten Ego aufzuklären ist, die
Aufklärung jenes Seins nur durch eine Analyse der
Struktur der Selbstkonstitution des absoluten Ego geleistet werden. Doch damit wäre für H. die Frage nach
dem Sein des absoluten Ego umgangen. Dieses ist ja
doch insofern seiend, als es sich selbst und 'Welt'
konstituiert, d.h. in synthetischen Akten aufbaut.
Also läge im Konstituieren sein Sein. Doch welchen
Seinssinn das Konstituieren, der Vollzug der synthetischen Akte als Vollzug hat, wird von Husserl nicht
gefragt (SuZ 48), während für H. das Sein des Bewußtseins gerade im faktischen Vollziehen sich zeigt.
H. kann also Husserl vorwerfen, er habe nach dem Sein
des weltkonstituierenden Subjekts nicht gefragt, weil
er nach diesem Sein anders fragt als Husserl: H. fragt
nach der Seinsweise des faktischen Subjekts als faktisch sich selbst und 'Welt' 'konstituierendes' Seiendes, d.h. nach dem Seinssinn des Vollzugs dieses
Konstituierens, während Husserl nach den Wesensformen
des Konstituierens (der Selbstkonstitution) und seiner
(ihrer) Leistungen fragt. Während darum der Seinssinn
des absoluten Ego - es hat kein 'weltzugehöriges',
'reales' Sein und ist gleichwohl Seiendes - bei Husserl ungeklärt bleiben kann, kommt bei H. alles darauf an, den Seinsunterschied des faktischen 'Subjekts'
und des innerweltlichen Seienden herauszuarbeiten.

Aufklärung der Selbstkonstitution des (absoluten wie
realen) Subjekts erfolgt nach Husserl durch Selbstreflexion in der Epoché, in der der sich aller Reali-
tätssetzung enthaltende Zuschauer des eigenen Subjekt-
lebens (im Umweg über eine Intentionalitätsanalyse des
in ihm Konstituierten) zum Nachvollzug der eigenen Konstitution gelangt. Der solchermaßen phänomenologisch
Eingestellte hat hierbei (wie beim Nachvollzug der Konstitution des sonstigen Seienden) die Struktur der
Selbstgegebenheit und d.h. die Weise der Evidenz der
Selbstgegebenheit für das Sehen bzw. die Struktur des
Aufbaus des Seienden (als eines selbstgegebenen) im
Bewußtsein im Blick. Diese Weise der Aufklärung von
Sein und diese Begrifflichkeit wurden von Husserl zu-
erst für die Aufklärung der logischen Gebilde und Ge-
setze in Abhebung vom sinnlichen Seienden entwickelt

und schließlich auch auf die Bestimmung des Seins des absoluten Subjekts übertragen. Das macht deutlich, daß Husserl zwar versucht, das Sein des Subjekts vom Sein des von ihm konstituierten Seienden zu unterscheiden, daß aber der Seinshorizont, der Zugangsweg und die Begrifflichkeit für beides Sein identisch bleibt. So gerät das absolute, weltkonstituierende Subjekt bei aller Unterscheidung vom 'weltzugehörigen' Seienden dann doch ontologisch mit diesem auf dieselbe Ebene. Das Subjekt wird so, weil ontologisch von den logischen Gebilden und realen Gegenständen aus begriffen, zu einem Vorhandenen, wie H. sagen würde, es ist seinsmäßig von jenem Seienden nur durch den Modus seiner Vorhandenheit unterschieden. Sein Sein wird also als solches in seiner Eigentümlichkeit für Husserl doch nicht zum Problem, obwohl er dies im Grunde anstrebt, sondern es ist vorurteilsmäßig-dogmatisch, also unphänomenologisch, von vornherein auf Vorhandenheit entworfen (und darum von Husserl nur auf die Wesensformen seiner Leistungen hin befragt). Wenn sich nun aber zeigt, daß dieses Vorurteil unhaltbar ist und das Subjekt ontologisch in keiner Weise als Vorhandenes verstanden werden darf - und H. zeigt sich das in der Tat -, so genügt es nicht mehr, einfach nur das Subjekt in der Epoché zur Selbstgegebenheit in der Anschauung zu bringen und auf seine Konstitutionsweise bzw. Evidenzart hin zu befragen. Vielmehr ist die Herausarbeitung der eigentümlichen Seinsart des 'Subjekts' nur unter Berücksichtigung aller möglichen ontologischen 'Vor-urteile' im Sinne der möglichen Verstehensweisen von Sein möglich, weil nur so vermieden werden kann, daß das Sein des 'Subjekts' dogmatisch-vorurteilsmäßig festgesetzt wird und weil nur so, im Gegenzug zu den dogmatischen Vorurteilen, die angemessene Seinsauslegung jenes Seienden erarbeitet, also das Sein desselben angemessen, mithin im eigentlichen phänomenologischen Sinne erfaßt, begriffen werden kann. Geht man wie H. davon aus, daß das 'Subjekt' kein Vorhandenes ist, so ist also Phänomenologie nur noch möglich, wenn mit der Ausarbeitung der Seinsart des 'Subjekts' eine Problematisierung des Seinsbegriffs und eine Erweiterung seines möglichen Sinnes über die reine Vorhandenheit hinaus zusammengeht. Mit der Erweiterung des möglichen Sinnes von Sein stellt sich aber die Frage nach dem alle Modi des Sinnes von Sein umgreifenden Sinn von Sein überhaupt. Erst wenn dieser geklärt ist, können die einzelnen Modi des Seins (bzw. des Seinsverständnisses), mithin auch die Seinsart des 'Subjekts' (Daseins) voll begriffen werden.5) Phänomenologie tritt also in engsten Zusammenhang mit der Aufklärung des Sinnes von Sein und ist im vollen Sinne nur möglich, wenn diese geleistet ist (SuZ 35).

Damit ist deutlich geworden, warum bei H. die Epoché keinen methodischen Ort mehr hat. Es genügt ja nun nicht mehr, das Wesen des Subjekts einfach auf der Grundlage seiner Selbstgegebenheit in der universalen Anschauung zu bestimmen. Vielmehr müssen das Seinsverständnis (der Sinn von Sein) und seine möglichen Modi methodisch in die Ausarbeitung der Seinsart des 'Subjekts' miteinbezogen werden. Die Epoché hatte bei Husserl als Enthaltung von aller Setzung von Realität den Sinn, der universalen Selbstreflexion die transzendentale, alle Realität konstituierende Dimension des absoluten Subjekts zu eröffnen. H. braucht nun auf diese Methode der Eröffnung des transzendentalen Bereichs nicht mehr zurückzugreifen, weil er in der Ausarbeitung der eigentümlichen Seinsart des 'Subjekts' eine andere, angemessenere Methode gewonnen hat, um zu zeigen, daß das 'Subjekt' (Dasein) als nicht-vorhandenes, existierendes Seiendes nicht zur 'Welt' gehört, sie vielmehr konstituiert. Weil die eigentümliche Seinsart des faktischen Daseins erlaubt, die Konstitution von 'Welt' zu verstehen, ist Husserls Unterscheidung des 'weltzugehörigen', realen Subjekts vom transzendentalen für H. hinfällig geworden. "Die transzendentale Konstitution ist eine zentrale Möglichkeit der Existenz des faktischen Selbst. Dieses, der k o n k r e t e /Sperrung von mir/ Mensch ist als solcher - als Seiendes nie eine 'weltlich reale Tatsache', weil der Mensch nie nur vorhanden ist, sondern existiert. Und das 'Wundersame' liegt darin, daß die Existenzverfassung des Daseins die transzendentale Konstitution alles Positiven ermöglicht." (Husserl (1) 601 f). Das konkrete faktische 'Subjekt'6) und das transzendentale, 'Welt' konstituierende können nun nicht nur, sondern müssen zusammenfallen, weil die Unterscheidung beider bei Husserl der Fassung des Subjekts als Vorhandenes statt als Existenz bzw. In-der-Welt-sein entspringt: Ist das Subjekt mit den Gegenständen auf eine Ebene gestellt, insofern als es wie diese ontologisch als vorhanden verstanden wird, dann kann es von ihnen als sie konstituierendes ontologisch nur dadurch unterschieden werden, daß es als ein Vorhandenes von nichtweltzugehöriger, absoluter Art ausgelegt wird.

§ 2 HEIDEGGERS VERHÄLTNIS ZU HUSSERL in DS

In § 1 ergab sich, daß die Entdeckung der eigentümlichen, von allem Vorhandenen verschiedenen Seinsart des 'Subjekts' für H. einen Neuentwurf von Sinn und Methode der Phänomenologie notwendig machte. Im Folgenden soll zunächst gezeigt werden, wie H. zu dieser Entdeckung gelangte. Die Untersuchung wird mit einem Blick auf DS einsetzen, um zu klären, inwiefern sich die genannte Entdeckung beim ganz frühen H. vorbereitet. Ein Blick auf DS legt sich auch deshalb nahe, weil dieses Werk nur etwa fünf bis sechs Jahre vor Beginn der ersten Untersuchungen zu SuZ entstand.

Wie andere ganz frühe Schriften H.s[7], so zeigt auch DS, daß er sich von vornherein in die Dimension hineinstellte, die Husserl durch die Thematisierung der Korrelation von Bewußtseins- und Gegebenheitsweisen der Gegenstände eröffnet hatte.[8] Es fällt nun aber auf, daß H. in DS, obwohl er die "Ideen" Husserls mehrfach zitiert[9], bei aller Nähe zu diesem die in jenem Werk von Husserl neu eingeführte Methode der Epoché nicht ausdrücklich anwendet, ja nicht einmal erwähnt. Das läßt sich nur so erklären, daß sich H. philosophischen Positionen verpflichtet wußte, die im Widerspruch stehen mit der der Epoché entsprechenden Auffassung des Subjekts als einem alles reale Sein setzenden absoluten Ego. Mit der Epoché entfällt in DS auch Husserls Unterscheidung zwischen dem absoluten und realen Subjekt. Das transzendentale Subjekt ist als faktisches Seiendes verstanden. Damit ist der Weg frei für eine Philosophie der "Faktizität".

Es sind, so weit ich sehe, drei Positionen, die in DS die Epoché und das ihr entsprechende absolute Subjekt ausschließen: 1. Das transzendentale Subjekt ist als Subjekt in der Transzendenz verankert. Es ist nichts Absolutes, sondern wird in seinen Leistungen nur unter Berücksichtigung seines Bezugs zum absoluten Geist Gottes verständlich. 2. In der Erkenntnis tritt das Subjekt in Beziehung mit einem nicht auf eine Setzung des Subjekts reduzierbaren Material. Dieses wird zum Gegenstand, indem es im Erkenntnisvorgang eine ihm entsprechende Form erhält (Material-Form-Duplizität). 3. Das Subjekt von DS ist (wenigstens tendenziell) wesenhaft geschichtlich und nicht nur geschichtlich-faktische Subjekte konstituierend wie das absolute Ego Husserls.

1. H. ist in seinen frühen Arbeiten sichtlich bemüht, die aristotelisch-scholastische Tradition, die ihm insbesondere durch sein Studium der katholischen Theologie vertraut geworden war, mit den Mitteln der modernen Philosophie, insbesondere des Neukantianismus und der Phänomenologie, zu interpretieren, um so ihre Relevanz für die Gegenwart aufzuzeigen.[10] Diese Relevanz erweist sich für H. insbesondere darin, daß sich durch die ursprüngliche Aneignung und Ausgestaltung der Tradition wichtige Probleme der modernen Logik und Erkenntnistheorie lösen lassen. Andererseits hält H. die Philosophie der Moderne für der Tradition im Begrifflichen und Methodischen überlegen, so etwa was den Zugang zum Leben des Subjekts angeht (vgl. oben A. 10) oder wie sie die Kopula zu interpretieren versteht: "Und zwar bedeutet das 'ist' als Kopula nicht etwa ' e x i s t i e r e n ', wirklich sein ... G e m e i n t i s t v i e l m e h r d i e W i r k l i c h k e i t s - w e i s e ('esse verum'), f ü r d e r e n B e - z e i c h n u n g u n s h e u t e d e r g l ü c k l i c h e A u s d r u c k ' G e l t e n ' zur Verfügung steht." (DS 85) H. versteht also die Kopula im Sinne des aristotelischen ὂν ἀληθές und interpretiert sie im Sinne des seit Lotze verbreiteten Begriffs des 'Geltens', der für H. dem ὂν ἀληθές oder verum esse überlegen ist. Doch ändert die begrifflich-methodische Überlegenheit der modernen Philosophie nichts daran, daß sie entscheidende Lösungen

ihrer Probleme nur im Rückgang auf die Tradition und ihre selbständige Aneignung gewinnen kann: So ist zur vollen Aufklärung der inneren Möglichkeit der Struktur des Bewußtseins eine metaphysisch-teleologische Deutung der Subjektivität (235) notwendig; eine solche würde allererst verständlich machen, wie der ideale Urteilssinn im zeitlichen Strom des Bewußtseins mit seinen individuellen Akten gedacht werden kann: "Im Begriff des lebendigen Geistes und seiner Beziehung zum metaphysischen 'Ursprung' eröffnet sich ein Einblick in seine metaphysische Grundstruktur, in der Einzigkeit, Individualität der Akte mit der Allgemeingültigkeit, dem Ansichbestehen des S i n n e s zur ... Einheit zusammengeschlossen sind." (240) Die metaphysisch-teleologische Deutung des Geistes hätte wohl aufzubauen auf dem in der mittelalterlichen Spekulation über die Analogie von Gott und Mensch und dem zu diesem Verhältnis durch Hegel Gewonnenen. Im Gegensatz zu diesem Ansatz H.s gibt es für Husserl keinen absoluten und zugleich real vorhandenen Gott (DS 105), da sich dies nicht vereinbaren läßt mit der Konstitution der ganzen realen Welt durch das absolute Ego.[11] Wenn H. die innere Möglichkeit der Subjektsstruktur aus dem Bezug zum göttlichen 'Ursprung' erklären will, dann folgt, daß das Subjekt kein Absolutum im Sinne Husserls ist, auf das man in einer Epoché zurückgehen muß, um das Sein alles Realen aufzuklären.

2. Den Gedanken der Form-Material-Duplizität hat H. von Emil Lask übernommen, einem Schüler Rickerts, dessen Hauptwerke er im Seminar Rickerts kennenlernte.[12] Nach Lask ist der transzendentale Idealismus, wie ihn Rickert und die Marburger Neukantianer vertraten, nicht in der Lage, das Sein und Erkennen des individuellen Seienden zu erklären: Da er das Sein der Objekte als reine Bewußtseinsinhalte versteht, muß sich ihm in letzter Konsequenz alles Sein in reine ideale Form auflösen.[13] Das individuelle Sein der Objekte sucht nun Lask dadurch abzusichern, daß er das alogische Prinzip der Materie einführt, die er als nicht vom Subjekt hervorgebrachten Träger der kategorialen Formen der Objekte versteht, deren kategoriale Differenzierung und deren Individualisierung sie hervorbringt. Den verschiedenen Arten von Materie entspre-

chen die verschiedenen Formen oder Kategorien der Objekte, die ebenso unabhängig vom Bewußtsein zu denken sind wie die Materie selbst. Die ursprünglichste Verbindung von Kategorie und Material erfolgt dementsprechend nicht im Urteil, sondern liegt, von diesem unabhängig, schon im Objekt vor. Das solchermaßen bestimmte Sein der Objekte ist für Lask die ursprünglichste Wahrheit, die er auch als übergegensätzliche bezeichnet, da sie über dem Gegensatz von wahr und falsch steht, der das Urteil kennzeichnet: Im Gegensatz zum Urteil kann man von den kategorial geformten und damit als solche in den Bereich des Logischen getretenen Gegenständen n u r sagen, daß sie w a h r sind und nicht, daß sie falsch sein können. Die übergegensätzliche Wahrheit, die als Einheit von Material und Form (Kategorie) auch das ursprünglichste Sinngefüge darstellt, trägt und bedingt jede Urteilswahrheit und jeden Urteilssinn und muß als solche vorausgesetzt werden, wenn das Urteil zureichend zur Aufklärung gelangen soll. Das primäre Sinngefüge im Objekt ist das "Urbild" des Urteilssinnes[14]. Da die Gegenstände als kategorial verfaßte sozusagen in sich logisch strukturiert sind, stehen sie in sich, vom Subjekt unabhängig, in einer Dimension der Klarheit[15], aufgrund derer sie überhaupt erkannt werden können. Dem rein in sich ruhenden und gelichteten Urbild entspricht ein Begriff des Erkennens im Sinne einer "schlichten Hingabe an das kategorial betroffene ... Material"[16]. Im ursprünglichen Sinne verstanden ist es Aufgabe der Subjektivität, dem urbildlichen Sinn in rein empfangender Haltung "eine Stätte darzubieten"[17]. Doch hat das Subjekt die Tendenz, "zerstörend in die Struktur des Sinnes einzugreifen", um im Urteil sich seiner zu bemächtigen. Die "künstliche" Region des Urteils ist "das Geschöpf, das Artefakt der Subjektivität"[18].

Die Ähnlichkeiten der Laskschen Philosophie mit der H.s vor und besonders nach der "Kehre" sind offenkundig.[19] Man könnte darum vermuten, daß H. durch den Einfluß Lasks zu seiner Problemstellung gelangt ist. Doch dagegen spricht unter anderem, daß sich H. in DS mehr dem von Lask bekämpften subjektiven Idealismus Rickertscher Prägung nähert.[20] Die Bedeutung dieses Sachverhalts für H.s weitere Entwicklung ist nicht zu übersehen: Während für Lask das Subjektsleben von untergeordneter Bedeutung ist, da das Denken bei der in sich ruhenden, übergegensätzlichen Wahrheit einzusetzen hat, muß H. in DS, da er die Gegenständlichkeit und ihre Formen vom Subjekt aus begreift (also das Seinsproblem wie in SuZ am Subjektsproblem festmacht), zur Aufklärung ihres 'Sinnes' auf dieses zurückgehen. Damit liegt bei H. die Möglichkeit, daß das Sein des Subjekts (und nicht nur das der Gegenstände wie bei Lask) problematisiert wird, weit näher als bei Lask, von dessen Position aus kaum ein Weg zur Ontologie des 'Subjekts' (Daseins) im Sinne von SuZ führt.

Der subjektive Idealismus Rickertscher Prägung wird nun aber in DS doch eingeschränkt durch Lasks Gedanken des vom Subjekt unabhängigen Materials. H. bemüht sich, durch die Verbindung der Rickertschen und Laskschen Position Idealismus und Realismus "in einer höheren Einheit aufzuheben" (DS 233 A.). Das vorlogische Material legt für H. einerseits die Kategorien fest, durch die es formbar ist (65,231), während andererseits die Formung vom Subjekt in der Erkenntnis, d.h. im Urteil vollzogen wird. "Der ... Gegenstand erleidet durch die Erkenntnis eine F o r m u n g ... Auf diese Weise fällt dem Gegenstand von der Erkenntnis her etwas zu." (82) Wenn auch die kategoriale Form als solche "die fundamentale Korrelation von Objekt und Subjekt in sich schließt"(231 f), so hat sich die Formung im Urteil doch der spezifischen Bestimmbarkeit und Formbarkeit des Materials anzumessen. Die "Welt" wird also von H. in DS anders als in Husserls transzendentaler Phänomenologie nicht rein als Setzung oder konstitutive Leistung des absoluten Subjekts verstanden. Das schließt für H. in DS allerdings nicht aus, daß ähnlich wie bei Husserl durch einen Regreß auf die möglichen "Gestaltungsrichtungen des lebendigen Geistes" (236), genauer auf "die ganze Fülle seiner Leistungen" (238) der "Kosmos der Kategorien" herausgearbeitet werden soll.

3. In DS wird zwar von einer endgültigen Stellungnahme zum reinen Bewußtsein Husserls noch abgesehen (234 A.), doch ist eine Tendenz spürbar, das transzendentale Subjekt als faktisch-geschichtliches zu verstehen. So wird es als "sinnvolle und sinnverwirk-

lichende ... Tat" (235 f) charakterisiert, und der lebendige Geist ist "a l s   s o l c h e r   w e s e n s m ä ß i g   h i s t o r i s c h e r   G e i s t   i m   w e i t e s t e n   S i n n e   d e s   W o r t e s " (238). Die Geschichtlichkeit des Geistes kommt in DS zunächst darum in den Blick, weil "die theoretische Geisteshaltung" innerhalb "des Reichtums der Gestaltungsrichtungen des ... Geistes ... nur e i n e " ist (236) und zur Ausarbeitung des "Kosmos der Kategorien" (238) "die ganze Fülle seiner Leistungen, d.h. s e i n e   G e s c h i c h t e " (238) begriffen sein muß. Die Parallele zu SuZ, wo der Zugangsweg zu Sein ebenfalls über die Erkenntnis hinaus 'erweitert' wird, ist offenkundig. Doch anders als in SuZ liegt in DS in bezug auf die nicht-theoretischen Zugangsweisen zum Sein der Akzent nicht auf der alltäglichen 'Praxis' und dem befindlichen Verstehen der Existenz, sondern auf dem Bezug zur Transzendenz in der tatvollen Liebe und verehrenden Gottinnigkeit (241). Erst wenn der Bezug zur Transzendenz voll begriffen ist, indem er um jene a-theoretischen Bezüge 'erweitert' ist auf den ganzen "Strom des Erlebens", können - und darin liegt wohl für H. ein weiterer Grund für seine geschichtliche Deutung des Subjekts - das kategoriale Verhältnis von Welt und Gott, Zeit und Ewigkeit (240) und die Verknüpfung der individuellen Akte mit dem allgemeingültigen Sinn (s.o.) ursprünglich verstanden werden. Und umgekehrt kann man aus der Weise, wie das Verhältnis von Welt und Gott in der Tradition begrifflich bestimmt ist, auf die zugehörige geschichtliche Erlebniswelt zurückschließen: So enthält der "Begriff der Analogie" des Mittelalters "als herrschendes Prinzip in der Kategoriensphäre der sinnlichen und übersinnlichen Realität den begrifflichen Ausdruck der ... auf die Transzendenz bezogenen Erlebniswelt des mittelalterlichen Menschen, er ist der begriffliche Ausdruck der ... im ... Urverhältnis der Seele zu Gott verankerten Form inneren Daseins, wie es im Mittelalter ... lebendig war. Kraft der jeweiligen Entfernung oder Annäherung ... ändert sich die Mannigfaltigkeit der Lebensbezüge zwischen Gott und Seele ..." (239).[21]

Daß H. hier lebensphilosophische Ansätze verarbeitet hat, ist offenkundig. Mit der Lebensphilosophie teilt H. deren Interesse am faktisch-geschichtlichen Leben.

Wie jene geht H. nicht auf ein absolutes, das faktisch-konkrete Subjektsleben erst konstituierendes Ego zurück, vielmehr gilt ihm wie der Lebensphilosophie das faktisch-konkrete Leben als das transzendentale Subjekt im vollen Sinne; im Rückgang auf dieses versucht er wie die Lebensphilosophie die kulturellen Gegebenheiten der Vergangenheit in ihrem Sinn aufzuklären. Wie der Lebensphilosophie gilt ihm das theoretische Erkennen nicht als die einzige transzendentale Leistung. Anders als die Lebensphilosophie, die das Leben mehr als ein das Individuum übersteigendes Sein betrachtete, legt H. aber in DS den Akzent ziemlich eindeutig auf das individuelle Subjekt. Das hängt wohl zusammen mit seiner lebensphilosophischen Interpretation der scholastischen Philosophie, die notwendig auf die mittelalterliche Frömmigkeit (Mystik) führt. Diese hatte aber ein Interesse am faktisch-geschichtlichen Leben des Individuums.

§ 3 DILTHEYS FRAGE NACH DER KATEGORIALEN VERFASSUNG DES SUBJEKTS ALS GESCHICHTLICHEM LEBEN; DAS VERHÄLTNIS DES FRÜHEN HEIDEGGER ZU DILTHEY

Der Kosmos der Kategorien soll in DS im Rückgang auf die Geschichtlichkeit des Subjekts zu Begriff gebracht werden (DS 238), doch wird hier wie in den frühen Schriften H.s überhaupt die kategoriale Verfassung des Subjekts als g e s c h i c h t l i c h e m   nicht problematisch. H. versucht vielmehr, die Struktur des Subjekts vor allem mit den Mitteln der traditionellen Metaphysik, also ohne ausdrückliche Beachtung seiner Geschichtlichkeit, zu bestimmen. Wenn nun aber in DS die bisher in der philosophischen Forschung erarbeiteten dürftigen Kategorientafeln durch Rückgang auf die Fülle der geschichtlichen Leistungen (bzw. Erlebnisse) des Geistes zum Kosmos der Kategorien (238) erweitert werden sollen, so liegt darin die Möglichkeit, daß das Kategorienproblem sich überhaupt verflüssigt und nicht nur nach den Kategorien des Sinnlichen, Über- und Unsinnlichen gefragt wird wie in DS, sondern auch nach der kategorialen Verfassung des Geschichtlichen als solchem: Wenn erkannt wird, daß das geschichtliche Sein auf eigene Weise erlebt wird, so muß ihm, da die Kategorien

"Elemente und Mittel der Sinndeutung des Erlebbaren" (DS 229) sind, eine eigene kategoriale Struktur zugesprochen werden. Daß das geschichtliche Sein auf eigene Weise erlebt wird, ist implizit in H.s Antrittsvorlesung "Der Zeitbegriff in der Geschichtswissenschaft" aus dem Jahre 1915 enthalten: Hier zeigt H., daß und wie sich der Zeitbegriff der Geschichtswissenschaft von dem der Naturwissenschaft unterscheidet. Weil nun für H. der Zeitbegriff eine kategoriale Bestimmung ist und für ihn jene Wissenschaften Weisen sind, das Seiende zu 'erleben', so folgt, daß der Geisteswissenschaftler das geschichtliche Sein anders 'erlebt', d.h. unter anderen Kategorien betrachtet als der Naturwissenschaftler seinen Gegenstandsbereich. Von dieser Voraussetzung der Antrittsvorlesung aus ist es dann nur noch ein kleiner Schritt - die Kategorien sind schon in DS nicht nur Horizonte des Erlebens, sondern wie zitiert, Mittel zur Sinndeutung des E r l e b b a r e n - , dem geschichtlichen Sein anders als in DS eine von allem Sinnlichen, Un- und Übersinnlichen verschiedene kategoriale Verfassung zuzuschreiben. Von hier aus wird verständlich, warum sich H. nach der Beendigung von DS erneut Dilthey zuwandte, um sich weit radikaler mit seinen Thesen auseinanderzusetzen, als dies in DS geschehen war.

In Analogie zu Husserls Bemühung, die Bewußtseinsphänomene ohne dogmatische Voraussetzungen zu beschreiben, versuchte Dilthey, das geschichtliche Leben vorurteilslos aus sich selbst auszulegen, d.h. ohne eine dem Lebensprozeß zugrundeliegende Substanz und ohne eine teleologische Bestimmung oder einen Bezug zur Transzendenz vorauszusetzen, aber auch ohne wie Husserl auf ein das faktische konkrete Leben erst konstituierendes absolutes Ego zurückzugehen. Aber auch Dilthey wollte Transzendentalphilsoph sein, nur tritt bei ihm an die Stelle des absoluten Ego Husserls oder des reinen Erkenntnissubjekts Kants das faktische, nicht mehr weiter zu begründende "Leben in der Ganzheit seiner schöpferischen Leistung"[22]. Das Leben ist für Dilthey der universalhistorische "Wirkungszusammenhang", den der einzelne Mensch als Teil desselben in Wechselwirkung mit anderen aufbaut.

Sollen nun das Leben, seine Leistungen und seine
Strukturen aus sich selbst ausgelegt werden, so müssen die "Kategorien des Lebens" aus diesem selbst geschöpft werden. Diese Kategorien sind für Dilthey
nicht nur Formen, in denen das Leben vom Subjekt erlebt wird, sondern auch Formen des Lebens[23] selbst.
Sie bringen unter anderem die Veränderlichkeit und
Dynamik des Lebens zum Ausdruck und unterscheiden
sich prinzipiell von den Kategorien der Natur und
dem griechisch geprägten Begriff von Sein als ständiger Gegenwart. "In der angestrengtesten Versenkung
des Ich in sich findet es sich nicht als Substanz,
Sein ..., sondern als Leben, Tätigkeit, Energie"[24].
Der griechische Seinsbegriff entspringt wie alle statischen Seins- und Lebensbegriffe nach Dilthey einer
Weltanschauungsform, die sich an der Natur orientiert
statt am Leben selbst. - Dilthey setzt sich auch darin von der griechischen Tradition ab, daß für ihn Erkenntnis primär nicht in der reinen Sinnlichkeit oder
(und) im theoretischen Intellekt gründet, sondern
"Wille, ... Arbeit, Bedürfnis, Befriedigung" sind für
ihn "Elemente, welche das Gerüst geistigen Geschehens
ausmachen"[25], sie bestimmen die Weise, wie die Welt
am ursprünglichsten 'gegeben' ist, 'erlebt' wird,
nicht die reine Sinnlichkeit oder die vergegenständlichende Theorie. Unmittelbar und am ursprünglichsten
"erlebt" ist das Seiende als Träger von Widerstand,
Glück und Unglück, "Freundschaft" und "Feindschaft",
d.h. in bezug darauf, ob es den menschlichen Willen
hemmt oder fördert. Die objektive Welt ist dagegen
das Ergebnis einer auf der 'natürlichen' Welt aufbauenden Abstraktionsleistung. Die Ganzheit der vitalen
Kräfte und Bedürfnisse bestimmen den ursprünglichen
"Lebensbezug" zum Seienden. Im "Lebensbezug" liegt
immer schon ein vorrationales Verständnis dessen, ob
das Seiende, die 'Umstände', Förderung gewähren, Geborgenheit spenden, oder ob sie das Vertraute und
Verständliche umstürzen wie z.B. Zeugung, Geburt und
Tod [26]. Dabei hat der Mensch die Tendenz, die Bedrohung des Unverständlichen und Rätselhaften, das im
Leben begegnet, abzublenden und sich an die vertraute Welt zu halten.

Während der Lebensbezug auf einzelnes Seiendes geht,
wird die Welt als ganze durch die Stimmungen erschlossen.[27] Sie bilden die Grundschicht der Weltanschau-

ungen[28], die Dilthey auch in anderer Hinsicht in ihrer Struktur durch den Rückgang auf das Leben und seine 'Lebendigkeit' aufzuklären versucht. Dabei erweisen sich die Weltanschauungen als Versuche des Lebens, sich selbst auszulegen. Sie erweisen sich ferner als bedingt durch die geschichtliche Situation, in der sie entstanden, und in ihren Grundformen oder Typen als Ausdruck bestimmter Formen des geschichtlichen Erlebens der Welt. Auch die Metaphysik und die Dogmen der Religion sind geschichtlich bedingte Ausdrucksformen geschichtlichen Erlebens; sie geben weniger Aufschluß über die Welt als über das Leben, in dem sie ihren Ursprung haben und aus dem sie erklärt werden müssen. Dilthey sieht diesen Rückgang von den vordergründigen Gegebenheiten der Geschichte (Kultur) auf das Leben als ein der Transzendentalphilosophie Kants analoges Verfahren an, insofern hier wie dort die Rückführung des Seins auf seinen transzendentalen Ursprung erfolgt. Den Rückgang auf das konkrete Subjektleben und seine Erfahrungen leistet nach Dilthey im Bereich der Religion zuerst Luther, bei dem darum für Dilthey der moderne Idealismus beginnt [29]. Bei der Rückführung auf ihren transzendentalen Ursprung im Leben erweisen sich die Dogmen der Religion bzw. die Theologie und die Metaphysik bzw. Philosophie als Objektivationen völlig verschiedener Erlebnisformen (-typen). Das Verhältnis von Religion und Philosophie zu "dem Welt- und Lebensrätsel ... ist nun doch gänzlich verschieden"[30]. Hat der Philosoph ein breites Verhältnis zu allen Arten von Wirklichkeit[31], so sind Struktur und Gehalt der religiösen Weltanschauung entscheidend bestimmt vom Verkehr mit dem Unsichtbaren[32]; "alle Anschauungen über den Zusammenhang der Welt entspringen" in der Religion "aus diesem Verkehr"[33], während der Philosoph die Leistungen aller Verhaltensweisen anerkennt und ihr ruhiges Gleichgewicht anstrebt [34]. "Religiosität ist subjektiv ... ein Unauflösliches, höchst Persönliches ist in ihr, das jedem, der nicht an den Erlebnissen teilnimmt, als 'eine Torheit' erscheinen muß."[35]

Diese Beispiele, die sich ohne Schwierigkeiten vermehren ließen, mögen genügen, um zu zeigen, wie H.s Philosophie vor der "Kehre" durch Dilthey vorbereitet wurde. Glaubt H. noch in DS, entscheidende Probleme

der Subjektstruktur im Rückgriff auf die Metaphysik
lösen zu müssen, so soll demgegenüber in SuZ das Dasein wie bei Dilthey das Leben unter Ausschaltung jeder metaphysischen oder theologischen Voraussetzung
in seiner eigentümlichen, von allem sonstigen Sein
verschiedenen Seinsart rein aus sich selbst heraus
zu Begriff gebracht werden. Für beide, Dilthey und
H., ist das faktische 'konkrete' 'Leben' zugleich
das transzendentale, 'Welt'-konstituierende Seiende.
Beide stimmen ferner darin überein, daß die Seinsbegriffe der Tradition der Seinsverfassung des 'Lebens' nicht entsprechen, weil sie aus dem Naturhaft-Dinglichen geschöpft sind, und daß ferner die Übertragung derartiger Begriffe auf das 'Leben' einer
einseitigen bzw. das Sein des 'Lebens' 'verfehlenden' Form desselben entspringt. Für beide erfolgt
der ursprünglichste Zugang zum Seienden in den vortheoretischen Erfahrungsweisen und in den Stimmungen.
Unheimlichkeit und Unvertrautheit von Diltheys Lebensrätsel erinnern an die entsprechende Charakterisierung des In-der-Welt-seins bei H.; die Zuflucht
des Lebens bei der vertrauten Welt erinnert an H.s
Analyse der Verfallens. Beide, H. und Dilthey, wollen die Metaphysik im Rückgang auf ihre Wurzeln im
'Leben' in ihrer Genesis zur Aufklärung bringen. Beide unterscheiden scharf Philosophie und Religion, die
sie beide auf grundverschiedene 'Lebensformen' zurückführen, und beide verstehen Luther als Theologen des
faktischen religiösen 'Lebens'.36)

Blickt man auf die Differenzen zwischen Dilthey und
H. - hier kann nur eine, wenn auch entscheidende besprochen werden -, so zeigt sich: Die Frage nach der
Seinsstruktur des 'Lebens' wird bei H. in weit radikalerer und konsequenterer Weise gestellt als bei
Dilthey. Für H. genügt es nicht, das 'Leben' als einen Bereich der Wirklichkeit neben anderen zu fassen
und dann nach seiner spezifischen kategorialen Struktur zu fragen. Damit wird für H. das Leben letztlich
doch wieder in Orientierung am Vorhandenen ausgelegt,
statt daß nach seiner eigenen Seinsart gefragt wird,
die von allem Sein im Sinne von 'Wirklichkeit' verschieden ist. Indem das Leben von Dilthey als ein
eigener Wirklichkeitsbereich, genauer als ein verharrend-wechselnder Zusammenhang von Erlebnissen verstanden wird, bleibt es von H.s Standort aus gesehen "ein
in der'Zeit' Vorhandenes" (SuZ 373).

§ 4   HEIDEGGERS THEMATISIERUNG DES VOLLZUGSSINNES
      DES "LEBENS" IM ANSCHLUSS AN SIMMEL

In seiner Antrittsvorlesung von 1915 "Der Zeitbegriff in der Geschichtswissenschaft" versuchte H., die inhaltlich bestimmte, qualitativ sich unterscheidende Zeit als eine Kategorie der Geschichtswissenschaft von der nur durch ihre Stelle in der Reihe bestimmten physikalischen Zeit (als einer Kategorie der Naturwissenschaft) zu unterscheiden und abzuheben. Doch bleibt in jener Vorlesung die qualitativ bestimmte Zeit nur eine Kategorie des geschichtswissenschaftlichen Verstehens. Die Frage, in welchem Sinn dem geschichtlichen Geist selbst als geschichtlicher Wirklichkeit im Unterschied zum naturhaft-dinglichen Sein die Zeit als Kategorie zuzusprechen ist, wird noch nicht gestellt. Sie war aber für H. dann eine naheliegende, als er sich Diltheys Auffassung zuwandte, daß die Kategorien des Lebens nicht nur Formen historisch-geisteswissenschaftlichen Verstehens, sondern auch Seinsstrukturen des Lebens selbst sind. Eine erste Beantwortung erfuhr die Frage in Georg Simmels "Lebensanschauung" aus dem Jahre 1918.[37)]

Simmel versuchte in dem genannten Werk eine metaphysisch-kategoriale Bestimmung des Lebens, das er als Einheit von zeitloser begrenzender Form und form- und grenzenlosem Strömen bestimmt. Das Leben begegnet als geschichtliches uns immer in einer individuellen ethischen, kulturellen, ökonomischen Form, die das Leben in eine individualisierende Grenze einfängt. Wäre das Leben jedoch nur Form, so würde es erstarren und verlöre so seine Lebendigkeit. Dem Formprinzip stellt Simmel darum als eine zweite, der ersten konträre Komponente des Lebens seine Dynamik als unbegrenzbares, in keiner Weise festzuhaltendes Strömen gegenüber. Beide an sich widersprüchlichen Prinzipien werden dann von Simmel gleichsam synthetisch im Begriff der Transzendenz aufgehoben. Darin liegt: Das Leben überschreitet wesensmäßig etwas, nämlich die Form; und als dieses Überschreiten ist es 'Bewegung', Dynamik. Im Transzendieren bildet das Leben "die individuelle Geformtheit - und durchbricht diese zugleich" (Simmel 19). Der Widerspruch zwischen Form und strömender Dynamik wird vom Transzendenzbegriff aus als ein von der begrifflichen Bestimmung verursachter erkennbar. "Mit diesem Widerspruch ist das Leben behaftet, daß es nur in Formen unterkommen kann und doch ... eine jede ... die es gebildet hat ... zerbricht. Als Widerspruch ... erscheint dies nur in der logischen Reflexion ..." (22 f).

Wie das Leben, so ist für Simmel auch die Zeit mit begrifflichen Konstruktionen nicht zu fassen. Das zeigt sich daran, daß die begrifflich fixierte, mechanistische Zeit eigentlich nicht wirklich ist (8): Sie reduziert sich auf einen wegen seiner absoluten Unausgedehntheit nichtexistenten Jetztpunkt und auf die noch nicht existente Zukunft und nicht mehr existene Vergangenheit. Versteht man dagegen die Zeit als die "Existenzart" (12) des transzendierenden Lebens oder als Bewußtseinsform desselben (11), so wird nach Simmel klar, wie die in Zukunft, Gegenwart, Vergangenheit gegliederte Zeit in ihrem Sein möglich ist: Die Gegenwart des Lebens zeigt sich dann nämlich nicht mehr als ein unausgedehnter und darum nichtexistenter Jetztpunkt, sondern als eine Gegenwart, zu deren Wesen es gehört, sich schwellenlos im Wollen und Denken in die Zukunft und in der Erinnerung[38] in die Vergangenheit zu strecken oder dahin zu transzendieren. Die Zeit ist, so ergibt sich, "das Leben ..., weil nur das Leben den zeitfreien Gegenwartspunkt ... nach beiden Richtungen hin transzendiert und ... damit ... die Zeitausdehnung d.h. die Zeit realisiert" (11 f). Das Paradox der nicht existenten physikalischen Zeit erweist sich von hier aus als das Resultat begrifflicher Zerlegung.

Mit der Auslegung des Lebens als Transzendenz ist Simmel wohl derjenige, der innerhalb der Lebensphilosophie mit der größten Klarheit das Sein des Lebens von seinem Vollzug aus zu erfassen suchte. "... wie es /sc. das Leben/ ... in den geistigen Prozessen sich v o l l z i e h t /Sperrung von mir/, ist das Wesen des Lebens selbst."(12) Wohl an Simmel anknüpfend wird dann H. um 1920 das Sein des Lebens als faktischen, geschichtlichen Vollzug bzw. aus dem 'ontologischen Sinn' desselben zu begreifen suchen (SuZ 48).

Indem Simmel das 'Sein' des Lebens von seiner Vollzugsart her zu bestimmen sucht und es so von allem dinglichen und 'logisch-begrifflich' bestimmten Sein abhebt, indem er ferner die Transzendenz des Lebens als Ursprung der Logik betrachtet (Simmel 27) und die Zeit als Sein des Lebensvollzugs und als nicht als Parameter zu denken auslegt, scheint er H.s Position in SuZ direkt vorzubereiten. Dennoch hat ihm H. in SuZ, wenn auch nur unausdrücklich, vorgeworfen, die Seinsart des 'Lebens' nicht ausdrücklich zum Problem gemacht zu haben [39]. Man kann auch leicht erkennen, mit welcher Berechtigung dies geschehen kann: Das Leben bleibt bei Simmel eine "Existenzart" (12), ein Vorhandenes also. Simmels Frage nach dem 'Sein' des Lebens war offenbar noch nicht radikal und durchsichtig genug, um zu der Erkenntnis zu führen, daß das Leben von ganz anderer Seinsart ist als das Vorhandene und darum nicht als Existenzart begriffen werden darf. Damit stellt sich jedoch die Frage, wie und wodurch H. die radikalere Durchsichtigkeit seiner Fragestellung erreicht hat. Genügte es, einfach Simmels Ideen zu Ende zu denken und zu radikalisieren, oder ist H. noch mit Hilfe anderer Anregungen zu seiner Einsicht gelangt? War es insbesondere, wie Lehmann glaubt[40], die Erfahrung des urchristlichen (paulinischen) Geschichtsverständnisses, welche es H. ermöglichte, zur Einsicht in das überkommene Vorurteil, wonach Sein überhaupt mit Vorhandenheit identisch ist, und in das eigentümliche Sein des Geschichtlichen zu gelangen? Um hier etwas festeren Boden zu gewinnen, sollen in den nächsten beiden Paragraphen H.s "Anmerkungen zu Karl Jaspers' 'Psychologie der Weltanschauungen'" (1919/21) und seine Vorlesung "Einleitung in die Phänomenologie der Religion" vom Wintersemester 1920/21 einer kurzen Betrachtung unterzogen worden.

§ 5 DIE URSPRÜNGLICHE SELBST-ERFAHRUNG DES LEBENS NACH HEIDEGGERS "ANMERKUNGEN ZU KARL JASPERS' 'PSYCHOLOGIE DER WELTANSCHAUUNGEN'" VON 1919/21

Wie Simmel in "Lebensanschauung", so bestimmt H. in AJ das Sein des Lebens vom Wie seines Vollzugs aus. So ist das Leben des Selbst nach AJ "ein wesentlich dem Wie seines Eigenvollzugs nach 'historisches' Phänomen" (AJ 91). Im übrigen geht H. jedoch eigene Wege. So erfordert nach ihm die genuine Erfassung des Seins des Lebens eine Besinnung auf den ihm eigentümlichen Zugangsvollzug; dieser muß in der Phänomenologie in seiner Eigentümlichkeit expliziert werden, soll das Sein des Lebens angemessen zu Begriff gebracht werden. H. bedenkt somit weit entschiedener als Simmel die Zugangsweise zum Sein des Lebens, worin sich wohl auch der Einfluß von Husserls Thematisierung der Anschauungsformen bemerkbar macht. H.s Frage nach dem genuinen Zugangsvollzug zum Seinssinn des Lebens sprengt jedoch Husserls Beschränkung auf die Anschauung bzw. den theoretischen Logos (93); für H. hat nämlich die ursprünglichste und darum für die Phänomenologie grundlegende Selbsterfahrung des faktischen, konkreten Lebens eine vom theoretischen Logos und der Betrachtung grundverschiedene Vollzugsart. Der eigentümliche, im anschauenden Betrachten bzw. theoretischen Erkennen abgedrängte (90) Seinssinn des Lebens wird der phänomenologischen Interpretation nur zugänglich, wenn sie ihren Eigenvollzug eben dieser eigentümlichen Vollzugsart der ursprünglichen faktischen Selbst-erfahrung des Lebens, d.h. dem nicht-objektivierenden bekümmerten Sich-haben des Ich anmißt und jenen Seinssinn, die Existenz, aus der ursprünglichen und eigentlichen Selbst-erfahrung schöpft:

> "Existenz" als der entscheidende "Seinssinn" des Lebens, "der in 'ich bin' liegt" (76), wird "nicht im theoretischen Meinen ... gehabt ..., sondern ... im Vollzug des 'bin'" (89). "Damit ist der Hinweis darauf gegeben, woraus der Sinn von Existenz als des ... Wie des Selbst ... geschöpft werden muß.

> Entscheidend wird also, daß ich **mich habe**, die Grunderfahrung, in der ich mir selbst als Selbst begegne, so daß ich, in diesem Erfahren lebend, **seinem** Sinn entsprechend fragen kann nach dem Sinn meines 'ich bin'." (89) "Das Existenzphänomen erschließt sich ... nur einem ... nicht ... betrachtend gerichteten", sondern "selbst bekümmerten Erfahrungsvollzug. Dieser ... ist ... anzueignen ... in einer ... historisch gerichteten Bekümmerungserneuerung" (92).

Der Rückzug auf das Wie des Eigenvollzugs des Lebens bzw. auf die ursprünglichste und eigentliche Selbst-erfahrung führt nach AJ zu der entscheidenden Erkenntnis, daß das Leben seinem ihm eigentümlichen Seinssinn nach außerhalb jeder regional bestimmbaren Objektivität steht:

> "Im archontischen Sinn der eigentlich vollzogenen Grunderfahrung des 'ich bin', in der es radikal und rein um mich selbst geht, liegt es, daß das Erfahren das 'ich' nicht erfährt als in einer Region stehend, als Vereinzelung eines 'Allgemeinen' ... – sondern das Erfahren ist Erfahren des 'ich' qua Selbst ..." (89).

> "Die faktische Lebenserfahrung ... ist ... nicht so etwas wie eine Region, in der ich stehe, nicht das Allgemeine, dessen Vereinzelung das Selbst wäre, sondern sie ist ein ... dem Wie seines Eigenvollzugs nach 'historisches' Phänomen ..." (91).

Nach diesen Sätzen ist es offensichtlich der Begriff des Selbst, der H.s These, das existierende Leben sei seinsmäßig von allem in Regionen stehenden objektiv Vorhandenen unterschieden, trägt: Der Mensch ist bzw. erfährt sein Selbst-sein am ursprünglichsten und eigentlich, indem er es als je seines (als durch radikale Vereinzelung bestimmtes "'ich'") und als solches von ihm in Selbstbekümmerung zu vollziehendes erfährt und nicht, indem er einen Allgemeinbegriff bildet, unter den das eigene Selbst subsumiert werden soll. Da es zum Wesen alles 'objektiv' Seienden gehört, angemessen in einem Allgemeinbegriff faßbar zu sein, zeigt sich damit, daß der Sinn des 'ich bin' vom Ist-Sinn alles 'objektiv' Seienden radikal unterschieden ist. Jeder Versuch, das Leben einem Allgemeinbegriff unterzuordnen, d.h. es als eine Region der Wirklichkeit zu fassen, muß den eigentümlichen Sinn des 'bin' verlöschen.

H. hat also schon in AJ ganz klar erkannt, daß das Leben in seinem Sein nicht als "Existenzart" (Simmel) gefaßt werden darf. Doch steht die in AJ geforderte phänomenologische Explikation des eigentümlichen Seinssinnes des Lebensvollzugs noch nicht im Dienste der Aufklärung des Sinnes von Sein wie die Ontologie des Daseins in SuZ. In AJ wird nämlich die Frage nach dem Sinn von Sein überhaupt als solche noch nicht e x p l i z i t gestellt.[41] Das rechtfertigt die Vermutung, daß H. zur Frage nach dem eigentümlichen "Seinssinn" des Lebens nicht auf dem Weg über die Frage nach dem Sinn von Sein überhaupt gelangte, sondern daß jene dieser historisch gesehen vorausging und H. somit auf dem Weg zur Entdeckung der eigentümlichen Seinsart des Lebens gelangt sein kann, der in AJ angedeutet ist: Neben Husserls Analyse der Anschauungsformen und Simmels Thematisierung des Wie des Lebensvollzugs war für H. in diesem Zusammenhang die Ansetzung des Seins des Lebens als Selbst-sein bzw. als Selbst-erfahrungs-vollzug im bekümmerten Sich-haben des Selbst als 'je meines' entscheidend. Der Begriff des Selbst, die Ansetzung des Lebens als 'ich-bin'-Sinn ist Simmels Idee vom Leben direkt entgegengesetzt. Während nach AJ das Leben seinen Seinssinn "eigentlich" (89) erfährt, wenn es sein 'ich-bin',es ergreifend, vollzieht, wäre für Simmel ein 'eigentlicher' Selbsterfahrungsvollzug des Lebens identisch mit der Aufgabe der je eigenen Individualität in der Hingabe an die Dynamik (Transzendenz) des Lebens. Um diese Andersartigkeit des Lebensbegriffs bei H. zu verstehen, kann man auf DS hinweisen. Hier liegt schon der Akzent auf dem Leben des individuellen Subjekts, seinen Erlebnissen und seinen Taten. Dieses Interesse am individuellen Subjekt wurde oben auf H.s Interesse an der christlich-mittelalterlichen Frömmigkeit zurückgeführt. In der christlichen Frömmigkeit und Lebenserfahrung wurzelt zumindest teilweise das Denken Kierkegaards, auf dessen Werk mir H.s Gedanken in AJ direkt zurückzuweisen scheinen: Sowohl die für AJ grundlegenden Begriffe "Selbst" und "Existenz" als auch der Gedanke der radikalen Individualisierung (vgl. Kierkegaards Begriff des "Einzelnen") dürften von H. direkt aus Kierkegaards Schriften geschöpft sein. Der Gedanke der existenziellen Selbstbekümmerung als "eigentliche" Erfahrung des Selbst mit sich selbst ließ sich wohl leicht aus Kierkegaards Werk durch Interpretation gewinnen.[42] Gelangte H. also zur Einsicht in den eigentümlichen, von allem Wirklichsein verschiedenen Seinssinn des Lebens, indem er die Frage der Lebensphilosophie nach der kategorialen Struktur des Lebens bzw. die Modifikation dieser Frage bei Simmel als Frage nach dem Wie des Lebensvollzugs aufnahm und sie im Durchgang durch eine Kierkegaardinterpretation beantwortete? Oder ergab sich am Ende aus Kierkegaards 'existenziellem' Denken so klar die Auffassung des Seins des Menschen als Wie des faktisch-existenziellen Vollzugs, daß H.s Fragen nach der kategorialen Struktur des Lebens durch jenes Denken allein, mithin ohne den Einfluß Simmels zur Entdeckung des eigentümlichen Seinssinnes des Lebens gelangen konnte? Wie dem auch sei, darin, daß H.s Auseinandersetzung mit Kierkegaard unzweifelhaft Wesentliches zu seiner Erkenntnis der eigentümlichen Seinsart des 'Lebens' beigetragen hat, liegt, daß, wie auch immer das Verhältnis des frühen H. zu Paulus gewesen sein mag, es maßgeblich auch christliches Gedankengut war, das H. zu seinem ontologischen Neuansatz geführt hat.

§ 6 HEIDEGGERS INTERPRETATION DER PAULINISCHEN 'LEBENS-ERFAHRUNG'; DER ÜBERGANG ZUR FRAGE NACH DEM SINN VON SEIN ÜBERHAUPT

In DS hatte H. gefordert, im Rückgang auf eine teleologische Deutung des faktischen geschichtlichen und als solches transzendentalen Subjekts den Kosmos der Kategorien zu erarbeiten. Diese Forderung, so zeigte sich, sollte H. ermöglichen, Diltheys Frage nach der kategorialen Struktur des geschichtlichen Lebens aufzunehmen. Die kategoriale Verfassung des Lebens versuchte H. wahrscheinlich unter Aufnahme Simmelscher und Kierkegaardscher Fragen und Begriffe auszuarbeiten. Er gelangte wahrscheinlich hierbei, wie sich oben gezeigt hat, zur Erkenntnis, daß das Leben (Subjekt) angemessen nicht kategorial, d.h. nicht als eine Region der Wirklichkeit erfaßt werden kann, sondern einen eigentümlichen, von allen Wirklichkeitsarten verschiedenen Seinssinn aufweist. Diese Erkenntnis schloß aber ihrerseits die Aufgabe einer positiven Ausarbeitung der Struktur des eigentümlichen Seins des Lebens in sich. Die so bestimmte 'Ontologie' des 'Lebens' tritt an die Stelle der lebensphilosophischen Ausarbeitung seiner kategorialen Strukturen. Jene ist von dieser, so zeigt sich zugleich, angeregt, vorbereitet und im Grunde auch angestrebt.43) Wenn nun aber nicht mehr alles Seiende 'wirklich' ist, dann werden, wie sich unten zeigen wird, der Sinn von Sein und seine möglichen Modi zum Problem. Somit liegt schon in der Kategorienproblematik und in deren Festmachung am geschichtlichen Subjekt in DS, erst recht aber in der Frage nach der kategorialen Verfassung des Subjekts als geschichtlich verfaßter Realität im Anschluß an Dilthey die Aufgabe der Daseinsanalyse und die Frage nach dem Sinn von Sein keimhaft verborgen.

Dilthey hatte ähnlich wie Husserl gefordert, die "Kategorien des Lebens" aus dem faktischen Leben als den "Sachen selbst", d.h. ohne Rücksicht auf und in Absetzung von überlieferten Bestimmungen des 'Seins' des Lebens zu erheben. In von diesem Ansatz ausgehender Auseinandersetzung mit Simmel und Kierkegaard erkannte H., daß die "Sachen selbst", d.h. jetzt für ihn der eigentümliche Seinssinn des Selbst-erfahrungs-vollzugs des faktischen Lebens nur im Gegenzug zu seiner überlieferten Bestimmung als Wirklichkeitsregion gewonnen werden kann, wobei für H. diese Bestimmung in der dem faktischen Lebensvollzug inhärenten "Tendenz zum Abfall in die 'objektiven' Bedeutsamkeiten der erfahrbaren Umwelt" (AJ 92) und in ihren Ist-Sinn gründet. Weil diese Tendenz die bisherige Philosophie das Sein des Lebens als eine eigentümliche "Existenzart" statt Seinsart sehen ließ, kam in ihr die eigentümliche Struktur des Lebens in mehr oder weniger verkürzter Weise und ihrer Seinsidee, ihrem "Vorgriff" (75) gleichsam zum Trotz zur Entfaltung. Aus der bisherigen Ontologie konnte H. darum bei seiner Interpretation der ursprünglichen Selbsterfahrung des Lebens zwar auch (vgl. unten § 7), doch gleichwohl nur in beschränkter Weise schöpfen. Weiter führten Selbstauslegungen des Lebens, die insofern nicht von einem ontologischen Vorurteil beherrscht sind, als sie nicht an einer ontologischen Erfassung des Lebens interessiert sind, sondern eine ursprüngliche 'bekümmerte' Selbsterfahrung vollziehen bzw. anstreben. Die christliche Religion hatte nun von Anfang an als ursprüngliche "Selbstbekümmerung" (AJ) ein Interesse an der 'existenziellen' Lebenserfahrung, die sich darum gegen den "Vorgriff" der bisherigen Philosophie bei ihr immer wieder durchsetzen konnte, so etwa bei Paulus, Augustinus, Luther, Calvin, Pascal und Kierkegaard. Was bei diesen an ursprünglicher faktisch-konkreter Lebenserfahrung durch ontologische Vorurteile unverfälscht zur Sprache kam, versuchte H. in den frühen Zwanzigerjahren phänomenologisch zu interpretieren (freilich unter Ausschaltung des spezifisch Christlichen, weil dieses nicht zu den gesuchten allgemeinen Strukturen des Lebens gehört, sondern nur Moment e i n e r Möglichkeit des Lebensvollzugs, des christlichen, ist). In der Vorlesung "Einleitung in die Phänomenologie der Religion" vom Wintersemester 1920/21 beschäftigte sich H. vor allem mit dem "Wie des Selbsterfahrens" (AJ 92), wie es die Briefe des Apostels Paulus zu Wort bringen.

H. interpretierte in der genannten Vorlesung aus dem corpus paulinum insbesondere 1. Thess. 4,13-5,10 und Partien aus dem zweiten Korintherbrief.[44] In 1. Thess. 5,1-10 ermahnt Paulus die Gemeinde zur Wachsamkeit, weil χρόνος und καιρός des Eschaton nicht bestimmt werden können; der Plötzlichkeit des Geschehnisses soll die ihr entsprechende Erwartungshaltung entsprechen: "Wie ein Dieb in der Nacht, so kommt der Tag des Herrn ... So laßt uns nicht schlafen ... sondern wachsam sein und nüchtern" (1. Thess. 5,2 und 6). Der Text macht deutlich, wie das Verfügenwollen über die Zukunft mittels einer chronologischen Bestimmung den Menschen seiner Offenheit für die Zukunft (das Eschaton) beraubt: "Wie ein Dieb in der Nacht, so kommt der Tag des Herrn. Wenn sie von Frieden und Sicherheit reden, wird sie plötzlich das Verderben überfallen ..." (1. Thess. 5,2 f). Wird die Zukunft durch eine chronologische Fixierung verfügbar gemacht, so ist "Frieden und Sicherheit" und damit ein Aufgehen in der Welt möglich. Demgegenüber dominiert in der eigentlichen Selbst-erfahrung die "Erstreckung" in den vom Ich selbst "sich selbst vorweggesetzten Erwartungshorizont" (AJ 91). Der Vollzugssinn des Lebens ist eigentlich verstanden und vollzogen, wenn sich der Mensch die Zukunft nicht durch eine chronologische Fixierung verfügbar macht. Eben indem Paulus vor letzterem warnt und zur Wachsamkeit aufruft, zeigt er an, daß er eine eigentliche Selbst-erfahrung des Lebens gemacht hat.[45] Für den nach der Seinsverfassung des Lebens Fragenden wird damit aber unübersehbar: Wenn die eigentliche Zukünftigkeit, d.h. der eigentliche Seinsvollzug des Lebens im Sicheinlassen auf das Unverfügbare zu sehen ist, dann ist dem Leben sein Sein aus der Verfügungsgewalt des Vorstellens und Betrachtens genommen, weil das Vorstellen und Betrachten des Seinsbezugs zur Zukunft sich gerade nicht auf die Unverfügbarkeit derselben einläßt. Darin liegt aber: Der "Seinssinn" des Lebens muß fundamental verschieden sein von allem Sein, das im Vorstellen und Betrachten genuin erfaßt werden kann, d.h. von allem kategorial verfaßten Sein (Dilthey) bzw. von allen "Existenzarten" (Simmel).

Daß H. tatsächlich auf dem soeben skizzierten Weg oder ähnlich zu der Erkenntnis des eigentümlichen Seins des Lebens gelangt ist, läßt sich bei der gegenwärtigen Quellenlage weder beweisen noch widerlegen. Es dürfte aber eher unwahrscheinlich sein, da in AJ jene Erkenntnis schon vorliegt und hier nichts auf ihre Herkunft in einer Auseinandersetzung mit Paulus hinweist.

Nach DS erhalten die auseinanderfallenden Wirklichkeitsbereiche den prinzipiellen Zusammenschluß durch das "Hineinreichen in die letzte kategoriale Sphäre des Gegenständlichen (die Transzendentien)" (DS 230). Wenn nun aber neben die Bereiche des Wirklichen ein Seiendes trat, das nicht 'wirklich' ist (nämlich das 'Leben'), dann mußte für H. die Frage aufbrechen, auf welche Weise nun das Sein des Seienden eine Einheit erreichen konnte. Im Zusammenhang mit seiner Auseinandersetzung mit Dilthey und Yorck in SuZ schreibt H.:

> "Wie anders soll Geschichtlichkeit in ihrem Unterschied vom Ontischen = Vorhandenen ... 'kategorial' begriffen werden, es sei denn dadurch, daß 'Ontisches' sowohl wie 'Historisches' in eine u r s p r ü n g l i c h e r e E i n h e i t der möglichen Vergleichshinsicht und Unterscheidbarkeit gebracht werden? Das ist ... nur möglich, wenn die Einsicht wächst: ... Die Frage nach der Geschichtlichkeit ist eine o n t o l o g i s c h e Frage nach der Seinsverfassung des geschichtlich Seienden ... Die Idee des Seins umgreift 'Ontisches' u n d 'Historisches'. S i e ist es, die sich muß 'generisch differenzieren' lassen" (SuZ 403).[46]

In diesem Problem der ursprünglichen Einheit der Vergleichshinsicht des Seins des Seienden von verschiedener Seinsart kehrte für H. zweifellos, wenn auch in anderer Weise, jene Frage wieder, die er sich noch als Schüler bei der Lektüre von Brentanos Dissertation "Von der mannigfachen Bedeutung des Seienden nach Aristoteles" stellte. Aristoteles hat die Bedeutung von Sein als Akzidenz, als Wahrsein, als Kategorie und als Möglichkeit und Wirklichkeit bestimmt. Das hatte H. veranlaßt zu fragen: "Wenn das Seiende in mannigfacher Bedeutung gesagt wird, welches ist dann die leitende Grundbedeutung?"[47] Die Frage nach der leitenden Bedeutung von Sein mußte sich H. wieder stellen, wenn das "Leben" in seinem Sein nicht mehr vorurteilshaft als kategorial ver-

faßtes Wirkliches verstanden werden konnte. Denn
Sein zerfiel dann gleichsam in das 'Wirklich-Sein'
und in 'Lebend-sein' und mußte doch beide in einem
beides vereinenden Grundsinn umgreifen, da es sich
bei beiden um Sein handelt. Jene beiden Modi von
Sein können nur verstanden werden, indem sie gleichsam vom alle Seinsbezirke umfassenden Sinn von Sein
überhaupt durch Einführung ihrer 'differentia spe-
cifica' abgehoben werden. Auf diese Weise würden
sich erste Ansätze "zum Begriff einer Wissenschaft
v o m   S e i n   a l s   s o l c h e m, seinen
Möglichkeiten und Abwandlungen" ergeben (SuZ 230).
Die erste zu lösende Aufgabe wäre in diesem Zusammenhang, den noch nicht weiter differenzierten Begriff vom Sein zu bestimmen: "die ... Aufgabe einer
... Genealogie der verschiedenen ... Weisen von Sein
bedarf einer Vorverständigung über das, 'was wir ...
mit ... 'Sein' meinen'" (11). Die Frage nach dem
Sinn von Sein liegt noch der Frage nach der Seinsverfassung der Seinsbezirke in der Rangfolge voraus.
Erst wenn das Sein (im umfassendsten Sinne verstanden) methodisch zureichend in seinem Sinn als Zeit
bestimmt ist, kann ein voller und begründeter Begriff von der Seinsart des 'Lebens' wie auch des
sonstigen Seienden entwickelt werden.

§ 7   DIE PHÄNOMENOLOGIE UND ARISTOTELES; DIE DE-
STRUKTION DER HEUTIGEN AUSLEGUNG DER GRIECHI-
SCHEN PHILOSOPHIE

Nach SuZ ist die griechische Ontologie, insbesondere
die des Parmenides und Aristoteles durch eine Nachbarschaft zu der in SuZ entfalteten Phänomenologie
ausgezeichnet. H. berichtet zur Vorgeschichte dieser seiner (für seine Parmenidesauslegung grundlegenden) Auffassung unter anderem Folgendes: Nachdem
Husserl 1916 nach Freiburg gekommen war, habe er mit
ihm, H., das phänomenologische Sehen eingeübt. Obwohl dieses im Gegenzug zu allen der Tradition ent-
stammenden Vorurteilen sich vollzieht, konnte sich
H. von Aristoteles um so weniger trennen, "je deutlicher" ihm "die wachsende Vertrautheit mit dem phänomenologischen Sehen die Auslegung der Aristotelischen Schriften befruchtete" (ZSD 86).

H. hatte schon in DS versucht, sich die
Tradition mittels moderner Methoden ursprünglicher anzueignen. Offenbar blieb
er auch nach DS auf dieser Bahn, wenn er
sich bemüht, mit Hilfe der Husserlschen
Phänomenologie (und wohl auch der Lebensphilosophie) Aristoteles ursprünglicher
zu verstehen, als es in der Scholastik
und in der modernen philosophischen und
philosophie-historischen Auslegung geschehen war.

Husserl hatte H. gelehrt, das Sein des Seienden und
den Sinn der es betreffenden Wahrheit ohne Rücksicht
auf überlieferte oder sonstige dogmatische Festsetzungen im Rückgang auf die Struktur der unmittelbaren Gegebenheit des Seienden im Bewußtsein zu bestimmen. Weil nun aber Husserl seinen phänomenologischen
Ansatz nach H.s Ansicht nicht durchhielt, als er in
den "Ideen" die Phänomenologie auf der Grundlage neu-
kantianischer dogmatischer Festsetzungen ausbaute
(ZSD 47), hatte sich H.s Versuch, unvoreingenommen
auf die Phänomene (des Bewußtseins) einzugehen, vor
allem auf Husserls Logischen Untersuchungen zu stützen, die ihm philosophisch "gleichsam neutral" geblieben schienen.[48] Bei der Beschäftigung mit den
LU enthüllte sich nun H., wie er selbst berichtet,
der in der sechsten LU der ersten Auflage "herausge-
arbeitete Unterschied zwischen sinnlicher und katego-
rialer Anschauung ... in seiner Tragweite für die Bestimmung der 'mannigfachen Bedeutung des Seienden'"
(ZSD 86). Sinnliche Gegenstände konstituieren sich
nach den LU in einfachen, kategoriale in zusammenge-
setzten Akten des Bewußtseins, wobei diese sich auf
jene aufbauen. Hiervon hat nach Husserl die Bestimmung des Seins bzw. der Wahrheit der sinnlichen und
kategorialen Gegenstände auszugehen. Analogien zur
Husserlschen Unterscheidung von sinnlicher und kate-
gorialer Erfahrung finden sich nun wieder in der Lehre des Aristoteles von der Wahrheit.

Aristoteles zeigt in Met. Θ 10, daß Wahr- und
Falschsein der Aussage in der Struktur der in
der Aussage erfaßten 'Seins' begründet ist.
Weil der λόγος (bzw. die διάνοια) abhängig
ist von 'Gegenständen' mit Synthesisstruktur,

kann der λόγος die Synthesis richtig oder falsch nachvollziehen. Ist der Gegenstand nicht zusammengesetzt, so kann die Erkenntnis selbst nicht Synthesisstruktur haben und folglich die Begriffe auch nicht falsch zusammensetzen. ἀσύνθετα sind die Inhalte der isolierten Begriffe, auf denen das Urteil aufbaut [49]. Diese Begriffe können für sich betrachtet von komplexer Natur sein, unter dem Aspekt ihrer Funktion im Urteil sind sie aber unteilbar [50]. In bezug auf diese fundamentalen Begriffe gibt es nur ein Wissen im Sinne eines einfachen Berührens (θιγεῖν) oder ein Nichtwissen im Sinne von Nichtberühren. Das Berühren vollzieht sich im einfachen αἰσθάνεσθαι bzw. νοεῖν, wobei das erstere die Grundlage gibt für das letztere: das noetische εἶδος ist im sinnlich Wahrgenommenen enthalten [51].

Aristoteles macht deutlich, was bei Husserl nur als Möglichkeit impliziert ist, aber nicht zum Tragen kommt [52]: Das Urteil gründet auf einer nichtsynthetischen unmittelbaren Erfahrung, auf die das das Urteil bestimmende kontradiktorische Korrelat von Richtigkeit und Falschheit nicht anwendbar ist, die vielmehr n u r 'wahr' genannt werden kann. Dieses Ergebnis der Aristotelesinterpretation führte phänomenologisch interpretiert - schon Husserl hatte den Sinn von Wahrheit aus der Struktur der Erfahrung (Erfüllung) erschlossen - vor das Problem, in welchem Sinne das νοεῖν wahr genannt werden kann im Unterschied zur Wahrheit des Urteils. Daß es Erfahrung gibt, deren Wahrheit der Richtigkeit des Urteils, d.h. seiner Übereinstimmung mit dem Gegenstand vorausliegt und in einem unmittelbaren Kontakt oder Zugang zum Sein des Seienden liegt, durfte also auf dem Boden der Phänomenologie nicht einfach wie bei Aristoteles konstatiert werden, vielmehr mußte das 'Wesen' dieser Wahrheit bestimmt werden. Diese Problemstellung verschärfte sich für H. dann vermutlich dadurch, daß für ihn die Phänomenologie das S e i n des Lebens (später des Daseins) thematisiert und jene vorsynthetische wahre Erfahrung (νοεῖν) ein 'Element' in einer S e i n s -

weise des Lebens (der des theoretischen Erkennens) ist. Die Struktur dieses Lebensvollzugs bzw. sein Wahrsein erweist sich für H. dann, grob gesprochen, als Ent-deckend-sein. Das Erkennen (d.h. νοεῖν und λόγος) ist wahr, weil und insofern es entdeckt und d.h. in einen unmittelbaren Bezug zum Seienden tritt. In der aristotelischen Entdeckung der vor der Richtigkeit und Falschheit des Urteils liegenden, nur im unmittelbaren Zugang zum Sein des Seienden beruhenden Wahrheit des νοεῖν meldet sich, so zeigt sich jetzt, ein ursprünglicheres Verständnis des Aristoteles von der Wahrheit: Das νοεῖν kann wie der λόγος von Aristoteles wahr genannt werden, weil er, wenn auch nur "vorontologisch", verstand, daß das 'Wesen' der Wahrheit ursprünglich im Entdecken mit seinem direkten Bezug zum Seienden (bzw. Sein) zu sehen ist. "Aristoteles hat nie die These verfochten, der ursprüngliche 'Ort' der Wahrheit sei das Urteil. Er sagt vielmehr, der λόγος ist die Seinsweise des Daseins, die entdeckend o d e r verdeckend sein kann ... Und nur weil νόησις " für Aristoteles "primär entdeckt, kann auch der λόγος ... Entdeckungsfunktion haben" (SuZ 226).

H.s Bemühung, sich mit Hilfe moderner philosophischer Methoden die Tradition, insbesondere Aristoteles, neu anzueignen, bezog auch das griechische Wort für Wahrheit[53] ἀλήθεια mit ein. Dieses hatte zuerst J. Classen[53] 1851 bzw. 1867 als ἀ-λήθεια, d.h. als Unverborgenheit gedeutet, welche These zuletzt vor H.s Auseinandersetzung mit der griechischen Tradition (und für H. wohl am leichtesten zugänglich) von N. Hartmann 1909 und J. Ortega y Gasset 1914 wieder aufgenommen wurde. Der Sinn von ἀ-λήθεια, die Unverborgenheit, impliziert die Frage, was sich an philosophischem Sinn in jenem Wort für Wahrheit verbirgt. Die Antwort auf diese Frage fand H., wie er berichtet[54], um 1920 in der Auseinandersetzung mit Husserls LU.

Husserl hatte gezeigt, daß der Versuch des Psychologismus, die logischen Gebilde und Gesetze im Rückgang auf psychologische Gesetze und Regeln aufzuklären, einem Vorurteil gleichkommt, d.h. daß sich der Psychologismus gar nicht auf das eigentümliche Sein des genannten Seienden einläßt, dieses Sein vielmehr durch seine Bearbeitungsart derselben vorurteilsmäßig dogmatisch festsetzt. Demgegenüber fordert Husserl, es sei unter Ausschaltung aller Vorurteile unmittelbar auf die "Sachen selbst" zurückzugehen, d.h. das Sein des Seienden durch die Analyse der Struktur seiner Gegebenheit ausweisend aufzuweisen. Ähnlich kommt für H. das S e i n des Seienden nur dann zur Aufklärung, wenn das Sein in seinem Sich-an-ihm--selbst-zeigen ausdrücklich im Gegenzug zu allen unausgewiesenen 'Vorurteilen', d.h. (dem Dasein entspringenden) Verdeckungen errungen wird.55) Von hier aus interpretiert nun H. die ἀ-λήθεια, die Unverborgenheit der Griechen: Die Griechen wissen darum, wie das ἀ-privativum in ἀ-λήθεια andeutet, daß die Wahrheit der Verborgenheit durch das verstellende 'Vorurteil' immer erst abgerungen werden muß, daß das An-ihr-selbst-zeigen der Seiendheit des Seienden immer erst erobert wird im Kampf gegen die in den 'Vorurteilen' liegende Verborgenheit, also im Kampf gegen den Schein. "Die Wahrheit (Entdecktheit) muß dem Seienden immer erst abgerungen werden. Das Seiende wird der Verborgenheit entrissen ... Ist es Zufall, daß die Griechen sich über das Wesen der Wahrheit in einem p r i v a t i v e n Ausdruck (ἀ-λήθεια) aussprechen?" (SuZ 222). - Das Entdecken geschieht für H. dem Wesen nach im Gegenzug zum Verbergen. Ent-decktheit ist darum für die Griechen Unverborgenheit. Nur was verborgen ist, kann entdeckt werden. Man darf darum annehmen, daß die Deutung der ἀ-λήθεια als Unverborgenheit auch umgekehrt H.s Auslegung des Wahrseins als Entdecken mitangeregt hat.

Soll Husserls Vorgehen sinnvoll sein, wenn er zur Auslegung des Seins des Seienden auf die eigentümliche Weise der Gegebenheit des Seins des Seienden zurückgeht, so muß dieses Sein sich von ihm selbst her bekunden können. Das Sich-selbst-bekunden des Seins erwies sich nun H. als Schlüssel zum griechischen Ausdruck φαινόμενον, den H. als das "Sich-an-ihm-selbst-zeigende" übersetzt (SuZ 28). Vom Sichzeigen des Seins des Seienden aus ließ sich aber wieder die ἀ-λήθεια, die Unverborgenheit verstehen (aber auch umgekehrt jenes von dieser aus). Und damit zeigt sich: Zwischen Husserls Rückgang auf die "Sachen selbst", d.h. auf ihre eigentümlichen Weisen der Gegebenheit und der ἀλήθεια besteht eine Ent-

sprechung. Beides interpretiert sich gegenseitig.
H. berichtet, wie ihm diese Entdeckung bei der Beschäftigung mit den LU gelang: Bei der Vorbereitung auf eine Arbeitsgemeinschaft über die LU "erfuhr ich
- zuerst mehr durch ein Ahnen geführt, als von begründeter Einsicht geleitet - das eine: Was sich für die Phänomenologie der Bewußtseinsakte als das sich--selbst-Bekunden der Phänomene vollzieht, wird ursprünglicher noch von Aristoteles und im ganzen griechischen Denken und Dasein als ’Αλήθεια gedacht, als die Unverborgenheit des Anwesenden, dessen Entbergung, sein sich-Zeigen. Was die phänomenologischen Untersuchungen als die tragende Haltung des Denkens neu gefunden haben, erweist sich als der Grundzug des griechischen Denkens ..." (SD 87).

Daß Aristoteles das Wesen der Wahrheit als Entdecken und Entdecktheit verstand, zeigt nach SuZ außer seinem Ausdruck für Wahrheit, ἀλήθεια und außer der Wahrheit des νοεῖν auch sein 'Ausdruck' für die Funktion der Aussage, ἀποφαίνεσθαι, dessen Sinn H. als 'aufweisendes Sehenlassen' (SuZ 32) oder 'etwas als Unverborgenes sehen lassen' und "entdecken" (33) bestimmt.56) Es ist aber nicht nur das Wesen der Wahrheit, das sich für H. bei Aristoteles in gewissen Grenzen zeigt. Wie Gadamer von H.s Seminar über die Nikomachische Ethik um 1923 (vermutlich Sommersemester 1922) berichtet, verstand H. die φρόνησις des Aristoteles als das "Gewissen"57). (Die phänomenologische Analyse des faktischen Lebensvollzugs mußte ja auch dieses Geschehen im faktischen Leben in den Blick nehmen und es daraufhin befragen, welche Seinsweise des faktischen Lebens sich in ihm meldet.) Wie der Bericht Gadamers vermuten läßt, hat H. den aristotelischen Text systematisch daraufhin befragt, ob, wie und inwieweit in ihm die Seinsweisen des Lebens, d.h. eigentliche Selbst-erfahrungen desselben zur Sprache kommen. Diese Vermutung bestätigt die Art und Weise, wie H. in SuZ die Auslegung der Stimmungen bei Aristoteles interpretiert hat. Aristoteles faßt die Stimmungen, so hebt H. dort hervor, nicht als eine Klasse der psychischen Phänomene (also nicht als etwas Vorhandenes) wie die Folgezeit (SuZ 139), sondern er versteht sie angemessener als Modi der Befindlichkeit des Man. Das werde daraus ersichtlich, daß Aristoteles "die πάθη im zweiten

Buch seiner 'Rhetorik'" untersucht, die "als die erste systematische Hermeneutik der Alltäglichkeit des Miteinanderseins aufgefaßt werden" muß (138).

In der Zeit nach Aristoteles verstellt sich nach SuZ - aus welchen Gründen ist hier nicht auszuführen - das Wesen der Wahrheit und Befindlichkeit. Die nach Aristoteles verstärkt sich durchsetzenden ontologischen Vorurteile[58] verstellen aber nicht nur die Phänomene der Wahrheit und der Befindlichkeit, sie verhindern auch notwendigerweise die Aneignung dessen, was Aristoteles diesbezüglich gesehen hatte. Eine sachgemäße Interpretation des Aristoteles kann also nur durch "Destruktion" der traditionellen und heute noch herrschenden ontologischen 'Vorurteile' über Aristoteles geleistet werden.[59]

Was Aristoteles von den Phänomenen in gewissen Grenzen verstanden hatte, geht nach ihm SuZ zufolge, wie schon gesagt, wieder verloren bzw. wird in verstellter Form wieder aufgenommen, in der es zum ontologischen Fehl- und Vorurteil herabsinkt. Dies gründet darin, daß die Struktur des Überlieferungsgeschehens ein Verstellen des von Aristoteles Verstandenen bewirkt.[60] Letzteres bildet also in verstellter Form mit eine der begrifflichen Grundlagen der auf Aristoteles folgenden Philosophiegeschichte. Deren Begriffe haben zum Teil ihre Grundlage, so zeigt sich also in ihrer Destruktion, in der Begegnung des Aristoteles mit den Phänomenen. Der Rückgang auf die Erfahrungen des Aristoteles in der Destruktion der traditionellen Seinsbegriffe wird damit zur Ausstellung ihres "Geburtsbriefes" (SuZ 22). Die Aufklärung der 'Geburt' der die nacharistotelische Tradition bestimmenden Begriffe schließt auch die Aufklärung der Genesis der ontologischen Erfahrungen und 'Vorurteile' des Aristoteles aus der Struktur des sie hervorbringenden 'Lebensvollzugs' (und seiner Situation[61]) ein.

Hierin deutet sich an, daß die Auseinandersetzung mit Aristoteles für H. in SuZ ihren Sinn nicht mehr allein darin haben kann, Aristoteles besser zu verstehen. Sie wird vielmehr zum Schlüssel für das ontologische Verständnis der ganzen nachfolgenden Geschichte der Seinsbegriffe, hat also eine 'seinsgeschichtliche', d.h. auf das Verstehen der Geschichte des Seinsverständnisses zielende Absicht. Das Interesse an der Geschichte des Seinsverständnisses begründet nun H. in SuZ wie folgt: Die Aufgabe von SuZ ist es, fragend den Sinn von Sein und seine Modi auszuarbeiten. Das Fragen nach dem Sinn von Sein ist aber a l s Fragen ein geschichtlich vollzogenes Sein, woraus folgt: "Die Ausarbeitung der Seinsfrage muß ... aus dem eigensten Seinssinn des Fragens selbst als eines geschichtlichen die Anweisung vernehmen, seiner eigenen Geschichte nachzufragen ..., um sich in der positiven Aneignung der Vergangenheit in den vollen Besitz der eigensten Fragemöglichkeiten zu bringen." (20 f) H.s Thematisierung der Geschichte der Seinsfrage, die, wie der Text erkennen läßt, mit der Geschichte des Seinsverständnisses zusammenfällt, hat also letztlich wieder ein ontologisches Interesse: Die Möglichkeiten, Sein (d.h. die möglichen Modi des Sinnes von Sein) zu begreifen, werden nur dann vollständig erfaßt, wenn a u c h die Möglichkeiten des Seinsverständnisses, die die Tradition 'vollzogen' hat, begriffen werden. Wie aber Aristoteles Sein verstand, wird, wie sich zeigte, nur zugänglich in der Destruktion der ontologischen 'Vorurteile', die seine angemessene Auslegung verhindern. Diese kann aber nur geleistet werden, wenn sich die Auslegung vorgängig selbst den Blick freigemacht hat auf die Phänomene. Diese, d.h. das Sein und seine Strukturen kommen jedoch nur einem Sehen in den Blick, dessen Perspektive durch die Seinsfrage bestimmt ist. Darum steht die Destruktion der Aristoteles betreffenden Vorurteile letztlich unter der Führung der Seinsfrage. "Soll für die Seinsfrage selbst die Durchsichtigkeit ihrer eigenen Geschichte gewonnen werden, dann bedarf es der Auflockerung der verhärteten Tradition und der Ablösung der durch sie gezeigten Verdeckungen. Diese Aufgabe verstehen wir als die a m L e i t f a d e n d e r S e i n s f r a g e sich vollziehende D e s t r u k t i o n des überlieferten Bestandes der antiken Ontologie auf die ursprünglichen Erfahrungen, in denen die ersten und fortan leitenden Bestimmungen des Seins gewonnen wurden" (22).

H. hat die 'Destruktion des überlieferten Bestandes der antiken Ontologie' nicht auf Aristoteles und Platon beschränkt, sondern er ist bis auf Parmenides zurückgegangen. Auch für Parmenides nimmt er an, daß er in gewissen Grenzen genuine Erfahrungen der Phänomene machte, also "Zugang zu den ursprünglichen 'Quellen'" hatte, "daraus die überlieferten Kategorien und Begriffe z.T. in echter Weise geschöpft wurden" (21). Diese These wird, wie sich zeigen wird, zur tragenden Voraussetzung von H.s Parmenidesinterpretation. Auch in bezug auf Parmenides sagt H. schon in SuZ, daß die ontologische Tradition seine 'Begriffe' übernahm (171). Daß sie zugleich seine genuinen Erfahrungen verstellt übernommen hätte, sagt er in SuZ noch nicht ausdrücklich; in EM wird diese These jedoch zu einem der Fundamente der Auslegung des Parmenides und der abendländischen 'Seinsgeschichte' überhaupt.

Wenn H. Parmenides in seine Aufhellung der Geschichte der Seinsfrage miteinbezieht, so läßt das nach dem oben Entwickelten vermuten, daß Parmenides die Seinsfrage stellte, und dieses parmenideische Fragen nach dem Sein für H. eine wesentliche Möglichkeit solchen Fragens darstellt, der nachgegangen werden muß, soll die Seinsfrage sich "in den vollen Besitz der eigensten Fragemöglichkeiten ... bringen" und "die Durchsichtigkeit ihrer eigenen Geschichte" gewinnen. Sollen aber die 'Art und Weise', wie Parmenides die Seinsfrage stellt (ihre Reichweite, Durchsichtigkeit usw.) sowie die Erfahrungen, denen sie entsprang und die in ihr gemacht wurden, genuin in den Blick kommen, so ist analog zu Aristoteles und aus demselben Grund wie bei diesem eine Destruktion des bisherigen Parmenidesverständnisses 'am Leitfaden der Seinsfrage' notwendig. Die 'Art und Weise' des Parmenides, die Seinsfrage zu stellen und die Erfahrungen, denen sie entsprang und die in ihr gemacht wurden, sind aber nur dann ganz begriffen in ihrem Wesen, wenn auch der zugehörige 'Lebensvollzug' in seiner ontologischen Struktur durchsichtig gemacht ist. Somit ergeben sich für die Rekonstruktion der Parmenidesauslegung, wie sie SuZ zugrunde liegt, folgende Leitfragen:

(1) Wie bestimmt H. die Art und Weise, wie Parmenides die Seinsfrage stellte, d.h. ihre Durchsichtigkeit, Reichweite, ihr eventuelles Vorverständnis vom Sein?

(2) Wie bestimmt H. das Wesen der Erfahrungen (die Situation), denen jene Frage entsprang und die in ihr gemacht wurden?

(3) Wie bestimmt H. den 'Lebensvollzug', besser die Seinsweise des Daseins insgesamt, die zu jener Frage (und zu den ihr zugehörigen Erfahrungen) gehört?

(4) Inwiefern erfordert die Beantwortung der Fragen (1) bis (3) für H. eine Destruktion von 'Vorurteilen' über Parmenides?

ZWEITES KAPITEL:

ZU HEIDEGGERS AUSLEGUNG DES PARMENIDES NACH "SEIN UND ZEIT"

Hinter H.s Bemerkungen zu Parmenides in SuZ steht eine weitgeführte, wenn nicht umfassende Interpretation seines 'Lehrgedichts'. Doch wird von dieser Interpretation alles das nicht von H. in SuZ aufgenommen, was nicht zu dem in SuZ Thematischen gehört. Thema ist hier der Sinn von Sein bzw. das Sein des Daseins, und diese Themen werden von H. mit aller methodischen Strenge und Ausschließlichkeit verfolgt. Daher kommt es, daß sich H. nur an insgesamt sechs ausgesprochen kurz gehaltenen Stellen auf Parmenides bezieht. An dieser Kürze liegt es wohl, daß das Wenige, was H. zu Parmenides sagt, oft nicht ohne Mehrdeutigkeit ist. Einer Rekonstruktion der hinter seiner Bemerkungen zu Parmenides stehenden Gesamtinterpretation scheinen also fast unüberwindliche Schwierigkeiten entgegenzustehen. Daß dergleichen im Folgenden dennoch gewagt wird, bedarf somit der Rechtfertigung. Die Rekonstruktion wenigstens der Grundzüge von H.s Parmenidesinterpretation, wie sie hinter SuZ steht, wird möglich, wenn man Folgendes im Blick behält:

(1) Für H. stimmt nach SuZ die Seinsfrage und Seinsauslegung des Parmenides in den Grundzügen mit der der Griechen bis hin zu Aristoteles überein. Was in SuZ (sowie GPh und KPM) ganz a l l g e m e i n über die Griechen gesagt wird, kann darum auf Parmenides übertragen werden. Damit schränkt sich der Möglichkeitsspielraum, innerhalb dessen H. Parmenides interpretiert haben kann, schon wesentlich ein.

(2) Soweit H.s Bemerkungen in SuZ zu Parmenides aus sich heraus verständlich sind, lassen sie eine (eingeschränkte) Entsprechung mit der Parmenidesinterpretation in EM erkennen. Letztere ist ausführlich genug, um voll entfaltet als heuristischer Leitfaden für die Rekonstruktion der hinter SuZ stehenden Parmenidesinterpretation dienen zu können (daß man nicht unkritisch von EM auf SuZ zurückschließen darf, versteht sich von selbst).

(3) SuZ und EM zeigen deutlich genug, daß H. Parmenides nach einer bestimmten Methode interpretiert hat. Der Text wird von H. ständig, soweit das irgend möglich ist, so interpretiert, daß er, wenn auch in bestimmten Grenzen, das Selbe zur Sprache bringt wie H. in SuZ und EM. Das erlaubt in bestimmten Grenzen, umgekehrt von H.s allgemeinen 'Thesen' über Sein und Dasein auf seine Parmenidesauslegung zurückzuschließen.

Somit ergibt sich ein dreifacher heuristischer Leitfaden, um von dem in SuZ zu Parmenides Bemerkten (von diesem hat die Rekonstruktion so weit als möglich auszugehen) auf die dahinter stehende Gesamtinterpretation seines Lehrgedichts als dem 'Ungesagten' zurückzuschließen. Hat man die heuristische Methode einmal im Griff, so zeigt sich das Wenige in SuZ zu Parmenides Gesagte von einer außerordentlichen, wenn auch verborgenen Reichhaltigkeit. Diese Fülle kann allerdings aus Raumgründen nur teilweise entfaltet werden. Im wesentlichen wird sich die Analyse auf die Seinsfrage und das Wahrheitsverständnis des Parmenides (nach SuZ) beschränken.

§ 8   PARMENIDES UND DIE SEINSFRAGE NACH SuZ

In den einleitenden Sätzen zu SuZ stellt sich H. bezüglich der Seinsfrage ausdrücklich in die Nachfolge Platons. Zuerst macht er anhand eines Zitats aus Platons Sophistes klar, daß für Platon die Bedeutung des Ausdrucks ὄν (seiend) zum Problem wurde, um dann fortzufahren: "Haben wir heute eine Antwort auf die Frage nach dem, was wir mit dem Wort 'seiend' eigentlich meinen? Keineswegs. Und so gilt es denn, d i e   F r a g e   n a c h   d e m   S i n n   v o n   S e i n   erneut zu stellen" (SuZ 1). Daß sich H. hier ausdrücklich in die Nachfolge Platons stellt, bestätigt seine Selbstinterpretation in KPM: "Die fundamentalontologische Grundlegung der Metaphysik in 'Sein und Zeit' muß sich als Wiederholung verstehen. Die Stelle aus Platons 'Sophistes', die die Betrachtung eröffnet, dient ... als Hinweis darauf, daß in der antiken Metaphysik die Gigantomachie über das Sein des Seienden entbrannt ist" (KPM 216). Ist nun die Gigantomachie über das Sein des Seienden nach H.s Meinung auch schon bei Parmenides entbrannt, und stellt er sich wie in die Nachfolge Platons, so auch in die des Parmenides? Hierüber gibt SuZ direkt keine Auskunft. Es heißt nur, daß die "erste Entdeckung des Seins des Seienden" durch Parmenides erfolgte (SuZ 212), daß er ferner eine "Auslegung des Seins" vollzieht (25 f), und daß er in den Anfang "der für uns entscheidenden ontologischen Tradition" hineingehört (100). Schließlich heißt es in SuZ, die Seinsfrage habe ganz allgemein "das antike Philosophieren in die Unruhe" getrieben (2) (und zwar bis hin zu Aristoteles, "um freilich ... von da an zu verstummen" (2) und in Vergessenheit zu kommen (21)). Somit darf es für wahrscheinlich gelten, daß im Sinne von SuZ nicht nur Platon und Aristoteles, sondern auch Parmenides von der Seinsfrage "in Atem gehalten"(2) und "in die Unruhe" getrieben (2) wurde.

Über die Reichweite und Durchsichtigkeit der Seinsfrage des Parmenides nach H.s Ansicht in SuZ kann zunächst nur gesagt werden, daß beides innerhalb der Grenze liegen muß, die der antiken Seinsfrage überhaupt in bezug auf ihre Reichweite und Durchsichtigkeit gesetzt war. Diese Grenze bestimmt H. in SuZ allerdings nur negativ: Die "griechische Seinsauslegung vollzieht sich ... ohne jedes ausdrückliche Wissen um den dabei fungierenden Leitfaden" der Zeit (26). "Das 'Sein' wird ... in aller bisherigen Ontologie 'vorausgesetzt', aber nicht als verfügbarer B e g r i f f -, nicht als das, als welches es Gesuchtes ist." (8) Folglich blieb die Seinsfrage wie in aller bisherigen Ontologie, so auch in der Antike 'unerledigt'. Eine positive Bestimmung der Reichweite und Durchsichtigkeit der antiken Seinsfrage ergibt sich mit hinreichender Deutlichkeit aus KPM, welches Werk H. nur zwei Jahre nach dem Abschluß von SuZ veröffentlicht hat und dessen Interpretation der antiken Seinsfrage darum H.s Auffassung hierüber in SuZ nahekommen dürfte. Nach KPM setzt nun die Seinsfrage (im weitesten Sinne verstanden) in der antiken Philosophie damit ein, daß die φυσιολόγοι "nach dem Seienden überhaupt" fragen (KPM 200). Diese Frage hat sich "aus der Unbestimmtheit und Fülle ihrer anfänglichen Universalität" differenziert zur "Frage nach dem Seienden im Ganzen und in seinen Hauptbezirken" und zu der nach dem ὂν ᾗ ὄν (Aristoteles), d.h. nach dem Seienden als Seienden oder dem Seienden als solchen (200 f).

Innerhalb dieser beiden 'Richtungen' der Seinsfrage besteht für H. eine Rangordnung: Die Frage nach dem Seienden im Ganzen setzt "ein gewisses Begreifen dessen, was das Seiende als solches sei", voraus, weshalb die Frage nach dem Seienden als solchem der nach dem Seienden im Ganzen "vorgeordnet" werden muß (201). Die Frage nach dem Seienden als solchen setzt aber ihrerseits wieder ein Verstehen dessen, "was überhaupt das Seiende zum S e i e n - d e n bestimmt", d.h. des Seins voraus (201). Die Frage "nach dem, was das Seiende als solches bestimmt", die Seinsfrage (im engeren Sinne) ist also noch ursprünglicher als die nach dem Seienden als solchen und ist zugleich in dieser impliziert (201). Während das antike Denken zur Frage nach dem Seienden als solchem vorstieß, blieb die Frage nach dem Sein als solchem (die Seinsfrage im engeren Sinne, die nach dem Sinn von Sein fragt) bei den Griechen ungestellt ("die Auslegung des Seins als solchen" kommt bei ihnen nicht "ans Licht" (216)).

Welche Stellung für H. Parmenides in der Geschichte der griechischen Seinsfrage zukommt, d.h. ob er noch wie die φυσιολόγοι undifferenziert nach dem Seienden überhaupt fragt (s.o.) oder ob er schon das Seiende im Ganzen und das Seiende als solches thematisiert, läßt sich aus KPM nicht mit Sicherheit erschließen, doch darf wohl das letztere als das Wahrscheinlichere gelten. Die Differenzierung der Seinsfrage in die Frage nach dem Seienden im Ganzen und in die Frage nach dem Seienden als solchen "ist die innere Entwicklung der antiken Metaphysik von ihren A n f ä n g e n ⌊Sperrung von mir⌉ bis zu Aristoteles" (KPM 200). In dieselbe Richtung weist auch die von H. 1927 redigierte Einleitung zum zweiten Entwurf von Husserls Encyclopaedia Britannica-Artikel, wo es ganz in H.s Terminologie heißt: "Aber macht nicht ... die griechische Philosophie seit ihren entscheidenden Anfängen das 'Seiende' zum Gegenstand des F r a g e n s ⌊Sperrung von mir⌉? Gewiß, aber nicht um dieses oder jenes Seiende zu bestimmen, sondern um das Seiende a l s S e i e n d e s [Sperrung von mir], das heißt hinsichtlich seines S e i n s zu verstehen"[1]. Im Folgenden führt dann H. als Beispiele solchen Fragens nach dem 'Seienden' unter anderem auch P a r m e n i d e s an. Weil H. in den auf die Herausgabe von SuZ folgenden Jahren Parmenides ganz ähnlich wie hier interpretiert und ihn niemals wie die φυσιολόγοι nach dem Seienden überhaupt fragen läßt, ist die weitere Interpretation der Parmenidesauslegung nach SuZ wohl berechtigt, von folgenden Prämissen auszugehen:

(1) Parmenides ist nach H.s Meinung in SuZ von der Seinsfrage "in die Unruhe" getrieben und an der Gigantomachie über das Sein des Seienden beteiligt.

(2) Wenn H. die Gigantomachie über das Sein neu entfacht (SuZ 2), so sieht er sich nicht nur in der Nachfolge Platons und des Aristoteles, sondern auch in der des Parmenides.

(3) Parmenides fragt nach H.s Ansicht nach dem Seienden als Seienden, d.h. nach den Bestimmungen seiner Vorhandenheit - H. hat hier anscheinend von Aristoteles auf Parmenides zurückgeschlossen[2] - und damit verborgenerweise nach dem Sein als solchen.

§ 9 DER 'URSPRUNG' DER GRIECHISCHEN SEINSFRAGE IN DER ENTSCHLOSSENHEIT

Auf die Frage, welcher Seinsweise des Daseins die griechische (parmenideische) Seinsfrage zuzuordnen ist, erhält man in SuZ nirgends eine direkte Antwort. Nach SuZ 172 scheint diese Frage dem θαυμάζειν zu entspringen, das, wie H. sagt, das Dasein in ein Nichtverstehen bringt, jene Frage aber wie jede Frage einem Nichtverstehen entsprungen sein muß. Andere Aussagen weisen in SuZ auf die Entschlossenheit als 'Ursprung' der griechischen Seinsfrage: Wenn das Gewärtigen der Entdecktheit des Vorhandenen in den positiven Wissenschaften "existenziell in einer Entschlossenheit des Daseins" gründet, "durch die es sich auf das Seinkönnen in der 'Wahrheit' entwirft" (SuZ 363), so muß dies auch für die Thematisierung als dem zu den positiven Wissenschaften gehörigen vorontologischen Erkennen des Seins ihres Gebietes, erst recht aber für die Radikalisierung solchen Erkennens in der Ontologie gelten. Da H. den "Ursprung der Wissenschaft" einschließlich der Ontologie "aus der eigentlichen Existenz" in SuZ nicht weiter verfolgt hat (363), soll im Folgenden in freien Überlegungen und ohne ausdrückliche Thematisierung der Wahrheitsproblematik diskutiert werden, wie der Ursprung der (griechischen) Ontologie aus der Entschlossenheit zu verstehen ist.

So wie H. die Entschlossenheit entfaltet, ergibt sich zunächst aus ihr kein direkter Zusammenhang mit der Philosophie. Die Entschlossenheit als Bereitschaft zur Angst (296) hat zwar insofern eine Affinität zur Seinsfrage, als in der Angst eine Abkehr vom jeweils Zuhandenen und eine Zukehr zur Welt vollzogen und so Welt als Welt "ursprünglich und direkt" erschlossen wird (187), dem Dasein also sein Seinsverständnis (Seinshorizont) enthüllt ist. Doch erfolgt die Zukehr zur Welt nur stimmungsmäßig, mithin ohne ihre Thematisierung. Gleichwohl läßt sich zeigen, daß die Entschlossenheit die Genesis der Ontologie und überhaupt der Wissenschaft möglich macht:

(1) Aufgrund der Übernahme der Vereinzelung in der Entschlossenheit wird in ihr das Selbst- bzw. Seinsverständnis nicht von der öffentlichen Meinung übernommen, sondern im Entschluß in je eigener Verantwortung gewählt. Darin liegt aber die Möglichkeit, daß die gewählte Möglichkeit des Verstehens auf ihre Tragfähigkeit hin überprüft und befragt wird.

(2) In der Angst ängstigt sich das Dasein um sein In--der-Welt-sein (187). Sie ist also Sorge um letzteres bzw. um die Erschlossenheit. Darin liegt, daß auch die Entschlossenheit als existenzielle Offenheit für den Erschließungssinn der Angst 'Sorge' um die je eigene Erschlossenheit ist. Wird sich diese Sorge ganz durchsichtig, so versteht sie, daß sie sich nicht nur um eine Erschlossenheit überhaupt, sondern auch (oder: eigentlich) um eine solche, die den Namen im strengen Sinn verdient, zu sorgen hat. Die möglichen Weisen der Erschlossenheit werden somit zum Problem, das sich, da Erschlossenheit immer auch Enthülltheit vom Sein bedeutet, nur in einem Fragen nach letzterem entscheiden läßt.

(3) In der Angst wird das Dasein vor die unerbittliche Rätselhaftigkeit des Daß seines Da gebracht (136). Die in ihr liegende Unzugänglichkeit für das Dasein, ihr Verweigern jedes Haltes für den Zugriff des Verstehens und d.h. jeder Vertrautheit wird in der Angst als Unheimlichkeit und damit als Beunruhigung erfahren. Je eigentlicher nun die Entschlossenheit die Angst auf ihren Erschließungssinn abhört, umso größer wird die Durchsichtigkeit des Verstehens der Rätselhaftigkeit des eigenen Daß-seins als Verstehens von Sein. Daß dieses Verstehen des Nichtverstehens in ein begrifflich sich artikulierendes Fragen umschlagen kann, das von der Befremdlichkeit des Seinsverständnisses in die Unruhe getrieben ist (2), ist naheliegend. Analoges läßt sich für den Modus der Seinsfrage, den die Griechen ausbildeten, also für die Frage nach dem Seienden als solchen entwickeln. Die Griechen erfuhren das Rätsel des Seinsverständnisses im Rätsel des Daß des Seienden als solchen: Indem das Dasein sich seinem Seinsverständnis zukehrt, enthüllt sich ihm auch das Rätsel des Daß des Seienden, das es selbst ist und das es nicht selbst ist, mithin das Rätsel des Daß des Seienden im Ganzen.3) Da also die Beunruhigung über das Rätsel des reinen Daß-seins des Seienden im Ganzen ein wesentliches Strukturmoment der Entschlossenheit ist, ist auch die Frage nach dem Seienden als solchen, die sich als solche in die Beunruhigung durch das Daß des Seienden im Ganzen gebracht hat, eine ausgezeichnete Möglichkeit der Entschlossenheit.

>Daß nach SuZ 172 die griechische Seinsfrage dem ϑαυμάζειν entsprang, widerspricht dieser Interpretation nicht. WiM 11,18 zeigt ganz deutlich, daß H. einen Zusammenhang zwischen der Verwunderung, der Angst (bzw. Entschlossenheit) und dem wissenschaftlichen Fragen gesehen hat.

§ 10 DAS WAHRHEITSVERSTÄNDNIS DES PARMENIDES NACH SuZ

Im Folgenden wird sich die Untersuchung einer der ausdrücklichen Bemerkungen H.s zu Parmenides in SuZ zuwenden. In § 44, also innerhalb der Analyse des Wesens und der Struktur der Wahrheit, schreibt H.:

> "Daß die Göttin der Wahrheit, die den Parmenides führt, ihn vor beide Wege stellt, den des Entdeckens und den des Verbergens, bedeutet nichts anderes als: das Dasein ist je schon in der Wahrheit und Unwahrheit. Der Weg des Entdeckens wird nur gewonnen ... im ... Unterscheiden beider und Sichentscheiden für den einen" (SuZ 222 f).

Das Zitat macht deutlich, daß sich die Interpretation H.s Auslegung des Wahrheitsphänomens anzueignen hat. Dies hat gewiß auch kritisch zu geschehen, doch kann die kritische Analyse von H.s Wahrheitsbegriff nur so weit vorangetrieben werden, wie es für die Interpretation des zitierten SuZ-Textes notwendig ist.

> Tugendhat hat H. vorgeworfen, er vernachlässige aus dem Interesse an der neu gewonnenen Dimension der Erschlossenheit das spezifische Moment des Wahrheitsbegriffs, nämlich die Selbigkeit, das An-sich-sein des Seienden. Der spezifische Sinn von Wahrheit sei zwar bei H. anfänglich mitgedacht, wenn er das Wahrsein der Aussage als Entdecken des Seienden, wie es an ihm selbst ist, bestimmt (SuZ 218). Doch dann lasse H. das "wie es an ihm selbst ist" weg und bestimme das Wahrsein der Aussage nur noch als "Entdecken", was möglich ist, weil man das Wort auch in einem engeren, 'eigentlicheren' Sinne verstehen kann: eine unwahre, täuschende Aussage wäre in diesem engeren Sinne gar nicht ent-deckend, sondern nur ver-deckend, wiewohl auch sie in einem weiteren Sinne entdeckt. Aufgrund dieser Verkürzung des Wahrheitssinnes auf das Entdecken ohne den Zusatz des "wie es an ihm selbst ist" ist nun H. nach Tugendhat der Gefahr nicht entgangen, das Wahrsein

dann doch mit dem unspezifischen Entdecken im weiteren Sinne zu identifizieren. Und von hier aus ergibt sich nach Tugendhat die 'Erweiterung' der Wahrheit auf alle Erschlossenheit ü b e r h a u p t "geradezu automatisch" (Tugendhat 329). Der Ausfall des spezifischen Wahrheitsbegriffs bei H. zeigt sich nach Tugendhat insbesondere darin, daß H. in der "Erklärung des Falschen von der 'Entdecktheit im Modus des Scheins'" spricht (a.a.O. 333), ferner in der Redewendung, "in der falschen Aussage sei das Seiende ' in gewisser Weise schon entdeckt und doch noch verstellt'" (a.a.O.). Soll das Entdecken im engeren Sinne, das allein w a h r genannt werden kann, vom Entdecken im weiteren Sinne, das noch keinen Bezug zur Wahrheit hat, abgehoben werden, so sei um den charakterisierenden Zusatz "wie es an ihm selbst ist" nicht herumzukommen (a.a.O. 334). Weil aber H. dieses Moment des spezifischen Wahrheitsbegriffs aus dem Blick gerate, könne er Wahrheit mit der Unverborgenheit und Erschlossenheit schlechthin identifizieren. Doch sei es gerade die "Differenz innerhalb der 'Unverborgenheit' zwischen einem unmittelbaren ... Gegebensein ... und der Sache selbst ..., aus der das Wort 'Wahrheit' überhaupt erst seinen Sinn gewinnt" (a.a.O. 335). Der Ausfall des spezifischen Sinnes von Wahrheit sei aber bei H. nicht total, vielmehr kämen "ungeschieden Aspekte" desselben immer wieder durch (a.a.O. 336), weil die Deutung des Wortes "Wahrheit" mit den zweideutigen Worten "Entdecken", "Unverborgenheit" im spezifischen Wahrheitssinne schillern kann (a.a.O.).

Die oben zitierte Stelle zu Parmenides erweckt nun den Anschein, als sei sie eine von denjenigen Zusammenhängen, in denen "Aspekte" des Wahrheitssinnes durchkommen und "Entdecken" zumindest im engeren Sinne schillert. Der 'Weg des Verbergens' ist identisch mit dem Doxateil des parmenideischen Gedichts, wie SuZ 223 A.1 deutlich zu erkennen gibt, und kann darum nur als "der Weg der δόξα im Sinne des Scheins", auf dem jeweils nur Ansichten herrschen (EM 85), gemeint sein; daraus folgt, daß der Weg des Entdeckens im engeren Sinne 'wahr' (entdeckend) sein muß, denn nur so wird die Abhebung vom Weg der Ansichten sinnvoll.

Damit stellt sich die Frage, wie die Einheit mit dem vorausgehenden Kontext, in dem nach Tugendhat der spezifische Sinn von Wahrheit ausgefallen ist, beurteilt werden muß und ob der Absatz über Parmenides überhaupt noch vom vorausgehenden Kontext aus interpretiert werden kann. Soll dies möglich sein, dann muß auf irgendeine Weise die Einheit von H.s Wahrheitsanalyse in SuZ § 44 b gezeigt werden, und sei es nur als eine im Text latente, nicht explizit entfaltete Möglichkeit.

H. zeigt zunächst in § 44 a, daß die Wahrheit "gar nicht die Struktur der Übereinstimmung zwischen Erkennen und Gegenstand" hat (SuZ 218); vielmehr bedeutet das Wahrsein der Aussage: "sie entdeckt das Seiende an ihm selbst" (218). Damit wird es für H. möglich, das Wahrheitsphänomen nicht primär an den vom Dasein gleichsam unabhängig gewordenen Urteilssätzen festzumachen, sondern es als eine Seinsweise des D a s e i n s , das entdeckt, zu verstehen. Und darum kann H. im nächsten Schritt ganz allgemein sagen: "Wahrheit als entdeckend-sein ist eine Seinsweise des Daseins." (220) Von hier aus ergibt sich dann gleichsam von selbst, daß alles Verhalten des Daseins zu Seiendem, das dieses in seinem Sein (angemessen) entdeckt, wahr genannt werden kann. Da z.B. auch der umsichtige Umgang mit dem Zuhandenen dieses in seiner Zuhandenheit angemessen entdeckt, kann auch dieser Umgang wie das theoretische Aussagen und Erkennen wahr genannt werden (69,220).[4)] Wenn nun aber nicht nur die theoretische Aussage (bzw. das Erkennen), sondern auch das atheoretische Verhalten zu innerweltlichem Seienden wahr genannt werden kann, dann hat es auch Sinn zu sagen, daß auch das existenzielle Verhalten des Daseins zu seinem je eigenen Sein, wenn es dieses angemessen erschließt, wahr ist. H. behauptet

nun von der Erschlossenheit des Daseins, sie sei "das
u r s p r ü n g l i c h s t e Phänomen der Wahrheit"
(220 f). Das hat, so sagt er, darin seinen Grund, daß
das Entdecken als ein Verhalten zum sonstigen Seienden nur möglich ist, weil das Dasein in sich selbst
erschlossen ist. "Wahrsein als entdeckend-sein ist
eine Seinsweise des Daseins. Was dieses Entdecken
selbst möglich macht, muß notwendig in einem noch
ursprünglicheren Sinne 'wahr' genannt werden." (220)
Doch hier stellt sich das Problem, daß es zwar sinnvoll scheinen möchte, daß das Entdecken des innerweltlichen Seienden, wie es an ihm selbst ist, und
eine entsprechende Erschlossenheit des Daseins 'wahr'
genannt werden, daß es aber nicht sofort einleuch-
tet, warum die Erschlossenheit, nur weil sie die Bedingung der Möglichkeit des Entdeckens ist, wahr ist.
Die Auflösung der Schwierigkeit läßt sich wie folgt
denken: Das Aussagen ist wahr, wenn es im strengen
Sinne ent-deckt. Dem Aussagen geht aber, sofern es
sich als wahres vollzieht, ein ebenso wahres Entdecken (bzw. die Entdecktheit des Seienden) voraus,
das das wahre Aussagen möglich macht (226) und darum
Wahrheit im ursprünglicheren Sinne genannt werden
kann. Das Ent-decken des sonstigen Seienden gründet
aber wieder in der Erschlossenheit des Daseins (nur
ein als Sorge in sich erschlossenes Seienden kann
sonstiges Seiendes entdecken) und ist in gewissem
Sinne ein Moment derselben. Wenn es aber sinnvoll
ist, das Entdecken im engeren Sinn, das der Aussage
vorausgeht, wahr zu nennen, dann kann auch das Er-
schließungsgeschehen, sofern es dieses Entdecken ist
(einbegreift), sinnvoll wahr genannt werden. Es zeigt
sich damit, daß mit der Rückführung der Wahrheit auf
die Erschlossenheit nicht notwendig ein Ausfall des
spezifischen Sinnes von Wahrheit verbunden sein
m u ß .

Im Folgenden nennt H. die Entschlossenheit die ursprünglichste "Wahrheit im Modus der Eigentlichkeit"
(221); ihr Gegenpol, die verfallene Existenz, könnte
dementsprechend als 'Wahrheit im Modus der Uneigentlichkeit' bezeichnet werden. Das macht deutlich, daß
H. die Termini Wahrheit und Erschlossenheit streng
miteinander identifiziert. Läßt sich auch dies noch
dahingehend interpretieren, als sei die spezifische
Wahrheitsproblematik von H. in SuZ festgehalten?

Zunächst ist klar, daß der Ausdruck Erschlossenheit in sich zweideutig ist; er kann meinen: die Erschlossenheit überhaupt und die im strengen Sinn, im Verhältnis zu der ein Trug oder Täuschung gar kein Erschließen, sondern ein 'Verschließen' ist. In diesem zweiten Sinne genommen würde der Ausdruck durchaus die spezifische Wahrheitsproblematik berücksichtigen, und so verstanden hätte es also durchaus Sinn zu sagen: Erschlossenheit ist wahr. Mir scheint nun, daß die zweite Bedeutung in SuZ entscheidend ist: Eigentlich ist das Dasein, so H., wenn es sich seine Jemeinigkeit zu eigen gemacht hat (42). Uneigentlich wäre das Erschließen entsprechend, wenn es sich sozusagen sein erschließendes Wesen (noch) nicht zugeeignet hat. Das Erschließen, das den Namen voll verdient, geschieht dann nur scheinbar. Der Formulierung 'Wahrheit im Modus der Uneigentlichkeit' entspricht also in etwa die Redewendung H.s von der Entdecktheit im Modus des Scheins (222). Damit daß der strenge Sinn von Erschlossenheit in der genannten Formulierung hineinspielt, wäre gezeigt, daß in ihr die spezifische Wahrheitsproblematik eine Rolle spielt. H. konnte Erschlossenheit und Wahrheit als Synonyma verwenden, weil Erschlossenheit auch in einem engen und strengen Sinn verstehbar ist, in welchem sie in der Tat mit Wahrheit identifizierbar ist.

Daß H. den Terminus 'Wahrheit' im Sinne von Erschlossenheit im engen und strengen Sinne begreift, läßt sich auch noch in anderen Zusammenhängen nachweisen:

(1) Innerhalb der Entfaltung seines Begriffs von Phänomenologie (§ 7 A) unterscheidet H. zunächst scharf die φαινόμενα im Sinne des 'Sich-an-ihm-selbst-zeigenden' von dem φαινόμενον im Sinne des Scheins, in dem sich "Seiendes ... als das zeigt, was es an ihm selbst nicht ist" (28). Diese Bestimmung des Seins spielt unausdrücklich in H.s Begriff von den positiven Wissenschaften hinein: "Je a n g e m e s s e n e r /Sperrung von mir/ ... das Sein des zu erforschenden Seienden verstanden ... ist, um so sicherer wird die jeweilige Perspektive des methodischen Fragens" (362). Das vorgängige Seinsverständnis der einzelnen Wissenschaften

determiniert "die zugehörige Möglichkeit von Wahrheit und Gewißheit" (362). Wahrheit (zu Gewißheit s. Punkt 2) ist hier offensichtlich nur so möglich, daß das Verstehen und Bestimmen des Seienden 'zuvor' das Sein, wie es sich von ihm selbst her zeigt, im Blick hat und ihm sich so anmißt.

(2) Deutlich tritt der spezifische Wahrheitssinn auch in H.s Bestimmung des Terminus Gewißheit hervor, die er innerhalb der Analyse des Verhältnisses des Daseins zu seinem Tode vorlegt. H. faßt hier Gewißheit als Für-wahr-halten oder Sich-in-der--Wahrheit-halten (256). "Das Für-wahr-halten ist ... zulänglich, wenn es im entdeckten Seienden selbst gründet und ... hinsichtlich seiner Angemessenheit an dieses sich durchsichtig geworden ist..." (256). Wie die angemessene Gewißheit gleich-ursprünglich zur Wahrheit gehört, so muß entsprechend umgekehrt der Erschlossenheit des Todes im Modus der Uneigentlichkeit eine unangemessene, unzulängliche Gewißheit (Für-wahr-halten) des Todes zugehören, die weder im erschlossenen Sein des Seienden (hier dem Sein des Daseins zum Tode) gründet, noch in ihrer Angemessenheit an dieses sich durchsichtig geworden ist. "Das alltägliche Dasein verdeckt zumeist die eigenste, unbezügliche ... Möglichkeit seines Seins. Diese faktische Verdeckungstendenz bewährt die These: Dasein ist ... in der 'Unwahrheit' ... Die u n - a n g e m e s s e n e ⌐Sperrung von mir⌐ Gewißheit hält das, dessen sie gewiß ist, in der Verdecktheit. Versteht 'man' den Tod als umweltlich begegnendes Ereignis, dann trifft die hierauf bezogene Gewißheit nicht das Sein zum Ende." (256 f) Darin, daß die existenzielle Unwahrheit und eine unangemessene Gewißheit dem Text nach zusammengehören, bestätigt sich, daß im Ausdruck 'Wahrheit im Modus der Un-eigentlichkeit' die spezifische Wahrheitsproblematik hereinspielt. Entsprechendes gilt für Sätze wie: "Die ontologische 'Wahrheit' der existenzialen Ana-

lyse bildet sich aus auf dem Grunde der ursprünglichen existenziellen Wahrheit" (316). Die existenziale Analyse wird von H. ausdrücklich bestimmt als Aufweisung des Seins des Daseins, so wie es sich an ihm selbst zeigt (SuZ § 7). Diese Aufweisung ist nur auf dem Grunde einer existenziellen Erschlossenheit im engen Sinne möglich.

Gleichwohl kann kein Zweifel sein, daß der spezifische Wahrheitssinn bzw. der enge Sinn von Erschlossenheit bei der 'Erweiterung' des Wahrheitsbegriffs von der Aussagewahrheit auf die Erschlossenheit in § 44 (zunächst wenigstens) ausfällt, wenn H. S. 221 Wahrheit als Erschlossenheit überhaupt bestimmt und dann noch ganz unbestimmt auf deren Konstitutiva Geworfenheit, Entwurf und Verfallen verweist. Erst wenn H. dann auf die Grundmöglichkeiten des Entwurfs bzw. der Erschlossenheit zu sprechen kommt, scheint dann wieder der engere Sinn von Erschlossenheit bzw. Wahrheit einzuspringen: Die Erschlossenheit (Wahrheit) des Daseins erfüllt - so scheint H. jetzt sagen zu wollen - ihren Begriff nur in der eigentlichen Existenz: die "e i g e n t l i c h e Erschlossenheit zeigt das Phänomen der ursprünglichsten Wahrheit im Modus der Eigentlichkeit" (221). Wäre dieser Satz als Näherbestimmung des Sinnes von Wahrheit und Erschlossenheit zu verstehen, so könnte man annehmen, in § 44 b falle bei der Identifikation von Wahrheit und Erschlossenheit die spezifische Wahrheitsproblematik zunächst aus 'methodischen' Gründen aus, etwa weil es H. zunächst nur darauf ankommt aufzuweisen, daß das Fundament der Wahrheit der Aussage in der Erschlossenheit des Daseins zu sehen ist und diese darum die ursprünglichste Wahrheit genannt werden muß. Diese Erschlossenheit würde erst näher bestimmt im Verweis auf die Wahrheit der Existenz. H. scheint mir nun diese Deutung selbst zu bestätigen; innerhalb der Interpretation der Entschlossenheit (§ 60) heißt es nämlich rückblickend zu § 44 b: "Die Erschlossenheit wurde ... interpretiert als die u r s p r ü n g l i c h e W a h r h e i t . Diese ist primär keine Qualität des 'Urteils' ... sondern ein wesenhaftes Konstitutivum des In-der-Welt-seins als solches ... Die ontologische K l ä r u n g ⌜Sperrung von mir/ des Satzes: 'Dasein ist in der Wahrheit' hat die ursprüngliche Erschlossenheit dieses Seienden als W a h r h e i t   d e r   E x i s t e n z angezeigt ..." (297). Es ist klar, daß Erschlossenheit zuletzt im engen und strengen Sinne verstanden ist. Der Text zeigt damit im wesentlichen die Struktur der hier versuchten Interpretation von § 44 b. Erst wird in ihm die Wahrheit von der Aussage auf die Erschlossenheit des In-der-Welt-seins 'erweitert' und 'zurückgeführt', dann wird klar gesagt, daß nicht die verfallende Existenz die ursprüngliche Erschlossenheit bzw. Wahrheit ist, sondern die Entschlossenheit. Und dies wird ausdrücklich als "Klärung", Näherbestimmung des noch unbestimmten Satzes "Dasein ist in der Wahrheit" bezeichnet.

Der Sinn des Satzes "Das Dasein ist in der Wahrheit" ist nach SuZ 221 unter anderem auch wie folgt näher zu bestimmen: "Zur Seinsverfassung des Daseins gehört das V e r f a l l e n ..." Wie ist das zu verstehen? Ist nicht die Aussage der 'Ort' der Wahrheit, sondern die Erschlossenheit des Daseins die ursprünglichste, unableitbare Wahrheit, dann tritt die Wahrheit in Zusammenhang mit der gesamten Sorgestruktur. Damit stellt sich die Frage, wie das Wesen der Erschlossenheit im Hinblick auf Wahrheit innerhalb der verfallenden Existenz zu bestimmen ist. Die Antwort auf diese Frage kann (aus noch zu erörternden Gründen) nur darin bestehen, daß die Erschlossenheit der verfallenden Existenz als Un-wahrheit zu fassen ist: "Das Dasein ist, weil wesenhaft verfallend, seiner Seinsverfassung nach in der 'Unwahrheit'" (222). Der Satz: 'das Dasein ist als solches erschlossen und darum in der 'Wahrheit'' ist genauer geklärt, wenn die dieser Erschlossenheit ständig inhärente Möglichkeit des In-der-Unwahrheit-seins mitgedacht wird.

>Diese Interpretation ist vielleicht nicht genügend gesichert (und kann dies auch nicht sein wegen der Zweideutigkeit von H.s Ausdrucksweise). Daß der Text jedenfalls in dieser Weise verstanden werden k a n n , wird man kaum bezweifeln können, zumal da der spezifische Wahrheitsbegriff bei H. auch sonst, wie gezeigt, keine unwesentliche Rolle spielt. Vor allem ist aber ein

durchgehender Gedankengang innerhalb von
§ 44 b erreicht und somit möglich, die Bemerkungen über Parmenides aus dem Gesamtzusammenhang von § 44 b zu verstehen.

Als nächstes gilt es zu klären, warum für H. S. 222 die existenzielle Unwahrheit (das Verfallen) zusammengeht mit dem Verdecken des innerweltlichen Seienden (bzw. die Entschlossenheit mit einem genuinen Entdecken desselben). "Das Aufgehen im Man bedeutet die Herrschaft der öffentlichen Ausgelegtheit. Das Entdeckte ... steht im Modus der Verstelltheit". Es ist ja zunächst gar nicht einleuchtend, warum eine Flucht vor der existenziellen Wahrheit (Angst) hin zum innerweltlichen Seienden auch eine Verstellung des letzteren einschließen soll. Die Interpretation muß hier etwas weiter ausholen. Weil Vorurteile und Täuschungen in bezug auf das innerweltliche Seiende ständige Möglichkeiten des Daseins sind, ist die Zueignung des innerweltlichen Seienden nur dann zureichend ausgewiesen, wenn diese Möglichkeiten ausdrücklich ausgeschlossen worden sind. Weil zur " F a k t i z i t ä t des Daseins ... Verschlossenheit und Verdecktheit" gehören, "muß das Dasein wesenhaft das auch schon Entdeckte g e g e n den Schein und die Verstellung sich ausdrücklich zueignen und sich der Entdecktheit immer wieder versichern" (222). Ein genuines wissenschaftliches Forschen, das die Möglichkeit der Täuschung und der Vorurteile ausdrücklich ausschließt und sich der genuinen Entdecktheit immer wieder versichert, bringt sich in das Fragen und mutet sich das Nichtverstehen des Seienden damit ausdrücklich zu bis hin zum Scheitern jedes Verstehensversuchs. Die Flucht vor der existenziellen Wahrheit hin zum innerweltlichen Seienden ist nun aber ihrem 'Seinssinn' nach Flucht aus der Verschlossenheitserfahrung der Angst hin zur Sorge des 'Alles-verstehen--könnens'. Darin liegt, daß das verfallene Dasein kein genuines Interesse daran haben kann, bei der genuinen Erforschung des Seienden bzw. bei der Absicherung seiner Entdecktheit sich einem Nichtverstehen oder gar dem Scheitern des Verstehens auszuliefern. Die Absicherung gegen die Täuschung, das eigenständige Zueignen der Sachen im Fragen wird also unterlassen. Aber gerade im Unterlassen des Rückgangs auf den Boden des 'Verstandenen' und Beredeten liegt ein Verschließen desselben (169).

Die Unwahrheit in bezug auf das innerweltliche Seiende liegt für H. also nicht nur darin, daß etwas als etwas ausgegeben wird, was es nicht ist (33), sie kann durchaus auch in einer richtigen Ansicht bestehen, wenn sich das Dasein das in ihr gesichtete Seiende existenziell nicht genuin zugeeignet hat. Diese Erweiterung des (Un-)Wahrheitsverständnisses ist letztlich in der Festmachung des Wahrheitsphänomens im Erschließen und Entdecken des existierenden Daseins begründet: Das "Verstehen" ist "ein Seinkönnen ..., das einzig im e i g e n s t e n Dasein frei werden muß" (178).

Systematisierend kann man den Zusammenhang von Verfallen und Verdecken des innerweltlichen Seienden wie folgt fassen: Die Erschlossenheit des Strukturg a n z e n der Sorge bildet eine Einheit. Darum muß die Sorge um die Wahrheit (Erschlossenheit im strengen Sinne) in der Entschlossenheit auch eine Sorge um die Durchsichtigkeit des Bezugs zum sonstigen Seienden einschließen. "Existierend Seiendes sichtet 'sich' nur, sofern es sich gleichursprünglich in seinem Sein b e i ⌊Sperrung von mir⌋ der Welt, im Mitsein ... durchsichtig geworden ist" (146). Umgekehrt muß ein Existieren, das die Scheinerschlossenheit des je eigenen Seins zum Umwillen hat, auch das sonstige Seiende "im Modus des Scheins" entdecken. Entsprechendes gilt für den Bezug des Daseins zum Seinsverständnis bzw. zum verstandenen Sein. Wenn beides wesentlich zum Sein des Daseins gehört, dann muß es sich ihm im Verfallen in irgendeiner Weise verschließen, sei es, daß es ungenügend in den Blick kommt (Parmenides), sei es, daß es ganz 'vergessen' wird.

Enthält H.s Satz, das Dasein sei gleichursprünglich in der Wahrheit und Unwahrheit (223), den spezifischen Wahrheitssinn ausdrücklich mit, so ergibt sich ein einfaches Verständnis von H.s Gründung der positiven Wissenschaften und der Ontologie auf die Entschlossenheit. Zu dieser gehört die Seinstendenz, so ergab sich früher (§ 9), die je eigene Erschlossenheit so in die Sorge zu nehmen, daß sie den Namen im strengen Sinne verdient und d.h., wie jetzt ge-

sagt werden kann, daß sie das je eigene Sein
und das sonstige Seiende angemessen, d.h.
wie es sich an ihm selbst zeigt, erschließt
bzw. entdeckt. Zur Ent-schlossenheit gehören also als ausgezeichnete Möglichkeiten
das ontische und ontologische Erkennen.
Weil das Dasein der Möglichkeit nach Sein
und Seiendes angemessen erschließt und entdeckt bzw. sein In-der-Wahrheit-sein-können
in die Sorge nehmen kann, ist Wissenschaft
möglich: Die "Gewärtigung der Entdecktheit"
in der Wissenschaft "gründet existenziell in
einer Entschlossenheit des Daseins, durch die
es sich auf das Seinkönnen in der 'Wahrheit'
entwirft. Dieser Entwurf ist möglich, weil
das In-der-Wahrheit-sein eine Existenzbestimmung des Daseins ausmacht" (SuZ 363).

Bildet die Entschlossenheit, das angemessene Ent-dekken des Seienden und die 'Aufklärung' des Seinsverständnisses einerseits und das Verfallen, das Verdekken des sonstigen Seienden und die Verdunkelung des Seinsverständnisses andererseits je ein einheitliches 'Lichtungsgeschehen' und ist das Verfallen, die 'Selbsttäuschung', eine ständig das Dasein beherrschende Seinstendenz (es sei denn, sie wird ausdrücklich vom Dasein 'überwunden'), so können die Entschlossenheit und ihr Ent-decken sich nur vollziehen, indem sie sowohl die 'Selbsttäuschung' als auch die Verdeckung der "Welt" und die Verdunkelung des Seinsverständnisses 'überwindet': "Wenn das Dasein die Welt eigens entdeckt und sich nahebringt, wenn es ihm selbst sein eigentliches Sein erschließt, dann vollzieht sich dieses Entdecken von 'Welt' und Erschliessen von Dasein immer als Wegräumen der Verdeckungen und Verdunkelungen, als Zerbrechen der Verstellungen, mit denen sich das Dasein gegen sich selbst abriegelt." (129) Darin liegt aber, daß die Entschlossenheit offen ist für die 'Selbst-täuschung' (229,308) und Täuschung bezüglich des innerweltlich Seienden; sie versteht, daß diese Offenheit die Bedingung der Möglichkeit für alles genuine Erschließen ist und daß das Dasein im unkritischen 'Allesverstehen' und kritiklosen Festhalten an Meinungen schon in der Unwahrheit ist. Die Entschlossenheit ist mithin eine Haltung, die sich bei keiner Antwort endgültig beruhigt, sondern solche Beruhigung als 'Unwahrheit' versteht. Sie versteht, daß aufgrund dieser Tendenz des Daseins zur 'Unwahrheit' "das Dasein ... das auch schon Entdeckte g e g e n den Schein und die Verstellung sich ausdrücklich zueignen und sich der Entdecktheit immer wieder versichern" muß (222). Alle Zueignung von Sein kann für den Entschlossenen nur im Kampf mit der im Dasein ständig inhärenten Tendenz zur Beruhigung und der mit ihr verbundenen 'Unwahrheit' erfolgen. "Die jeweilige faktische Entdecktheit ist" somit "gleichsam immer ein R a u b " (222). Wenn nun H. hierauf im ganz entsprechenden Sinne auf das griechische Wort für Wahrheit, ἀλήθεια , und auf Parmenides zu sprechen kommt, so liegt darin, daß das griechische Wahrheitsverständnis und die parmenideische Ontologie einer Entschlossenheit entsprungen sind:

> "Ist es Zufall, daß die Griechen sich über das Wesen der Wahrheit in einem p r i - v a t i v e n Ausdruck (ἀ-λήθεια) aussprechen? Kündigt sich in solchem Sichaussprechen des Daseins nicht ein ursprüngliches Seinsverständnis seiner selbst an, das wenngleich nur vorontologische Verstehen dessen, daß In-der-Unwahrheit-sein eine wesenhafte Bestimmung des In-der-Welt-seins ausmacht? Daß die Göttin der Wahrheit, die den Parmenides führt, ihn vor beide Wege stellt, den des Entdeckens und den des Verbergens, bedeutet nichts anderes als: das Dasein ist je schon in der Wahrheit und Unwahrheit. Der Weg des Entdeckens wird nur gewonnen ... im ... Unterscheiden beider und Sichentscheiden für den einen." (222 f)

Diese Sätze gilt es nun im einzelnen zu interpretieren. Da die Verborgenheit des Seienden, wie sich zeigte, nach SuZ ihren Ursprung im Dasein hat und ein 'Moment' in seiner "Unwahrheit" ist, kündigt sich in der privativen Wortbildung ἀ-λήθεια, Un-verborgenheit (219) ein "vorontologisches Verständnis" dessen an, daß das In-der-Unwahrheit-sein das Dasein ständig beherrscht und Wahrheit darum der Unwahrheit abgerungen werden muß. Die Griechen verstanden also nach H.s Ansicht "vorontologisch", was seine Phänomenologie methodisch-begrifflich (insbesondere in bezug auf das Dasein) ausarbeitet und zur Grundlage ihrer Methode macht:

> "Die Freilegung des ursprünglichen Seins des Daseins muß ihm ... i m G e g e n z u g zur verfallenden ... Auslegungstendenz a b g e r u n g e n werden ... Die S e i n s a r t des Daseins f o r - d e r t ... von einer ontologischen Interpretation ... daß sie sich das Sein dieses Seienden gegen seine eigene Verdeckungstendenz e r o b e r t /der ganze Nebensatz von H. kursiv/. Die existenziale Analyse hat daher ... den Charakter einer G e w a l t s a m k e i t ." (311)

Insofern es dem griechischen Denken um ein genuines Entdecken des Seins des Seienden geht und es dieses vollzieht im Gegenzug zu den Vorurteilen und unausgewiesenen Meinungen, also zur Verdeckungstendenz des Daseins, entspricht es der 'phänomenologischen Haltung' H.s: Was die Phänomenologie "sucht und will", nämlich das Sein, die φαινόμενα als den Gegenbegriff zum Schein5) zu erfassen und zu begreifen, war "schon von A n f a n g /Sperrung von mir/ an in der abendländischen Philosophie lebendig" (GPh 28). Den Griechen geht es wie H.s Phänomenologie um die Unverborgenheit als das Sich-an-ihm--selbst-zeigen des Seienden (bzw. des Seins).

Darin, daß nach SuZ 223 A.1 der Weg des Entdeckens bei Parmenides mit dem Aletheia-Teil und der Weg des Verbergens mit der Doxa identisch ist6), liegt, so ergab sich, daß Entdecken in diesem Zusammenhang von H. im engen und strengen Sinn verstanden ist. Verbergen meint soviel wie Sich-unwahr-zum-Sein-des--Seienden-verhalten. Wenn Parmenides nach H.s Behauptung den Weg des Entdeckens gewinnt, indem er die Wege des Entdeckens und Verbergens unterscheidet, sich für den ersten und damit gegen den zweiten entscheidet (SuZ 223), so erobert er wie H. die Unverborgenheit nur in einer Auseinandersetzung mit der Möglichkeit des unwahren Verhaltens zum Sein des Seienden. Parmenides ist nach H.s Ansicht wie er, H., selbst 'Phänomenologie', insofern er sich f ü r das Sich-an-ihm-selbst-zeigen (φαίνεσθαι) des Seienden entscheidet und damit in einem g e - g e n die vorurteilshaften Ansichten (EM 86) der Sterblichen, insofern er also die Phänomene ausdrücklich im Gegenzug zur Verdeckungstendenz des Daseins ent-deckt.

Die Entschlossenheit, die sich auf die 'Wahrheitssorge' entwirft, unter-scheidet wesensmäßig wie Parmenides zwischen der Erschlossenheit und dem Entdecken im strengen Sinn und der 'Selbsttäuschung' und dem scheinbaren Entdecken. Solches Unter-scheiden setzt voraus, daß der Unterscheidende die 'Unwahrheit' des Daseins als eine Möglichkeit erfahren hat, in der es "zunächst und zumeist" ist. In anderer Perspektive gesehen: das Unterscheiden setzt voraus, daß das Dasein existenzial jene Möglichkeit ist, auch wenn es sie faktisch nicht wählt - nur darum kann es sie "zumeist" sein (das Dasein ist existenzial überhaupt die Möglichkeiten, die es existenziell nicht ist (145), d.h. faktisch nicht wählt). Der Unterscheidende (Parmenides), so kann man in Blick auf EM formulieren, hat verstanden, daß 'Wahrheit' und 'Unwahrheit' im Dasein wesensmäßig zusammengehören. (Der Grund dafür ist nach SuZ die Endlichkeit des Daseins, seine Struktur des 'geworfenen Entwurfs' (223).) Dieses Verstehen läßt erst für Parmenides das Unter-scheiden der beiden Wege zur "Not" werden. Es zeigt sich damit: das "bedeutet nichts anderes als ..." in der hier zu interpretierenden Stelle über Parmenides in SuZ 222 f meint: Wenn Parmenides die Zusammengehörigkeit von "Wahrheit" und "Unwahrheit" mittels des Bildes von den beiden Wegen usw. zu Wort bringt, so zeigt das nach H.s Ansicht an, daß er diese Strukturen (einschließlich des Verfallens bzw. der Endlichkeit des Daseins) vor-ontologisch versteht, wenn auch nicht ontologisch begreift.[7] Dies vermag er deshalb nicht, weil bei ihm wie bei den Griechen überhaupt "das Dasein ... in seiner ... ontologischen Struktur" nicht "zur Erfassung kam oder auch nur ... Problem wurde" (14).

> In der Entschlossenheit ist, wie gesagt, das Dasein zunächst 'nur' existenziell durchsichtig, das je eigene Sein ist angemessen verstanden, nicht aber ontolo-

gisch begriffen. Von daher wird verständlich, daß bei Parmenides wie bei den Griechen überhaupt in ihrem Wort für Wahrheit nur das "' v o r ontologische /Sperrung von mir/ Verstehen dessen, daß In-der--Unwahrheit-sein eine wesenhafte Bestimmung des In-der-Welt-seins ausmacht", sich ankündigt (222) und "die älteste Tradition der antiken Philosophie" das 'Wesen' des Wahrheitsphänomens 'nur' "ursprünglich ahnte und v o r phänomenologisch /Sperrung von mir/ ... verstand" (219). Solches vorontologische Verstehen macht aber gerade die ursprünglichen Erfahrungen (21) aus, die die Destruktion der Tradition zurückgewinnt.

Neben dem Unterscheiden der beiden Wege weist nach H.s Meinung auch das Sich-entscheiden für den Weg des Entdeckens (223) auf die Entschlossenheit des Parmenides: Ein Sich-entscheiden bedeutet bei H. zunächst, daß sich das Dasein in vereinzelter, verantwortlicher Wahl in die gewählte Möglichkeit (bei Parmenides: die Wahrheitssorge, das Entdecken) wirft. Solches Wählen gehört aber als existenzielle Zueignung des je eigenen Freiseins zur Entschlossenheit.

Die Wege des Parmenides sind als Wege d e s Entdeckens und Verbergens eindeutig als Seinsmöglichkeiten (-weisen) des Daseins charakterisiert. Als solche sind sie von Parmenides vorontologisch verstanden, nicht aber ontologisch begriffen. Die Wege des Parmenides sind also nach H.s Meinung keine vom Dasein und seinem Verstehen losgelösten Lehren, Beweisgänge oder richtige, mit der Wirklichkeit übereinstimmende bzw. falsche Aussagenreihen.

Da Parmenides nach SuZ einzig die Möglichkeit des E n t d e c k e n s und Verbergens des Seins des innerweltlichen Seienden einander gegenüberstellt, scheint bei ihm von einem ausdrücklichen Verstehen der Zusammengehörigkeit der Wahrheit und Unwahrheit der E x i s t e n z nicht die Rede zu sein. Diese Schwierigkeit ist wie folgt lösbar: Nach H.s Ansicht ist Parmenides nicht nur der zur Wahrheit entschlossene Ontologe, sondern auch an die vorhandene 'Welt' verfallen, d.h. von dem ontologischen Vorurteil (des Man) bestimmt, Sein sei identisch mit Vorhandenheit (25 f, 130, 171). Dies dürfte für H. der Grund sein, weshalb er die parmenideische Seinsauslegung nur als ein Entdecken bezeichnet. Insofern Parmenides aber nach dem Sein des Seienden fragt, i s t er ent-schlossen, und der Entschlossenheit ist, wie gesagt, als solcher durchsichtig, daß Er- und Verschlossenheit im Dasein zusammengehören.

Die parmenideische Auslegung des Seins (25 f) nimmt, wie H. glaubt, das Seinsverständnis und nicht nur die Entdecktheit dieses oder jenes Seienden in die Sorge. Sie vollzieht sich, wie EM bestätigt, als Fragen, das in Parm. B 8 in ein Begreifen der Bestimmungen des Seins des Seienden mündet. Ist nun aber das Sein auf diese Weise angemessen entdeckt, so ist damit die Bedingung der Möglichkeit gegeben, das Seiende in seiner jeweiligen Seinsverfassung offenbar zu machen, also für die Unverborgenheit des Seienden (womit auch erst das Sein bei ... zur vollen Durchsichtigkeit käme). Das Fragen nach dem Sein bzw. seine Auslegung ist also auch für Parmenides, wie H. glaubt, 'transzendental' ursprünglicher als die Ausarbeitung der Seinsverfassung einzelner Seinsgebiete oder gar als das nur ontische Erkennen. (Parmenides eröffnet sich nach EM das Seiende nur, wenn der Fug des Seins gewahrt wird (EM 127).) Weil er die Voraussetzung für die Entdeckung des Seienden erst enthüllt, ist der Weg der fragenden Auslegung des Seins der im eigentlichen Sinne entdeckende. Er ist dies auch, weil er das Seiende den auf das Sein bezüglichen Vorurteilen der Menschen, die den Zugang zum Seienden verstellen, entreißt.

Es bleibt noch zu interpretieren, daß nach H.s Ansicht in SuZ "die Göttin der Wahrheit" "den Parmenides führt" und in solchem Führen vor die genannten Wege stellt (222). Im Stellen vor die Wege ist implizit das angesprochen, was man sonst in der Parmenidesforschung die Offenbarung des Parmenides nennt. Was ist für H. in der Phase von SuZ der Sinn dessen, daß Parmenides seiner Ontologie die Gestalt einer Offenbarung gibt? Und warum nimmt H. an, die offenbarende Göttin sei die Wahrheit, also die Un-

-Verborgenheit (Entdecktheit)? Wie das "In" in "In--der-Welt-sein" die Geworfenheit anzeigen soll[8], so soll auch das "In" in "In-der-Wahrheit-" bzw. "In--der-Unwahrheit-sein" zum Ausdruck bringen, daß das Dasein diese Seinsmöglichkeiten nicht in seiner Freiheit selbst 'geschaffen' hat, sondern als ins Entwerfen geworfenes zu übernehmen hat.[9] Daß Parmenides von der Aletheia (als einer Göttin) geführt und 'gelenkt' wird, scheint für H. in SuZ gerade eben diese 'Beschränkung' der Freiheit des Daseins 'auszudrücken': "Daß die Göttin der Wahrheit, die den Parmenides führt, ihn vor beide Wege stellt ... bedeutet ...: das Dasein ist j e   s c h o n   i n ⟨Sperrung von mir⟩ der Wahrheit und Unwahrheit." Daß Parmenides seinem Lehrgedicht die Form der Offenbarung gibt, scheint also nach H.s Ansicht zu bedeuten, daß er auf diese Weise eine verstehende Erfahrung der Geworfenheit des Daseins zur Sprache bringt. Das würde darauf weisen, daß die Göttin des Parmenides für H. keine reale übernatürliche Größe ist, wie z.B. für Mansfeld. Sie kann es schon deswegen nicht sein, weil sie ja für ihn die Göttin der Wahrheit, d.h. die ἀλήθεια, die Unverborgenheit (des Seienden) und als solche 'relativ' auf das Sein des Daseins, sein Entdecken im anschauenden Vernehmen und Auslegen des Seins ist.[10]

> Daß der λόγος des Parmenides nach H.s Ansicht keine Lehre einer 'jenseitigen', übermenschlichen Gottheit ist, sondern eine ausgezeichnete Möglichkeit des Menschen qua Dasein, ergibt sich wie folgt: Darin, daß Parmenides das Sein auslegt (26), liegt, daß er sich seinem Seinsverständnis zukehrt und es in seinem Rang würdigt (EM 63). Auslegung heißt bei ihm wie überhaupt Ausbildung des menschlichen Verstehens, mithin "Ausarbeitung der im Verstehen entworfenen Möglichkeiten" des Menschen (SuZ 148). Die Wege des Parmenides müssen für H. Seinsweisen des Menschen sein, denn nur so kann die Gegenüberstellung beider Wege 'bedeuten': "Das D a s e i n ⟨Sperrung von mir⟩ ist je schon in der Wahrheit und Unwahrheit" (SuZ 222). In SU betont H. denn auch, das "fragende Be-

trachten" sei für die Griechen (Parmenides) die "höchste Weise ... des 'am-Werke--Seins' [,] des Menschen" (SU 10). Parmenides' Weg des Entdeckens ist ferner nach EM der "eines Erfragens" (EM 84). Fragen kann aber nur das endliche Dasein (als ent-schlossenes), nicht ein allwissender Offenbarergott, dessen Weg als all-wissender auch nicht der eines Entdeckens sein kann. Wäre die offenbarende Göttin eine 'jenseitige', übermenschliche Person oder Personifikation einer ebensolchen Macht, so eignete ihrem λόγος eine dem Denken vorgegebene und es absichernde Autorität. Doch eine solche Absicherung ist dem fragenden Denken des Parmenides fremd, denn alles wahrhafte Fragen - und das des Parmenides ist nach EM ein echtes - stellt sich auf sich selbst (5). Parmenides folgt auch darum nicht der Autorität einer übermenschlichen Gottheit, weil er sich als nach dem Sein fragende Ent-schlossenheit sein Frei-sein, d.h. seine Verantwortung für das Enthüllen des Seins existenziell ursprünglich zugeeignet hat. 11)

Es bleibt noch die Frage, weshalb es nach H.s Meinung gerade die Göttin der Wahrheit, also die Unverborgenheit ist, die den Parmenides führt. Sie führt Parmenides nach H.s Ansicht offensichtlich so, daß sie ihn vor die beiden Wege des Entdeckens und Verbergens stellt. Doch wird der Weg des Entdeckens, mithin die Unverborgenheit " n u r g e w o n n e n " /Sperrung von mir/ im Unterscheiden jener beiden Wege und im Sichentscheiden für den ersten. Das bedeutet: Im W e s e n der Unverborgenheit liegt es, daß sie das Unterscheiden jener beiden Wege und die Entscheidung für den Weg des Entdeckens (mithin die Übernahme der Freiheit in der Entschlossenheit) 'fordert': Sie fordert es, weil sie es braucht, um zu 'sein' (SuZ 230). (Ebenso gibt es ihr Stellen vor jene Wege 'faktisch' nur, wenn der Mensch sie unter-scheidet.) Entdecktheit des Seienden im strengen Sinne 'gibt' es nur, wenn das Dasein die 'Wahrheit' in die Sorge nimmt, d.h. die Wege des Entdeckens und Verbergens unterscheidet und sich für den ersten entscheidet. Daß das Dasein, wenn es die Wahrheit in die Sorge nimmt, die zwischen Sein und Schein unterscheidende und sich für das erste entscheidende Auslegung des Seins zu 'vollziehen' hat, liegt nicht in der Verfügung seiner Freiheit, sondern in der 'Wesensnotwendigkeit' der Unverborgenheit, ihrem 'Brauchen' dieser seiner Seinsweise. Ist sie es also, was das Dasein in jene Seinsweise wirft? Ist die Aletheia das eigentlich Werfende in bezug auf das I n -der-Wahrheit- und I n -der-Unwahrheit-sein? Wenn auch die Interpretation auf Gedankengänge führt, die an H.s Position nach der sog. Kehre erinnern, wird man dennoch davon Abstand nehmen müssen, H.s Auslegung des Parmenides in SuZ von jener Position aus zu interpretieren. Denn einmal gibt es in SuZ keinen Beleg dafür, daß das Sein oder Aletheia als Werfer der Geworfenheit des Daseins gedacht werden. Zweitens führt die Logik der beiden auf S. 222 f Parmenides betreffenden Sätze insgesamt zu einem anderen Sinn: Daß Aletheia das Unterscheiden der Wege des Entdeckens und Verbergens usw. braucht und darum Parmenides vor diese beiden Wege stellt, "bedeutet" (zeigt an), daß Parmenides verstanden hat, daß das Dasein zugleich in die Wahrheit u n d Unwahrheit geworfen ist. Die so bestimmte Geworfenheit des Daseins strahlt sozusagen auf das Wesen der Entdecktheit zurück: ihre 'Wesensnotwendigkeit' bezüglich des Unterscheidens der Wege 'spiegelt' jene Seinsstruktur des Daseins.

DRITTES KAPITEL:

HEIDEGGERS AUSLEGUNG DES PARMENIDES IN "EINFÜHRUNG IN DIE METAPHYSIK"

EM ist unter den von H. bisher publizierten Werken dasjenige, welches in gewisser Hinsicht den weitreichendsten Einblick in seine Interpretation des Parmenides gewährt. H. legt in dieser 1935 gehaltenen Vorlesung nicht nur eine ausführliche Auslegung von Parm. B 3 und B 6,1 vor, er gibt auch Übersetzungen von B 2, B 6, B 7,3-6, B 8,1-6a, B 8,34-36a und eine Zusammenfassung des Ergebnisses der Interpretation dieser Stellen, soweit es für seine in EM verfolgten Ziele von Belang ist. Schon eine nur oberflächliche Analyse jener Übersetzungen zeigt, daß diese durchgängig interpretierenden Charakter[1] haben, sozusagen Interpretationen en miniature sind. Somit hat man auf ihre Eigentümlichkeiten zu achten und diese von H.s zusammenfassenden Interpretationsergebnissen und auch vom gesamten Rahmen von EM her zu erklären, um H.s konkrete Einzelauslegung der Texte wenigstens ansatzweise in den Blick zu bringen.

§ 11 DIE FRAGE NACH DEM SINN VON SEIN ALS WIEDERHOLUNG DER SEINSFRAGE DER GRIECHEN (DES PARMENIDES)

Gegen die Frage nach dem Sinn von Sein läßt sich von der überlieferten Philosophie aus der Einwand erheben, sie sei eigentlich sinnlos, da es am Sein als dem allgemeinsten und darum leersten und unbestimmtesten Begriff nichts zu bestimmen gibt. Diesen Einwand zu widerlegen ist Zweck des dritten Abschnitts von EM.

Weil der überlieferten Metaphysik das Sein als ein unbestimmbarer Begriff gilt, bleibt ihr nur der Weg "vom Allgemeinen weg zum besonderen Seienden" (EM 65). Doch wenn man sich auf diese Weise vom Sein ab- und dem Seienden zukehrt, dann bleibt doch noch die Frage zu beantworten, wie ein Verhalten zum Seienden überhaupt möglich ist. In solchem Verhalten "läßt" der Mensch das Seiende "sein" (59), ist es ihm als S e i e n d e s offenbar. Dies setzt aber voraus, daß er 'weiß', was 'ist' und 'sein' bedeuten (59). Da das Verhalten des Menschen zum Seienden auch ein 'Beurteilen' desselben hinsichtlich seines So- und Andersseins, seines Vorhanden- und Nichtvorhandenseins einschließt, setzt es voraus, daß der Mensch vorgängig den Unterschied zwischen Sein und Nichtsein und damit das Sein in einem bestimmten Sinne verstanden hat. Damit wäre der aus der Metaphysik herkommende Sinnlosigkeitsverdacht gegen die Frage nach dem Sinn von Sein (Bedeutung von 'sein') widerlegt. Daß die Seinsfrage jedoch nicht nur eine sinnvolle, sondern auch eine notwendige Frage ist, weist H. in EM durch die folgenden Überlegungen auf: Das Seiende kann sich dem Menschen nur eröffnen, wenn er das Sein in einer Transzendenz über das Seiende hinaus vorgängig versteht, und sei es noch so dunkel und unbestimmt (65). Ohne das vorgängige Verstehen des Seins gäbe es auch keine Sprache, denn dann könnte sich das Seiende niemals in Worten als ein solches eröffnen (62). Weil also das Seinsverständnis dem Menschen das Existieren bzw. die Sprache (das Sagen) ermöglicht, hat es für sein Dasein "den höchsten Rang" (63). Das Würdigen dieses Ranges geschieht nun aber als (fragende) Auslegung. Diese ist nämlich von der Einsicht getragen, daß erst in einem angemessenen Begriff des Seins bzw. in einer angemessenen Zueignung des Seinsverständnisses die Bedingung der Möglichkeit für die Eröffnung des Seienden im strengen und für ein Sagen im eigentlichen Sinne 'gegeben' ist. Weil aber jede Auslegung des Seinsverständnisses wegen seiner Vergessenheit und Verstelltheit sich immer als ein Fragen vollzieht, ist die Frage nach dem Seinsverständnis "die echte ... und einzige Weise der Würdigung dessen, was aus höchstem Rang unser Dasein in der Macht hält" (63).

Das Fragen sucht nach Gründen für die 'Gegebenheit' von Seiendem. Wenn diese 'Gegebenheit' aber letztlich im Geschehnis des

> Seinsverständnisses gründet, dann muß das
> Seinsverständnis das Fragwürdigste (63)
> sein.

H.s Versuch, die Bestimmtheit des Seins näher zu
fassen, setzt beim Seinsverständnis der Hörer, die
für den Menschen der gegenwärtigen Epoche der abendländischen Geschichte stehen, ein. H. zeigt, daß
jene dem Sein unter anderem dadurch eine Bestimmtheit verleihen, daß sie es dem Werden, dem Schein,
dem Denken und dem Sollen entgegensetzen (72). Diese Bestimmungen des Seins sind jedoch nicht etwas,
was erst die gegenwärtige Epoche hervorgebracht hat;
sie haben vielmehr "mit dem Anfang des Fragens der
Philosophie" bei den Griechen "angefangen" (72).
Wenn nun der Mensch der gegenwärtigen Epoche in der
(sich vom Verfallen ans Seiende lösenden) Zukehr zu
seinem Seinsverständnis, dieses in seinem Rang würdigend, fragt, wie es um das Sein bzw. um sein
Seinsverständnis steht, dann kann er wegen der Herkunft desselben aus dem griechischen Fragen und Entwerfen gemäß dem Sinn jener Frage nicht umhin, sich
auf jene Herkunft zu besinnen. "Die Frage: Wie steht
es um das Sein? muß sich selbst in der Geschichte
des Seins halten, um ... die eigene geschichtliche
Tragweite zu entfalten und zu bewahren" (70). H.s
Rückgang auf den Anfang des philosophischen Fragens
bei den Griechen (Heraklit, Parmenides) erfolgt also nicht aus einem philosophie-historischen oder
philologischen Interesse, sondern dient der "Besinnung auf die Herkunft unserer v e r b o r g e -
n e n   G e s c h i c h t e " (70).

> Diese Begründung des Rückgangs auf die griechische Philosophie entspricht H.s Position in SuZ. Schon hier sollte ja die Destruktion "des überlieferten Bestandes der antiken Ontologie" die ursprünglichen Erfahrungen freilegen, "in denen die ersten und
> fortan leitenden Bestimmungen des Seins
> gewonnen wurden" (SuZ 22).

Indem die Frage, wie es um das Sein, mithin um das
gegenwärtig herrschende Seinsverständnis steht, ihrem eigenen Fragesinn entsprechend auf die Herkunft
dieses Seinsverständnisses im griechischen Erfagen

und Auslegen des Seins zurückgeht, wird sich diese Frage als ein geschichtliches Geschehen durchsichtig, zu dem es wesensmäßig gehört, sich an seinen gewesenen Anfang, ihn wiederholend (EM 29), zurückzubinden (34).

Diese Gedanken lassen sich von SuZ und SU her verdeutlichen. Nach SuZ gehört es zur Geworfenheit des Daseins, daß es seine gewählten Möglichkeiten im Entwerfen aus einem Erbe zu übernehmen hat. Aus diesem Grunde birgt das "entschlossene Zurückkommen auf die Geworfenheit" immer auch ein Sichüberliefern "überkommener Möglichkeiten in sich, obzwar nicht notwendig als überkommener" (SuZ 383). Wenn die Entschlossenheit aber, als eigentlich zukünftige auf ihre Gewesenheit in in sich durchsichtiger Weise zurückkommend, auf die ererbte Möglichkeit ausdrücklich a l s überkommener zurückgeht, dann wird dem Dasein in dieser Wiederholung der dagewesenen Existenzmöglichkeit seine Geschichte als solche offenbar (386). - Die Seinsfrage ist für H. nicht erst eine von ihm 'erdachte' Möglichkeit, sondern als solche von den Griechen überkommen oder ererbt. Als Entschlossener kann er sie sich überliefern als eine ererbte Möglichkeit, wenn auch nicht notwendig a l s überkommene. Ihrem eigenen Sinn entsprechend hat die Seinsfrage jedoch, wie sich zeigte, ausdrücklich zurück- und einzugehen auf die Prägung des Seins in der griechischen Seinsfrage. Indem die fragende Ent-schlossenheit dem Sinn ihrer eigenen Frage nachgeht, kann ihr somit die Seinsfrage als schon 'vorgegebenes' Erbe offenbar werden, das ihren Modus der Entschlossenheit allererst ermöglicht, aus dem sie also die Kraft ihres Wesens schöpft (SU 8). Sie kann somit verstehen, daß sie wesenhaft Wiederholung als ausdrückliche Überlieferung einer dagewesenen Existenzmöglichkeit ist. In diesem Sichverstehen wird ihr ihre Geschichte, ihre eigene gewesene Herkunft überhaupt erst offenbar, und zwar als eine solche, die gemäß der Geworfenheit des Daseins über ihre Zukunft bestimmt - die griechische Seinsfrage bestimmt also als solche Gewesenheit u n d Zukunft des heute Fragenden. "Der Anfang ist noch ... er steht v o r uns ... Der Anfang ist in unsere Zukunft eingefallen, er steht dort als die ferne Verfügung über uns, seine Größe wieder einzuholen" (11).

Die existenzielle Möglichkeit, auf die sich ein Dasein entwirft, ist ständig mehr und anderes als die empirisch feststellbare Biographie oder, in bezug auf die Möglichkeit des Philosophierens, das faktisch Gedachte. Wiederholung einer gewesenen Existenzmöglichkeit heißt folglich nicht, das gewesene Dasein abermals zu verwirklichen (SuZ 385). Wiederholung wiederholt die M ö g l i c h k e i t des dagewesenen Daseins als eine solche, sie läßt die "'Kraft' des Möglichen" in die Existenz hereinschlagen (395). Wenn H. die Seinsfrage der Griechen, ihre Texte interpretierend, wiederholt, so heißt das nicht nur, daß er ihre ausdrücklichen philosophischen Anschauungen auslegt, sondern auch, daß er die in den Texten bzw. Anschauungen verborgenen Möglichkeiten als solche erschließt. Da somit H.s Verstehenshorizont ständig über das faktisch von den Griechen Gedachte und Gesagte hinausgeht, fragt seine wiederholende Interpretation nach dem Ungedachten und Ungesagten in ihrem Gedachten und Gesagten. In der wiederholenden Interpretation ist nicht entscheidend, was die Erkenntnis der Griechen "in den ausgesprochenen Sätzen sagt, sondern was sie als noch Ungesagtes durch das Gesagte vor Augen legt" (KPM 182); entscheidend sind die 'nur' verstandenen, nicht aber ontologisch begriffenen und zu Begriff gebrachten Verstehenshorizonte (-möglichkeiten), d.h. das über das Begriffene hinausgehende und es tragende Verstehen und vorontologische Erfahren hinsichtlich seiner noch unbegriffenen Problematik.[2] "Unter der Wiederholung eines Grundproblems verstehen wir die Erschließung seiner ...bislang verborgenen Möglichkeiten ... Ein Problem bewahren heißt ..., es in denjenigen inneren Kräften frei und wach halten, die es als Problem im Grunde seines Wesens ermöglichen." (185) Damit ist gesagt, daß H.s Interpretation von vornherein die überlieferten Texte in einer Perspektive auslegt, die sowohl den Texten als auch aller sonst versuchten Interpretation fremd ist. Der Anspruch von H.s Auslegung ist aber nicht nur, daß sie ein Ungesagtes erschließt, das aller sonstigen Interpretation wegen ihrer Seinsvergessenheit verborgen ist, sondern auch, daß sie anders als die traditionellen Interpretationsmethoden auch erst eigentlich den Sinn des Gesagten erfaßt, wenn dieses wie etwa bei den 'Vorsokratikern' Phänomene zu Wort bringt, die jenen Interpretationsmethoden aufgrund ihrer ontologischen Vorurteile bzw. Seinsvergessenheit verschlossen sind. Eben diese Voraussetzung H.s, daß die antiken Philosophen, nach EM besonders die 'Vorsokratiker', in bestimmten Grenzen genuine Erfahrungen des Seins zu Wort bringen wie er, H. selbst, ist einer der wichtigsten Gründe dafür, daß seine Interpretationen der griechischen Überlieferung sich auch hinsichtlich des Gesagten von der üblichen Auslegung jener Überlieferung in der philosophie-historischen und philologischen Forschung so stark unterscheiden.

In der Wiederholung geschieht, wie angedeutet, keine Nachahmung des vergangenen Daseins. Vielmehr "erwidert" sie seine M ö g l i c h k e i t e n (SuZ 386), verwandelt sie mithin seinen faktischen 'Seinsvollzug'. Im Hinblick auf H.s Wiederholung der griechischen Seinsfrage heißt das, daß er sie verwandelt, indem er das in ihr verborgene Mögliche offenbar macht. Die Auslegung des Seins des Seienden als Anwesenheit (Gegenwart) durch Parmenides schließt als solche die Möglichkeit ein, nach dem Horizont der Seinsauslegung in der Zeit zu fragen. Solches Fragen verwandelt und überholt[3] zwar das faktische Denken des Parmenides, bewahrt aber gerade so sein Mögliches, seinen verborgenen Problemgehalt.[4] - Verwandlung kann in bezug auf die Seinsfrage des Parmenides nur bedeuten, daß die Frage gleichsam noch fragender, d.h. ursprünglicher gefragt wird. Das ursprünglichere, radikalere Fragen nach dem Sein, wie es H.s Frage nach dem Sinn von Sein 'leistet', ist die eigentliche Erwiderung auf die Möglichkeit des Parmenides. Parmenides' Seinsmöglichkeit ist als Fragen wesentlich kritische Auseinandersetzung mit den gewohnten Ansichten der Menschen über das Sein des Seienden. Die herrschenden ontologischen Vorurteile kritisch in Frage zu stellen, leistet auch H.s Frage nach dem Sinn von Sein. Daß sie Parmenides hier überholt, zeigt sich daran, daß sie auch sein verborgenes und vergessenes Vorurteil in bezug auf das Sein in Frage stellen kann. Im Verhältnis zu ihrer jeweiligen 'Tradition' geschieht in den Fragen beider Denker ein 'Neu-ein-satz', ein sprungartiger Anfang (Entwurf), der aus den geläufigen Antworten ausbricht, um fragend 'neu anzufangen'.5) Das heißt nicht, das Fragen könne die gewohnten Antworten ignorieren, vielmehr muß es sie, um ihre Macht über das Denken zu brechen, in das zu Befragende und zu Wissende mitaufnehmen: "gerade weil wir uns an die ... Aufgabe wagen, eine altgewordene Welt abzutragen und wahrhaft neu, d.h. geschichtlich zu bauen, müssen wir die Überlieferung wissen." (EM 96) Auch Parmenides' kritische Auseinandersetzung mit den Ansichten der Menschen schließt (für H.) ausdrücklich ein Wissen um deren 'Wesen' ein.6) - Darin daß H.s Wiederholung die Seinsauslegung des Parmenides überholt und seine vergessenen Vorurteile ans Licht bringt, liegt, daß H. für seine Fragen in den Fragen und Antworten des Parmenides keinen Halt mehr finden kann, sondern in die Ungesichertheit gestoßen ist:

> "Fragen: Wie steht es um das Sein? - das besagt nichts Geringeres als den Anfang unseres geschichtlich-geistigen Daseins w i e d e r - h o l e n , um ihn in den anderen Anfang zu v e r w a n d e l n /Sperrung von mir/... Ein Anfang wird ... nicht wiederholt, indem man sich auf ihn als ein ... Bekanntes und lediglich Nachzumachendes zurückschraubt, sondern indem der Anfang u r s p r ü n g l i c h e r wiederangefangen wird und zwar mit all dem Befremdlichen, Dunklen, Ungesicherten, das ein wahrhafter Anfang bei sich führt."
> (29 f)

Dieser andere, ursprünglichere, verwandelte Anfang ist aber nur möglich, weil der erste Anfang (Entwurf von Sein) noch "besteht" und als solcher wesensmäßig den anderen Anfang als Mögliches in sich birgt und zur eigenen Bewahrung braucht. Auch das Seinsverständnis des heutigen seinsvergessenen Menschen hat, so ergab sich, seine Herkunft letztlich im ersten Anfang, wenn dieser auch in ihm "verbogen

und verschoben, verlagert und verdeckt" (96) ist.
Ohne den ersten Anfang und sein ursprüngliches Fragen gäbe es heute nicht das ontologische Vorurteil, das Sein sei Werden, Schein, Denken und Sollen entgegengesetzt. In der wiederholenden Interpretation der 'Vorsokratiker' fragt H. nach der Herkunft des Seinsverständnisses der nachfolgenden Epochen der abendländischen Geschichte u n d nach dem Wesensursprung seiner eigenen Frage nach dem Sinn von Sein. Diese doppelte Perspektive hat man im Auge zu behalten, wenn man die ganze Tragweite und Bedeutung von H.s 'Vorsokratiker'-interpretation für ihn selbst im Auge behalten will.

§ 12 HEIDEGGERS AUSLEGUNG VON ENTSCHLOSSENHEIT UND VERFALLEN IN EM UND IHR VERHÄLTNIS ZU DER IN SEINER FRÜH- UND SPÄTPHASE

Da der Gegensatz von Entschlossenheit und Verfallen auch H.s Parmenidesinterpretation in EM grundlegend bestimmt, soll sein Ansatz dieser Seinsweisen in EM vorweg einer Analyse unterzogen werden. Dies geschieht am zweckmäßigsten durch Abhebung von H.s Auslegung jener Seinsweisen in EM von der in seiner Früh- und Spätphase.

Nach SuZ ist die Entschlossenheit nicht notwendig verbunden mit dem Vollzug der Seinsfrage. Sie ist vielmehr nur verstanden als die Übernahme der im Gewissensruf erschlossenen je eigenen Nichtigkeit und je eigenen Freiheit im Entschluß. Zu welchen Möglichkeiten sich die Entschlossenheit jeweils entschließt, bleibt in SuZ grundsätzlich offen. Einen ganz ähnlich 'allgemeinen' Charakter hat die Entschlossenheit zunächst auch in EM: Wer will, wer sein ganzes Dasein in einen Willen legt, der ist, so sagt hier H., entschlossen (EM 16). Wollen, Entschlossenheit sei der durch a l l e s Handeln vor- und hindurchgreifende Anfang des Handelns (16). Und ganz ähnlich wie nach SuZ ist nach EM das ontologische Fragen e i n e Möglichkeit des entschlossenen Wollens bzw. Handelns: Fragen ist als Wissenwollen (16) ein Modus des Wollens, der Fragende hat sein ganzes Dasein in das 'Wollen von Wissen' ver-

legt (16). Da das Wissen als In-der-Offenbarkeit-des-
-Seienden-stehen-können zu bestimmen ist, ist das Fragen als Wissenwollen "Ent-schlossenheit zum Stehenkönnen in der Offenbarkeit des Seienden" (17). Während
nun H. in SuZ, wie gesagt, die Entschlossenheit oder
Eigentlichkeit ausschließlich im allgemeinen Sinn
faßt, wird sie von ihm in EM, ohne daß es ausdrücklich gesagt würde, schließlich doch im Sinne des zuletzt genannten Modus der Entschlossenheit verstanden. So ist z.B. der Geist, also die Eigentlichkeit
des Menschen, "ursprünglich gestimmte, wissende Entschlossenheit zum Wesen des Seins" (37 f). Und innerhalb der ausführlichsten Gegenüberstellung von Eigentlichkeit und Uneigentlichkeit in EM, innerhalb
der Sophoklesinterpretation (112 ff), ist die Eigentlichkeit als gewalt-tätiges Eröffnen des Seins des
Seienden in einem Werk bzw. als ein Wissen, dessen
Leidenschaft das Fragen ist (122), verstanden.

>Es liegt nur in der Konsequenz dieser Ent-
>wicklung von SuZ nach EM, wenn H. in einem
>späteren Zusatz in EM die Entschlossenheit
>als "Entborgenheit des ... Daseins f ü r
>die Lichtung des Seins" erläutert (16; vgl.
>auch Hw 55) und in WW Ek-sistenz als "Aus-
>-setzung in die Entborgenheit des Seienden
>als eines solchen" faßt (WW 85).

Im Hinblick auf die 'Vorsokratiker' ergibt sich aus
dem Gesagten Folgendes: Wenn Sophokles, Heraklit,
Parmenides in EM als Wissende und damit als wahrhaft
Fragende verstanden sind, so bedeutet das, daß sie
ihr Dasein in das Wissen-wollen verlegt haben; sie
sind also in der Entschlossenheit zum Stehenkönnen
in der Offenbarkeit des Seienden oder zum Wesen seines Seins. Ihr Denken und Dichten ist ein erster
Aufbruch des Geistes, der (eigentlichen) Ek-sistenz
im Menschen: "Noch unbegriffen ... fängt die Ek-sistenz des geschichtlichen Menschen in jenem Augenblick an, da der erste Denker fragend sich der Unverborgenheit des Seienden stellt mit der Frage, was
das Seiende sei" (WW 85).7) Von hier aus ist es
wohl zu verstehen, wenn nach EM der Mensch der gegenwärtigen Epoche " a u s d e m S e i n h e r a u s -
g e f a l l e n" /Sperrungen von mir/ ist (EM 28) und nicht
m e h r w e i ß, wie es mit dem Sein steht (154), so

daß es ihm fast n u r   n o c h ein Wort und dessen Bedeutung ein verschwebender Dunst ist (38) - die Griechen, Parmenides und Heraklit, wußten, wie es um das Sein steht, es war für sie nicht nur ein bloßes Wort. Nur weil diese griechischen Denker in das Wesen des Seins 'eingefügt' waren, kann H. den Menschen in der gegenwärtigen Epoche durch das Fragen der Seinsfrage in die Macht des Seins z u r ü c k fügen (32). Gleichwohl ist nach EM wie nach SuZ das Verfallen ans innerweltliche Seiende zusammen mit der Seinsvergessenheit eine Macht, die die ganze bisherige abendländische Geschichte des Seinsverständnisses durchherrscht und so verhindert, daß in dieser vor H. die Frage nach dem Sinn von Sein gestellt wird. Im Gegensatz zum späten H. ist nach SuZ dieses Verfallen wie auch die eigentliche Existenz als Fragen nach dem Sinn von Sein nicht in einem der Verfügung des Daseins entzogenen Seinsgeschick gegründet. Die Verfallenheit ist hier vielmehr überhaupt die Seinsweise, von der jedes eigentliche Existieren und diesem zugehörige Entdecken und Erschließen zunächst herkommt, und dieses eigentliche Existieren steht grundsätzlich, wenn auch in den Grenzen, die durch die Geworfenheit bedingt sind, in der Verfügung der Freiheit des Daseins. Demgegenüber sind Eigentlichkeit und Uneigentlichkeit beim späteren H. keine in der Verfügung der Freiheit des Daseins liegende Möglichkeiten. Zwar gehört jetzt zum Dasein immer noch dieser Möglichkeitsspielraum, doch das ihn Bestimmende und über ihn Verfügende ist jetzt das (sich geschickhaft offenbarende und entziehende) Sein und nicht mehr das Dasein. Wie jetzt überhaupt der Bezug des Menschen zum Sein vom Sein ermöglicht wird und ihn dieses in die Ek-sistenz einläßt, so sind entsprechend die besonderen Modi der Ek-sistenz, die eigentliche Ek-sistenz mit ihrer Eröffnung des Seins und die uneigentliche Ek-sistenz mit ihrer Seinsvergessenheit, Weisen, wie das Sein den Menschen in den Bezug zu ihm, dem Sein selbst wirft. Eröffnung des Seins und Seinsvergessenheit, eigentliche und uneigentliche Ek-sistenz werden jetzt von H. als zum Sein selbst gehörig gedacht. Sie gehören zu seinem durch ein Sichgeben und Sichentziehen charakterisierten Möglichkeitsspielraum und zum Menschen nur insofern, als das Sein sich ihm geschickhaft zuwirft oder entzieht.

Wie steht es nun mit dem Verhältnis von H.s Auslegung von Eigentlichkeit und Uneigentlichkeit in EM zu der in seiner Früh- und Spätphase? Die Eigentlichkeit ist nach EM wie schon in der Frühphase H.s durch das Auf-sich-gestellt-sein (EM 5) des sie 'vollziehenden' Menschen bestimmt. Ihr geschichtliches Handeln wird dann aber von H., analog zu seiner Spätphase, in das Geschehnis des Offenbarwerdens des Seins des Seienden im Ganzen zurückgenommen: der gewaltsame Einbruch in das Seiende (WiM 3, WG 55) durch den Menschen wird zum Einbruch des Seins selbst (EM 107). - Das Verfallen wird in EM zunächst durchaus in einem mit SuZ zu vereinbarenden Sinne gedacht: die (in ihrem Seinsverständnis vom Man gesteuerten) Vielen (97) haben sich vom Sein (Seinsverständnis) abgekehrt, in welcher Abkehr ein Sichverschließen desselben liegt (100). Die Frage ist jedoch, ob nach EM diese Abkehr wie nach SuZ in der Endlichkeit des Menschen gründet oder wie für den späten H. in einem Entzug des Seins. Man fühlt sich an das erstere erinnert, wenn H. in EM das Verfallen in den Schein mit der Schwäche der Vielen in Zusammenhang bringt: "Das Wahre ist nicht für jedermann, sondern nur für die Starken" (102). Auch läßt sich, so scheint es zunächst, die an den späten H. erinnernde Begründung der Herrschaft des Scheins über die (starken) Gewalt-tätigen nicht auf die Vielen übertragen: Das Sein braucht, um in seiner Übergewalt zu erscheinen, das Zerbrechen der Gewalt-tat des Menschen (124) und wirft ihn darum in diese Seinsweise (125). Im Erscheinen des Seins waltet demnach wesenhaft ein Sichentziehen und Verbergen (entsprechend kann es nach EM "seine überwältigende Macht" beim Hereinbrechen "an sich halten" (115)). Während also das Scheitern der ein-samen Gewalt-tätigen, ihr Beherrschtwerden durch den Schein vom Wesen des Seins her (seinem Brauchen eben dieser Seinsweise des Menschen) verstanden werden kann, scheint bei den Vielen die Notwendigkeit eines Scheiterns nicht 'gegeben', da das Sein bei ihnen von vornherein wegen der ständigen Herrschaft des Scheins verschlossen bleibt. - Nach EM erscheint den Gewalt-tätigen im Gegensatz zu den Vielen (97) das Sein des Seienden im Ganzen in seinem unverfügbaren, überwältigenden Walten und damit als das, was Schrecken und Angst erzwingt (114). Sind die Vielen zu schwach zur Gewalt-tat, weil sie nicht stark genug sind, die Angst zu ertragen, die das Seiende im Ganzen erzwingt, wenn es sich in der Gewalt-tätigkeit als solches eröffnet? Halten sich die Vielen nur deswegen ans Seiende, um nicht vom Seienden im Ganzen in Angst versetzt zu werden? Darf man also EM von dem Gedanken von SuZ her interpretieren, daß das Dasein im Verfallen vor der Angst flieht? In der Tat gibt es bei H. Hinweise darauf, daß er auch noch in den Jahrzehnten nach SuZ an diesen Gedanken festgehalten hat. Wenn zum Geschehnis des Einbruchs der Unheimlichkeit des Seienden im Ganzen wesenhaft das Fragen (122) gehört, so wäre die Flucht vor der Angst vor jener Unheimlichkeit auch Flucht vor dem Fragen. Die Vielen wären dann zu schwach, die mit dem Fragen verbundene Angst zu ertragen. Entsprechend sagte H., wie Pöggeler berichtet, in seiner Hölderlinvorlesung vom Wintersemester 1934/35, die Angst vor dem Fragen liege über dem Abendland [8]. Und noch 1943 haben für H. diejenigen, die das Denken abschaffen, "Angst vor dem Denken", welche Angst im Grunde "Angst vor der Angst" ist [9]. Die Vielen, so darf man also annehmen, bleiben im Heimischen, halten sich an das Seiende, weil sie aufgrund ihrer Schwäche Angst vor der Angst haben, die mit dem Denken bzw. Fragen zusammengehört. Ob die 'vorsokratischen' Denker und Dichter in ihrer Erfahrung des Verfallens diese Zusammenhänge mitverstanden, läßt sich aufgrund von EM und der bisher von H. veröffentlichten Texte nicht beweisen, darf aber wohl als wahrscheinlich gelten. Wichtiger ist für den gegenwärtigen Zusammenhang, daß nach EM das Verfallensein der Vielen weder einfach in der Endlichkeit des Menschen wie in H.s Frühphase, noch rein in einem außerhalb der Verfügungsgewalt des Menschen stehenden geschickhaften Sichentziehen des Seins wie in H.s Spätphase gründet, sondern in einem Wechselbezug zwischen der menschlichen Schwäche und der (als Entzug waltenden) Übergewalt des Seins des Seienden im Ganzen.

§ 13 HEIDEGGERS INTERPRETATION VON PARMENIDES B 2 IN EM

Wie sich oben ergab, liegt es für H. im Sinn der Frage, wie es um das Sein steht, nach der Herkunft des gegenwärtig herrschenden Seinsverständnisses, d.h. konkret nach dem Ursprung der es bestimmenden Entgegensetzung des Seins zu Werden, Schein, Denken und Sollen im Fragen und Entwerfen der griechischen Philosophie zu fragen. Bei Parmenides, in seiner fragenden Auslegung des Seins des Seienden, vollzieht sich, wie H. glaubt, erstmals die Entgegensetzung des Seins zu Werden und Schein, und bereitet sich die Entgegensetzung von Sein und Denken vor (die Entgegensetzung des Seins mit dem Sollen hat dagegen ihren Wesensursprung erst in der Modifikation des griechischen Seinsverständnisses bei Platon (EM 150)). H.s Seinsfrage ist also genötigt, ausdrücklich auf die fragende Auslegung des Seins des Seienden bei Parmenides zurückzugehen und die sie im Verborgenen leitende Blickbahn (157) aufzuhellen. Dies ist gemeint, wenn H. sagt: "Ein ursprüngliches Fragen der Seinsfrage" muß sich den in den parmenideischen Unterscheidungen "verborgenen Mächten zur Entscheidung stellen und sie auf ihre eigene Wahrheit zurückbringen" (72 f, 153). Die Frage nach der Herkunft des gegenwärtig herrschenden Seinsverständnisses führt, kurz gesagt, für H. zurück auf die Zeit als die bisher verborgene Blickbahn der parmenideischen Seinsauslegung: Weil Parmenides, wie H. glaubt, Sein als Zeit, genauer als Anwesen, Gegenwart (73) verstand, zeigte sich schon ihm das Sein des Seienden als dem Werden entgegengesetzt. Diese Entgegensetzung beherrschte in der Folgezeit nach H.s Auffassung in modifizierter Form das Denken Platons und des Aristoteles und wieder modifiziert das Seinsverständnis der hellenistischen und römischen Antike, des Mittelalters und der Neuzeit (147 ff). So bleibt sie "auch heute noch die geläufigste Beschränkung des Seins durch Anderes" (73).

Wie die Scheidung von Sein und Werden, so beherrscht nach EM die Entgegensetzung von Sein und Schein in modifizierter, das ursprüngliche parmenideische Verständnis verstellender Weise das Seinsverständnis der folgenden Epochen der abendländischen Geschichte bis in die Gegenwart. Für Parmenides war, wie H. glaubt, der Schein nichts nur Unwirkliches, dem Sein als dem Wirklichen Entgegengesetztes wie in der Folgezeit (75), er war ihm nichts bloß Subjektives (80), er erfuhr ihn vielmehr noch in seinem 'wahren' Wesen, nämlich als eine Macht, die mit dem Sein zusammengehörend und zugleich von ihm unterschieden, dem Menschen Sein vortäuscht (83) und ihn so beherrscht. Parmenides muß für H. darum Sein und Schein gewalttätig unter-scheiden, will er das Sein, die Unverborgenheit des Seienden zur Vorherrschaft bringen. Eine solche Unterscheidung des Seins von Anderem schließt jedoch, so sagt H., "die Unterscheidung des Seins gegen das Nichtsein" ein (83). Das Sein kann für H. nicht als solches eröffnet werden, ohne daß das Nichts in den Blick genommen wird, und zwar als (wie der Schein) zum Sein gehörig (85) und doch von ihm unterschieden und darum von ihm zu unterscheidendes[10] (schon die Idee des Scheins schließt die des Nichts, des Nicht-Seins ein). Dies ist nach H.s Meinung der Grund, weshalb in Parm. B 2 vom Weg zum Sein der zum Nichts abgesetzt wird. Ich entfalte im Folgenden H.s Auslegung dieses Fragments am Leitfaden seiner Übersetzung.

B 2,1 εἰ δ'ἄγ' ἐγὼν ἐρέω ...
"'Wohlan denn so sage ich: ...'" (84)
Die Übersetzung von ἐρέω mit "ich sage" hat eine Entsprechung in der von μῦθος ὁδοῖο (B 8,1) mit "die Sage des Weges" (73). Das Gedicht des Parmenides ist nach H.s Meinung eines jener Werke, in denen das Sein des Seienden erwirkt (122), der gewalt-tätige Entwurf des Seins des Seienden vollzogen wird. Parmenides hat also etwas zu s a g e n , und darum ist es nur konsequent, wenn H. ἐρέω B 2,1 und μῦθος B 8,1 mit Sagen bzw. Sage über-setzt.

B 2,1 ... κόμισαι δὲ σὺ μῦθον ...
"'... nimm aber du in Hut das Wort ...'" (84)
Wenn Parmenides das Wort der Göttin in die Hut nehmen soll, so läßt das daran denken, daß er der Bewahrer der Unverborgenheit ist (133).

B 2,1 ... μῦθον ἀκούσας ...
"' ... das Wort, das du hörst (darüber) ...'" (84)
Wahrscheinlich setzt H. auch in EM voraus, daß die
offenbarende Göttin des Parmenides die Aletheia
ist.11) Damit ergibt sich das Problem, wie sich
nach H.s Meinung das Sagen des Parmenides und sein
Hören auf die Aletheia zueinander verhalten bzw. was
es heißt, die Aletheia sage. Hat Sagen den Sinn von
Eröffnen, so kann man letzteres dahingehend interpretieren, daß sich in diesem Sagen das 'Wesen' der
Un-verborgenheit (d.h. ihre Zusammengehörigkeit mit
Sein, Nichts und Schein) insofern erschließt, als
sie die Unter-scheidung der Wege zum Sein, Nichts
und Schein und die 'Wesensbestimmung' des Seins des
Seienden, wie sie in B 8 geschieht, braucht und darum ernötigt. Parmenides hört wohl für H. auf das
Wort der Un-verborgenheit, ihr Sich-erschließen in
ihrer 'Wesenserfordernis', ähnlich wie Heraklit auf
den Logos (das Sein) hört (98 ff). Wohl deshalb,
weil er auf das Sagen der Unverborgenheit hört und
nachspricht, was in ihrem Wesen vor-gesprochen ist
(132), geschieht in seinem Sagen, seinem Gedicht
eine ursprüngliche Seinseröffnung.

>Wie sich gezeigt hat, entspricht Parmenides
schon nach SuZ im Unterscheiden der Wege des
Entdeckens und Verbergens dem Wesen der Unverborgenheit. Doch ist diese hier noch als
in der Daseinsstruktur 'Erschlossenheit'
gründende Entdecktheit und noch nicht wie
in EM und beim späten H. als den Menschen
von sich aus angehendes Entbergungsgesche-
hen gedacht. Daß die Aletheia den Menschen
vor die Wege des Entbergens und Verbergens
stellt, gründet nach SuZ primär nicht in
ihrem Wesen (ihrer Zusammengehörigkeit mit
der Verbergung, dem Schein) wie für den
mittleren und späten H., sondern dem exi-
stenzial-transzendentalen Ansatz entsprechend letztlich im In-der-Wahrheit- und
-Unwahrheit-sein des Daseins.

B 2,2 ... αἵπερ ὁδοὶ μοῦναι διζήσιός εἰσι νοῆσαι ...
"'... Welche Wege als die einzigen eines Erfragens
in den Blick zu fassen sind ...'" (84)

Nach H.s Ansicht in EM handelt es sich hier um die
Wege z u m Sein und z u m Nichtsein (84 f). Zum
Begriff der von Parmenides gedachten Wege gehört es
also nach H.s Auffassung, daß sie zu etwas führen.
Dies geschieht der Übersetzung zufolge in einem Erfragen. H.s Übersetzung von διζήσιός ist recht eigenwillig (das Wort wird für gewöhnlich mit Suchen,
Untersuchung oder ähnlich übersetzt); man darf wohl
daraus schließen, daß H. der parmenideischen δίζησις
eine besondere Bedeutung gegeben hat. Einen Hinweis
auf sie gibt folgende Stelle in EM: "Doch wie sollen
wir überhaupt den Grund für das Sein des Seienden
auch nur erfragen, geschweige denn auffinden können,
wenn wir nicht das Sein selbst hinreichend ... verstanden und begriffen haben?" (25). Das Erfragen ist
also ein fragendes Suchen, das auf ein Finden und
Erschließen des noch nicht Gefundenen und Erschlossenen aus ist. Damit stimmt überein, daß das parmenideische νοεῖν als Modus der sophokleischen τέχνη (126)
Eröffnung eines bislang Un-geschauten, Un-gedachten
und Un-gesagten ist (123). Das Fragen des Parmenides ist, wie H. glaubt, ein Erfragen, insofern als
es das Sein als das noch nicht Gefundene und Erschlossene voraussetzt und es als solches und in
seinem Wesen allererst eröffnet, mithin es überhaupt erst dem Abgrund des Nichtseins entreißt (84).
Nach SuZ gibt es, man erinnere sich, Sein nur, wenn
Wahrheit ist (SuZ 230). Jetzt zeigt sich: es 'gibt'
Sein nur, wenn es in einem Fragen dem Nichtsein (der
Verborgenheit) entrissen wird, das eben darum ein
Er-fragen ist. Diese Interpretation von H.s Übersetzung wird dadurch bestätigt, daß nach EM das "Eröffnen und Bahnen der drei Wege ... das Denken im
Anfang der Philosophie" ist (EM 84). Wie die δίζησις
des Parmenides - nach H.s Meinung - das Sein, das
Nichts (B 2) und den Schein (B 6) er-fragt, d.h.
sie als solche eröffnet, so bahnt sie auch die Wege
zu diesen Mächten. Dies ergibt sich auch aus folgenden Stellen:

> "Der Denk-Weg zieht sich weder von irgendwoher irgendwohin ... noch ist er überhaupt
> irgendwo an sich vorhanden. Erst und nur das
> Gehen, hier das denkende F r a g e n /Sperrung von mir/ ist die Be-wegung. Sie ist das
> Aufkommenlassen des Weges." (WD 164). "Das

Denken baut erst im f r a g e n d e n
G a n g ⟨Sperrung von mir⟩ seinen Weg"
(WD 164 f).

Diese Aussagen über den Weg des fragenden
Denkens sind H. wohl aus der Besinnung auf
den Seinsentwurf in SuZ erwachsen. H.s
Denken in SuZ, das das Problem des Sinnes
von Sein als solches überhaupt erst erschließt, findet seinen Weg zum Sein nicht
schon vor, sondern muß sich seine Met-hode
selbst erst erfragen. Und dieses Erfragen
des Weges ist mit der Weg, der Gang zum
Sein.

Das Gehen auf dem ersten Weg ist nach H.s Ansicht
nicht nur ein Er-fragen, es geschieht auch als Vernehmen (νοεῖν): "Vernehmung ist ... ein eigenes Aus-
rücken auf einen ausgezeichneten Weg"(EM 128). Das
Verhältnis von Vernehmen und Fragen läßt sich wie
folgt schärfer erfassen: Das νοεῖν ist nach H.s
Übersetzung von Parm. B 2,2 in EM ein "in den Blick
fassen". Es ist nicht von vornherein ein voll an-
schauendes Vernehmen des Seins, sondern nimmt dieses überhaupt erst einmal als solches in den Blick,
indem es nach ihm fragt. Und umgekehrt ist das Fragen schon ein Erfassen, Vernehmen dessen, was erfragt wird: "Fragen ist e r k e n n e n d e s
⟨Sperrung von mir⟩ Suchen des Seienden ..." (SuZ 5).
Aus H.s Übersetzung von Parm. B 2,2 ergibt sich aber
noch etwas anderes: Sein ist solches, was in den
B l i c k gefaßt wird, es ist Gesichtetes (EM 140).
Dementsprechend sind die σήματα von B 8,1 ff nach
H.s Ansicht "solches, was im Hin s e h e n ⟨Sper-
rung von mir⟩ auf das Sein aus ihm her es selbst
zeigt" (74), und ist der zweite Weg zum Nichtsein
aus-_s i c h t s l o s (85). Entsprechend kann umgekehrt der Weg zum Sein selbst nicht aussichtslos
sein. Was die Aussicht darbietet, kann nach H.s Position nur die Unverborgenheit (84) bzw. das Sein
des Seienden sein. Das Gehen auf dem Weg zum Sein
ist ein Er-fragen und als solches ein ent-werfendes
Eröffnen des Seins des Seienden und dessen, wie es
um dieses Sein steht (73). Das Sein und in einem
seine Bestimmungen machen nach H.s Auffassung die
Aussicht aus, die im Er-fragen bzw. Gehen ent-wor-

fen wird. Das Erfragen, das das Sein schon im voraus
erblickt hat, 'wandelt' sich, so glaubt H. wohl, im
'Vollzug' in ein Erblicken (Wissen) seines 'Wesens',
seiner Bestimmungen, und dies wohl deshalb, weil es
a l s Er-fragen auf dieses Sehen 'angelegt' ist.
Eben so ist es der Weg z u m Sein.

B 2,3 ... ἡ μὲν ὅπως ἔστιν τε καὶ ὡς οὐκ ἔστι
μὴ εἶναι ...
"'... Der eine: wie es ist (was es, das Sein, ist)
und wie auch unmöglich (ist) das Nichtsein ...'"(84)
Der "Weg zum Sein", der hier als solcher erstmals
genannt wird, ist als solcher "unumgänglich" (86).
Da H. übersehen hat, daß Parmenides in B 2 eine Disjunktion vorlegt, kann sich dieses "unumgänglich"
nicht auf deren conclusio beziehen. Dagegen könnte
sich H. auf Parm. B 8,1 f beziehen: "Einzig ... die
Sage des Weges bleibt ... wie es um Sein steht ... "
(73). Erweist sich in einer bestimmten Situation eine Möglichkeit als unumgänglich, so meint man, sie
sei die einzig mögliche, die ergriffen werden kann.
Der Situationsbezug schließt ein, daß der Mensch
aufs Ganze seines Existierens gesehen auch andere
Möglichkeiten wählen kann. Und entsprechend ist in
H.s Parmenidesauslegung in EM der Weg zum Sein trotz
seiner Unumgänglichkeit nicht der einzige, der vom
Menschen begangen wird, im Gegenteil, zumeist, ja
ständig gehen die Menschen den Weg zum Schein (86).
In der 'Situation' des Parmenides erweist sich jedoch der Weg zum Sein als unumgänglich und deshalb
als einzig möglicher.[12] Wie es zu dieser 'Situation'kommt, sagt H. nicht. Man kann annehmen, daß sie
für ihn in der 'Offenbarung' dessen ihren Grund hat,
daß das Sein das Vernehmen braucht (124) und darum
ernötigt, erzwingt (125).[13]

Parmenides' Frage, was das Sein ist (84) bzw. wie es
um Sein steht (73), entspricht H.s "Vor-frage", wie
es um das Sein steht (25) oder nach dem Sinn von
Sein (32), welche Frage gefragt werden muß, soll die
metaphysische Grundfrage "Warum ist überhaupt Seiendes und nicht vielmehr Nichts?" zu ihrem sie näh-
renden "Herdfeuer" (32) vorstoßen. Parmenides stellt
nach H.s Ansicht jene Grundfrage (mit dieser nahm die
Philosophie nach EM ihren Anfang (18)) und stößt dabei, wie sich zeigt, auf die Frage nach dem 'Wesen'
des Seins. Wenn er dieses Wesen auch als "Gegenwart"

(73) begreift, so bedeutet das nicht, daß er nach
H.s Meinung die Temporalität des Seins begriffen und
also die Frage nach dem Sinn von Sein gestellt hat.
Diese Frage bleibt bei Parmenides nur eine verborgene Möglichkeit, und die Zeitbestimmtheit des Seins
wird nur vor-ontologisch gesehen. Was Parmenides
als Sein bedenkt, ist 'nur' das Ist[14] des Seienden.
Darin liegt zugleich, daß nach H.s Ansicht Parmenides nicht erfragt, wie es um die Kopula steht[15],
noch ist die Gegenüberstellung von "wie es ist" und
"wie es nicht ist" in B 2 nach H. eine 'formallogische' Argumentation, die Kopula des Aussagesatzes
betreffend, noch wird für ihn gar eine solche Argumentation von Parmenides zum Leitfaden oder Grundsatz der Seinsauslegung genommen. Parmenides hat
nicht, "wie die landläufige Irrmeinung heute noch
lehrt, das Seiende 'logisch', vom Aussagesatz und
seiner Copula her, ausgelegt" (Hw 324). Diese Auslegung des Parmenides kann für H. ihre Herkunft nur
in der nach Parmenides, bei Platon und Aristoteles
einsetzenden Wandlung des Seinsverständnisses haben: In ihr wird die Aussage zum Gerichtshof über
die Seinsbestimmungen, entscheidet die Aussage über
das Sein des Seienden (EM 143). Da dieses Seinsverständnis (in radikalisierter Form) heute noch das
herrschende ist, wird es in den Parmenidestext hin-
eingetragen. Nur eine Destruktion der modernen Auslegung kann diesen in seinem Sagen wieder zugänglich machen.

B 2,5 ... ἣ δ' ὡς οὐκ ἔστιν τε καὶ ὡς χρεών ἐστι
μὴ εἶναι ...
"'... Der andere aber: wie es nicht ist und auch wie
notwendig Nichtsein ...'" (84)
Daß H. ὡς in Parm. B 2,5a wie ὅπως in 2,3a übersetzt, legt die Vermutung nahe, der zweite Weg des
Parmenides sei nach H.s Ansicht der Weg eines Erfragens dessen, wie es um das Nichtsein steht, und darum ein Weg z u m Nichtsein (85 f). Doch eignet
diesem Weg eine eigentümlich paradoxe Verfassung:
Wenn zum Weg, wie er von Parmenides (nach H.) gedacht wird, das Führen z u ... gehört, dann kann
vom Weg zum Nichtsein nur gesagt werden, er sei,
weil auf ihm nichts erfragt werden kann, ein Un-weg
(WD 108), der unbegehbar (EM 85) und somit auch unzugänglich ist (85). Ein (Denk-)Weg, der nichts er-

fragt, ist zugleich auch schlechthin aussichtslos
(85). Darauf führt auch eine andere Beobachtung:
Mit dem Nichtsein ist, so sagt Parmenides nach H.s
Ansicht in B 2,6 ff, keine "Bekanntschaft" möglich
(84). Darin liegt, daß das Nichtsein und entsprechend auch der Weg zu ihm keine Aussicht darbieten
können. (Ersteres könnte für H. zur Antwort auf die
Frage gehören, wie es um das Nichtsein steht.) Auf
V. 2,6 ff muß sich H. auch bezogen haben, wenn er
den Weg zum Nichtsein unbegehbar und unzugänglich
nennt: die Verse sagen zwar solches nicht direkt,
doch sonst gibt es dafür überhaupt keinen Anhalt
in B 2, und auf den Text von B 2 scheint sich H.
ausdrücklich beziehen zu wollen, wenn er sagt, für
Parmenides müsse der Weg zum Nichtsein "als ein ungangbarer ins Wissen gehoben sein" (85). Letzteres
ist offenbar nach H.s Ansicht mit die Voraussetzung
dafür, daß der Weg zum Nichts von dem Weg zum Sein
als dem unumgänglichen "scharf" "abgesetzt" (84)
werden kann. Eine Absetzung schließt zugleich ein
"Wissen" um den inneren Bezug des voneinander Abgesetzten ein. Weil Sein und Nichts aufgrund der Endlichkeit des ersteren zusammengehören (85, WiM 17),
gibt Parmenides, bei dem überhaupt zum ersten Mal
innerhalb des abendländischen Denkens ἐόν und εἶναι
zum ausgesprochenen Grundwort werden (Hw 324), in
B 2 nach H.s Meinung auch "die älteste Urkunde der
Philosophie darüber, daß in eins mit dem Weg des
Seins der Weg des Nichts eigens b e d a c h t
werden muß ..." (EM 85) Parmenides hat, wie H.
glaubt, verstanden, daß die 'Seinsfrage' nur zureichend gestellt wird, wenn in ihr ausdrücklich bis
an die Grenze des Nichts gegangen und dieses in sie
einbezogen wird (155). Es scheint zwar, daß das
Sein nur zum Seienden und nicht zum Nichts als dem
Nichtseienden gehört, doch daß "das Nichts nicht
etwas Seiendes ist, schließt keineswegs aus, daß es
auf seine Weise zum Sein gehört ..." (85). Weil das
Sein als endliches das Nichts immer schon gleichsam
bei sich hat, ist der Überstieg zum Sein auch ein
Hineingehaltensein in das Nichts, auch Eröffnen und
Offenhalten des letzteren und damit Angst.[16)] Bei
Parmenides ist sich nach H.s Ansicht die Angst (die
Transzendenz) im Fragen der metaphysischen Grundfrage bzw. im Fragen nach dem 'Wesen' des Seins des

Seienden so durchsichtig geworden, daß sie zur ausdrücklichen wissenden Erfahrung nicht nur der Gegensätzlichkeit, sondern auch der Zusammengehörigkeit von Sein und Nichts wird. Parm. B 2 ist nach H.s Meinung, so kann rückblickend gesagt werden, ein Beleg dafür, daß die Ent-schlossenheit des Parmenides Transzendenz als Hineingehaltenheit ins Nichts erfahren hat, daß ihm "der Schrecken des zweiten Weges zum Abgrund des Nichts nicht fremd geblieben ist" und ihm damit ein überlegenes Wissen geschenkt wird (86) und daß er die Frage "Warum ist überhaupt Seiendes und nicht vielmehr Nichts?" gestellt und darin eine ursprüngliche Erfahrung der Endlichkeit des Seins gemacht hat.

Wenn sich Parmenides nach H.s Ansicht für das Sein und gegen das Nichts entscheidet (128), wird er dann nicht in die Nachbarschaft der Wissenschaft gerückt, die "dem Nichts mit der Versicherung den Rücken" kehrt, "das Nichts sei offenkundig nicht" (85 vgl. WiM 3, EM 19 f)? Wie kann man mit H. annehmen, das Sagen des Parmenides sei, weil es vom Nichts redet, ein dichterisches (EM 73), d.h. ein ursprünglich entwerfendes Sagen und als solches 'außerhalb' der Wissenschaft[17]) und "'Logik'" stehend (18 ff), wenn derselbe Parmenides das Nichts als Nicht-etwas in B 2,7 f als 'undenkbar' und 'unaufweisbar' erklärt? Und hat nicht H. selbst in seiner Übersetzung der Stelle das Nichts als mit nicht "mit Worten" angebbar bezeichnet? Gleichwohl kann man H.s Interpretation nicht vorwerfen, sie sei in sich widersprüchlich. Nach ihr kann nämlich Parmenides, wie weiter unten deutlich werden wird, den Weg zum Sein nur gewinnen und einhalten, indem er ihn ständig vom Weg zum Nichts (und dem zum Schein) unterscheidet und sich ständig für jenen Weg und gegen diesen entscheidet wegen seiner Unbegehbarkeit. Das Bedenken des Weges zum Nichts einschließlich seiner Unbegehbarkeit gehört also zum Weg zum Sein. Demgegenüber entscheidet sich die Wissenschaft (und die Logik) s o gegen das Nichts, daß sie ein Bedenken desselben für unwissenschaftlich erklärt.

B 2,4 ... Πειθοῦς ἐστι κέλευθος· ἀληθείηι γὰρ ὀπηδεῖ ...
"'... Des gegründeten Vertrauens Pfad ist dies, er folgt nämlich der Unverborgenheit ...'" (84)

Der Pfad der Πειθώ , nach EM das gegründete Vertrauen, steht nach H.s Meinung wohl im Gegensatz zu "der Menschen Ansichten, denen k e i n V e r l a ß ⎣Sperrung von mir⎦ auf das Unverborgene einwohnt" (86): Während die Ansichten der Menschen "in der Sache keinen Halt" haben (79), weil sie "blindlings einer Wahrheit" nachlaufen (86), hat sich Parmenides mit dem Schein im Fragen auseinandergesetzt und ist in der Frage, wie es um das Sein steht, auf die 'Sachen selbst' zurückgegangen. Wie der Gewalt-tätige nach H.s Heraklitauslegung auf das Sein (den Logos) hört, d.h. ihm folgt (98 ff), so hält sich Parmenides, wie H. glaubt, auf dem Weg zum Sein an das 'Wesen' des Unverborgenen oder an die Unverborgenheit des Seienden - nicht unzufällig ist nach H.s Übersetzung von B 2,4 das Subjekt von ὅπηδεῖ κέλευθος und nicht Πειθώ -, und eben auch darum kann er seinen Weg als den des gegründeten Vertrauens bezeichnen: "'... Des gegründeten Vertrauens Pfad ist dies, er f o l g t n ä m l i c h ⎣Sperrung von mir⎦ der Unverborgenheit...'" (86).

§ 14 HEIDEGGERS INTERPRETATION VON PARMENIDES B 6,4-9 NACH EM

Wie die Entgegensetzung von Sein und Nichts, so ist nach H.s Ansicht auch die von Sein und Schein zuerst bei Parmenides überliefert (EM 84). H. verweist hier neben B 1,28 ff vor allem auf B 6. In diesem Paragraphen werde ich nur H.s Übersetzung von B 6, 4-9 im einzelnen nachgehen. Dies hat selbstverständlich von ihrem Kontext aus zu geschehen. Da dieser selbst nicht ganz einfach ist, muß er vorab einer Interpretation unterzogen werden.

Da dem griechisch, d.h. als φύσις, als aufgehendes Walten, als sich eröffnendes Entfalten verstandenen Sein der Grundzug des Erscheinens und damit das Darbieten einer Ansicht (79) oder Aussicht eignet, gehört zu ihm, so glaubt H., wesensmäßig auch der Schein, d.h. die Möglichkeit, daß das Seiende für das Sehen in ein Aussehen gelangt, das das Seiende gerade verdeckt oder verbirgt (79). Daß es den Schein überhaupt 'gibt', gründet also für die Grie-

chen (wie H. sie sieht) im Wesen des Seins als
φύσις, genauer als Erscheinen oder Darbieten einer
Aussicht. Damit zeigt sich der Schein den Griechen
zugleich auch als eine "Abart des Seins" (82), als
eine eigene Weise des Er-scheinens des Seienden und
damit wie das Sein als eine Macht, die über den
Menschen herrscht. "Zum Sein ... als Erscheinen gehört
der Schein. Das Sein ist als Schein nicht minder
mächtig denn das Sein als Unverborgenheit."(83)
Dieses Herrschen des Scheins ist nur so möglich,
daß er in seinem Scheinen dem Menschen als Sein erscheint,
d.h. daß er sich als Schein verdeckt (83).
Indem die Griechen den Schein als eine zum Sein gehörige
Macht erfuhren, die den Menschen zumeist,
wenn nicht ständig beherrscht, verstanden sie zugleich,
wie H. meint, daß sie "je und je das Sein
erst dem Schein entreißen und es gegen diesen bewahren"
(80) mußten. Als zusammengehörige Mächte erscheinen
Sein und Schein dem Menschen wechselweise.
Darin liegt, daß sich nicht immer klar unterscheiden
läßt, was Sein ist und was Schein; beides kann
dem Menschen in Verwirrung geraten, er kann Sein
und Schein verwechseln. Weil die Griechen nach H.s
Meinung dies verstanden hatten, konnte Parmenides
die erste Eröffnung dessen, wie es um das Sein des
Seienden steht, nur als Unterscheiden von Sein und
Schein vollziehen:

> "Weil Sein und Schein zusammengehören und
> als Zusammengehörende stets beieinander
> sind und im Beieinander immer auch den
> Wechsel von einem zum anderen und damit
> die ständige Verwirrung und aus dieser
> die Möglichkeit der ... Verwechslung anbieten,
> deshalb mußte im Anfang der Philosophie,
> d.h. bei der ersten Eröffnung des
> Seins des **Seienden** die Hauptanstrengung
> des Denkens darin bestehen ... das Sein
> gegen den Schein zu unterscheiden" (83).

Daß Parmenides in B 2 und B 6 die Wege des Seins,
des Nichts und des Scheins unterscheidet, gründet
nach H.s Ansicht in einer ursprünglichen wissenden
Erfahrung der Zusammengehörigkeit des Seins mit dem
Nichts einerseits und dem Schein andererseits (oder

in einer Ent-schlossenheit zum Wesen des Seins (37 f)).

Es ist klar, daß diese Interpretation des Parmenides wie schon die hinter SuZ stehende unvereinbar ist mit der Annahme, was Parmenides vorlege, seien primär 'Gedanken' einer mythischen, übernatürlichen Göttin über den rechten Zugangsweg zum Sein des Seienden. Nach H.s Ansicht liegt bei Parmenides (in B 2 und 6) 'nur' eine Besinnung auf das Wesen des menschlichen Denkens vor: "Das Eröffnen und Bahnen der drei Wege ist das Denken im Anfang der Philosophie" (EM 84). Diese Besinnung stützt sich für H. nicht auf die Autorität einer übernatürlichen Offenbarung (daß zu Parmenides eine Göttin spricht, wird in EM überhaupt nicht erwähnt), sondern erhält, wie sich gezeigt hat, ihre 'Begründung' vom 'Wesen' des Seins selbst her, d.h. in seiner Zusammengehörigkeit mit und Unterschiedenheit von Nichts und Schein. Λόγος und νόημα des Parmenides (B 8,50) sind für H. auch deshalb kein Geschehen, das sich primär in einer Göttin ereignet und sekundär, von der Autorität ihrer Offenbarung begründet, auch im Menschen, weil es nach H.s Meinung wesentlich als wagende Gewalt-tat des Menschen zu verstehen ist: Der gewalt-tätige " M e n s c h ⌊Sperrung von mir⌋ ... muß Schein und Sein zugleich dem Abgrund des Nichtseins entreißen" (84). Solch wagende Gewalt-tat kann sich wesensmäßig auf keine äußere, auch keine übernatürliche Autorität gründen. - Die Besinnung des Parmenides auf die drei W e g e , ihr Heben derselben ins Wissen, ist, da es ihr letztlich um ein zureichendes Wissen um das 'Wesen' des Denk w e g s geht, nach H.s Ansicht eine 'met--hodische' 'Grundlegung' ähnlich der, die er selbst z.B. in SuZ § 7 und § 63 vorlegt: die Bestimmung der σήματα des Seins beginnt nach H.s Meinung zweifellos fellos erst in B 8 und erfolgt 'durchgehend'[18] auf der 'Grundlage' der in B 2 und B 6 vollzogenen Unterscheidung der drei Wege. Eben weil die Aufweisung der drei Wege für H. eine 'met-hodische'[19] Besinnung auf das 'Wesen' des menschlichen Denkwegs ist, kann H. in EM die Umrisse einer Parmenidesinterpretation vorlegen, ohne sich auf die offenbarende Göttin ausdrücklich zu beziehen.

Weil Parmenides in B 2 und B 6 nach H.s Ansicht eine Besinnung auf das Wesen des menschlichen Denkens vorlegt, kann das Unterscheiden der drei Wege als 'Grundzug' dieses Denkens bei H. formal sogar an die Stelle der Göttin treten: nicht sie, so scheint es, sondern das "Unterscheiden stellt den Menschen als einen Wissenden auf diese Wege ... und damit in die ständige Ent-scheidung" (EM 84). Die Wege zum Sein, Nichts und Schein gibt es für H.s Parmenides als solche nur, indem der Mensch im Entwurf gewalt-tätig ihre Unterscheidung vollbringt - eine mythische Göttin als supranaturale Macht hat hier keine 'Funktion'. - Innerhalb seiner Sophoklesinterpretation in EM behauptet H., die Sprache, das Verstehen, die Stimmungen usw. seien keine Erfindungen des Menschen, sondern Mächte, die in das überwältigende Gewaltige (das Seiende im Ganzen) gehören (119 f). Entsprechend kann dann auch das Unterscheiden der drei Wege keine 'Erfindung' des Menschen sein, sondern muß in das überwältigende Walten selbst gehören. In diese Richtung weist H.s Bemerkung, daß das Entscheiden, das mit dem Unterscheiden der Wege zusammengehört, kein Urteil und keine Wahl des M e n s c h e n sei, sondern eine i m "Zusammen"[20] von Sein, Unverborgenheit, Schein und Nichtsein sich ereignende Scheidung (84). Da das Denken in das Sein selbst gehört (106), muß auch das das Denken wesensmäßig ausmachende Unter-scheiden und Ent-scheiden bezüglich der drei Wege sein Wesen nicht im Urteilen und Wählen des Menschen haben, sondern ein Ereignis im Sein (in seinem Zusammen mit Nichts und Schein) sein. Der Mensch ist 'nur' die Stätte dieses Ereignisses. Er ist dies so, daß er vom Sein in das Unterscheiden und Ent-scheiden geworfen (125) ist, um in seinem Dienst (142) die Scheidung im Zusammen von Sein, Nichts und Schein zu vollbringen. Denn das Sein braucht das Unterscheiden und Sichentscheiden der menschlichen Gewalt-tat, um waltend zu erscheinen (124).

Wenn H. sagt, die Entscheidung in bezug auf die Wege sei keine Wahl des Menschen, so bedeutet das also nicht, sie sei nicht auch eine Seinsweise des letzteren (H. spricht denn auch von einer Entscheidung f ü r das Sein g e g e n das Nichts (128)). Das Unterscheiden der drei Wege ist, wenn auch letztlich eine in das Sein gehörige Macht, so doch auch ein menschlicher Seinsvollzug, nämlich der Entwurf eines Möglichkeitsspielraums[21], innerhalb dessen das Ent-scheiden sich 'vollzieht'.

H. geht noch einen Schritt weiter: auch der S c h e i n braucht nach seiner Auffassung das gewalt-tätige Unter-scheiden der drei Wege durch den Menschen, um als solcher zu erscheinen: "Der Mensch ... muß Schein und Sein zugleich dem Abgrund des Nichtseins entreißen" (84). Doch gibt es den Schein, so wird man einwenden wollen, nicht schon v o r Parmenides' Entwurf von Sein und Schein, da es doch die verfallenen Menschen schon gibt, bevor jener ihren Weg als den des Scheins aufweist? Die soeben genannte Auffassung H.s vom Schein ist wohl genauer wie folgt zu verstehen: Das verbergende Wesen des Weges zum Schein ist nichts, das diesem Weg per se, aus sich heraus eignete; es gibt es vielmehr überhaupt nur aus dem Bezug zum Weg des gewalt-tätigen Entdeckens des Seins. Entsprechend ist die zu diesen Wegen gehörige Geborgenheit (das Heimische) bzw. Befremdlichkeit nichts, was sich je für sich allein erschließen ließe. Beides wird vielmehr nur aus dem Wechselbezug zum jeweiligen anderen im Wesen offenbar:

> "Der Andrang der τέχνη gegen die δίκη ist
> ... jenes Geschehen, durch das der Mensch
> uneinheimisch wird. In solcher Heraussetzung aus dem Heimischen erschließt sich
> das Heimische erst als ein solches. In
> einem damit und nur so erschließt sich
> aber auch erst das Befremdliche ... als
> ein solches"(127).

Das Ent-werfen und Bahnen des Weges des Scheins, das diesen Weg als solchen ins Wissen hebt, geschieht nach H.s Ansicht bei Parmenides vor allem in B 6, 4-9 und in der Doxa:

> "Der jetzt ⌊B 6,4-9⌋ genannte Weg ist der
> Weg der δόξα im Sinne des Scheins ... Dieser Weg wird ständig begangen, sodaß die
> Menschen sich ganz auf ihm verlieren. Um
> so mehr tut not, diesen Weg a l s s o l -
> c h e n zu wissen, damit im Schein und
> gegen den Schein das Sein sich enthülle"
> (85 f). H. zitiert darauf seine Übersetzung von Parm. B 1,28-32.

Nach dieser Stelle ist die Herrschaft des Scheins
über den Menschen nicht nur eine im Erscheinungscharakter des Seins gründende Möglichkeit (79), der
Mensch geht vielmehr "ständig" auf dem Weg des
Scheins und verliert sich ganz auf ihm. Somit weisen Parm. B 6,4-9 und die Doxa nach H.s Ansicht darauf, daß Parmenides ein Wissen von der Verfallenheit des Menschen als einer ihn ständig beherrschenden Macht und nicht nur von der Zusammengehörigkeit
von Sein und Schein eignete. Weil der Schein den
Menschen wegen seines ständigen Verfallenseins fortwährend beherrscht, kann der Weg zum Sein nur unter
ständiger Abwehr des Scheins begangen werden. Entsprechend muß Parmenides nach H.s Meinung den Schein
bzw. den zugehörigen Weg in seinem 'Wesen' "wissen".
Nur so ist er ein "wahrhaft wissender Mann" (86),
ein "εἰδότα φῶτα" (Parm. B 1,3).

> Dieses Wissen ist, wie sich in § 10 zeigte,
> nur ein vor-phänomenologisches Verstehen
> des Phänomens des Verfallens. Nun ist das
> Verstehen schon als Umsicht des 'praktisch'-alltäglichen Besorgens ein Wissen (SuZ 144),
> doch dieser Art ist das Wissen des Parmenides für H. bestimmt nicht. Es gehört nach
> H.s Ansicht vielmehr zum νοεῖν, zum anschauenden Vernehmen, ist also eher ein Wissen im
> traditionellen Sinn. Dies und der Umstand,
> daß für H. Parmenides das Verfallen auf seine Weise in B 6,4 ff und in der Doxa zu Wort,
> mithin zu Begriff bringt, steht in einer gewissen Spannung dazu, daß für H. Parmenides
> das Verfallen ontologisch nicht begreift,
> sondern nur vor-phänomenologisch versteht.

Wenn Parmenides für H. in B 6,4-9 ein Wissen um die
Seinsweise der Menschen zu Wort bringt, dann ist es
wenig wahrscheinlich, daß die 'Prädikate', die er
ihnen an der genannten Stelle verleiht, nach H.s
Meinung "Scheltworte" im Stile des Prophetentums
(Diels 68) sind.[22] Parmenides dürfte vielmehr
nach H.s Ansicht dem Verfallen gegenüber dieselbe
Haltung eingenommen haben, wie er selbst: Wenn er,
H., vom Verfallen spricht, so ist das "keine onti-
sche Aussage über die 'Verderbnis der menschlichen
Natur'" (SuZ 179), vielmehr erfaßt er (bzw. 'weiß'
Parmenides vorontologisch um) eine ontologische
Struktur des Daseins, "die so wenig die Nachtseite
⟨sc. des Daseins⟩ bestimmt, als sie alle seine Tage
in ihrer Alltäglichkeit konstituiert" (179). "Die
Warnung vor dem gewöhnlichen Weg der Sterblichen
bedeutet" entsprechend bei Parmenides "keineswegs
die Verwerfung dieses Weges" (WD 121). - Wenn der
Mensch nach H.s Parmenides sich zunächst und zumeist ganz auf dem Weg zum Schein verliert und ihn
überhaupt ständig begeht (EM 86), so heißt das, daß
er, wenn er auf den Weg zum Sein gelangt wie Parmenides, vom Weg des Scheins kommt[23] und zugleich
noch in seinem Herrschaftsbereich verbleibt: Parmenides enthüllt nach H.s Ansicht das Sein " i m
Schein und g e g e n ⟨Sperrungen von mir⟩ den
Schein" (86), und "muß es im Schein und gegen den
Schein aushalten" (84); da für ihn die Herrschaft
des Scheins mit der des Geredes zusammengehört,
macht er also 'dieselbe' Erfahrung wie H. selbst:
Der "Ausgelegtheit des Geredes" vermag das Dasein
sich "nie zu entziehen. I n ihr und aus ihr und
g e g e n ⟨Sperrungen von mir⟩ sie vollzieht sich
alles echte Verstehen, Auslegen und Mitteilen ..."
(SuZ 169). Parmenides ist auch darum ein wissender
Mann (EM 86), weil er um die Herrschaft des Scheins
bzw. Geredes auch während der Seinsenthüllung weiß.
Weil er, bevor er auf den Weg zum Sein gelangte, wie
die anderen Menschen den Weg zum Schein "ständig begangen" und sich auf ihm ganz verloren hat (86),
kann er die Herrschaft des letzteren nicht in einem
einmaligen Entschluß ablegen. Sie dauert folglich
auch an, wenn Parmenides auf dem Weg zum Sein geht.
Eben darum muß er ständig zwischen den Wegen zu Sein

und Schein unterscheiden und sich gegen den einen und für den anderen entscheiden, was, wie gesagt, ein Wissen um das 'Wesen' des letzteren erfordert: der Weg zum Schein "wird ständig begangen, sodaß die Menschen sich ganz auf ihm verlieren. Um so mehr tut not, diesen Weg a l s   s o l c h e n zu wissen ..." (86).

Wenn Parmenides nach H.s Ansicht das 'Wesen' des Scheins und des diesem zugehörigen Weges 'weiß', dann steht zu erwarten, daß H. dieses "Wissen" näher entfaltet hat. Einen Hinweis auf das Wie dieser Entfaltung gibt H. an folgender Stelle:

> "Auf diesem Wege sieht das Seiende bald so, bald anders aus. Hier herrschen jeweils nur Ansichten. Die Menschen gleiten von einer Ansicht in die andere hinüber und herüber. So mischen sie Sein und Schein durcheinander" (85).

Es ist klar, daß die Sein und Schein mischenden Menschen, von denen hier die Rede ist, nach H.s Ansicht die 'Gegenposition' einnehmen zu Parmenides als dem wissenden Mann, der zwischen Sein und Schein unterscheidet. Sie sind der in der Zusammengehörigkeit von Sein und Schein als Möglichkeit beschlossenen "Verwirrung" und "Verwechslung" beider Mächte (83) (völlig) anheimgefallen. Die Menschen vermischen und verwirren Sein und Schein, indem sie sich statt an das Sein an das Seiende halten, das "bald so, bald anders" aussieht. Das Aussehen des Seienden kann wechseln, weil der Mensch seinen "Augenpunkt" gewechselt hat (79), doch H. denkt hier eher an die Un-ständigkeit des Seienden: "Was sich im Werden aufhält, ist ... kein reines Nichts, sondern nicht mehr dieses und doch noch nicht jenes und als solches ständig ein anderes. Darum sieht es bald so aus, bald so. Es bietet einen in sich unständigen Anblick. Werden ist, so gesehen, ein Schein des Seins."(87) Die Menschen, die auf dem dritten Wege gehen, halten sich nach H.s Meinung an das Werdende, das als das Un-ständige ohne Identität (es ist "als solches ständig ein anderes")für das Sehen eine ständig wechselnde Ansicht darbietet (es sieht ... bald so, bald anders aus"(85)). Darum gibt es für die Menschen nur die Möglichkeit, sich aufgrund des jeweiligen, quasi zufälligen Aussehens des Seienden eine Ansicht (Meinung) zu bilden. Zu einem ständigen Vernehmen seines beständigen Wesens, das zu sein das Werdende bestimmt ist, können sie nicht gelangen. Entsprechend dem Wechsel des Aussehens des Werdenden gleiten sie vielmehr von einer Ansicht in die andere. Daß sich die Menschen an das wechselnde Aussehen des Seienden halten, heißt für H. zugleich, daß sie sich an die unmittelbar vernehmbare 'Oberfläche' desselben halten. Als Menschen, die nicht nach dem Sein des Seienden f r a g e n , weil sie nicht verstehen, daß das Sein mit dem Schein zusammengehört, das Aussehen, Erscheinen des Seienden das Seiendsein mithin auch vortäuschen kann, gehen die Vielen (97), wie H. glaubt, in ihren Ansichten vom Seienden von dem grundlegenden 'Vorurteil' aus, daß das, was sich ihrem Vernehmen zunächst und unmittelbar darbietet, das Sein des Seienden sei. Weil ihnen das Sein nicht fragwürdig wird, bleibt es ihnen als solches verschlossen: "Vielmehr vernimmt die δόξα das Anwesende selbst unmittelbar, aber nicht das Anwesen des Anwesenden ..." (Hw 162 - verf. 1942/43). Parmenides' Ausbruch aus dem Heimischen als dem 'Herrschaftsbereich' der gewohnten Ansichten ist nach H.s Auffassung als solcher Auseinandersetzung, Kampf mit dem 'Grund-vorurteil' der Vielen, was sich am Seienden unmittelbar zeige, sei identisch mit seinem 'Wesen'. Zwar gehört auch die unmittelbar sich zeigende 'Oberfläche' zur Erscheinung des Seienden, doch bleibt sein Sein, seine φύσις eigentlich verborgen, wenn sich der Blick wie bei den Vielen nur an die 'Oberfläche' hält. Jene sehen nicht, daß das Sein des Seienden eine unmittelbar nicht zu fassende Einheit oder Sammlung von Gegensätzen ist. So erfassen sie z.B. nicht, daß das Leben zugleich Tod ist (EM 100). Ihrem unmittelbaren Vernehmen ist vielmehr Leben nur Leben und der Tod nur Tod (100). Da nun aber das, was die im unmittelbaren Vernehmen sich zeigende 'Oberfläche' zur Erscheinung bringt, in das Sein des Seienden gehört, ist das unmittelbare Vernehmen der Menschen nach H.s Meinung nicht absolut 'unwahr': Zwar kommt in ihm das 'Wesen' des Seienden, seine ständige innere Gesammeltheit nicht in den Blick, so daß hier " n u r /Sperrung von mir/

Ansichten" "herrschen" und die Vielen "von einer Ansicht in die andere" gleiten (85), doch eben diese Ansichten gründen letztlich in den 'Elementen' des Logos: "So mischen sie Sein und Schein durcheinander" (85). Folgende Sätze aus SuZ eignen sich hier als Kommentar: In der uneigentlichen Seinsweise des Daseins ist das "Sein zum Seienden ... nicht ausgelöscht ... Das Seiende ist nicht völlig verborgen, sondern gerade entdeckt, aber zugleich verstellt; es zeigt sich – aber im Modus des Scheins" (SuZ 222). Der dritte Weg, so behauptet H., zeigt Seiendes, bietet somit eine Aus-sicht, sieht also wie der erste Weg aus (EM 85), führt aber dennoch nicht zum Sein (85). Dies "erweckt ... den Anschein, er sei auch nur ein Weg zum Nichtsein ..." (85). Warum dies nur ein Anschein sein soll, hat sich schon verdeutlicht: Die δόξαι der Menschen im Sinne des Annehmens (δέχεσθαι), das in der Sache keinen Halt hat (79), sind nach H.s Meinung nicht völlig 'unwahr', da sie letztlich in der δόξα im Sinne des Ansehens, in welchem sich das Seiende zeigt (δοκέω = ich zeige mich, erscheine (78 f)), gründen: "Das Annehmen bleibt auf das Angebot des Erscheinens bezogen" (79).

Daß nach H.s Ansicht Parmenides, soll er den Weg zum Sein sehen können, neben dem 'Wesen' des Scheins auch die Seinsweise der Vielen "wissen" muß, bestätigt H.s Übersetzung von Parm. B 6,4-9. Im Folgenden werde ich nur ihre besonders leicht aufzuschlüsselnden Merkwürdigkeiten besprechen.

βροτοί (6,4) übersetzt H. mit "die Menschen" (85) statt mit "die Sterblichen", und dies, obwohl letzterer Terminus sich leicht als ein Zu-Wort-kommen eines ursprünglichen Wissens um die Endlichkeit des Menschen (ein solches Wissen eignet nach EM Sophokles (121)) hätte interpretieren lassen. In seinen späteren Schriften hat H. denn auch jenen Terminus einschließlich der parmenideischen βροτοί in diesem Sinne interpretiert.[24] Vielleicht begreift H. in EM βροτοί im Anhalt an Stellen wie Parm. B 1,27 (ἀπ' ἀνθρώπων ἐκτὸς πάτου) und Her. B 1 als terminus technicus für 'Menschen'. Daß aber der dritte Weg in EM ausdrücklich der der M e n s c h e n genannt wird, legt auch die Annahme nahe, dies geschehe mit Rücksicht darauf, daß der erste Weg, den

Parmenides geht, zugleich in gewisser Weise der Göttin Aletheia zugehört[25]: Er führt "in die Unverborgenheit" (84), und dies wahrscheinlich, weil er von Aletheia selbst "gesagt" wird. Damit stellt sich jedoch die Frage, was es nach H.s Ansicht in EM bedeuten soll, daß der erste Weg, der für ihn, wie sich ergab, wesenhaft der Weg des Menschen Parmenides ist und nicht der des Denkens einer über-menschlichen Gottheit, gleichwohl auch der Weg eines göttlichen Sagens ist und als solcher vom Weg der Menschen abgehoben werden kann; d.h. es ist der Frage nachzugehen, in welchem Sinne nach H.s Auffassung in EM die Aletheia des Parmenides eine Göttin ist bzw. der Weg zum Sein göttlichen Charakter hat.[26] (Über Hypothesen kann allerdings die Interpretation beim derzeitigen Stand von H.s Veröffentlichungen im Folgenden nicht hinauskommen.)

Das Begehen des Weges zum Sein ist als ein Erfragen und Vernehmen desselben ein ursprünglicher 'Aufbruch' des Geistes im Menschen. Der Geist (die Transzendenz, das Seinsverständnis in der Eigentlichkeit) ist jedoch "das Tragende und Herrschende, das Erste und Letzte" (36), das Seinsverständnis hat entsprechend "den höchsten Rang" (63). Wie die Entmachtung des Geistes eine Verkennung von dessen Rang einschließt, so schließt seine Herrschaft ein 'Wissen' um denselben ein. Entsprechend ist der 'Aufbruch' des Geistes, wie er nach H.s Ansicht bei Parmenides geschieht, eine Würdigung des höchsten Ranges des Seinsverstehens – Geist ist ja die wissende Ent-schlossenheit zum Wesen des Seins (37 f) bzw. der in ihm sich ereignenden Unverborgenheit. Das Erfragen des Seins bei Parmenides muß sich als 'Geschehnis' des Geistes für H. als "Würdigung" des höchsten Ranges des Seinsverständnisses im Dasein (63) verstehen.[27] Von hier aus ist die Vermutung berechtigt, daß nach H.s Auffassung in EM Parmenides den höchsten Rang der Aletheia bzw. ihres Weges (auch) durch die Einführung des 'religiösen' 'Prädikates' zu Wort bringen wollte. Dieses 'Prädikat' könnte jedoch für H. den besonderen Rang des Weges zum Sein auch in anderer Hinsicht zu Wort bringen: Dieser Weg führt, wie H. meint, den Menschen zum Wesentlichen (87) (und nicht zum unwesentlichen

Schein des Geredes wie der dritte Weg); als Weg des Philosophierens ist er ein "außer-ordentliches Fragen nach dem Außer-ordentlichen" (10), und gehört er "zu den wenigen großen Dingen des Menschen" (12); als "eine denkerische Eröffnung der Bahnen und Sichtweiten des maß- und rangsetzenden Wissens" (8) – in der Entscheidung der drei Wege, die als solche zum Denkweg gehört, wird "sogar über die Götter entschieden" (84) – ist er 'ein ausgezeichneter Weg' (128), der zu einem ausgezeichneten Wissen führt bzw. selbst solches Wissen ist (diese Ausgezeichnetheit ist wohl als Gegensatz zur "Gewöhnlichkeit" des dritten Weges zu denken).

εἰδότες οὐδέν (6,4) bedeutet wörtlich "die nichts wissenden". H., dem dies kaum entgangen sein dürfte, übersetzt demgegenüber mit "die nicht-wissenden" (85). Er hat also wohl die Stelle in einem ganz bestimmten Sinne interpretiert. Wie dies geschah, ergibt sich aus dem Kontext von EM wie folgt: Auch den Vielen (97) eignet ein Vorausgreifen auf das Sein (100), ein Vernehmen desselben, wenn auch dieses Vernehmen ein 'irrendes' (s.u.) und jenes Vorausgreifen kein 'rechtes' ist (100). Aufgrund ihres Seinsverständnisses können die Vielen sich zu Seiendem verhalten (100); dieses ist ihnen darum in gewisser Weise offenbar: sie sind wach in bezug auf das Seiende (100), indem sie es fortgesetzt betreiben (101) und begaffen (48, 133). Wenn H. εἰδότες οὐδέν mit "die nicht-wissenden" übersetzt, so bedeutet das also nicht, die Vielen hätten seiner Meinung nach überhaupt kein 'Wissen'.[28] Es kann vielmehr nur bedeuten, daß ihnen kein Wissen im wahrhaften und eigentlichen Sinne eignet. Man sieht auch leicht, warum dies für H. der Fall sein muß: Die Vielen sind zu schwach zur Gewalt-tätigkeit, die ihrerseits das wahrhafte, eigentliche Wissen ist bzw. dieses erwirkt (122). Ihr 'Wissen' betrifft nur das für das verfügende Betreiben des Seienden Handgreifliche (100) und die im Begaffen (48) sich unmittelbar darbietende 'Oberfläche' des Seienden; doch "das Sein bleibt ihnen verborgen" (101). Wer sich so statt am Wesentlichen (dem Sein) am Unwesentlichen (87) (Seienden) orientiert, dem eignet kein wahrhaftes, eigentliches Wissen und ist insofern nicht-wissend.

Parmenides ist demgegenüber als ein-samer (117) Gewalt-tätiger ein "wahrhaft wissender Mann" (86) und als solcher von H. offenbar als 'Gegenpol' der nicht-wissenden Vielen gesehen (H. hat also wohl den gegensätzlichen Bezug von εἰδότα φῶτα (Parm. B 1,3) und εἰδότες οὐδέν (6,4) gesehen. 29) Während Parmenides, wie H. glaubt, "ständig alle drei Wege, den des Seins, den den Nichtseins und den des Scheins weiß" (86) und unterscheidet, laufen die nicht-wissenden Menschen blindlings einer Wahrheit nach (86), in der Sein und Schein vermischt ist. Dies zeigt an, daß sie nach H.s Ansicht nicht-wissend sind in bezug auf die Zusammengehörigkeit von Sein und Schein und in bezug auf die Macht des Scheins über den Menschen. (Der ihre Vorurteile durchherrschende Schein hat sich den Vielen als solcher verdeckt (83) und zeigt sich ihnen als Sein (83).) Für die Vielen gibt es keine Notwendigkeit, zu fragen, wie es um das Sein des Seienden steht, und sich in dieser Frage zugleich mit der Macht des Scheins auseinanderzusetzen. Entsprechend bleibt ihnen das Seiende das Vertraute, immer schon Bekannte, sein Sein wird ihnen nie im Fragen befremdlich und un-heimlich. Sie sind, so darf man H. wohl interpretieren, nicht stark genug, den geläufigen Vorurteilen ihre Macht zu nehmen und die Angst zu ertragen, die mit dem Hereinbrechen der Unheimlichkeit des Seienden im Ganzen im Fragen verbunden ist.30) Ohne Leidenschaft der Seinsenthüllung (81) haben sie nach H.s Ansicht auch nicht die Verwegenheit, aus dem Heimischen der geläufig-vertrauten 'Welt' herauszubrechen und das Wagnis des ein-samen Entwerfens des Seins des Seienden und des Scheiterns desselben auf sich zu nehmen.

πλάττονται (6,5) übersetzt H. mit "sich zurechtmachen". Er verwirft also die allgemein akzeptierte Deutung des Wortes durch Diels (72) als πλάζονται (= sie schwanken einher); statt dessen leitet er es von πλάττω, der attischen (!) Form von πλάσσω ab, obwohl Diels' Auffassung in πλακτὸν νόον 6,6 eine Stütze findet und der Zusammenhang mit ὁδοῦ διζήσιος 6,3 für einen Bewegungsbegriff spricht. H. geht wohl diesen Weg, weil es für ihn so leichter als auf der Grundlage der Dielsschen Textauffassung möglich war, Parmenides so zu interpretieren, als bringe er eine genuine Erfahrung von der Seinsweise der Menschen zu Wort: Ihren Weg machen sich diese selbst zurecht, indem sie in ihrer Seinsvergessenheit der Frage nach dem Sein des Seienden ausweichend sich an die Offenbarkeit des Seienden halten, wie sie schon in der Sprache geschehen ist. Die Sprache "erzeugt" wie jede Gewalt-tätigkeit "in sich das eigene Unwesen" (EM 121, 132), d.h. das Gerede, in welchem die in der Sprache eröffnete und verwahrte Wahrheit verbreitet wird, ohne daß jedesmal das Seiende "eigens erfahren wird" (141).[31] Das 'Bilden', 'Sichzurechtmachen' des dritten Weges geschieht also nach H.s Ansicht in einem gewalt-tätigen Seinsentwurf u n d in einem Verfallen. Entsprechend wie die Ansichten der Menschen in der Sache keinen Halt haben (79), sondern wesensmäßig von ihnen gebildet (79) sind, ist auch der Weg durch den Schein von ihnen zurecht gemacht (er muß dies sein, da das Bilden von Ansichten und das Gehen jenes Weges dasselbe sind). Dies steht nicht im Widerspruch dazu, daß das Verfallen, die Abkehr des Menschen vom Sein nach EM in Korrelation steht mit einem 'Sichentziehen' des Letzteren. Die Vielen werden vom überwältigenden Walten so in jene Abkehr geworfen, daß sie sich den Weg des Scheins zurechtmachen. Das 'Bilden' von Ansichten und der Entzug des Seins sind, so darf man H. wohl interpretieren, nur zwei Seiten desselben Geschehens.

πλακτὸν νόον (6,6) übersetzt H. mit "in ihrem irrenden Vernehmen". Man erkennt leicht die typisch H.sche Terminologie: Mit Irren bezeichnet H. in WW "die Umgetriebenheit des Menschen" weg vom Geheimnis der Verborgenheit des Seienden im Ganzen "hin zum Gangbaren" (WW 92). Das Irren ist die Seinsweise des Menschen, der als insistierend (verfallend) ek-sistenter in der Irre steht (a.a.O.). Es wäre nun sehr seltsam, wenn H. 'irren' in seiner Übersetzung von Parm. B 6,6 nur in einem vulgären Sinne gebraucht hätte: Da Parmenides nach H.s Ansicht darum weiß, daß sich für das Vernehmen Sein und Schein vermischen können (EM 85), wobei der Schein sich als Sein zeigt bzw. sich als solcher verdeckt (83), müßte er eigentlich auch um den "Raum" der "Irre" gewußt haben, der sich in der soeben angedeuteten "Verschränkung" von Sein und Schein eröffnet (83).

Das Vernehmen der Vielen (97) ist, so darf man also annehmen, nach H.s Meinung für Parmenides ein irrendes, weil es von der Irre als dem von der Verschränkung von Sein und Schein bestimmten Raum beherrscht ist: die Menschen, so bemerkt H. ausdrücklich zu Parm. B 6,4 ff, mischen Sein und Schein durcheinander (85). Wer dagegen wie Parmenides nach dem Sein des Seienden fragend Sein und Schein unter-scheidet, gibt damit zu erkennen, daß er um die Zusammengehörigkeit und mögliche Verschränkung von Sein und Schein weiß, daß er also "unterwegs in die Irre als solche" ist und diese selbst erfährt (WW 93).

ἄκριτα φῦλα (6,7) bedeutet nach EM "die Sippschaft derer, die nicht scheiden". Hierauf scheint sich der auf die Übersetzung von B 6 folgende Kommentar H.s unmittelbar zu beziehen: "Die Menschen ... mischen ... Sein und Schein durcheinander" (85). Damit treten die Vielen (97), wie gesagt, für H. in den Gegensatz zu Parmenides, der vom Sein den Schein unterscheidet. Da zu seinem Denkweg auch die Unterscheidung von Sein und Nichts gehört und die Menschen eben diesen Denkweg nicht gehen, legt sich die Annahme nahe, daß sie nach H.s Ansicht auch deshalb eine nichtscheidende Sippschaft genannt werden müssen, weil sie vom Sein neben dem Schein auch nicht das Nichts unter-scheiden.

> EM enthält Andeutungen, die in diese Richtung weisen: Es zeigte sich, daß die Vielen Sein und Schein vermischen, indem sie ihr Vernehmen am Werdenden orientieren. Weil nun aber das Werdende vom Nichtsein durchsetzt ist (87), liegt in solcher Orientierung, daß das Vernehmen der Vielen Sein und Nichtsein, statt beides zu scheiden wie Parmenides, miteinander 'verbindet' oder vermischt. Umgekehrt muß ein Denken, das Sein und Nichts streng unterscheidet und 'weiß', daß sich auf dem Weg zum Sein zeigt, "wie ... unmöglich (ist) das Nichtsein" (84), eben wegen der 'Beimischung' von Nichtsein im Werden dieses vom Sein "weg-halten, ausstoßen" (74).

Daß H. in seiner Bemerkung zu Parm. B 6,4-9

auf S.85 nicht auch vom 'Nicht-scheiden'
von Sein und Nichts durch die Menschen
spricht, obwohl dieser Sachverhalt für
ihn von grundsätzlicher Bedeutung bei der
Interpretation auch der anderen 'Prädikate' der Sterblichen sein muß, hängt wohl
damit zusammen, daß jene Bemerkung in einen Zusammenhang zu stehen kommt, in dem
es nicht primär um eine Interpretation des
Parmenides geht, sondern um die Erhellung
des Ursprungs der Entgegensetzung von Sein
und Schein im abendländischen Seinsverständnis.

οἷς ... νενόμισται (6,8) übersetzt H. in EM mit "denen Satzung ist ...". Er hat die Stelle also wohl
ganz ähnlich verstanden wie nach VA III 50 κατέθεντο
in B 8,39: dieses nennt ein "Fest s e t z e n ⌊Sper-
rung von mir⌋, das je gerade dieses oder jenes für
das eilige Meinen festlegt". Den Menschen ist "Satzung", sie setzen fest:
τὸ πέλειν τε καὶ οὐκ εἶναι ταὐτὸν ... κοὐ ταὐτόν
(6,8), "das Vorhandene und Nichtvorhandene sei dasselbe und auch nicht dasselbe" (EM 85). Es fällt
auf, daß in dieser Übersetzung die Infinitive ausfallen. Dies ist um so merkwürdiger, als H. behauptet, das ἐόν des Parmenides habe infintivische Bedeutung. Ferner fällt auf, daß Parmenides nach H.s
Auffassung nicht 'neutral' vom Seienden spricht,
sondern vom Vorhandenen. Wenn man nicht annehmen
will, hierin spreche sich für H. die Verfallenheit
des Parmenides aus, kann man dies wie folgt erklären: (1) Die Menschen wagen, so sieht Parmenides,
nicht den gewalt-tätigen Entwurf einer Welt im Fragen; folglich kann für sie das Seiende nur "das Vorhandene" sein, "darin keine Welt mehr weltet" (48).
(2) Das Seiende vernehmen die Menschen so, wie es
sich zunächst und unmittelbar zeigt: als Werdendes
(und Vergehendes). Dieses ist aber insofern vorhanden, als sich in ihm eine bestimmte Identität durch-
hält, und ist insofern nicht vorhanden, als es "als
solches ständig ein anderes" (87) ist. Die Menschen
identifizieren nun am Werdenden das an ihm Identische oder Vorhandene mit dem an ihm Nicht-identi-
schen, Nicht-vorhandenen (eine Blume z.B. ist für

sie mit ihren wechselnden Erscheinungen identisch),
sie unterscheiden aber auch beides. Wahrscheinlich
war jedoch damit nach H.s Ansicht der Sinn der Stelle noch nicht erschöpft: Die Menschen setzen, wie
sich ergab, für H. Sein und Nichts nicht nur einander entgegen, sie verbinden und vermischen auch,
sich ans Werdende haltend, beides miteinander. Eben
dieser Gedanke scheint mir mitenthalten, wenn H.
die Menschen das Vorhandene und Nichtvorhandene
nicht nur scheiden, sondern auch miteinander identifizieren läßt.32) Es wäre seltsam, wenn er B 6,8 f
nicht auch in diese Richtung interpretiert hätte,
da es doch unübersehbar ist, daß Parmenides hier
tatsächlich eine Aussage über das Verständnis der
βροτοί von Sein und Nichtsein macht. Zudem ergab
sich, daß nach H.s Ansicht Parmenides neben der
Seinsauslegung des wahrhaft Wissenden auch die geläufigen 'Vorurteile' der Menschen über das Sein
des Seienden ins Wissen hebt. Um das Seinsverständnis der Menschen geht es für H., wie sich ergab, in
ἄκριτα φῦλα, welche Worte wiederum, wie seine
Übersetzung ganz deutlich zeigt, von ihm in engstem
Zusammenhang mit B 6,8 f gesehen sind. Weil nun das
Seinsverständnis als solches überhaupt die Bedingung der Möglichkeit für jedes Verhalten zum (und
Sichverlieren im) Seienden ist, muß das Seinsverständnis der Vielen, das Parmenides nach H.s Ansicht in B 6,8-9 zu Wort bringt, zu den grundlegenden 'Vorurteilen' gehören, die ihnen das Seiende in
seinem Sein verstellen.

H. versteht seine Interpretation des Parmenides, so
zeigte sich, als Wiederholung von dessen Fragen
nach dem Sein. Was das bedeutet, kann jetzt noch
weiter konkretisiert werden: Bei beiden Denkern geschieht, wie H. glaubt, auf dem Grunde der eigentlichen Existenz oder Ent-schlossenheit zum Wesen des
Seins eine Thematisierung des Seins bzw. des Seinsverständnisses (νοεῖν, νόος), und dies bei beiden
aus einem Wissen um den höchsten Rang des letzteren.
Für beide Denker ist das Sein bzw. das Seinsverständnis zunächst (bzw. bei den Vielen ständig) in seinem
Rang vergessen und verstellt und kann darum nur in
einem Fragen in seinem Rang gewürdigt werden (63).
Für beide Denker schließt dieses Fragen nach dem

Sein bzw. Seinsverständnis ein Unter-scheiden von
angemessenem und unangemessenem, verstellendem, vor-
urteilsartigem Seinsentwurf und ein Wissen um letzteren ein. Bei der Aufhellung des Vorurteils zeigt
sich nach H.s Ansicht beiden Denkern, daß es statt
an den φαινόμενα am Seienden, wie es sich dem Betreiben und Begaffen zeigt, orientiert ist. Dieses
Seiende ist für Parmenides das Werdende (Wechselnde), für H. das Vorhandene schlechthin.

§ 15 HEIDEGGERS INTERPRETATION VON PARMENIDES B 1,28-30 NACH EM; HINWEISE AUF SEINE AUSLEGUNG DER DOXA

Nach H.s Ansicht in SuZ hat Parmenides an den Wahrheitsteil die Doxa angeschlossen, weil er verstand,
daß das Dasein, bedingt durch seine Struktur des
geworfenen Entwurfs, mithin aufgrund seiner Endlichkeit an das Seiende verfällt und darum ontologisch
nicht nur in der Wahrheit, sondern auch in der Unwahrheit ist. Weil Parmenides das Verfallen bzw.
das In-der-Unwahrheit-sein als ständige Möglichkeit
des Daseins erfahren hat, kann er den Weg des Entdeckens nur gewinnen, indem er das In-der-Wahrheit-
und In-der-Unwahrheit-sein voneinander unterscheidet und jenes diesem abringt. Dies setzt jedoch voraus, daß er das 'Wesen' des In-der-Unwahrheit-seins
(den Weg des Verbergens) entwerfend erschließt, was
eben in der Doxa geschieht. Auch nach EM entsprechen
die beiden Teile des parmenideischen Gedichts jenen
beiden Möglichkeiten des Daseins, sie eröffnen als
solche ungefragte Möglichkeiten, Zu-künfte des Menschen (EM 34), doch wird die Zusammengehörigkeit
beider jetzt nicht mehr 'nur' auf die Endlichkeit
des Daseins gegründet, vielmehr scheint nach H.s
Ansicht jetzt das In-der-Unwahrheit-sein der Menschen bzw. die Zusammengehörigkeit von Aletheia-
und Doxa-teil bei Parmenides in einem Wechselbezug
zwischen dem Sein des Seienden im Ganzen, das sich
als überwältigendes Walten dem Zugriff des Menschen
entzieht und darum die Angst erzwingt, und der
Schwäche der Vielen, die sie jene Angst nicht ertragen läßt, zu gründen.[33]

B 1,28b ... χρεὼ δέ σε πάντα πυθέσθαι ...
"'... Not tut aber (dir, der du den Weg zum Sein jetzt antrittst) auch alles zu erfahren ...'" (86)
Wie diese Übersetzung zeigt, steht Parmenides für H. in B 1,28 ff am Anfang seines Weges zum Sein bzw. in die Unverborgenheit (84); er tritt diesen Weg "jetzt" an. Dies sagt sehr klar, daß der erste Weg nach H.s Meinung nicht nur eine logische Beweiskette ist, sondern etwas, das Parmenides 'existenziell' 'vollzieht'. - Das Sein gehört für H., wie gesagt, mit dem Schein zusammen, weil es als φύσις, Erscheinen in einen Modus des Er-scheinens umschlagen kann, der das Seiende verdeckt, in diesem seinem Wesen sich jedoch für den Menschen verbirgt und ihm darum beherrschen kann. Die Notwendigkeit, daß der den Weg zum Sein Antretende nicht nur das Herz der Unverborgenheit, sondern "alles" (πάντα), d.h. (neben anderem) auch "der Menschen Ansichten" erfahren muß, gründet also, wie H. glaubt, letztlich im Sein (φύσις) und seiner Zusammengehörigkeit mit dem Schein. Sie 'ernötigt' diese "Not". Man hat wohl nach H.s Ansicht das χρεὼ in B 1,28 ähnlich zu verstehen wie das χρή in B 6,1. Nicht unzufällig ist hier wie dort H.s Übersetzung identisch. Weil Sein und Schein zusammengehören, braucht und ernötigt das Sein ein Erfahren oder Wissen des Scheins: dieses ist notwendig, soll die Verstellung des Seins durch den Schein weg-gesehen werden können.

B 1,29 ... ἠμὲν ἀληθείης εὐκυκλέος ἀτρεμὲς ἦτορ ...
"'... sowohl der schönkugeligen Unverborgenheit nichtzitterndes Herz ...'" (86)
Wenn die Annahme richtig ist, daß nach H.s Auslegung des dritten Weges Parmenides nicht nur die oder jene Ansicht der Menschen erfahren soll, sondern ihr grundlegendes Vorurteil (vgl. § 14), dann darf man auch annehmen, daß nach H.s Auffassung die Göttin Parm. B 1,29 zufolge nicht nur diese oder jene (ontologische) Wahrheit kundtun wird, sondern die Unverborgenheit in ihrem Wesen'[34], wobei allerdings 'Wesen' hier ein Interpretament ist. Die Unverborgenheit wird nach H.s Meinung bei den Griechen (Parmenides) nicht als solche thematisch[35], dies werden für sie die Bestimmungen der Unverborgenheit d e s Seienden - nur mit dieser Einschränkung kann

gesagt werden, Parmenides bestimme das 'Wesen' der Unverborgenheit (bzw. des Scheins) - oder das Seiende hinsichtlich s e i n e r Unverborgenheit: Während das Un-ständige, das Werden ein "Schein des Seins" ist, weil es "ständig ein anderes" ist und entsprechend einen "in sich unständigen Anblick" darbietet (87), bestimmt sich die Unverborgenheit des Seienden als Ständigkeit, Gegenwart, Einheit, Voll-ständigkeit. Parmenides hat, so glaubt H., begriffen, daß zur Unverborgenheit d e s Seienden ein ständiger Anblick, eine ständige Gegenwart gehört; er hat ferner begriffen, daß der Schein im Bereich des Un-ständigen herrscht, sofern sich die Menschen im Seinsverständnis an ihm orientieren. In diesem Sinne kündigt wohl nach H.s Ansicht die Göttin dem Parmenides in B 1,29 f an, er werde das 'Wesen' der Unverborgenheit und der Ansichten (des Scheins) der Menschen erfahren. Das "Wesen der Unverborgenheit" im eigentlich H.schen Sinne verstanden hat Parmenides aber für H. nicht begriffen (oder auch nur zum Problem gemacht), da er die Unverborgenheit nicht aus dem Wesen des Seins als solchen, d.h. aus der Zeit (als dem Horizont des Seinsverständnisses) heraus denkt.

B 1,30 ... ἠδὲ βροτῶν δόξας, ταῖς οὐκ ἔνι πίστις ἀληθής ... "'... als auch der Menschen Ansichten, denen kein Verlaß auf das Unverborgene einwohnt...'" (86).
H.s Übersetzung von πίστις ἀληθής mit "Verlaß a u f ⸤Sperrung von mir⸥ das Unverborgene" zeigt, zu welchen Konsequenzen die Übersetzung von ἀλήθεια, ἀληθής mit Unverborgenheit führt. - Die βροτοί, "Menschen"36) vermischen nach H.s Meinung in ihren Ansichten Sein und Schein. Darum geschieht in ihnen auch eine 'relative' Unverborgenheit. Doch ist auf das solchermaßen Unverborgene (in bezug auf die Unverborgenheit) kein Verlaß, da die "Menschen" sich an das ständig wechselnde und insofern in gewisser Weise 'zufällige' unmittelbare Aussehen des Seienden und an das Reden der Anderen halten, ohne im Fragen das Sein des Seienden zu sichern.

In EM bringt H. δόξα im Sinne der von den Menschen festgesetzten Ansicht ohne Halt in der Sache mit δέχεσθαι, annehmen zusammen (EM 79). In VA ist dagegen δέχεσθαι, mit dem δόξα auch hier zusammengehört, als ein Aufnehmen dessen, das sich unmittelbar, zugleich und zunächst darbietet, verstanden. Mag sich vielleicht auch H.s Ansicht über den Sinn von δέχεσθαι zwischen EM und VA geändert haben, seine Grundidee von der parmenideischen Doxa ist hier wie dort dieselbe. Nach EM bleibt das Annehmen, δέχεσθαι "auf das Angebot des Erscheines bezogen" (79), d.h. es nimmt auf, was sich unmittelbar darbietet (VA III, 49 f), und nach VA schließt eben das δέχεσθαι, Aufnehmen des Unmittelbaren ein Festsetzen von Meinungen ein. Δόξα ist nach H.s Ansicht bei den 'vorsokratischen' Griechen, speziell bei Parmenides "in sich ... zweideutig. Sie meint einmal die Ansicht, in der sich etwas darbietet und zugleich die Ansicht, die die Menschen haben ..." (EM 146). Es ist klar, daß, sofern nach H.s Auffassung in Parm. B 1,30 und B 8,51 die erste Bedeutung (Ansicht, Ansehen) hereinspielt, Anblick im Sinne des unmittelbaren Erscheinens des Seienden gemeint ist. Φάος und νύξ, die Gestalten der Doxa, dürften nach H.s Ansicht als solches, was sich dem Menschen "unmittelbar, sogleich und zunächst, darbietet" (VA III 50) identisch sein mit dem Licht des Tages und mit der Nacht. Diese Gestalten machen (mit) das 'Wesen' der Ansichten aus, das Parmenides "wissen" muß, soll sich ihm das Sein im Gegenzug zum Schein enthüllen.

Wenn Licht und Nacht nach H.s Meinung zwar nicht die φύσις sind, aber doch zu der Ansicht gehören, die das Seiende von ihm selbst aus darbietet, so sind sie (1) für H. keine 'reinen' Setzungen, 'Einbildungen' der Menschen und (2) hat das Licht für H. keinen Vorrang vor der Nacht, noch darf es mit dem ἐόν identifiziert werden. Zusammenfassend kann jetzt gesagt werden: φάος und νύξ gehören für H. wohl einmal zum Ansehen, das das Seiende von sich aus darbietet und d.h. zu seiner 'Struktur', die es 'an sich' hat. Das unmittelbare Sehen der Menschen 'verwechselt' 'vorurteils-artig', 'unbewußt' dieses Ansehen des Seienden mit seinem Sein. Die beiden Gestalten nennen also zweitens nach H.s Ansicht wohl auch das Woraufhin der Inblicknahme des Seienden durch die Menschen, das Woraufhin ihres Seinsverständnisses, um mit SuZ zu reden. Insofern die beiden Gestalten die 'Dimension' des Un-ständigen durch-

herrschen und selbst unständig sind, machen sie das
'Wesen' des Scheins aus. Wenn aber andererseits das
unmittelbar an der Oberfläche Erscheinende als Ge-
gensätzliches eine für das gewöhnliche Sehen unsicht-
bare Einheit bildet und als solche das Sein des Seienden ausmacht (vgl. o. § 14) und Tag und Nacht solche gegensätzlichen Erscheinungsformen sind, dann
müßte dementsprechend - nach H.s Parmenides - das
Sein auch die einigende Einheit von Licht und Nacht
sein und der 'Irrtum' der Menschen darin liegen, daß
sie, sich an das im unmittelbaren Sehen jeweils Gegebene haltend, diese Einheit gleichsam aufspalten
und so als Sein setzen. Demgegenüber sieht (für H.)
der wissende Mann, wenn sich ihm im Fragen das Sein
erschließt, die innere Einheit von Tag und Nacht,
ihm sind beide Mächte als Einheit gegenwärtig, die
als solche das Gefüge des Seins erst ausmacht.

§ 16 HEIDEGGERS INTERPRETATION VON PARMENIDES B 3 NACH EM

H. geht in EM unter anderem darum auf die 'Vorsokratiker' zurück, weil die Frage, wie es um das Sein
steht, die Aufhellung der Herkunft des die abendländische Geschichte bzw. die gegenwärtige Epoche beherrschenden Seinsverständnisses erfordert. Dieses
Seinsverständnis ist nach H.s Auffassung gekennzeichnet durch die Entgegensetzung des Seins zum Denken
im Sinne von Vernunft (EM 94) und Aussage (142). Das
Denken (der Logos) erscheint im genannten Seinsverständnis darum dem Sein entgegengesetzt, weil es
zum Boden und Fußpunkt geworden ist, von dem aus
über das Sein des Seienden entschieden wird, ja dieses sogar seine Deutung erhält (89). Die Aufhellung
der Herkunft des gegenwärtig herrschenden Seinsverständnisses verlangt also für H. eine Besinnung darauf, wie sich innerhalb der 'Seinsgeschichte' das
Denken (der Logos) dem Sein solchermaßen entgegensetzen konnte, daß es gleichsam die Herrschaft über
dieses antrat. Setzt man nun wie H. voraus, daß die
Entgegensetzung von Sein und Denken (Logos) kein un-
ableitbares Faktum ist, sondern in einem geschichtlichen Wandel des Seinsverständnisses gründet, dann
bedeutet das notwendig, daß für das Seinsverständnis

v o r jenem Wandel eine ursprüngliche Einheit von
Sein und Logos 'bestanden' haben muß: "das Auseinandertreten von Sein und Denken muß, wenn es ein inneres, notwendiges ist, in einer ursprünglichen Zusammengehörigkeit des Geschiedenen gründen" (94). Diese
Zusammengehörigkeit von Sein und Logos ist nach H.s
Meinung bei Parmenides ausgesprochen. In seinem Sagen von Sein und versammelndem Vernehmen wird (mit)
der Grund gelegt für die spätere Entgegensetzung
von Sein und Denken (Logos).

Eine noch engere Einheit von Sein und Logos als bei
Parmenides wird nach H.s Ansicht von Heraklit gedacht. Zwar soll schon sein Bedenken dieser Einheit
den Grund für die spätere Entgegensetzung von Sein
und Logos legen, doch ist diese Einheit so eng, daß
fraglich wird, wie aus ihr jene Entgegensetzung entspringen konnte (103). Somit legt es sich für H. nahe, nach einer Art 'Zwischenstufe' zu suchen, in
der der Logos noch nicht als Vernunft dem Sein entgegengesetzt ist, sondern noch eine Einheit mit ihm
bildet und doch schon von ihm unterschieden wird.
Diese 'Zwischenstufe' findet sich nach H.s Ansicht
bei Parmenides, und zwar in B 3, B 8,34 und in gewisser Weise auch in B 6,1. Aus der engen Verbindung
von νοεῖν und λέγειν in B 6,1 geht nach H.s Meinung
hervor, daß das in B 3 und B 8,34 genannte νοεῖν für
Parmenides wesensmäßig mit dem Logos zusammengehört.
Darum ist, wenn sich zeigen läßt, daß Parmenides in
B 3 und B 8,34 die Einheit von νοεῖν und εἶναι a l s
unterschiedener denkt, für H. auch gezeigt, daß in
jenen Stellen die gesuchte 'Zwischenstufe' vorliegt,
in der Sein und Logos sowohl schon unterschieden
als auch noch als Einheit gedacht werden. Soviel ist
unmittelbar einsichtig: Wenn Parmenides überhaupt
νοεῖν und εἶναι unterscheidet, so kann darin wegen
des τὸ αὐτὸ (B 3), ταὐτὸν (B 8,34) keine Entgegensetzung von Sein und Denken wie im gegenwärtig herrschenden Seinsverständnis liegen. Vielmehr ist wegen
des τὸ αὐτὸ eher der Aufweis forderlich, daß Parmenides überhaupt für νοεῖν und εἶναι einen sachlichen
Unterschied annimmt. Als diesen Aufweis könnte man
bei H. den Versuch des Nachweises ansehen, daß Parmenides in B 3 und B 8,34 auf denkerische Weise dasselbe sagt wie Sophokles auf dichterische Weise im ersten Stasimon seiner "Antigone", nämlich den Wechsel-

bezug von δίκη und τέχνη : das εἶναι (ἐόν) steht, so behauptet H., für δίκη, das νοεῖν für die τέχνη (126), das τὸ αὐτὸ und τε καὶ nennt den Wechselbezug beider; in diesem Gedanken des Wechselbezugs liegt jedoch ein Auseinandertreten, ein Gegeneinanderüber des von Parmenides 'Identifizierten'.

Diese Auffassung H.s von Parm. B 3 und B 8,34 ist natürlich mit bestimmten Auslegungen des νοεῖν unvereinbar. Dieses kann für H. unmöglich das bloße Denken (VA II 14), die 'reine' Reflexion meinen, da hier von vornherein vom wesenhaften Bezug auf das Sein des Seienden abgesehen ist. Dieser Bezug springt demgegenüber bei H.s Übersetzung des νοεῖν mit Vernehmen (zu diesem gehört wesensmäßig der Bezug auf ein 'etwas') und bei seiner Auslegung desselben in die Augen: νοεῖν, Vernehmen schließt nach H.s Ansicht bedeutungsmäßig zunächst ein: "hinnehmen, auf einen zukommen lassen, nämlich das, was sich zeigt, erscheint" (EM 105). Es bedeutet ferner "einen Zeugen vernehmen, ihn vornehmen und dabei den Tatbestand aufnehmen, fest-stellen, wie es mit der Sache bestellt ist und w i e es mit ihr s t e h t /Sperrungen von mir/" (EM 105). Die Wortwahl H.s zeigt deutlich, daß er das νοεῖν in Zusammenhang mit der Frage, wie es um das Sein steht, gesehen haben will. Das νοεῖν stellt fest, wie es mit dem Sein steht. Das geschieht für H. in einem Fragen, wie daraus hervorgeht, daß er das parmenideische Vernehmen mit dem Vernehmen eines Zeugen vergleicht: Solches Vernehmen geschieht ja auch als Fragen, und sei es nur unausgesprochen. Nur auf dem Wege des Fragens wird 'festgestellt' (105), wie es um das Sein steht, und nur in der fragenden Gesinnung ist der Mensch offen für das Wesen des Seins. Das aktive Vornehmen des Seienden ist für das an ihm Sich--von-ihm-selbst-her-zeigende aufgeschlossen; es ist also als solches hörig auf den Logos und ein passives Hinnehmen. Ebenso ist das Vornehmen eines Zeugen offen dafür, wie der Tatbestand sich von ihm selbst her zeigt bzw. hörend auf das, was der Zeuge von sich aus an Wahrem zu sagen hat. Die Aktivität des menschlichen νοεῖν schafft entsprechend nach H.s Ansicht nicht das Sein des Seienden, sondern nimmt es 'nur' vor und bringt es in solchem Vor-sich-hinstellen in den i h m eigenen Stand: "Dieses vornehmende Vernehmen ist ein Vor-stellen in dem einfachen ... Sinne, daß wir Anwesendes vor uns stehen- und liegenlassen, wie es liegt und steht" (VA II, 14). - Im νοεῖν als fragendem Vor-nehmen des Seienden im Ganzen bricht für H. die überwältigende Gewalt des letzteren auf. Parmenides läßt sich jedoch nicht einfach von dieser Übergewalt überwältigen: Weder erzwingt sie bei ihm Resignation, noch verschlägt ihm die Angst so sehr den Atem, daß jedes Fragen und Vernehmen erstickt. Parmenides setzt vielmehr, wie H. glaubt, dem Überwältigenden seine Gewalttat (das νοεῖν und λέγειν) entgegen und erringt so einen 'relativen' Sieg über das Überwältigende, indem er es (vor allem in B 8) in eine 'relative' Bändigung und Verfügung (138) zwingt; H. veranschaulicht dies in EM mit folgendem Bild: "Die Vernehmung ... besagt: das auf einen Zukommenlassen, wobei nicht einfach hingenommen, sondern dem Sichzeigenden gegenüber eine Aufnahmestellung bezogen wird. Wenn Truppen eine Aufnahmestellung beziehen, dann wollen sie den auf sie zukommenden Gegner empfangen und zwar so ..., daß sie ihn wenigstens zum Stehen bringen" (105). Die Verfügungs-gewalt des gewalttätigen Vernehmens kann nach H.s Ansicht in EM das Überwältigende zum Stand (zur ständigen Anwesenheit) bringen und damit in die Unverborgenheit einlassen. Sie vermag jedoch nicht über das Sein des Seienden zu bestimmen. Sie stellt es vielmehr "in sein Sein" zurück bzw. nimmt es hinsichtlich dessen, " d a ß es und als w a s es sich vor-stellt" (140).

Es hat sich gezeigt: das νοεῖν steht nach H.s Auffassung in einem Wesensbezug zum εἶναι. Umgekehrt steht dieses seinerseits nach H.s Ansicht in einem Wesensbezug zum νοεῖν. Diese wesenhafte Zusammengehörigkeit und Einheit von νοεῖν und εἶναι bringt Parmenides für H. in B 3 im τὸ αὐτό und τε καὶ zu Wort. Da es sich in B 3 um ein "Sagen von 'Sein'" handelt (106), ist jene Einheit, wie H. glaubt, im Sinne des σῆμα ἕν zu denken (106). Die im τὸ αὐτό genannte Einheit ist, so ist damit nach seiner Ansicht in EM zugleich gesagt, "nicht Selbigkeit als bloße Gleich-gültigkeit", sondern "Zusammengehörigkeit des Gegenstrebigen" (106). Entsprechend müsse auch das τε καὶ verstanden werden:

Parmenides sage τε καὶ, weil Sein und Denken im gegenstrebigen Sinne einig, d.h. dasselbe sind a l s zusammengehörig" (106).

Wie seiner Meinung nach zum Sein, εἶναι ein Wesensbezug zum νοεῖν gehören kann, erklärt H. in EM wie folgt: das εἶναι in Parm. B 3 nenne dasselbe wie das, was die frühen Griechen sonst mit φύσις zu Wort brächten. Zur φύσις als dem waltenden Erscheinen gehöre nun aber wesensnotwendig ein Sehen, da das Erscheinen notwendigerweise diese Stätte der Offenheit für es brauche (124). Darum geschehe da, wo Sein waltet, notwendig als ihm zugehörig auch Vernehmen (106). Parmenides eigne die Einsicht, so sagt H. zu Parm. B 3, daß Sein "als Erscheinen, in die Unverborgenheit treten" nur west, "wenn ein Sicheröffnen geschieht" (106); das Sicheröffnen des Menschen für das Sein geschehe aber im und als νοεῖν. Diesen Sachverhalt hebe Parmenides als erster in ein 'ausdrückliches'Wissen: "Der Satz des Parmenides gibt uns ... eine noch ursprünglichere Einsicht in das Wesen der φύσις. Zu ihr g e h ö r t Vernehmung ..." (106).

> Parmenides sieht nach H.s Meinung, wie sich zeigt, die Gebundenheit des Seins an das (menschliche) Vernehmen. Entsprechend bringt Parmenides nach der hinter SuZ stehenden Interpretation (vgl. SuZ 25 f, 171, 212) in B 3 die Abhängigkeit des Seins vom Vernehmen zu Begriff. Während nun aber in SuZ der Akzent vor allem auf der Abhängigkeit des Seins vom Verstehen bzw. der Erschlossenheit liegt (212, 230) und in WG noch die Transzendenz des Daseins als Grund der ontologischen Differenz bezeichnet wird (WG 31), wird in EM die Gebundenheit des Seins an das Da des Daseins entschieden vom Wesen des Seins her begründet: "Gehen wir vom Sein aus ... Sein besagt: im Licht stehen ... Wo solches geschieht ... da waltet mit ... Vernehmung" (EM 106). Soweit man das aus SuZ und EM noch erschließen kann, hat dieser Wandel direkt auf H.s Parmenidesauslegung durchgeschlagen.

Nach H.s Ansicht gehört das parmenideische νοεῖν als
ein Wissen, wie es um das Sein steht, zu einer ursprünglich gestimmten wissenden Ent-schlossenheit
zum Wesen des Seins (37); er rückt es damit in die
Nähe dessen, was er in SuZ die Wahrheit der Existenz nennt (SuZ 221, 297). Das νοεῖν muß als so
bestimmtes ausgezeichnetes Seinkönnen des Menschen
für H. immer erst seinem Verfallensein an das Betreiben und Begaffen des Seienden bzw. an die geläufigen Ansichten abgerungen werden (EM 129). Da
die Offenheit für das Wesen des Seins die Zusammengehörigkeit des Vernehmens mit dem Sein ausmacht,
'entspringt' die Zusammengehörigkeit von Sein und
νοεῖν erst dem Kampf des Menschen mit dem Verfallen an das Seiende. So oder ähnlich scheint H. zu
denken, wenn er sagt: Die "Zusammengehörigkeit"
des Vernehmens "mit dem Sein ... macht sich nicht
von selbst. Das Nennen dieser Zusammengehörigkeit
... verweist in jenen Kampf"(129). Da für H. einerseits die Unverborgenheit der innere Bezug zwischen
Vernehmen und Sein ist (145) und andererseits Unverborgenheit sich nur im Kampf des eigentlich Ek-
sistierenden gegen die ständig andrängende Verstrik-
kung im Alltäglichen (128) ereignet, muß nach seiner
Auffassung jene von Parmenides in B 3 ausgesprochene Zusammengehörigkeit von Sein und Vernehmen auf
einen Einsprung des Menschen in die eigentliche Ek-
-sistenz(in ihr setzt sich der Mensch in die Ent-
borgenheit des Seienden aus (WW 84)) und in den
Kampf des Ek-sistierenden mit dem Verfallensein
(bzw. Schein) zurückweisen. Hier stellt sich die
Frage, ob das bedeutet, daß nach H.s Auffassung das
irrende Vernehmen (EM 85) der Vielen (97) nicht mit
dem Sein zusammengehört (dies wäre seltsam, da doch
auch jenen, wie sich gezeigt hat, ein Seinsverständnis eignet). Eine Antwort auf diese Frage kann man
sich wie folgt denken: Sein und Vernehmen gehören
auch im irrenden Vernehmen zusammen, doch nur auf
'uneigentliche' Weise: die Menschen, sagt H., sind
zwar wach in bezug auf das Seiende, sie fassen aber
das Sein nicht, das ihnen verborgen bleibt (100).
Seine Zusammengehörigkeit mit dem Vernehmen kann
sich also nicht zeigen. Da zum Sein wesenhaft der
Grundzug des Erscheinens (Sichzeigens) gehört, den
Menschen auf dem dritten Weg sich das Seiende jedoch

"im Modus des Scheins" zeigt, 'gibt' es das Sein (im engeren Sinne des Sich-an-ihm-selbst-zeigens des Seienden) nicht, wenn die Menschen jenen Weg gehen. Insofern als es Sein nur 'gibt', wenn sich Wahrheit (Erschlossenheit im engeren Sinne) ereignet (SuZ 230), 'gibt' es Sein nicht, wenn das Dasein in der Unwahrheit ist. Entsprechend kann es dann auch nicht seine Zusammengehörigkeit mit dem Vernehmen geben bzw. diese nicht als solche erscheinen. Insofern zwar den Menschen überhaupt ein 'Seinsverständnis' eignet, gibt es auch bei ihnen die Zusammengehörigkeit des Seins mit dem Vernehmen; doch ist in ihrem Seinsverständnis das Sein so vermischt mit dem Schein (EM 85), daß es bei ihnen das Sein im Sinne des 'reinen' Sich-an-ihm--selbst-zeigens des Seienden - dieses steht ja bei jenen immer auch im Anschein (132) - und damit auch seine Zusammengehörigkeit mit dem Vernehmen nicht gibt.

Als Nächstes soll erörtert werden, in welcher Weise Parm. B 3 nach H.s Ansicht in EM zu den sonstigen Fragmenten in Beziehung steht. Das parmenideische νοεῖν ist, wie sich gezeigt hat, nach H.s Meinung ein gewalt-tätiges Unter-scheiden der drei Wege und zugleich ein Sichentscheiden für den ersten gegen den zweiten und dritten Weg (128). Darin liegt jedoch die Frage eingeschlossen, ob vielleicht für H. das νοεῖν in diesem Unterscheiden und Sichentscheiden auf ein 'Kriterium' vor-blickt, das das Scheiden und Sichentscheiden ermöglicht. Dieses Kriterium ist, so läßt sich zeigen, das νοεῖν selbst und zwar in seiner Zusammengehörigkeit mit dem Sein, also im weiteren Sinne B 3. Parmenides setzt, so behauptet H., die drei Wege (unter anderem) durch den Aufweis ihres Bezugs zum Gehen, das ist zum νοεῖν scharf voneinander ab. In B 2 sind "zunächst zwei Wege scharf gegeneinander abgesetzt: 1. der Weg zum Sein ... Dieser Weg ist unumgänglich. 2. der Weg zum Nichtsein; er ... muß ... als ein ungangbarer ins Wissen gehoben sein ..." (84 f). Ferner ist noch der dritte Weg als stets zugänglicher und begangener, aber zugleich umgehbarer (86) von den anderen beiden abzusetzen. Daß die In-Blicknahme des Wesensbezugs der drei Wege zum νοεῖν für

H. zugleich dessen Zusammengehörigkeit mit dem Sein einschließt (B 3), zeigt sich leicht: Der Weg des Seins ist, wie H. glaubt, für Parmenides unumgänglich, weil sich ihm gezeigt hat, daß das Sein das Vernehmen braucht, um waltend zu erscheinen, und darum den Menschen in diese Seinsweise nötigt. Eben dies ist aber, wie sich oben ergab, nach H.s Ansicht der Sinn von Parm. B 3. Der Weg zum Nichtsein ist ungangbar und entsprechend unzugänglich, weil er einerseits zum Nichts als der radikalen Negation des Seins (60) führt und andererseits zum Gehen als sehendes Vernehmen eine Aussicht, d.h. Sein gehört. Hier ist es vielleicht am deutlichsten, daß Parmenides nach H.s Meinung den Bezug der Wege zum Gehen, mithin ihre Unterscheidung und sein Sichentscheiden auf das νοεῖν bzw. B 3 gründet. Der dritte Weg ist für H. "stets zugänglich und begangen" (86), weil es auf ihm ein Sichzeigendes, eine Aussicht zu sehen gibt, nämlich das immer auch im Anschein stehende Seiende (132) bzw. den Schein, der sich als Sein zeigt (83) und eine Abart des letzteren ist; der dritte Weg ist umgehbar (86), weil die Herrschaft des Scheins über den νόος des Menschen nicht 'absolut' notwendig ist, das 'Wesen' des Seins sich vielmehr im νοεῖν eröffnen kann. Es macht also keine Schwierigkeiten anzunehmen, daß auch die genannte Charakteristik des dritten Weges nach H.s Ansicht (zumindest auch) auf das in B 3 gedachte Wesen des νοεῖν (seine Zusammengehörigkeit mit dem Sein) gegründet ist.

Wie sich früher gezeigt hat[37], ist nach H.s Meinung das νοεῖν Eröffnung des Seins als s t ä n - d i g e s Unter-scheiden von Sein, Nichts und Schein (84) und als ständige Entscheidung für das erstere gegen die letzteren. Darin liegt aber, daß Parmenides für H. beim Aufweis (bzw. Vernehmen) jedes σῆμα des Seins die Ent-scheidung von Sein, Nichts und Schein bzw. des Dreiwegs 'vollbringen' muß, d.h. er muß sich in B 8, soweit das Fragment die σήματα aufweist, an der in sich einheitlichen "Anweisung" des Dreiwegs, derzufolge der Weg zum Sein unumgänglich, der zum Nichts ungangbar ist usw. (86), orientieren. Wenn man nun das ober Entfaltete hier einsetzen darf, so schließt dies ein,

daß Parmenides nach H.s Ansicht in B 8 ständig auf
das 'Wesen' des νοεῖν, d.h. seine Zusammengehörigkeit mit dem Sein vor-blickt. Das νοεῖν erhält nun
aber, wie H. annimmt, sein Wesen auch aus dem
λέγειν (129); es ist wesensmäßig versammelndes Vernehmen. Und so kann H. den Sachverhalt, daß Parmenides bei der Aufweisung der σήματα in B 8 ständig
auf das νοεῖν vor-blickt und jene auf sein 'Wesen'
gründet, wie folgt zu Wort bringen: "Das a u s -
l e s e n d e 'Lesen' begründet und trägt den Verfolg des Seins und die Abwehr des Scheins."(133)

Daß Parmenides nach H.s Ansicht aus 'denselben'
(analogen) Erfahrungen der Phänomene und (aufgrund
dessen) gemäß 'denselben' (analogen) methodischen
'Prinzipien' denkt wie er, H., selbst, wird hier
erneut sichtbar: Im Wesen des Daseins als der Stätte der Seinseröffnung "muß", sagt H., "die Blickbahn für die Eröffnung des Seins ursprünglich gegründet sein" (156). Weil im Dasein und nur in ihm
das Sein sich eröffnet und somit in seinem Wesen
die Antwort auf die Frage nach dem Sinn von Sein
ihren Grund erhält, muß sich die Ausarbeitung dieser Frage an das Dasein als das in seinem Sein zu
bestimmende Seiende halten. Analog zu diesem methodischen Ansatz H.s gründet Parmenides (für H.)
s e i n e Auslegung des Seins (des Seienden) auf
das Da des Daseins, das von ihm als Einheit von
λέγειν und νοεῖν erfahren ist. H. wiederholt
das, was sich schon bei Parmenides ereignet hat
(wobei festzuhalten ist, daß diese Wiederholung
Verwandlung einschließt).

Jetzt ist die Interpretation soweit entwickelt, daß
etwas über den Textzusammenhang, in den B 3 nach
H.s Auffassung gehört, gesagt werden kann. Wenn die
Besinnung auf die drei Wege 'methodisch' getragen
und gegründet ist von einem Vor-blick auf die Zusammengehörigkeit des νοεῖν mit dem Sein, also auf B 3,
so folgt, daß B 3 für H. in den Teil des parmenideischen Gedichts gehört haben muß, aus dem uns noch
B 2, B 6 und B 7 erhalten sind. Weil für H. B 3 einerseits in den Zusammenhang des Entwerfens der
drei Wege in B 2 und B 6 hineingehört (daraus folgt,
daß B 3 für H. 'Entwurfcharakter' hat, also "dichterisch" gesagt ist) und näherhin den dieses Ent-

werfen tragenden und begründenden Vor-wurf oder Vor-
-blick zu Wort bringt, Parmenides aber andererseits
bei der Aufweisung der σήματα in B 8 ständig seine in B 2 und B 6 entworfene 'Grundlegung' zum Tragen bringt, indem er der in sich einheitlichen Anweisung des Dreiwegs für den Denkweg folgt (86),
muß nach H.s Ansicht der Verfolg des Seins letztlich begründet und getragen sein vom Vor-blick auf
B 3 bzw. auf das versammelnde Vernehmen selbst (133).

   Man darf also annehmen, daß für H., wenn er
   B 3 an ein anderes Fragment angeschlossen
   hat, dieses Fragment B 2 oder B 6 gewesen
   sein muß. Da der Anschluß an B 6 kaum vorstellbar ist, B 3 aber die Scheidung der
   Wege begründen soll und sich somit wohl an
   B 2 oder B 6 anschloß, ist es wahrscheinlich, daß H. B 3 an B 2,8 angefügt hat.
   (Daß B 3 dann streng genommen nur B 2,7 f
   begründen würde, wäre allerdings ein Argument gegen diese Annahme.)

§ 17 HEIDEGGERS INTERPRETATION VON PARMENIDES
   B 8,34 NACH EM

Nach H.s Ansicht bringt Parmenides in B 3 zu Wort,
daß zum Sein als Erscheinen das Vernehmen gehört.
Nun könnte man auch annehmen, B 3 meine allein, zum
Vernehmen gehöre wesensmäßig ein Bezug zum Sein.
Für den umgekehrten Bezug, für die Abhängigkeit des
Seins vom Vernehmen läßt sich bei Parmenides überhaupt nur dann ein deutlicher Anhaltspunkt finden,
wenn οὕνεκεν in 8,34b final-kausale Bedeutung hat.
H. scheint diese Zusammenhänge gespürt zu haben,
wenn er sagt: "Noch s c h ä r f e r ⌈Sperrung
von mir⌋ sagt Parmenides denselben Satz ⌈sc. B 3⌋
in Frg. 8 v. 34 ... Dasselbe ist Vernehmung und das,
worumwillen Vernehmung geschieht. Vernehmung geschieht umwillen des Seins. Dieses west nur als Erscheinen ... wenn ein Sicheröffnen geschieht." (EM
106) Das Sein braucht das Vernehmen, darum geschieht dieses umwillen des Seins (damit das Sein
erscheinen kann, also seinetwegen). In Parm. B 8,

34b ist also nach H.s Ansicht der Gedanke eingeschlossen, daß das Sein das Vernehmen braucht, mithin von ihm 'abhängig' ist. B 8,34b gilt H. jedoch zugleich auch als ein 'Beleg' dafür, daß für Parmenides dem Sein in anderer Hinsicht eine 'Unabhängigkeit' vom Vernehmen eignet: Wenn etwas umwillen von etwas geschieht, dann liegt darin, daß dem zweiten gegenüber dem ersten eine gewisse Eigenständigkeit zukommt. B 8,34b erlaubt es H. darum, die Fehlauslegung von B 3 abzuwehren, als wolle dieses Fragment gemäß dem bei Platon einsetzenden Seinsverständnis das Sein zum bloß Gesichteten eines Sehens erklären. "Wohl gehört ein Gesichtetes zum Sehen, aber daraus folgt nicht, daß die Gesichtetheit als solche allein das Anwesen des Gesichteten bestimmen solle und könne. Der Spruch des Parmenides sagt gerade nicht, das Sein solle ... als nur Vernommenes begriffen werden, sondern Vernehmung sei um des Seins willen."(140)

§ 18 HEIDEGGERS INTERPRETATION VON PARMENIDES B 6,1-3 NACH EM

In B 6,1-3 hält Parmenides nach H.s Meinung den Weg zum Sein und den zum Nichts "hart gegeneinander" (EM 85). Der χρή-Satz in B 6,1 betrifft also anscheinend für H. den ersten, B 6,3 den zweiten Weg.

> H. ergänzt mit Diels in B 6,3 ein εἴργω. Zwischen B 6,3 und B 6,4 nimmt er, wie das Fehlen von Auslassungspunkten zeigt, keine Lücke an. Somit ergibt sich ihm der Sinn von B 6,3 aus dem vorstehenden μηδὲν δ' οὐκ ἔστιν. Daß dieses in etwa οὐκ ἔστι μὴ εἶναι entspricht (die Entsprechung wird bei H.s Übersetzung des letzteren (vgl. dazu o. § 13) besonders deutlich) und also auf keine Weise mit dem Nichts des zweiten Weges identisch sein kann, hat H. offensichtlich nicht gesehen. Er folgt wahrscheinlich in seiner Auffassung des Textzusammenhangs Reinhardt (35).

μηδὲν δ' οὐκ ἔστιν (6,2) übersetzt H. mit "Nichtsein hat kein 'ist'" (85). Man fragt sich zunächst, ob er das οὐκ ἔστιν in "hat kein 'ist'" aufgelöst hat oder ob er ein εἶναι aus dem Vorhergehenden ergänzt und ἔστιν mit 'hat' übersetzt. Da eine Übersetzung von εἶναι mit "'ist'" kaum wahrscheinlich ist, möchte ich das Erstere für das Richtige halten. Wie dem auch immer sei, das "'ist'" steht mit aller Wahrscheinlichkeit nach H.s Ansicht für "Sein", wie der vorangehende korrelative, weil parallel gebaute Satz "Das Seiend nämlich hat Sein" deutlich zeigt. Daß Sein und "'ist'" 'dasselbe' meinen, bedeutet nicht, wie gezeigt, daß Parmenides nach H.s Ansicht das Sein von der Kopula her ausgelegt hat (Hw 324). Das in μηδὲν δ' οὐκ ἔστιν B 6,2 gesagte ἔστιν nennt vielmehr für H. wie das ἔστιν in B 2,3a "das Anwesend des Anwesenden" (a.a.O.). Andererseits scheint Parmenides nach H.s Meinung das Sein in Form einer Ist-Aussage auszusprechen und d.h. ähnlich wie das Seinsverständnis der gegenwärtigen Epoche als Infinitiv des Ist zu verstehen (EM 70). - In der Aussage "das Nichtsein hat kein 'ist'" scheint das Ist in die Nähe des existenzialen Ist gerückt zu sein. Doch ist, so behauptet H., im Ist (Sein) des Parmenides neben der puren Existenz des Seienden noch ungeschieden dessen 'Essenz' mitgedacht: Das Vernehmen des Parmenides vernimmt das Seiende hinsichtlich dessen, " d a ß es und als w a s es sich vor-stellt"(140). Sein bedeutet nach EM vor Platon beides: "Anwesen eines Anwesenden u n d dieses Anwesende im Was seines Aussehens" (138).[38]

ἔστι γὰρ εἶναι (6,1) übersetzt H. mit "Das Seiend nämlich hat Sein" (85). Daß H. aus dem Vorhergehenden ἐόν als Subjekt ergänzt und das ἔστι als "hat" interpretiert, ist deswegen wahrscheinlich, weil die Alternative, daß für ihn εἶναι das Subjekt (=Seiend) ist und ἔστι die Bedeutung "hat Sein" hat, wegen der unwahrscheinlichen Übersetzung von εἶναι wenig akzeptabel ist.[39]

ἐόν ἔμμεναι (6,1) übersetzt H. mit "Seiend in dessen Sein" (85, 107) und mit "das Seiend (ist) Sein" (129). Besonders die zweite Übersetzung zeigt an, daß ἐόν nach EM nicht wie nach WD/VA mit den ἐόντα, sondern mit dem Sein (εἶναι) 'identisch' ist.[40]

Andererseits scheint H. doch einen feinen Unterschied zwischen dem Seiend und dem Sein zu machen, denn sonst wäre H.s Übersetzung von ἐὸν ἔμμεναι mit "Seiend in dessen Sein" und die darauf folgende Begründung "das Seiend nämlich hat Sein" (85) nicht zu verstehen. Der χρὴ- Satz in Parm. B 6,1 betrifft nach H.s Ansicht die Notwendigkeit des ersten Weges (132), d.h. des Vernehmens des 'Wesens' des Seins (31). Im Wesen denkt die Philosophie jedoch das Sein (WW 96).[41)] Vielleicht hat H. also versucht, das ἐὸν ἔμμεναι so auszulegen, daß es mit seiner Interpretation des ὅπως ἔστιν des ersten Weges B 2,3a übereinstimmt. Ist dies richtig, so würde "Das Seiend nämlich hat Sein" soviel besagen wie 'das Sein west', "ist eigentlich seiend'.

In τὸ λέγειν τε νοεῖν τε ἐὸν ἔμμεναι (6,1) geschieht nach H.s Auffassung in EM das gesuchte Auseinandertreten von Sein und Logos (EM 129).[42)] Diese Behauptung versucht H. wie folgt zu begründen: Weil das λέγειν in Parm. B 6,1 mit dem νοεῖν zusammensteht (τε ... τε brachte für H. wohl den innigen Wesenszusammenhang beider zu Wort), kann es nicht die gleiche Bedeutung haben wie λόγος bei Heraklit, also nicht "die Gesammeltheit als Fuge des Seins" bedeuten (129); es muß vielmehr ein Geschehnis desselben Wesens wie das νοεῖν, das gewalt-tätige Vernehmen des Seins durch den Menschen nennen. Als gewalt-tätig entwerfendes, eröffnendes Sammeln der Gesammeltheit des Seienden bringt das parmenideische λέγειν 'in positiver Form' dieselbe Erfahrung vom Wesen des Menschen zu Wort, wie sie in ἀξύνετοι in Her. B 2 'negativ' sich 'ausspricht'. Während die Menschen, die ἀξύνετοι, die Gesammeltheit des Seienden nicht zusammenbringen, nicht in Eins fassen, d.h. nicht begreifen (98), vollbringt Parmenides (nach H.s Ansicht) im λέγειν, Sammeln eben dieses Begreifen. - Eine Analyse von H.s Logosbegriff in EM zeigt, daß die Gesammeltheit des Seienden mindestens drei 'Aspekte' aufweist. Dementsprechend dürfte das parmenideische λέγειν nach H.s Ansicht ein Begreifen der Gesammeltheit des Seienden zumindest in drei Hinsichten sein: (1) λέγειν ist (auseinandersetzend -einigende) Sammlung der Gegenstrebigkeit des Seienden im Ganzen. (2) Es ist Sammlung des Seienden, insofern zu diesem als solchen Ständigkeit und ausgeprägte Identität gehört (100). (3) Es ist Sammlung der Gegenstrebigkeit 'innerhalb' des 'einzelnen' Seienden (100). H. betont selbst in seiner Auslegung von Parm. B 6,1 eine vierte Bedeutung des λέγειν. Es hat sich gezeigt, daß Parmenides (nach H.s Meinung) aus einer Erfahrung des Verfallens heraus denkt, d. h. daß er um dieses als solches wie auch um seine 'Strukturen' (in gewissen Grenzen) 'weiß'. Wie das νοεῖν, so wird auch das λέγειν von ihm aus diesem Wissen heraus in seinem 'Wesen' erfaßt.[43)] Das λέγειν, das Sammeln des einen, ständigen Seins ist, wie H. glaubt, als solches die Gegenbewegung zum sich zerstreuenden Vernehmen der vielfältigen, ständig wechselnden Oberfläche des vielfältigen Seienden. Diese Abkehr von der Zerstreuung ins unbeständige Seiende, d.h. auch von der Verwirrung in den ihm 'zugehörigen' Schein, ist nur möglich auf dem Grunde einer voraus-gehenden Zukehr zum Sein im Sinne eines im voraus vollzogenen eröffnenden Zusammenreißens der im gewöhnlichen Vernehmen 'disparaten' 'Elemente' des Seins des Seienden in ihre Einheit: "Sammlung besagt" in Parm. B 6,1, so behauptet H., "sich fangen innerhalb der Zerstreuung in das Un--ständige, sich wieder auffangen aus der Verwirrung in den Schein. Aber diese Sammlung, die noch Abkehr ist, kann nur kraft der Sammlung vollzogen werden, die als Zukehr den Zusammenriß des Seienden in die Gesammeltheit seines Seins vollbringt" (129). Das λέγειν eröffnet das Sein des Seienden für H. auf die Weise, daß es die für das gewöhnliche Vernehmen auseinanderfallenden, ständig wechselnden 'Erscheinungsmomente' zu einer ständigen Einheit (Sein) zusammenreißt, indem es sie in ihrer Zusammengehörigkeit offenbar macht. Das parmenideische λέγειν ist darin gleichen Wesens wie Heraklits Logos: Dieser oder die "Sammlung ... behält das Auseinander- und Gegenstrebige in eine Zusammengehörigkeit ein. Sie läßt es nicht in die bloße Zerstreuung und das nur Hingeschüttete zerfallen" (102).

Daß das λέγειν in B 6,1 mit dem νοεῖν zusammensteht, mithin mit ihm eine Einheit bildet, bedeutet nach H.s Ansicht, daß auch letzteres sammelnd ist: Das νοεῖν bringt für H., wie gesagt, das andrängende

Überwältigende zum Stand, d.h. zur ständigen und darum faßbaren Identität, mithin in eine Gesammeltheit. Dies soll aber letztlich darin gründen, daß das Vernehmen wesenhaft auf das Sein bezogen und dieses wesenhaft Gesammeltheit ist (das sammelnde Wesen des νοεῖν, seine Zugehörigkeit zum λέγειν ist also auch von Parm. B 3 her zu verstehen): "Der Bezug zum Logos als φύσις macht das λέγειν zur vernehmenden Sammlung, die Vernehmung aber zur versammelnden."(132)

> Vereinfacht gesagt: Insofern die Gewalt-tätigkeit auf das Sein als Logos bezogen ist und es als solchen eröffnet, ist sie nach H.s Ansicht Sammlung, λέγειν ; insofern sie auf das Sein als Erscheinung bezogen ist und diese als solche eröffnet und offenhält, ist sie Vernehmen. Da nun das Sein der Logos als φύσις und die φύσις als Logos ist, ist das Sammeln immer auch vernehmend, das Vernehmen ein sammelndes.

χρή übersetzt H. in EM mit "Not ist" (107, 129), "Not tut" (85, 129). Subjekt des χρή ist seiner Meinung nach offenbar λέγειν τε νοεῖν τε, welche Infinitive für H. offensichtlich durch das voranstehende τό als Substantive gekennzeichnet werden; ἐὸν ἔμμεναι wird dann wie später in WD dem Vorigen "parataktisch" zugeordnet. Insgesamt ergibt sich so folgende Übersetzung: "Not tut das sammelnde Hinstellen sowohl als das Vernehmen: Seiend in dessen Sein" (85).[44)] - Die Grundbedeutung von "Not tut" bzw. "Not" ist nach H.s Ansicht in diesem Zusammenhang anscheinend 'es ist notwendig, zwingend' bzw. 'Notwendigkeit', 'Zwang': "Der Logos macht sich ... nicht von selbst. Das λέγειν ist n o t ... Woher n ö t i g t /Sperrung von mir/ die Not? ..." (132). Daneben scheint H. χρή bzw. Not auch die Bedeutungen 'Gewalttat', 'Kampf' (es ist ja in Parm. B 6,1 mit dem λέγειν und νοεῖν auch von der Gewalttätigkeit die Rede) und 'Gefahr', 'Bedrängnis' zu unterlegen[45)]: "Der Logos macht sich als Sprache nicht von selbst. Das λέγειν ist n o t : χρή τό λέγειν ..." (132). Das Woher der Nötigung der Not ist nach H.s Auffassung in EM ziemlich eindeutig das Sein: Es "vergewaltigt", so sagt H. im Hinblick auf die Not der Gewalt-tat, in seiner Allgewalt das Dasein zur Stätte seines Erscheinens (136). Das λέγειν und νοεῖν ist die Stätte, "die sich das Sein zur Eröffnung ernötigt" (156). Daß Parmenides dies in B 6,1 im Blick hat, schließt H. wohl aus der Stellung des χρή ("Überdies wird schroff an den Versanfang das χρή gesetzt" (129)) und aus B 8,34b: "Not ist die Sammlung, zugehörig der Vernehmung. Beide müssen geschehen 'umwillen des Seins'."(129) Im Gedanken, daß Vernehmung umwillen des Seins geschieht, liegt, daß das Sein das Vernehmen als Stätte des Erscheinens braucht und eben deshalb ernötigt. Wahrscheinlich hatte H. den χρή-Satz und Parm. B 8, 34b mit im Blick, wenn er innerhalb seiner Auslegung des ersten Chorliedes der Antigone von Sophokles über die τέχνη und ihr Zerbrechen sagt: "Der Mensch ist ... in ein solches Da-sein g e n ö t i g t , in die N o t ⟨Sperrungen von mir⟩ solchen Seins geworfen, weil das Überwältigende als solches, um waltend zu erscheinen, die Stätte der Offenheit für es b r a u c h t ." (124). Weil das Sein mit dem Schein zusammengehört und darum zunächst und zumeist durch diesen verstellt wird, braucht es und ernötigt es aus diesem Brauchen zu seiner Erscheinung die Einheit von λέγειν und νοεῖν als den Schein wegstoßende (74) Gewalt-tat.

    Da man kaum annehmen kann, daß im Hintergrund von SuZ der Gedanke steht, das Sein ernötige und erzwinge das Entwerfen des Daseins, wird man mit einiger Wahrscheinlichkeit ausschließen können, daß H. schon dort den χρή-Satz ähnlich wie in EM übersetzt und interpretiert hat. Dies gilt insbesondere für das λέγειν, da seine ursprünglichste Bedeutung nach SuZ noch nicht "Sammeln" ist.46)

Nach der Analyse von H.s Auslegung der einzelnen Worte des χρή-Satzes sei versucht, seine Interpretation als ganze in den Blick zu bringen. Dies soll am Leitfaden von H.s Übersetzungen geschehen:

(1) "'Not tut das sammelnde Hinstellen sowohl als das Vernehmen: Seiend in dessen Sein ...'" (85)

(2) "Not ist das λέγειν sowohl als auch die Vernehmung, nämlich das Seiend in dessen Sein" (107).

(3) "'Not tut das gesammelte Hinstellen sowohl als das Vernehmen von diesem: das Seiend (ist) Sein'" (129).

(4) "... not ist das sammelnde Vernehmen des Seins des Seiend" (132).

Die abweichende Übersetzung und Verbindung von ἐὸν ἔμμεναι mit dem Vorigen macht deutlich, daß für H. hier eine Schwierigkeit lag. Er bringt den χρή-Satz zunächst mit dem Weg zum Sein zusammen, um dann später genauer auszuführen in welchem Sinne: Dieser Satz bringt "in Bezug auf das Einschlagen des ersten unumgänglichen Weges" zur Sprache, "not sei, sich zu sammeln auf das Sein des Seiend" (132). Im Sichsammeln des Menschen aus dem Seienden auf das 'Wesen' des Seins wird, wie H. glaubt, offenbar, wie es um dieses steht. Daß λέγειν solchermaßen den Sinn von Offenbarmachen (130) haben soll (und dies, weil zum Sein der Grundzug der Unverborgenheit gehört (130)), erlaubt, H.s Übersetzung des Wortes mit "Hinstellen" zu verdeutlichen: Das Hinstellen 'ermöglicht' wohl nach H.s Ansicht insofern das Vernehmen (Sehen), als es diesem als solches das Sein des Seiend, es vor es hinstellend, sichtbar, gegenwärtig, mithin unverborgen sein läßt. (Auch darin, daß das λέγειν ein Hinstellen ist, entspricht es für H. nur dem Wesen des Seins selbst, denn zu diesem gehört ein "sich hin-stellen, etwas her-stellen" (78), eben weil es als Erscheinung west.) Da zum Sein der Schein gehört und dieser eine das Sein zunächst und zumeist verstellende Macht ist, braucht das Sein, um als solches zu erscheinen, das νοεῖν als Ent-scheidung für das Sein und gegen den Schein (128) und 'vorgängig' dazu das λέγειν als das Auslesen, Ab-heben von Sein und Schein (133), wirft es, nötigt es den Menschen in die Not des auslesenden, sammelnden Hin-stellens des Seins, worin er letztlich 'nur' das Sichhinstellen oder -herstellen des Seins vollbringt.

Wie erinnerlich hat H.s Interpretation des Parmenides den Sinn, die Herkunft der die Geschichte des Seinsverständnisses von Platon bis in die gegenwärtige Epoche bestimmenden Entgegensetzung von Sein und Denken (Logos) aufzuhellen. Zu diesem Zweck bemüht sich H. zu zeigen, daß aufgrund der von Heraklit vollzogenen Auslegung des Seins als Logos bei Parmenides beides, Sein und Logos als zusammengehörige auseinandertreten können, und daß dies wieder die spätere Entgegensetzung beider möglich macht. Als 'Beleg' für das Auseinandertreten von Sein und Logos bei Parmenides führt H. zunächst Parm. B 3 an und versucht er dann anhand von B 6,1 zu zeigen, daß das in B 3 genannte νοεῖν wesensmäßig sammelnd ist und in Wesenseinheit mit dem Logos steht. Auch nach B 6,1 "scheidet" sich der Logos im Sinne der gewalt-tätigen Sammlung vom Logos im Sinne der Gesammeltheit des Seins (129). Doch weiß nicht auch Heraklit, so möchte man von H. selbst aus einwenden, um den Unterschied von φύσις und Gewalttätigkeit (47), und bestimmt er die letztere nicht wenigstens 'implizit' (in ἀξύνετοι) als ein Zusammen--bringen? Dazu ist zu sagen, daß Parmenides nach H.s Ansicht im Unterschied zu Heraklit ausdrücklich die Einheit in der Gegenstrebigkeit von Sein und Gewalt-tätigkeit zu Begriff bringt und zwar so, daß die menschliche Gewalttätigkeit von ihm ausdrücklich in ihrem sammelnden, das fügende Sammeln des Logos (qua Sein) übernehmenden Wesen 'gewußt' wird: "Im Anfang ... geschieht dieses: der λόγος wird als die offenbarmachende Sammlung, als welche das Sein der Fug ist im Sinne der φύσις, zur Notwendigkeit des Wesens des ... Menschen."(130) Dieser 'Übergang' des Lichtungsgeschehens vom Sein auf den Menschen entspringt für H. einer vertieften Einsicht in das Wesen des Seins, die als solche erstmalig ist: Parm. B 3 gibt, wie H. glaubt, "eine noch ursprünglichere Einsicht in das Wesen der φύσις. Zu ihr g e h ö r t Vernehmung, ihr Walten ist Mitwalten von Vernehmung."(106).[47)] Parm. B 6,1 spricht nach H.s Meinung ebenfalls zum ersten Mal in der Geschichte der Philosophie (und vor H. zum

letzten Mal) die Einsicht aus, daß das Gegenüber
von Logos und Vernehmung notwendig ist für die Eröffnung des Seins des Seienden. Zwar tritt auch
schon bei Heraklit der Gewalt-tätige dem Logos
(Sein) gegenüber, doch 'Grund' und 'Wesen' dieses
Bezugs werden noch nicht als solche thematisch und
zu Begriff gebracht wie bei Parmenides. Dies meint
H. wohl, wenn er vom Auseinandertreten von Sein und
Logos bei Parmenides spricht.

§ 19 HEIDEGGERS INTERPRETATION VON PARMENIDES B 8,35 f UND B 7,3-6 NACH EM

H.s Auslegung des λέγειν in EM stimmt mit der in
SuZ darin überein, daß der Grundsinn dieses Wortes
nicht 'sprechen', sondern Entdecken, Entbergen, Offenbarmachen ist (SuZ 32 f, EM 95, 130). Während es
nun H. in SuZ darum zu tun ist, das Entdecken und
die Rede als ursprüngliche Seinsstrukturen des Daseins aufzuweisen und er in Entsprechung dazu annimmt, die Griechen hätten λέγειν als entdeckende
Rede verstanden (SuZ 165), geht H. in EM bei seiner Auslegung des griechischen Verständnisses des
λέγειν vom Wesen des Seins aus, genauer von der
Seinserfahrung der Griechen, wie er sie jetzt sieht,
und läßt die Griechen das Wesen des λέγειν auf das
des Seins gründen: "Weil das λέγειν...auf die ursprüngliche Gesammeltheit des Seins bezogen ist,
weil Sein aber heißt: In-die-Unverborgenheit-kommen, deshalb hat dieses Sammeln den Grundcharakter
des Eröffnens, des Offenbarmachens."(EM 130) "Der
Bezug zum Logos als φύσις macht das λέγειν zur vernehmenden Sammlung, die Vernehmung aber zur versammelnden."(132)

Eine analoge Verschiebung läßt sich auch bei H.s
Auslegung des Wesens der Sprache beobachten. Sprache ist in EM nicht mehr 'nur' die im In-der-Welt--sein gründende Hinausgesprochenheit der Rede (SuZ
161). Sie ist ursprüngliche Gewalt-tätigkeit, und
da diese ihr Wesen aus der Gesammeltheit des Seienden empfängt, ein ursprüngliches λέγειν, Sammeln.
Damit eröffnen sich H. neue Möglichkeiten, das Entdeckendsein, Wahrsein der Sprache auszulegen. "Weil

das Wesen der Sprache in der Sammlung der Gesammeltheit des Seins gefunden wird, deshalb kommt die Sprache ... nur dann zu ihrer Wahrheit, wenn das Sagen und Hören auf den Logos als die Gesammeltheit im Sinne des Seins bezogen ist."(EM 132) Daß das wahrhafte Sagen und Hören nur in dieser Bezogenheit, im Hören auf den Logos qua Sein in seine Wahrheit gelangt, schließt für H. nicht aus, daß es selbst wesenhaft 'Aktivität', Gewalt-tat des Menschen (gegen das Sein) ist. Gerade im hinnehmenden Hören eröffnet das sammelnde Sagen, so sahen nach H.s Meinung in EM schon die Griechen, gewalt-tätig die Gesammeltheit des Seienden, verwaltet es die φύσις als das Waltende. "Der Mensch ist als der ... in der Sammlung ... T ä t i g e ⌈Sperrung von mir⌉: der Sammler. Er übernimmt und vollbringt die Verwaltung des Waltens des Überwältigenden."(131 f) Der Mensch ist Verwalter des Seins, indem er die Eröffnung des Seins übernimmt und die eröffnete Unverborgenheit gegen Verborgenheit und Verdeckung bewahrt (133).

 Verwalten heißt nach dem Grimmschen Wörterbuch (s.s.v.)zumeist über etwas verfügen, etwas beherrschen aufgrund fremder Beauftragung und Bevollmächtigung. Nun geschieht das λέγειν im Dienste der Unverborgenheit (142) bzw. des Seins, welcher Dienst vom Sein ernötigt ist. Es macht also keine Schwierigkeiten anzunehmen, daß die Verwaltung des Seins durch den Menschen dem 'Auftrag' oder der 'Bevollmächtigung' durch das Sein entspringt. Der phänomenologisch Sehende 'herrscht', waltet, verfügt über das Sein, aber dies nicht aufgrund eigener Machtvollkommenheit, sondern weil solches Verfügen vom Sein selbst ernötigt ist. Darum ist dieses Walten des Menschen eben nur ein Ver--walten. - Das Verwalten einer anvertrauten Sache soll diese für gewöhnlich erhalten und gegen Beeinträchtigung bewahren. Das vom Sein ernötigte Verfügen (138) über es selbst weiß sich entsprechend solchermaßen vom Sein in den Dienst genommen, daß es dieses in seiner Offenbarkeit erhält bzw. gegen Verdeckung bewahrt. Solches Erhalten und Bewahren wird vom

Sein selbst ernötigt, weil es mit dem Schein zusammengehört und dieser darum ständig andrängen kann.

Nicht erst das Sagen der Denker und Dichter, auch schon das Sprechen der Sprache als solches ist nach H.s Meinung in EM für die Griechen ein gewalt-tätiges Eröffnen des Seins. Entsprechend erzeugt nach jenem Werk auch schon die Sprache für die Griechen in sich das eigene Unwesen (121), indem sie sich in den Schein verwirrt und zum Gerede herabfällt (132). Darum kann für die Griechen (wie H. sie sieht) die begründete Eröffnung des Seienden im eigentlichen Sagen nur im Gegenzug zum bodenlosen, den Rückgang auf das Seiende unterlassenen (141) Gerede erfolgen. Ihre Gründung aufs Seiende versteht sich selbst wesenhaft als sich vom Gerede abkehrendes Sichbeziehen und 'Hören' auf das Sein des Seienden. "Der Bezug zum Logos /qua Sein/ ... macht das λέγειν zur ... Sammlung ... D a r u m /Sperrung von mir/ muß sich das λέγειν, um selbst gesammelt zu bleiben, von allem bloßen Hersagen ... abkehren" (132). Entsprechend erfolgt im Anfang des griechischen Denkens - H. glaubt sich hier besonders auf Parm. B 7, 3 berufen zu können - analog zur Scheidung von Sein und Schein eine Entgegensetzung des eigentlichen Sagens zum Gerede. Diese Entgegensetzung schließt ein Wissen ein um den wesenhaften Bezug des vernehmend-sammelnden Sagens auf das Sein. Dieses Wissen spricht sich nach H.s Meinung insbesondere in Parm. B 8,35-36a aus:

B 8,35-36a ... οὐ γὰρ ἄνευ τοῦ ἐόντος, ἐν ὧι πεφατισμένον ἐστίν, εὑρήσεις τὸ νοεῖν ...
"'... Nicht nämlich ohne das Seiend, in welchem es (das Sein) schon gesprochen ist, wirst du finden (erreichen) die Vernehmung.'"(132)

Weil das Vernehmen mit dem λέγειν zusammengehört und aus diesem sein versammelndes Wesen hat (129), das λέγειν sich jedoch als Sprache vollzieht und diese als solche selbst νοεῖν ist, gilt nach H.s Ansicht das, was Parmenides in B 8,35-36a vom νοεῖν sagt, auch für die Sprache: Sowohl das Vernehmen wie auch das (wahrhafte) Sagen gibt es nicht ohne das Seiend (Sein). Da die Wahrheit der Sprache aufgrund ihres Wesens als Sammlung in ihrem Wesensbezug, in ihrem Sichgründen auf den Logos liegt und dies zugleich die Abwehr der Herrschaft des Geredes einschließt, sagt οὐ γὰρ ἄνευ usw. auch: "Weil das Wesen der Sprache in der Sammlung der Gesammeltheit des Seins gefunden wird, deshalb kommt die Sprache ... nur dann zu ihrer Wahrheit, wenn das Sagen und Hören auf den Logos ... im Sinne des Seins bezogen ist ... Darum muß sich das λέγειν, um selbst gesammelt zu bleiben, von allem bloßen Hersagen ... abkehren." (132)

Nicht ganz sicher interpretierbar ist H.s Übersetzung von Parm. B 8,35b: "'... in welchem /sc. im Seiend/ es (das Sein) schon gesprochen ist ...'" (132). Im ἐόν, Seiend ist, so glaubt H. wohl, das Sein schon offenbar und in diesem Sinne gesprochen, insofern es nicht die ἐόντα, sondern deren Seiendheit nennt. B 8,35b soll nach H.s Ansicht wohl begründen, warum im zugehörigen Hauptsatz 8,35-36a das ἐόν, Seiend an die Stelle des εἶναι, Seins tritt, von dem noch B 8,34 implizit (als Beziehungswort von οὕνεκεν; 8,34 sagt ja dasselbe wie B 3) gesprochen wird - nur so wird verständlich, weshalb H. in B 8,35b unvorbereitet "Sein" als Subjekt einführen kann.[48] Wäre im ἐόν, im Seiend, das Sein nicht schon gesprochen, so könnte aus B 8,35-36a nicht der Wesensbezug des vernehmend-sammelnden Sagens auf den Logos qua φύσις (132) 'entnommen' werden.

Im Folgenden sei ein Analyse von H.s Übersetzung von Parm. B 7,3-6 in EM versucht.

B 7,3 ... μηδέ σ' ἔθος πολύπειρον ὁδὸν κατὰ τήνδε βιάσθω ...
"' und gar nicht soll dich die recht gerissene Gewohnheit in die Richtung dieses Weges zwingen ...'" (133).
πολύπειρον bedeutet normalerweise 'viel erfahren'. Während bei H.s Übersetzung des Wortes in EM ('recht gerissen') der Zusammenhang mit dieser Grundbedeutung nicht ohne weiteres deutlich ist, läßt die Übersetzung in WD mit 'vielgeläufig'(WD 121) diesen Zusammenhang klar erkennen. Die "Men-

schen" haben, so zeigte sich, nach H.s Ansicht ein
'Wissen', das 'vermittelt' ist durch das Hören auf
das Gerede und durch das Begaffen (EM 133, 48) der
vielfachen, unmittelbar gegebenen Oberfläche der
ἐόντα ; sie entdecken das Seiende, so ist damit
zugleich gesagt, nur "im Modus des Scheins" (SuZ
222). Eben darum muß H.s interpretierende Übersetzung den Ausdruck 'vielerfahren' zugunsten eines
'negativeren' vermeiden, der allerdings noch in einer bestimmten Nachbarschaft zu πολύ-πειρον , 'viel-erfahren'stehen muß: geläufig ist etwas, wenn man
von ihm so viele Kenntnisse und 'Erfahrungen' gesammelt hat, daß es vertraut ist. Von hier aus läßt
sich auch H.s Übersetzung von πολύπειρον in EM verstehen: 'recht gerissen' ist jemand, der sich im
Umgang mit Seiendem auskennt, also eine gewisse 'Erfahrung' mit ihm hat.

ἔθος übersetzt H. mit "Gewohnheit", also sozusagen
'wörtlich', und dies wohl deshalb, weil sich die
wörtliche Bedeutung als eine 'phänomenologische'
Einsicht zur Sprache bringend interpretieren ließ.
Der dritte Weg wird in H.s Sicht des Parmenides
"ständig begangen, sodaß die Menschen sich ganz
auf ihm verlieren" (EM 86); sie "betreiben fortgesetzt überall das Seiende" (101); ihr Weg ist entsprechend der gewohnte, "der gewöhnliche" (132).
Ähnlich gehört nach SuZ zur Alltäglichkeit ein beruhigtes "Behagen in der Gewohnheit" (SuZ 370), das
vor dem Fragen bzw. der Angst flieht. Aletheia reißt
entsprechend, wie H. glaubt, Parmenides von dem Weg
des gewöhnlichen Meinens zurück, das über alles und
jedes sein Urteil schon fertig hat (WD 121), das
sich "im F r a g losen, Durchschnittlichen und
G e w ö h n l i c h e n ⎣Sperrungen von mir⎦" bewegt (130). Das Gewohnte ist zugleich das Heimische,
Geläufige, Ungefährdete (EM 115). Damit wäre wohl
gezeigt, daß ἔθος nach H.s Ansicht in Zusammenhang
mit der Geborgenheit (4) steht, die das Sichverlieren in das fraglose Betreiben und Begaffen des Seienden bzw. in die Ansichten gewährt. Die Gewöhnlichkeit des dritten Weges wird von H. wohl auch gedacht aus dem Gegensatz zur Ausgezeichnetheit (128)
und Außerordentlichkeit (10) des ersten Weges.

βιάσθω : Die Gewohnheit soll Parmenides nicht auf den Weg der Vielen (97) (zurück)zwingen; darin liegt: Nach H.s Ansicht verbringt Parmenides, bevor er gewalt-tätig gegen das überwältigende Walten aufbricht, wie die Vielen (er gehört zunächst zu ihnen) sein Wesen in den "zunächst und zumeist gewohnten ... Grenzen" (116). Er lief wie jene blindlings einer Wahrheit nach (86) und überwindet darum die Ansichten, wenn er sich auf den Weg des Erfragens des Seins macht, nicht in einem einmaligen Entschluß, sie sind ihm ja das Gewohnte und üben darum auch weiterhin einen Zwang aus (βιάσθω). (Dieses βιάσθω ist wohl nach H.s Ansicht als 'Gegenbegriff' zu κρίνειν (B 7,5) zu verstehen, das als Entscheiden den 'Vollzug' der Freiheit zu Wort bringt.) Eben darum muß nach H.s Meinung dem den Weg zum Sein antretenden (86) Parmenides eingeschärft werden, sich nicht von der im Seienden vielgeläufigen Gewohnheit wieder auf den Weg des vorurteilshaften Meinens der Vielen (zurück)zwingen zu lassen. Wohin dies führen würde, führt das Folgende weiter aus:

B 7,4 f ... νωμᾶν ἄσκοπον ὄμμα καὶ ἠχήεσσαν ἀκουήν/ καὶ γλῶσσαν ...

"'... daß du dich verlierst im nicht-sehenden Gaffen und im lärmvollen Hören und in der Zungenfertigkeit ...'" (133).

νωμᾶν übersetzt H. in EM interpretierend mit "daß du dich verlierst ..." Seiner Meinung nach ist hier also wohl eine Erfahrung dessen ausgesprochen, daß die "Menschen" bzw. der Denker sich auf dem dritten Wege ganz verlieren, da sie ihn ständig begehen (86) und sich im unständigen Seienden zerstreuen (129). - Ähnlich wie in SuZ die Neugier die ständige Möglichkeit der Zerstreuung besorgt, d.h. in ihr das Gewärtigen nur noch Möglichkeiten des Gegenwärtigens von ständig Neuem auf sich zukommen läßt (SuZ 172, 347), verlieren und zerstreuen sich die Menschen nach H.s Parmenides auf dem dritten Weg im ἄσκοπον ὄμμα, im nicht-sehenden Gaffen auf das vielfältige und ständig wechselnde (unmittelbare) Aussehen des Seienden. Dieses Gaffen ist für H. in einem ähnlichen Sinne nicht-sehend, wie die Menschen

nicht-wissend sind: Sehen hat hier den hohen und
strengen Sinn des phänomenologisch entwerfenden Er-
blickens des Seins, mithin der 'geordneten' Gesammeltheit des Seienden. Da das Gaffen dieses Er-blik-
ken des Logos nicht 'leistet', wird von ihm nur das
'ungesammelte', 'ungeordnete' Gemenge des Seienden,
als welches es an der unmittelbaren Oberfläche erscheint, gesehen. "Das Auge, das Sehen, das ... in
das Walten erst den Entwurf hineinschaute", wird im
'Verfallen' "zum bloßen Ansehen ... und Begaffen ...
Zwar gibt es immer noch das Seiende. Sein Gemenge
gibt sich lauter und breiter als je zuvor; aber das
Sein ist aus ihm gewichen." (48) - Wie vom unmittelbaren Sehen so muß sich Parmenides nach H.s Auffassung von der
ἠχήεσσαν ἀκουήν, vom lärmvollen Hören auf das Gerede
zurückreißen. Ähnliches sagt nach H.s Meinung auch
Heraklit in B 1, B 2, B 34 und besonders in B 50:
die Menschen sollen "nicht an Worten hängen bleiben,
sondern den Logos vernehmen ... Das bloße Hören ...
zerstreut sich in dem, was man gemeinhin meint und
sagt ..." (99)

γλῶσσαν ist nach H.s Ansicht in EM die "Zungenfertigkeit". Diese nennt ein Reden, an dem das Ge-
brauchen der Zunge, das Sprechen das 'Wesentliche'
ist, weil der Rückgang auf das besprochene Seiende
unterlassen wird (142); weil so in diesem Reden
kein Eröffnen und Offenhalten des Seins des Seienden geschieht, ist es ein bloßes Hersagen oder Mundwerk. Aus Gründen, die oben besprochen wurden, muß
sich das Eröffnen und Offenhalten des Seins "von allem bloßen Hersagen, vom Mundwerk und der Zungenfertigkeit abkehren" (132). Entsprechend findet nach
H.s Meinung in Parm. B 7,5 eine "scharfe Entgegensetzung von λόγος und γλῶσσα" (132) statt.

B 7,5 f ... κρῖναι δὲ λόγωι πολύδηριν ἔλεγχον/
ἐξ ἐμέθεν ῥηθέντα ...
"' ... sondern entscheide scheidend, indem du in
eins gesammelt vor dich hinstellst die Aufweisung
des vielfachen Widerstreits/die von mir gegeben.'"
(133)
ἔλεγχον übersetzt H. interpretierend mit "Aufwei-

sung". Gemeint ist damit wohl die Scheidung der drei
Wege in B 1,28 ff, B 2, B 6 und die mit ihr zusammengehörige "Anweisung" für das Gehen (Denken) (86).
Aufweisung ist nach SuZ § 7 dem Wesen nach ein Sehenlassen (SuZ 33,35) dessen, "was sich zunächst
und zumeist gerade n i c h t zeigt", mithin verborgen ist (35), nämlich des Seins des Seienden.
Das Sagen der Göttin Aletheia hat Parmenides, wie
H. glaubt, in B 1,28 ff, B 2 und B 6 die den Menschen (und ihm selbst bisher) verborgene Met-hode
der Unter-scheidung der drei Wege bzw. von Sein,
Nichts und Schein eröffnet, seinem Sehen also zugänglich gemacht. Dieses Sehenlassen ist als solches schon 'ontologisch', insofern in ihm das Sein
in seiner Zusammengehörigkeit mit und 'Unterschiedenheit' von Schein und Nichts offenbar wird.49)
Parmenides bringt nach H.s Meinung in ἔλεγχος einen Grundzug dessen zur Sprache, was er selbst, Heraklit, Platon und Aristoteles im λόγος denken -
Aristoteles erläutert entsprechend das λέγειν als
ἀποφαίνεσθαι, Zum-sich-zeigen-bringen (EM 130);
in ἔλεγχον in Parm. B 7,5 spricht sich für H. wie
in λόγος, ἀποφαίνεσθαι eine phänomenologische Haltung und Gesinnung aus.

> Daß der parmenideische ἔλεγχος für H.
> nicht den Sinn eines 'logischen' Beweises
> (Widerlegung) oder Arguments hat, hängt
> unter anderem damit zusammen, daß er den
> Disjunktionscharakter von Parm. B 2 übersehen hat (vgl. unten § 38).

κρῖναι übersetzt H. interpretierend mit "entscheide scheidend". Während er nach SuZ am κρῖναι (neben
dem zum ontologischen Entwerfen gehörenden Unterscheiden des Entdeckens und des Verbergens) das
Sichentscheiden im Sinne der existenziell ursprünglichen Wahl des entschlossenen, in der Vereinzelung
existierenden Denkers betont, 'nimmt' er, wie sich
zeigte, in EM das Ent-scheiden, es mehr als ein
verschärftes Scheiden verstehend ("entscheide scheidend"), in das Zusammen von Sein, Nichts und Schein
'zurück', wobei das κρίνειν allerdings in anderer
Hinsicht ein Eröffnen von Möglichkeiten des Menschen durch diesen selbst und in der Folge ein 'wäh-

lendes' Sichentscheiden desselben in bezug auf sie
bleibt. Das κρίνειν des Parmenides ist nach H.s Meinung gemäß seinem Übersehen der Disjunktion in B 2
als Vollzug der Freiheit, die den Menschen besitzt
(WW 85), ein 'Ereignis' im Zusammen von Schein,
Nichts und Schein, wobei der Mensch die von diesem
'Ereignis' gebrauchte "Stätte" ist. – Vernehmen ist
einerseits "Ent-scheidung" für das Sein und gegen
das Nichts (EM 128) und gehört andererseits zusammen
mit dem λέγειν ; entsprechend steht das κρίνειν für
H. in Parm. B 7,5 mit dem λόγος "in engstem Verband" (133).

λόγωι übersetzt H. interpretierend mit "indem du
in eins gesammelt vor dich hinstellst ..."; er versteht λόγωι also als substantivierten Infintiv mit
instrumentaler Bedeutung[50]) (τῶι λέγειν). Von λόγωι
läßt er dann das Folgende abhängen. Was Parmenides
in eins gesammelt vor sich hinstellen soll, ist
nach H.s Meinung gemäß seinem Übersehen der Disjunktion in B 2 die Aufweisung der drei Wege, die Aletheia in B 2 und B 6 gegeben hat. Das Ent-scheiden
dieser Wege bzw. von Sein, Nichts und Schein in der
Auslegung des Seins geschieht, wie das 'instrumentale' λόγωι in Verbindung mit κρῖναι zeigt, nach H.s
Ansicht durch den Logos, das sammelnde Hinstellen,
das, wie die Nachbarschaft von κρῖναι und λόγωι
ebenfalls zeigt, selbst wesensmäßig (als ein sammelndes Lesen) ein scheidendes Auslesen ist:
"Λόγος steht hier im engsten Verband mit κρίνειν ,
dem Scheiden ... im Vollzug der Sammlung ... Das
a u s l e s e n d e 'Lesen' begründet und trägt
den Verfolg des Seins und die Abwehr des Scheins."
(133) Allem Anschein nach bringt λόγωι in B 7 nach
H.s Auffassung denselben Gedanken zu Wort wie B 3:
Das sammelnd-scheidende Vernehmen und das auslesende Lesen tragen in ihrer Einheit "den Verfolg des
Seins", wie er in B 8 vollzogen wird. Wie das "entscheide..., indem du in eins gesammelt vor dich
hinstellst" für H. den Gedanken des Rückgangs auf
den Logos bei der Seinsauslegung zu Wort bringen
konnte, kann man sich wie folgt klarmachen: Das
κρῖναι bezieht sich, so dürfte H. angenommen haben,
mittelbar auf den ἔλεγχος , die Aufweisung (des Widerstreits) der drei Wege und über diese auf die

Auslegung des Seins in B 8. Das κρίνειν erfolgt seinerseits wieder 'mittels' des Logos (λόγωι ist, wie gesagt, instrumental). Also trägt dieser die Auslegung des Seins.

H.s Interpretation von λόγωι scheint mir im Grunde wenig mit der Sprache zu tun zu haben. Das zeigt sich daran, daß das in eins sammelnde Hinstellen auch als reiner 'Bewußtseins-akt' und nicht notwendigerweise als ein Sagen verstanden werden könnte. Wahrscheinlich hat H. die Bedeutung von Sagen nur deshalb für λόγωι in B 7,5 angenommen, weil die Entgegensetzung zu γλῶσσαν dies nahezulegen schien: das Gerede gehört, so zeigte sich, mit dem eigentlichen Sagen zusammen als sein nie ausbleibender Gegensatz.

Schon SuZ enthält einen Hinweis darauf, daß Parmenides für H. das λέγειν (neben dem νοεῖν, SuZ 25 f) zum Leitband seiner Ontologie genommen hat: der Weg zum Sein wird nur "im κρίνειν λόγωι, im verstehenden Unterscheiden" des Weges des Entdeckens von dem des Verbergens gewonnen (222 f). Das Entdecken des Seins gründet sich also wie auf das νοεῖν, so auch auf ein Unterscheiden, das immer auch ein λέγειν, Verstehen ist. Während H. in SuZ sonst als Grundbedeutung von λέγειν das aufweisend-sehenlassende Reden annimmt, rückt er λόγωι in Parm. B 7,5 in die Nähe des parmenideischen νοεῖν, des vernehmenden Verstehens (212), indem er das Wort als 'Verstehen' auslegt (Rede und Verstehen gehören nach SuZ 161 eng zusammen). Ob sich hinter dieser 'Inkonsequenz' eine 'philologische' Schwierigkeit verbirgt ("Reden" oder 'Sagen' gibt in Parm. B 7,5 kaum einen guten Sinn) oder ob H. aus einer bestimmten Grundauffassung vom Denken des Parmenides[51] das λέγειν in die Nähe des νοεῖν rückt, läßt sich nicht mehr sicher sagen.

In der Modifikation von H.s Auslegung des λόγωι in Parm. B 7,5 deutet sich ein Sachverhalt an, der sich später noch klarer zeigen wird: H.s Parmenidesauslegung wandelt sich u.a. immer dann, wenn sich seine Auffassung von der Bedeutung der sogenannten griechischen Grundworte änderte. Der Grund für die verschiedene Deutung von λέγειν in SuZ und EM scheint auf der Hand zu liegen: Während H. in SuZ versucht, in einem phänomenologischen Sehen die in λέγειν ursprünglich genannte, später jedoch verdeckte Erfahrung einer Seinsweise des Daseins zurückzugewinnen, sucht er in EM die eigentliche Bedeutung des Wortes 'etymologisch' zu erschließen (EM 95).[52] Bei letzterem könnten aber auch philosophische Gesichtspunkte mit eine Rolle gespielt haben: Die aus-einander-setzende Sammlung, die Parmenides nach H.s Meinung in EM im λέγειν denkt, ist wohl in Analogie zur Daseinsanalytik zu verstehen, in der das eigentümliche Sein des Daseins vom Sein des sonstigen Seienden abgehoben und zugleich mit ihm zusammengesehen wird (Parmenides fragt ja nach H.s Ansicht ausdrücklich nach dem Sein (eigentümlichen Anwesen) des Menschen und hebt ihn dabei als Sammler des Seins (132) seinsmäßig vom sonstigen Seienden ab). Der Begriff des aus-einander-setzenden Sammelns erwuchs H. also unter anderem wohl aus einer Besinnung auf das Wesen des eigenen ontologischen Entwurfs in SuZ: Weil er in hervorragender Weise für das ontologische Entwerfen überhaupt stehen kann, muß die Besinnung auf ihn Einblicke in das Wesen des letzteren ermöglichen. Parmenides hat nach H.s Ansicht in gewissen Grenzen und Modifikationen Einblicke in das Wesen des ontologischen Entwerfen wie er, H., selbst gehabt. Er bringt sie unter anderem in B 7,5 zu Wort; die Stelle wird also wohl von H. wie schon B 3 im Horizont einer Besinnung auf SuZ ausgelegt.

Nach der Analyse von H.s Übersetzung von Parm. B 7, 3-6 im Lichte ihres Kontextes soll noch einmal dieser Kontext in den Blick genommen werden. Inso-

fern in B 7,3-6 (nach H.s Verständnis) der Gedanke
eingeschlossen ist, daß sich das λέγειν und νοεῖν
auf den Logos qua Sein beziehen (sammeln) und sich
dabei vom Schein des Geredes abkehren muß, entspricht die Stelle für H. dem χρή-Satz (132). In
B 7,3-6 geht Parmenides nach H.s Ansicht jedoch
noch einen Schritt über B 6,1 hinaus:

> B 7,3-6 "entspricht dem Beginn von Frg. 6,
> wo ... gesagt wird, not sei, sich zu sam-
> meln auf das Sein ... Jetzt handelt es
> sich um die Anweisung für das Begehen des
> dritten Weges in den Schein ... Er ist der
> gewöhnliche. Deshalb muß sich der wissende
> Mann ständig von diesem Weg in das λέγειν ...
> des Seins ... zurückreißen ..." (132).

Hier ist nicht ohne weiteres klar, was "Anweisung
für das Begehen des dritten Weges in den Schein" bedeuten soll. Wenn dieses Gehen identisch ist mit dem
irrenden Vernehmen und sich Parmenides gerade von
diesem Weg zurückzureißen hat, wie kann dann Aletheia Anweisungen für dieses Gehen geben? Der Widerspruch schiene weniger hart, wenn man das Gehen
des Weges in den Schein als das 'Erfassen' von dessen 'Wesen' verstehen dürfte, das Parmenides zu
vollbringen hat (86). Die Göttin gäbe dann in B 7,
3 ff die Anweisung, daß Parmenides bei der Erfassung des 'Wesens' des dritten Weges sich von diesem
zurückreißen und die Aufweisung bezüglich Sein,
Nichts und Schein ent-scheiden soll. Zwar dürfte es
sich nach H.s Meinung bei B 7,3 ff tatsächlich auch
um ein solches Erfassen handeln, doch führt der Gesamtzusammenhang von H.s Übersetzung und Interpretation der Stelle nirgends darauf, daß das abzuweh-
rende Verfallen für ihn eingeengt ist auf eines, das
im Erfassen des dritten Weges seinen Ausgang hat
(dieses wird doch gerade zur Abwehr des Verfallens
vollzogen und kann jenes darum schwerlich 'entspringen' lassen). Ich möchte darum annehmen, daß H. mit
dem Gehen in den Schein das des Parmenides meint,
das er 'vollzieht', insofern er niemals ganz aus
seinem 'Machtbereich' heraustreten kann, vielmehr
unter dem Zwang der Gewohnheit es je auch in ihm

aushalten muß (84, 128). Im Hinblick auf dieses unvermeidliche Begehen des dritten Weges gibt Aletheia nach H.s Ansicht in B 7,3 ff die Anweisung, sich bei der Seinseröffnung nicht von der Gewohnheit auf ihn zwingen zu lassen, sondern sich von ihm ständig zurückzureißen und ihre Aufweisung der drei Wege zu ent-scheiden. Auch wenn das νοεῖν und λέγειν von B 6,1 im Gegenzug zum Sichverlieren auf dem dritten Wege geschehen, so wird doch an dieser Stelle für H. keine Anweisung für das Begehen dieses Weges gegeben.

§ 20 ZU HEIDEGGERS DESTRUKTION DER MODERNEN AUSLEGUNG DES PARMENIDES (NACH EM)

Nach SuZ hatte Parmenides in gewissen Grenzen Zugang zu den ursprünglichen Quellen der Erfahrung, doch die von ihm aus diesen Quellen zum Teil in echter Weise geschöpften Kategorien und Begriffe wurden nach ihm (nach Aristoteles) im Überlieferungsgeschehen verstellt. In der verstellten Form bilden sie nicht nur heute die 'Basis' des gegenwärtig herrschenden Seinsverständnisses, sie leiten so auch die Auslegung des Parmenides, dessen ursprünglich Gedachtes und Erfahrenes sie darum dem modernen Ausleger verschließen. Eben dies macht eine "Destruktion" der traditionellen und heute noch herrschenden Seinsbegriffe und der bisherigen Parmenidesauslegung notwendig. Im Gegensatz zu SuZ läßt sich aus EM wenigstens teilweise erschließen, wie H. die Destruktion der bisherigen Parmenidesauslegung vollzogen hat. Ich beschränke mich hier aus Raumgründen auf ein Beispiel.

Um zu erfahren, was Parm. B 3 über den Menschen sagt, ist es nicht erlaubt, sagt H., "daß wir irgend eine spätere oder gar heutige Vorstellung vom Menschsein herzutragen und in den Satz hineindeuten" (EM 107). Entsprechendes gilt auch für das νοεῖν: Es ist, wie H. deutlich macht, nicht auszulegen als das Denken im Sinne einer Tätigkeit des Subjekts. Parmenides sagt in B 3 nicht, wie seine idealistisch-neukantianischen Ausleger behaupten, daß das Denken des Subjekts bestimmt, was Sein ist, (104) und alles subjektiv sei, da das Sein nichts anderes als das Gedachte des Denkens, dieses aber subjektiv sei (104).[53]

Die Erfahrungen des Parmenides bilden wie nach SuZ so auch nach EM die 'Grundlage'[54] des die abendländische Geschichte durchherrschenden Seinsverständnisses und der ihm zugehörigen Seinsbestimmungen. Diese 'Grundlagen' verstellen sich jedoch mehr und mehr im Seinsverständnis bzw. in den Seinsbestimmungen der nachfolgenden Epochen des griechisch-europäischen Denkens und Daseins. Somit weist zwar die von H. kritisierte Auslegung des νοεῖν auf die Erfahrung des Parmenides von der Zusammengehörigkeit von Sein und Vernehmen zurück und ist durch sie ermöglicht, zugleich verstellt sie aber auch den eigentlichen Sinn eben dieses wissenden Erfahrens des Parmenides (ihre Destruktion ist als Gegenbewegung zu dem nach Parmenides einsetzenden Verfall jenes Erfahrens zu verstehen). Das νοεῖν ist als zum Sein gehöriges, in seinem Dienste stehendes, hin-nehmendes Vernehmen keine Tätigkeit eines Subjekts, das in dieser die Gegenständlichkeit der Gegenstände als das Sein des Seienden, mithin letzteres selbst erst konstituiert. Denn Sein reduziert sich für Parmenides eben nicht, wie nach H.s Ansicht vor allem B 8,34b zeigt, auf die Vernommenheit oder Gesichtetheit durch das νοεῖν (vgl. o. § 17). Damit wird jedoch deutlich, daß H.s Destruktion der traditionellen Vorurteile im Rückgang auf den Text ihren Grund hat, wobei dieser von vornherein von der Voraussetzung her ausgelegt wird, Parmenides habe in gewissen Grenzen Zugang zu den ursprünglichen Quellen gehabt und seine Begriffe und 'Aussagen' z.T. in echter Weise aus ihnen geschöpft (SuZ 22).

VIERTES KAPITEL:

DIE AUSLEGUNG DES PARMENIDES DURCH DEN SPÄTEN HEIDEGGER

§ 21 HEIDEGGERS "KEHRE" UND SEINE INTERPRETATION DES PARMENIDES

Im dritten Kapitel zeigte es sich, daß die Modifikationen von H.s Parmenidesauslegungen zum Teil ihren Grund in dem Wandel seines Denkens haben, den er selbst "Kehre" genannt hat. Darin liegt, daß sich die Untersuchung eigens auf diese "Kehre" zu besinnen hat, sollen die 'Hinter-gründe' jener Modifikationen ganz durchsichtig werden.

A. Die für SuZ geplante Kehre von "Sein und Zeit" zu "Zeit und Sein" und die Kehre vom frühen zum späten Heidegger

Im dritten Abschnitt des ersten Teils von SuZ wollte H., wie er später selbst formuliert hat, eine "Kehre" von "'Sein und Zeit'" zu "'Zeit und Sein'" (so lautete auch der geplante Titel jenes Abschnitts) vollziehen (HB 159). Weil jener Abschnitt nicht veröffentlicht wurde, sei, so sagt H. in HB, der zureichende Nach- und Mitvollzug des die Subjektivität verlassenden, da den ekstatischen Bezug des Menschen zur Lichtung des Seins bedenkenden Denkens in SuZ erschwert (159). Es läßt sich jedoch leicht zeigen, daß H. weder im veröffentlichten Teil von SuZ ek-sistenzial dachte, noch ursprünglich in SuZ I,3 einen Wandel vom in gewisser Hinsicht noch 'subjektistischen' Denken in SuZ I,1-2 zum ek-sistenzialen Denken plante.[1] Gleichwohl könnte H. Recht haben, wenn er in HB einen sachlichen Zusammenhang zwischen SuZ I,3 und der später von ihm vollzogenen Kehre behauptet: In "der Kehre von 'Sein und Zeit' zu 'Zeit und Sein' ... gelangt das versuchte Denken erst in die Ortschaft der Dimension, aus der 'Sein und Zeit' erfahren ist ..."

(159).[2] In SuZ I,3 sollte (nach SuZ) im Rück- und Durchgang durch die das Seinsverständnis ermöglichende Zeitlichkeit (SuZ 17)[3] gezeigt werden, daß die Zeit das ist, von wo aus das Dasein Sein versteht und auslegt, die Zeit also als der Horizont des Seinsverständnisses begriffen werden muß (17). In einem zweiten Schritt[4] sollte dann die Temporalität des Seins, d.h. seine ursprüngliche Sinnbestimmtheit aus der Zeit (19) ausgearbeitet werden.[5] Der Aufweis des Seins als Zeit aus der Struktur der Zeitlichkeit des Daseins setzt allerdings voraus, daß das Sein von sich aus die Zeitbestimmtheit zeigt. Es ergibt sich damit die Vermutung, daß die Zeitlichkeit des Daseins, genauer ihr Horizont nicht der letzte Grund alles ontologischen (und ontischen) Begründens ist, wie H. noch in der Phase von SuZ glaubt[6], vielmehr muß die Zeit-haftigkeit der Wahrheit des Seins der Grund dafür sein, daß Sein im Durchgang durch die Zeitlichkeit des Daseins als Zeit ausgelegt werden kann. Dieser Gedanke ist denn auch in EM potentiell enthalten:

> "Das Wesen des Menschen ist ... als d i e S t ä t t e zu begreifen und zu begründen, die sich das Sein zur Eröffnung ernötigt... Im Wesen des Da-seins als solcher Stätte der Seinseröffnung muß die Blickbahn für die Eröffnung des Seins ursprünglich gegründet sein."(EM 156) Das Sein ernötigt sich aber das Dasein als Stätte seiner Eröffnung, "weil das Überwältigende ... um waltend zu erscheinen, die Stätte der Offenheit für es b r a u c h t " (124). Weil Sein als φύσις, d.h. als Erscheinen waltet, darum geschieht mit ihm auch Vernehmen als Stätte seiner Eröffnung (106).

W e i l (im Anfang) das S e i n als φύσις, Erscheinen west und d a r u m zu ihm das Da-sein als Stätte des Erscheinens gehört, kann und muß nach EM die Seinsfrage den Sinn von Sein im Durchgang durch die Zeitlichkeit des Da-seins erfragen. Darin ist jedoch eingeschlossen: Nicht die Zeitlichkeit ermöglicht primär den Bezug des Menschen zum Sein (das Seinsverständnis), wie der frühe H. annahm, vielmehr muß umgekehrt die Wahrheit bzw. Zeithaftigkeit des Seins den Bezug des Denkens zum Sein ermöglichen (HB 148) und seine Zeitlichkeit 'begründen'.[7]

Daß H. im Vollzug der "Kehre" in EM den Rückgang auf das Dasein letztlich vom Wesen des Seins her begründet, läßt erwarten, daß er im nächsten Schritt den 'Umweg' von SuZ und EM über das Dasein aufgibt und 'direkt' auf die Wahrheit des Seins zuzugehen versucht (die Begründung für jenen 'Umweg', der zufolge das Seinsverständnis von der Zeitlichkeit ermöglicht ist, ist ja für den späten H. wenn nicht hinfällig, so doch überholt). H. ist diesen Weg, wenn ich die Texte richtig verstehe, nicht gegangen: "... im Dienst der Frage nach der Wahrheit des Seins[?] wird eine Besinnung auf das Wesen des Menschen nötig; denn die ... Erfahrung der Seinsvergessenheit schließt die alles tragende Vermutung ein, gemäß der Unverborgenheit des Seins gehöre der Bezug des Seins zum Menschenwesen gar zum Sein selbst."(WME 201) "Was /ins/ Denken heißt /sc. die Zwiefalt/, können wir nur erfragen, wenn wir das Geheißene beachten ... und dabei fragend Ausschau halten nach dem Heißenden ..." (WD 149). Im Unterschied zu H.s Frühphase 'ist' nach seiner Spätphase das Da des Da-seins die Wahrheit des Seins (HB 157 f).[8] Das Denken aus dem Sein ist darum zugleich ein solches aus dem Da-sein (WW 97). Der Rückgang auf das Da-sein (auf seine Zeitlichkeit) ist also, so gesehen, ein solcher auf das Sein und widerspricht darum nicht dem 'neuen' Ansatz nach der "Kehre". Im Hinblick auf die Parmenidesauslegung des späten H. ergibt sich damit: Auch nach ihm geht wahrscheinlich wie nach SuZ und EM die Seinsauslegung des Parmenides ständig auf das νοεῖν und λέγειν [9] (bzw. auf B 3) als 'Modi' des Vollbringens des Da zurück.

B. Der Wandel der Auslegung des Nichts in Heideggers "Kehre"

Nach WiM und EM ist die Transzendenz zum Sein zugleich Hineingehaltenheit ins Nichts, da das Sein als solches endlich ist und darum mit dem Nichts als dem 'Anderen' zu ihm (EM 60) zusammengehört. Nach Vollendung der Kehre hat H. dieses Nichts als Schleier des Seins (WMN 107) ausgelegt: Wenn das wesenhaft das Seiende vorstellende metaphysische Denken das sein Vorstellen ermöglichende Sein erfährt, so erscheint es ihm als das Nicht-Seiende, als das Nichts. Für das Denken des Seins erweist sich jedoch dieses Nichts als eine durch das Nichts selbst verborgene, verschleierte 'Erscheinung' des Seins, die sich als solche entschleiert, wenn der Mensch das Vorstellen des Seienden überwindet. Folgende Stelle aus Hw zeigt ganz deutlich, daß H. diese Auslegung des Nichts aus einer Besinnung auf es im Horizont der Seinsgeschichte[10] erwachsen ist:

> "Von der Metaphysik her begriffen ... enthüllt sich zunächst das verborgene Wesen des Seins, die Verweigerung, als das schlechthin Nicht-Seiende, als das Nichts. Aber das Nichts ist als das Nichthafte des Seienden der schärfste Widerpart des bloß Nichtigen. Das Nichts ist ... das Sein selbst, dessen Wahrheit der Mensch dann übereignet wird, wenn er sich als Subjekt überwunden hat ..." (Hw 104).

Neben der seinsgeschichtlichen Auslegung des Nichts als Schleier des Seins bleibt beim späten H. der Gedanke der wesenhaften Zusammengehörigkeit von Sein und Nichts, wie er in WiM gedacht ist, lebendig: "Das Sein nichtet - als das Sein ... Das Nichtende im Sein ist das Wesen dessen, was ich das Nichts nenne."(HB 190 f).[11] Der Mensch bleibt auch beim späten H. der Platzhalter des Nichts und dies gerade als der Hirt des Seins (Hw 321). Doch ist es, obwohl H. in WiM noch phänomenologisch-transzendental denkt, seltsamerweise die seinsgeschichtliche und nicht die 'phänomenologische' Auslegung des Nichts, die H.s Selbstinterpretation von WiM in WMN und ZSF trägt.

C. Von der Selbstbehauptung in der Ohnmacht zum dienenden Vollbringen der Wahrheit des Seins

Wenn der Mensch auch sowohl beim frühen als auch beim späten H. Platzhalter des Nichts ist, so ändert sich doch die Weise, wie H. diese Platzhalterschaft denkt, entscheidend: an die Stelle des Selbstbehauptungswillens in der Hineingehaltenheit ins Nichts tritt die Hut der Wahrheit des Seins, die zugleich das Nichts offenhält und sich gerade so im Dienste der Wahrheit des Seins 'weiß'. Der frühe H. denkt die Selbstbehauptung im Horizont der Endlichkeit (Ohnmacht) des Daseins: In ihr gründet es, daß das Entdecken des Seienden und Enthüllen des Seins sich dem Schein (des Geredes) nie ganz zu entziehen vermag (SuZ 169).[12] Um diese unüberwindbare Herrschaft des Scheins über den Menschen wissend und ihr zum Trotz entwirft sich das philosophierende Dasein auf den Versuch, in der 'Wahrheit' und so eigentlich es selbst als Da-sein zu sein. Philosophieren als dieser Wille zur Selbst-behauptung[13] weiß um die wesenhafte Ohnmacht und Nichtigkeit des Daseins, es hält ihr stand und übernimmt (unter anderem) so eigens die Platzhalterschaft des Nichts. Selbstbehauptung in der Wahrheit schließt jedoch gerade wegen der ständigen Herrschaft des Scheins die Sicherung des für wahr Gehaltenen (36, 222), also seine Ausweisung und Begründung ein. Darum entspricht in der Phase von SuZ dem Selbstbehauptungswillen die Herrschaft der Methode in diesem Werk. Ein entscheidender Schritt innerhalb der Ausarbeitung der Seinsfrage in SuZ und GPh ist die Gründung der Seinsauslegung auf das Dasein als dem "Subjekt".[14] Die der Subjektivitätsphilosophie analoge Grundhaltung des frühen H. zeigt sich auch am Selbstbehauptungswillen, der den Sinn von Sein mit Hilfe einer sichernden Methode in den beherrschenden Begriff fassen und so ins Wissen heben will. - Das Begründenwollen als Fragen nach dem transzendental Ermöglichenden stößt in GPh und WG jeweils an eine letzte Grenze.15) Nach GPh ist es der "Horizont der ekstatischen Einheit der Zeitlichkeit" (GPh 437), der sich transzendental nicht mehr weiter begründen läßt, in WG erweist sich die Freiheit (d.h. die Zeitlichkeit) als der Abgrund, dem alles Gründen und Grundsein entspringt (WG 69). Wenn jedoch das Begründenwollen in einem Abgrund endet, dann wird fraglich, ob der Begriff des Seins durch ein methodisch vorgehendes Begründen erkämpft werden kann: Das Enden des Begründens im Abgrund erweist dieses doch selbst als verfehlt. Wenn das Sein auf einen Abgrund (die Zeitlichkeit) gegründet werden soll, dann erweist es sich selbst als Abgrund (N I 578), d.h. als nicht mehr zu Begründendes, da die Zeitlichkeit und ihr Horizont, d.h. das, woraufhin Sein verstanden wird, eine Einheit bilden. Der Selbstbehauptungswille des Subjekts scheitert also auf zwiefache Weise: einmal, sofern jeder Entwurf von Sein notwendig vom Schein durchzogen ist, dann aber auch, weil die Zeitlichkeit und (später auch) das Sein sich für H. als letztlich nicht begründbar erweisen.

Die zuletzt genannte Erfahrung hat H. in seiner mittleren Phase neu begründet. Entsprechend wie er in WiM die Zugehörigkeit des Nichts zum Sein nicht mehr aus der Zeitlichkeit des Daseins wie noch in GPh (443) interpretiert, sondern aus dem Wesen des Seins (seiner Endlichkeit), so legt er in EM das zum in der Seinsauslegung sich behauptenwollenden Da-sein notwendig gehörende Scheitern nicht mehr von der Endlichkeit des Menschen her aus wie in der Phase von SuZ, sondern begreift es vom Wesen des Seins her: Das Sein des Seienden im Ganzen braucht nach EM das Versagen des 'ontologischen' Wissen-wollens, um als solches, d.h. als nicht zu bewältigende Übergewalt zu erscheinen (EM 124). Gemäß dieser Gebundenheit des Erscheinens des Seins an das scheiternde Wissen-wollen des Menschen ist das Sein der Werfer, der den Menschen in das Scheitern seiner Selbstbehauptung wirft (125).16) Dieser Position H.s entspricht ein gegenüber SuZ gewandeltes 'Selbst-verständnis' der Selbst-behauptung: Sie sieht jetzt ihre 'Erfüllung', mithin ihr Umwillen nicht mehr 'nur' in der Eroberung des Seins, sie weiß sich vielmehr von ihm gebraucht und in den Dienst genommen, und zwar so, daß sie gerade im Scheitern diesen Dienst erfüllt, d.h. dem Sein den Raum für die Erscheinung seiner Übergewalt freigibt. Der nächste Schritt wäre dann konsequenterweise der, daß das Denken überhaupt den Selbstbehauptungswillen, alles Begründen- und Begreifenwollen des Seins aufgibt und sich nur noch als vom Sein gebraucht, von ihm für seine Ankunft in Anspruch genommen versteht. Erst damit würde das Denken die 'Position' der Subjektivitätsphilosophie endgültig verlassen.

Wenn H. in KPM vom "Dasein im Menschen" (KPM 211, 213) spricht, so will er damit wohl das Dasein als eine Macht kennzeichnen, die vom empirischen Menschen unterschieden und seinem Verfügen entzogen ist. H. verdeutlicht und radikalisiert diesen Gedanken in WW: die Freiheit (das Da-sein) ist, so sagt er hier, keine Eigenschaft des Menschen, dieser ek-sistiert vielmehr als Eigentum der Freiheit (WW 86). Analog ist nach EM die Vernehmung eine Macht, die den Menschen hat (EM 108). So verstanden läßt sich das Vernehmen dann ohne weiteres in das Sein, das sich jetzt als eine über den Menschen verfügende und ihn brauchende Macht zeigt, zurücknehmen (106). Beim späten H. gehören ganz entsprechend Ek-sistenz, Denken, Da-sein zum Sein selbst. Das Denken, das die Ankunft der Wahrheit des Seins vollbringt, ist jetzt die "Ortschaft" dieser Ankunft, mit der sich das Sein (indem es den Menschen ins Denken wirft) selbst "begabt" (N II 358).

D. Von der phänomenologisch-transzendentalen zur seinsgeschichtlichen Interpretation der Tradition

Das Denken ist für den späten H., so ergab sich, nicht mehr wie nach SuZ ein letztlich in der Zeitlichkeit des Daseins bzw. in seiner Freiheit gründender Entwurf auf die Selbst-behauptung, sondern ein dienendes Herleiten der von sich aus ankommenden Wahrheit des Seins und eben von deren Ankunft im Wesen ermöglicht. Darin liegt: Während nach SuZ das 'Wie' des Seinsentwurfs "Sache" der Freiheit des Daseins ist (wenn auch in den Grenzen, die in seiner Geworfenheit liegen) (SuZ 366), ist jenes 'Wie' für den späten H. durch das jeweilige Ankommen, Sichzuschicken des Seins bestimmt. Umwillen des Denkens ist dementsprechend für den letzteren nicht mehr eine 'übergeschichtliche' Wissenschaft vom Sein, seinen Strukturen, Modi und Derivaten wie noch nach SuZ; H.s Denken achtet jetzt auf die jeweilige Ankunft des Seins und bringt so seine Geschichte zur Sprache (demgegenüber bringen die Denker vor H. die Ankunft des Seins zu Wort, ohne, gemäß ihrer Vergessenheit der Wahrheit des Seins, diese Ankunft wie H. als solche zu bedenken). Dieser Wandel im Denken H.s konnte nicht ohne Folgen für den 'Sinn' seiner Interpretation und Destruktion der Tradition bleiben: Während H. erstere nach SuZ wesentlich am Leitband der Frage nach den ursprünglichen Erfahrungen der Phänomene in der Tradition vollzog, d.h. fragte, in welchen Grenzen die Phänomene von ihr wie in seiner eigenen phänomenologischen Wissenschaft in einer Entschlossenheit entdeckt bzw. aufgrund eines Verfallens (oder aus anderen Gründen) verdeckt wurden, er also die Geschichte des Seinsverständnisses im Rückgang auf die 'übergeschichtlichen' Strukturen des Daseins interpretierte, kann der späte H., da er auf die dem Sein ungemäße Absicht auf eine 'übergeschichtliche' Wissenschaft vom Sein bzw. Dasein verzichtet hat[17] und statt dessen die geschickliche Ankunft des Seins beachtet, die Interpretation der Tradition am Leitband der Frage vollziehen, wie sich ihr die Wahrheit des Seins von sich aus zugeschickt hat. Jene Interpretation wird jetzt zur "Erörterung", die "im Gesagten ein Ungesagtes zu hören sucht, um dieses Gesagte an seinen Ort innerhalb der Geschichte der Wahrheit zu stellen"[18] und es so von H.s eigenem geschichtlichen Ort abzuheben sucht. Während nach SuZ die Notwendigkeit der Destruktion in dem das Überlieferungsgeschehen durchherrschenden Verfallen des Daseins an die Tradition gründet (SuZ 21), hat ihre Notwendigkeit für den späten H. ihren Grund in der 'Eigenart' der Seinsgeschichte. Die Ankunft des Seins in einer Epoche des Seinsgeschicks geschieht als 'Aufnahme' des vorausgehenden Gedachten, wobei die eingeschlossenen Seinserfahrungen jeweils eine Verdeckung erfahren. In dieser Verschränkung von 'Aufnahme' und Verdeckung im Seinsgeschick gründet es, daß die von der Metaphysik (Parmenides, Aristoteles) gemachten ursprünglichen Seinserfahrungen mehr und mehr verdeckt werden. Die sie zu Wort bringende Überlieferung wird dann auch ausdrücklich aus dem 'Blickwinkel' des eigenen, schon durch Verdeckungen bestimmten Seinsgeschichte ausgelegt. Die so gewonnene Interpretation wird dann wieder zur 'Grundlage' der Auslegung innerhalb der nachfolgenden, eine weitere Verdeckung einschließenden Epoche (Ankunft des Seins) usw. Indem es so schließlich zu einer 'Schichtung' von Verdeckungen in bezug auf die frühen Ankünfte des Seins kommt, wird die Destruktion der Überlieferung nötig: Die "Epochen" "überdecken sich ..., so daß die anfängliche Schickung von Sein ... mehr und mehr verdeckt wird. Nur der Abbau dieser Verdeckungen – dies meint die 'Destruktion' – verschafft dem Denken einen vorläufigen Einblick in das, was sich dann als das Seins-Geschick enthüllt" (ZSD 9). Zu letzterem gehören auch die ursprünglichen Seinserfahrungen der Metaphysik. Darum kennt die Destruktion wie schon nach SuZ für den späten H. "kein anderes Anliegen" als im Gegenzug zu der "sich selbst nicht ... kennenden Anhäufung von Verdeckungen" (N II 415) "die ursprünglichen Seinserfahrungen der Metaphysik zurückzugewinnen" (ZSF 245).

Die Parmenidesinterpretationen des späten H. weisen im Verhältnis zu denen nach EM (und SuZ) zum Teil starke Modifikationen auf. Es wird zu fragen sein, ob sie in H.s Schritt von der phänomenologisch-transzendentalen zur seinsgeschichtlichen Interpretation der Tradition gründen oder ob dieser Schritt nur den Rahmen jener Auslegungen modifiziert hat.

> Selbstverständlich ist wie bisher auch nach den weiteren möglichen Gründen jener Modifikationen zu fragen. Dies ist allerdings dadurch erschwert, daß die Texte viele Fragen offen lassen. So sagt der späte H. nirgends, ob er die Interpretation des parmenideischen νοεῖν von der sophokleischen τέχνη her aus äußeren oder aus sachlichen Gründen weggelassen hat und ob er jenes νοεῖν noch als Gewalt-tätigkeit auslegt wie in EM oder nicht. Damit stellt sich die Aufgabe, die Gründe solcher 'Lücken' aufzuklären, also zu fragen, ob sich dahinter Modifikationen der Interpretation verbergen oder ob sie nur äußere Gründe haben.

§ 22 DIE FRAGE "WAS HEISST DENKEN?" UND HEIDEGGERS INTERPRETATION DES PARMENIDES IN WD

Da H.s Auslegung des Parmenides in WD ein Schritt in seiner Besinnung auf die Frage "Was heißt Denken?" ist und in dieser ihre leitende Hinsicht hat, soll H.s Entfaltung jener Frage in WD (d.h. genauer seine ersten Schritte auf dem Weg derselben) in groben Zügen nachgezeichnet werden.

Nach WD kann die Frage "Was heißt Denken?" in vierfacher Weise gefragt werden:

(1) Was wird mit dem Wort Denken benannt?

(2) Was versteht die bisherige Lehre vom Denken, die Logik, unter Denken?

(3) Was gehört dazu, daß wir das Denken recht vollziehen?

(4) Was ist es, das uns in das Denken befiehlt?
(WD 150)

Die vierte Frage nennt nach H.s Auffassung die maßgebende Weise, wie die Frage "Was heißt Denken?" gefragt sein möchte (80). Wenn H. in jener Frage dem Wort 'Heißen' einen vom gewöhnlichen abweichenden 'Sinn' gibt, so um über diese für ihn 'maßgebende' und 'eigentliche' (84) Bedeutung "eigentlicher in die Sache" zu "gelangen", die im "Sagen und Fragen" der Frage "Was heißt Denken?" "zur Sprache kommt" (84). Aus demselben Grund entfaltet H. dann auch den Spielraum der eigentlichen Bedeutung von 'Heißen': Er reicht von 'befehlen, auffordern, anweisen' über 'gelangenlassen' zu 'helfen, entgegenkommen, auf den Weg bringen' und 'anvertrauen, anbefehlen' (82 f). Daraus ergibt sich für H., daß jene Frage nach dem fragt, was dem Wesen des Menschen das Denken anbefiehlt und es so selbst in das Denken gelangen läßt (83); sie fragt also nach dem 'Sein' (der Zwiefalt) und implizit auch nach dem Wesen des Menschen (86), nach der Ek-sistenz. Daß das Denken (vom Sein, von der Zwiefalt) geheißen ist, wird in dieser Auslegung der genannten Frage vorausgesetzt (162). Da nun H. Parmenides in WD in ihrer Sicht auslegt (109), ist damit zugleich gesagt, daß diese Auslegung grundsätzlich von jener

Voraussetzung (und dem, was in ihr wesensmäßig eingeschlossen ist, wie daß das Denken wesenhaft auf das Sein bezogen ist) bestimmt ist.

Wird die Frage, was ins Denken heißt, bedacht, so ist dabei das Wort 'Denken' irgendwie schon, wenn auch nur unbestimmt, in seiner Bedeutung verstanden (86). Es ist, so behauptet H., das Geheiß (der Zwiefalt) selbst, das den Menschen, indem es ihn ins Denken gelangen läßt, darüber verständigt, was das Wort 'Denken' meint (153). Darin liegt, daß die vierte Frage die zuerst genannte nach der Bedeutung von 'Denken' einschließt und hervorruft. Bei der Entfaltung der letzteren geht H. denselben Weg wie bei der vierten Frage: Er fragt im Gegenzug zur 'modernen' abgenutzten Sprache (87) in einer Besinnung auf die Geschichte des Wortes 'Denken' nach dem zurück, was in diesem ursprünglich genannt wurde (87), aber nicht "durchgekommen" ist (154). Was 'Denken' eigentlich bedeutet, nennt, wie H. annimmt, das althochdeutsche 'gidanc': seine Bedeutungsmöglichkeiten wie Herz, muot, versammelndes Gedenken als auch Dank und Gedächtnis nennen, wenn auch ungedacht, wesentliche Weisen des ursprünglichen ek-sistenzialen Sichbeziehens des eigentlichen Denkens auf das Sein des Seienden.

Die überlieferte und heute noch herrschende Lehre vom Denken, die Logik, bestimmt nun aber das Denken, so zeigt H. im nächsten Schritt, nicht aus dem, was im Wort ursprünglich zur Sprache gekommen ist, sondern im Anhalt an die schon verfallene Bedeutung von λέγειν als Aussagen von etwas über etwas (100). Diese Bestimmung des Denkens durch die Logik wird nun aber von daher, daß das Wort ursprünglich Anderes bedeutet, hinsichtlich ihrer Berechtigung fragwürdig. Frag-würdig wird jene Bestimmung auch von der oben an zweiter Stelle genannten Frage her, was nach der Logik Denken heißt: Sie ist, da unter den vier Fragen die vierte die leitende und maßgebende ist, für H. erst eigentlich gefragt als Frage nach dem Geheiß, das den abendländischen Menschen das Denken gemäß der Lehre der Logik als Aussagen verstehen läßt und nicht gemäß dem im Wort (gidanc) selbst Genannten. Diese Frage achtet, so sagt H., auf das Geheiß, das das Wesen des abendländischen Menschen in die Weise des logos-mäßigen Denkens

schickt (103). In solchem Achten schließt sich der
bisher für sein Wesensgeschick blinde Mensch für
das Geheiß auf, das ihn heißt, gemäß der Lehre der
Logik zu denken (103).

Wie die Frage nach der eigentlichen Bedeutung von
'Denken' nach H. in die frühe Geschichte des Wortes
zurückgehen muß, so hat die Frage nach dem Geheiß,
das das Abendland ins logos-mäßige Denken weist, in
die Frühzeit des abendländischen Denkens, d.h. konkret auf Parmenides zurückzugehen (104). Es ist, wie
H. glaubt, die Frage nach dem, was den Menschen
überhaupt ins Denken weist, insbesondere aber die
hierin eingeschlossene Frage nach dem 'besonderen'
Geheiß, das das Abendland ins logos-mäßige Denken
schickt, die "den Auftrag""erteilt" (140), die Fragmente des Parmenides daraufhin zu befragen, wie in
ihnen jenes Geheiß schon genannt ist, d.h. wie und
wo sie bezeugen, daß Parmenides den Anspruch des
Geheißes vernommen hat (105).

>Insgesamt ergeben sich damit folgende Parallelen von WD mit EM: Ist nach WD die Auslegung des Parmenides ein Schritt innerhalb
des Sicherschließens des abendländischen
Menschen für die Zwiefalt als dem Heißenden, das ihn ins Denken weist, so steht
jene Auslegung in EM im Zusammenhang mit
H.s Sorge, das Dasein jenes Menschen "in
die Macht des ursprünglich zu eröffnenden
Seins zurückzufügen" (EM 32). Wie dies nach
EM eine Besinnung auf die Herkunft des in
der gegenwärtigen Epoche herrschenden Seinsverständnisses einschließt (70), so entfaltet sich nach WD das Sichöffnen auf das Geheiß, das überhaupt ins Denken heißt, zur
Besinnung auf das Geheiß, das das abendländische Denken dem ihm eigenen Beginn anbefiehlt (WD 105).

§ 23 HEIDEGGERS INTERPRETATION DES ἐὸν ἔμμεναι IN PARMENIDES B 6,1 IN WD

Nach H.s Auffassung in WD nennt Parmenides unter anderem im ἐὸν ἔμμεναι von B 6,1 das Heißende, das den (abendländischen) Menschen ins (logosmäßige) Denken weist (WD 146). Im Folgenden soll noch nicht H.s Begründung dieser These, sondern nur seine Interpretation der beiden Worte näher in den Blick gefaßt werden.

Nach H.s Ansicht in WD spricht Parmenides im χρή-Satz in B 6,1 parataktisch[19]):
"'Es brauchet: das Vorliegenlassen und so (das) In--die-Acht-nehmen auch: Seiendes: sein.'" (131)

Parmenides scheint hier, wie H. sagt, die Aufmerksamkeit auf einen Gemeinplatz zu lenken (106), denn daß das Seiende ist, versteht sich doch allem Anschein nach von selbst. Nach H.s Meinung enthält jedoch der Satz 'das Seiende ist' "das erfüllteste Geheimnis alles Denkens" (107): alles menschliche Verhalten zu etwas wäre unmöglich, wenn nicht das Ist spräche (107). Parmenides erfährt das Unerhörte jenes Satzes und damit eine Erschütterung seines ganzen Wesens (167): "angerufen von der Stimme des Seins" erfährt er "das Wunder aller Wunder: d a ß Seiendes   i s t " (WMN 103).

Um tiefer in H.s Auslegung des ἐὸν ἔμμεναι hineinzukommen, ist seine Sicht des Verhältnisses dieser beiden Worte aufzuhellen. Parmenides gibt hierzu nach H.s Meinung selbst einen Hinweis, wenn er an anderen Stellen oft (wie H. glaubt) statt ἔμμεναι und εἶναι auch ἐόν sagt: darin liegt für H., daß er 'gesehen' hat, daß das Wort ἐόν (als Participium) neben der nominalen auch verbale Bedeutung hat. Parmenides sah auch, daß beide Bedeutungen aufeinander bezogen und verklammert sind. Da dieses Sehen die Erfahrung der Zwiefalt von Seiendem und Sein einschließt, ergibt sich nach H.s Ansicht, daß das Wort ἐόν (WD 149), aber auch das ἐὸν ἔμμεναι die Zwiefalt nennen. Wenn somit Parmenides (nach WD) laut B 6,1 die Zwiefalt in die Acht nimmt, so heißt das allerdings nicht, daß er sie wie H. eigens als solche bedacht, d.h. im Schritt zurück in eine Gegenüber gebracht hat (ID 46). Parmenides nimmt vielmehr nach H.s Ansicht 'nur' das ἐόν (als doppel-deutiges Participium) in die Acht, um dabei auf das (in ihm als solchem 'eingeschlossene') ἔμμεναι zu achten (WD 136), d.h. er nimmt 'nur' das Seiende im Hinblick auf das (in ihm als solchem schon 'mit-genannte') Sein in die Sorge. Mithin läßt er den Wesensunterschied von Seiendem und Sein, d.h. auch die Wahrheit des letzteren für H. unbeachtet, d.h. dies entzieht sich ihm als solches.

Wenn die Zwiefalt von Parmenides als solche nicht gedacht wird, diese jedoch das Heißende ist, das das Denken in sein jeweiliges Wesen heißt, so liegt darin, daß auch das Geheiß des Denkens von ihm nicht als solches bedacht wird (105). Es kommt zwar bei Parmenides, wie H. glaubt, zur Sprache (unter anderen in den Worten ἐόν ἔμμεναι), bleibt aber als solches für sein Denken verhüllt: "Im ἐόν ἔμμεναι verbirgt sich das Geheiß, das in das abendländische Denken heißt."(146) Darin, daß Parmenides das Geheiß zur Sprache bringt, liegt andererseits, daß es sich ihm nicht völlig verhüllt haben kann, sondern ihm in wenn auch nur 'vorthematischer' Erfahrung offenbar gewesen sein muß: Im Beginn "vernahmen" die Denker "den Anspruch des Geheißes ... indem sie ihm denkend entsprachen. Sollte ihnen aber nicht bei solchem Geschick das Geheiß auch eigens aufgegangen sein ...?" (105). Dies ist nach H.s Ansicht schon deshalb zu vermuten, weil ein Denken nur durch das Sichzusprechen des Geheißes der Zwiefalt auf den Weg kommt und in solchem Zuspruch ein zum-Vorschein-kommen des Heißenden liegt (105). Parmenides hat also für H. durchaus verstehend erfahren, daß von der im ἐόν bzw. ἐόν ἔμμεναι genannten Sache ein Geheiß ausgeht, genauer, daß es das Geheiß der Zwiefalt ist, das ihn auf den Weg des Denkens ruft. Der χρή -Satz in B 6,1 bringt nach H.s Meinung eben diese Erfahrung, wie sich noch näher zeigen wird, zur Sprache.

§ 24 Λέγειν und νοεῖν IN PARMENIDES B 6,1 NACH WD

H.s Interpretation des λέγειν und νοεῖν in Parm. B 6,1 ist in WD ein Schritt auf dem Weg der Frage nach dem Geheiß, das das Abendland in das Denken im Sinne von Aussagen und Vernunft gewiesen hat und heute noch weist (WD 103). Dieses Geheiß und das bei Parmenides genannte müssen das selbe sein, weil im λέγειν τε νοεῖν τε von Parm. B 6,1 die Grundzüge dessen angesagt[20] werden, was in der Folge sich dann als Denken bestimmt (126). Diesem Ansatz entsprechend rückt H. in WD das parmenideische λέγειν und νοεῖν und das spätere 'logische' Denken in eine engere Nachbarschaft als in EM[21], ohne dabei die in diesem Werk gedachte Wesensverschiedenheit beider aufzuheben.[22] Die Interpretation muß demnach zeigen, (1) inwiefern nach H.s Ansicht schon im λέγειν τε νοεῖν τε des Parmenides der Grundzug des folgenden abendländischen Denkens sich ins Wesen regt (128) und (2), wie sich beides für H. unterscheidet.

(a) Während λέγειν nach EM ursprünglich nicht Sagen, Reden bedeutete (EM 95), gesteht H. in WD ein, daß das Wort schon bei Homer (WD 170) "unbestreitbar" "sagen, berichten, erzählen" (120) bedeutet. Dieses Sagen sei von den Griechen jedoch nicht als Betätigung der Sprechwerkzeuge, sondern vom Vorlegen, Darlegen, Überlegen her, also als ein Legen verstanden (121) (die Griechen hätten das so erfahrene Wesen der Sprache allerdings "nie eigens hervorgehoben", es bliebe ihnen "verhüllt" (123)). Λέγειν heißt zwar nach WD (auch) sagen, doch dieses ist, wie H. meint, für die Griechen ursprünglich "wesenhaft ein Legen" (122), ein Vorliegen- oder Erscheinen-lassen[23] des von sich aus Vorliegenden bzw. Erscheinenden (123). Das Sagen ist für H. allerdings nur eine Weise des Legens (172), das λέγειν, der λόγος muß nicht notwendig ein Sagen sein. So bedeutet λέγειν in Parm. B 6,1 nach H.s Ansicht in WD nicht 'sagen'[24]: das Vorausstehen des λέγειν vor dem νοεῖν an dieser Stelle wird nicht verständlich, wenn λέγειν sagen, νοεῖν denken bedeutet; der 'Satz' ἐὸν ἔμμεναι müßte nämlich erst gedacht und dann gesagt werden (120). (In VA III scheint H.demgegenüber das λέγειν in Parm. B 6,1 auch als 'Sagen' zu deuten (VA III 39, 49).)

Zur Begründung seiner 'Bestimmung' der anfänglichen Bedeutung von λέγειν verweist H. (α) auf Homer, bei dem λέγειν zugleich 'sagen' und 'legen' bedeutet (WD 170), (β) auf die stammverwandten Worte λέχος, das Ruhelager (170) und λόχος, der Hinterhalt, "wo etwas hinterlegt und angelegt ist" (VA III 4), (γ) darauf, daß nur die 'Auslegung' des λέγειν als 'legen' sein Vorausstehen vor dem νοεῖν in Parm. B 6,1 erklärt (WD 120, 125) und (δ) auf die einleuchtende Übersetzung von λόγωι in Parm. B 7,5 mit "Überlegen" (121 f.). Daß in EM der Hinweis auf (β) fehlt, hängt damit zusammen, daß H. hier λέγειν noch als Hinstellen auslegt, was allerdings von WD her interpretiert dasselbe sagt wie das Vorliegenlassen: θέσις, das Gesetzte (122) verstehen die Griechen als das zum Vorliegen Gekommene (123). Das λέγειν ist nach WD jedoch - und darin spiegelt sich wohl H.s "Kehre" - keine Gewalt--tätigkeit mehr, die Sein und Schein dem Nichts entreißt (EM 84)[25]; vielmehr betont H. in WD das Schon-vorliegen des vom λέγειν Gelegten: "Worauf es beim Legen ankommt ... ist, daß das Zu-Legende liegt und dadurch fortan zu dem gehört, was s c h o n vorliegt. Dieses ist zumal dann das in erster Linie Vorliegende, wenn es v o r allem Legen und Stellen, das der M e n s c h bewerkstelligt, schon liegt ..." (WD 171). Die Übersetzung des λέγειν mit 'legen' ermöglicht H. ähnlich wie die mit Hinstellen in EM, Sein und λέγειν aus einem einheitlichen Grundzug zu verstehen: Den Griechen ist nach WD so entschieden am Legen, Liegen, Vorliegen gelegen, daß sich ihnen "sogar das, was i s t , nicht nur das Sagen darüber, aus dem Legen und Liegen her eröffnet und bestimmt" (171). Das ὑποκείμενον ist nach WD nicht mehr wie nach EM (142) 'nur' für Aristoteles gemäß der bei ihm sich durchsetzenden Vorherrschaft des Logos das der Aussage Zugrundeliegende, sondern nennt einen anfänglich erfahrenen Grundzug des Seins: "Liegen heißt griechisch κεῖσθαι. Das Vorliegende ist das ὑποκείμενον ... Nur einen winzigen Teil des ... Vorliegenden hat der Mensch in die Lage gebracht ..." (WD 122, vgl. auch VA III 7).

(b) Wie in EM so legt H. auch in WD das parmenideische νοεῖν als hinnehmendes Vor-nehmen des Seins des Seienden aus, wobei er allerdings jetzt mehr die 'Aktivität' des νοεῖν betont: "Im rezeptiven Vernehmen bleiben wir passiv ... Doch gerade ein solches passives Hinnehmen meint das νοεῖν nicht /allein/. Deshalb betonte ich ... vor Jahren, im νοεῖν ... liege z u g l e i c h /Sperrung von mir/ der Zug des Vor-nehmens von etwas." (124) Die Betonung der Aktivität des νοεῖν in WD hat wohl darin ihren Grund, daß H. auf seine Auslegung als In-die-Acht- oder In-die-Sorge-nehmen hinaus will: "Das νοεῖν ver-nimmt ... so, daß es in die Acht nimmt." (172) Damit ist H. der Sache nach noch nicht über seine Auffassung des νοεῖν in EM hinausgelangt. Dies geschieht erst in der Behauptung, das Nomen zu νοεῖν, νόος oder νοῦς, habe fast dieselbe Grundbedeutung wie das althochdeutsche Wort für Denken Gedanc, nenne also das Herz, Andenken (125) oder ein Sinnen (92 f), das sich etwas zu Herzen nimmt (172).

Hinter dieser Auslegung steht wohl die Annahme, daß die Grundzüge von Sein und Denken am ehesten in der frühen Sprache zu Wort kommen und Parmenides als 'eigentlicher', ursprünglicher Denker auch eine ursprüngliche Sprache spricht. Außerdem besteht in der Tat eine gewisse Ähnlichkeit zwischen dem νοεῖν im Sinne des In-die-Acht--nehmens des Seins des Seienden und dem gidanc im Sinne von Andenken an das Wesende.[26] Schließlich bestätigt sich nach H.s Ansicht die Sinnverwandtschaft von νόος mit Gedanc durch die Auslegung der Wendungen ἐν νῷ ἔχειν und χαῖρε νόῳ (125).

Ähnlich wie in EM, so ist auch nach H.s Meinung in WD das parmenideische νοεῖν ein Wissen; allerdings ist es jetzt nach H.s Ansicht als solches keine Gewalt-tat mehr, sondern ein Wittern (172) oder Ahnen in der anfänglichen Bedeutung der Worte: "Das eigentliche Ahnen ist die Weise, durch die Wesenhaftes uns ankommt und sich uns so in die Acht gibt ... Dieses Ahnen ist nicht die Vorstufe an den Treppen des Wissens. Es ist die Halle, die alles Wißbare ... verbirgt."(173)

(c) Während H. den Bezug von λέγειν und νοεῖν in Parm. B 6,1 in EM nur kurz berührt (EM 129), versucht er in WD diesen Bezug zu breiter Entfaltung zu bringen. Durch die Übersetzung von λέγειν mit Vorliegenlassen und νοεῖν mit In-die-Acht-nehmen werde klar, so behauptet H. zunächst, warum das λέγειν dem νοεῖν vorausstehe: "Das Vorliegenlassen muß uns überhaupt etwas zubringen, was dann als ein Vorliegendes in die Acht genommen werden kann."(125). Parmenides nimmt somit, so darf man H. wohl interpretieren, (in verwandelter Form) den Gedanken in SuZ und GPh vorweg, daß nur das thematisiert werden kann, was vorgängig schon entworfen und entdeckt ist. - Ferner fügen sich nach H.s Ansicht in WD λέγειν und νοεῖν ineinander: Wenn der Mensch etwas vorliegen läßt, dann läßt er es nicht gleichgültig liegen, sondern ist "bereits dabei, das Vorliegende in der Acht zu halten" (125). Wie sich das λέγειν zum νοεῖν entfaltet und auf es angelegt ist (125), so ist das νοεῖν umgekehrt in sich ein λέγειν, da es a l s In-die-Acht-nehmen des Vorliegenden sein Vorliegen achtet (125) und dieses als solches schon freigegeben hat: es sammelt das in die Acht Genommene "auf es selber, damit es so erscheine, wie es von ihm selbst her vorliegt" (126). λέγειν und νοεῖν bilden, so zeigt sich damit nach H.s Meinung, ein Gefüge von solchem, was wechselweise auf- und ineinander eingeht. Eben dies bringt Parmenides (nach H.s Ansicht in WD) durch das rückbezügliche τε - τε zu Wort (126). In jenem Gefüge hat allerdings für H. das λέγειν (wie schon nach EM) einen Primat über das νοεῖν (auch darum steht es vor jenem); das νοεῖν wird vom λέγειν her im Wesen bestimmt (127). Darin liegt nach H.s

Position in WD ein Doppeltes: (1) Das νοεῖν ist wie das λέγειν Sammlung; es gehört als Freigeben des Vorliegenden in die Versammlung, in die das Vorliegende geborgen wird (128). (2) Das Vernehmen ist als vom Vorliegen-lassen her bestimmtes "kein Zugreifen, sondern ein Ankommenlassen des Vorliegenden" (127). Darin liegt, so darf man H. wohl interpretieren, daß das Denken bei Parmenides sich nicht zum Gerichtshof über das Sein des Seienden erhebt wie später die Vernunft und daß es im Gegensatz zu GPh und EM nach WD kein Begreifen des Seins ist. Der Wandel in H.s Übersetzung des λέγειν von "Hinstellen" zu "Vorliegen l a s s e n " birgt also weitreichendere Konsequenzen in sich, als die Ähnlichkeit der Bedeutung zunächst vermuten läßt. Die gewandelte Übersetzung von λέγειν in WD bzw. das 'Faktum', daß es nach diesem Werk kein gewalt-tätiges Begreifen ist wie nach EM, H. vielmehr das in ihm geschehende Ankommen-lassen betont, hängt wohl auch damit zusammen, daß er in WD im Gegensatz zu EM die "Kehre" vollendet hat.

Damit wäre wohl deutlich, daß und weshalb nach H.s Ansicht in WD das λέγειν des Parmenides noch kein Aussagen von etwas über etwas und sein νοεῖν noch kein Vernehmen der Vernunft sein kann. Diese Auslegung von λέγειν und νοεῖν kommt für H. erst zur Zeit Platons und Aristoteles' zur Herrschaft (120).[27] Jetzt bestimmt nicht mehr das Gefüge von λέγειν und νοεῖν in seinem Bezug auf das ἐὸν ἔμμεναι das Wesen des Denkens, sondern das λέγειν (Aussagen) für sich und das νοεῖν für sich (126 f). Beides ist nach H.s Auffassung in WD bei Platon und Aristoteles wie bei Parmenides dem Wesen des Denkens entsprechend noch kein Begreifen (128); dementsprechend sind λέγειν und νοεῖν selbst von Parmenides bis hin zu Aristoteles nach WD keine Begriffe: "das gesamte große Denken der griechischen Denker, Aristoteles eingeschlossen, denkt" - wie H. selbst - "begrifflos" (128). (Wohl erst in der nach Aristoteles zur Herrschaft kommenden Logik, mit Sicherheit aber in der mittelalterlichen und neuzeitlichen Philosophie (127) kommt es nach WD zu einem Begriff vom Denken (ratio)[28].) Demgegenüber sind λέγειν und νοεῖν des Parmenides nach EM entsprechend der

Auslegung des λέγειν und des eigenen Denkens als
Begreifen für H. Begriffe (EM 129). Während nach WD
das νοεῖν und λέγειν des Parmenides (bzw. das wesentliche Denken) als Ankommen-lassen des Vorliegenden kein "Zugriff" und "Angriff" auf das letztere
sind (WD 128) - dazu wird das Denken nach ZSF erst
in der Neuzeit (ZSF 230) -, sind sie nach EM noch
eine Gewalt-tat gegen das Überwältigende (EM 135),
eine gewalt-tätige Bändigung mit Sieg oder Niederlage (123). Der Vollzug der "Kehre" und in gewisser Hinsicht auch H.s Besinnung auf die Seinsgeschichte haben also seine Auslegung des Parmenides
bis in die Einzelheiten hinein modifiziert.29)

Es bleibt noch die Frage zu beantworten, welche Wesenszüge das λέγειν τε νοεῖν τε des Parmenides
nach WD mit dem nachfolgenden Denken gemein hat.
H. behauptet dazu Folgendes: Im Aussagen der nachparmenideischen Zeit waltet wie im λέγειν des Parmenides ein Legen, insofern das Worüber der Aussage
auch für diese vorliegt (WD 100). Das Erfassen und
Begreifen, das die Logik 'bedenkt', ist ebenfalls
eine Abwandlung des parmenideischen Vorliegenlassens. (Wie das Denken (Sagen) auch nach Parmenides
ein Legen ist, so ist für H. auch das bedachte
Seiende nach ihm noch ein ὑποκείμενον, nun aber
nicht mehr ein von sich aus Vorliegendes, sondern
ein Darunterliegendes (100) in bezug auf die Aussage und insofern auch Vorliegendes (ZSD 19, N II 429
ff).) Das Vernehmen der Vernunft ist, wie H. meint,
bei Platon, Aristoteles, in Mittelalter und Neuzeit,
wenn auch auf je verschiedene Weise, wie bei Parmenides ein In-die-Acht-nehmen des Seienden hinsichtlich seines Seins (136). - Für den späten H. ist
das Vorstellen der Grundzug des bisherigen Denkens
(VA II 15). Das Vorstellen geht vom Anwesenden aus,
stellt es in seiner Anwesenheit vor und bringt es
so auf seinen Grund (SG 39, ZSD 62). Auch das Vor-liegen-lassen und Vor-nehmen des Parmenides hat
nach H.s Ansicht als solches den Grundzug des Vor-stellens und des Begründens: Parmenides stellt das
Seiende (in seinem Sein) vor, indem er es im Durchgang durch eine Auslegung seines Seins auf seinen
Grund zurückbringt(legt). Sein hat sich ihm also als
das Selbe mit Grund, ἀρχή, λόγος gezeigt(ZSD 62, SG
179 f, ID 55). Parmenides nennt zwar bestimmte

Grundzüge des wesentlichen Denkens, doch bleibt er in seiner Vergessenheit der Wahrheit des Seins in einem begründenden Vorstellen des Seienden befangen, ohne es als solches zu bedenken oder gar zu erörtern. Damit rückt H. das parmenideische Denken letztlich weit ab von seinem eigenen (späten) Denken, das, wie gezeigt, das Begründenwollen und Vorstellen aufgegeben hat.30)

§ 25 HEIDEGGERS INTERPRETATION DES χρή IN PARMENIDES B 6,1 IN WD

H. legt in WD das χρή im Beginn von Parm. B 6 mit dem Anspruch aus, wie bei 'heißen', 'denken', λέγειν und νοεῖν auf die die ursprüngliche, eigentliche und darum maßgebende Bedeutung des Wortes zurückzugehen. Weil die Sprache des Parmenides nach H.s Ansicht die eines ursprünglichen Denkens ist (WD 114), ist zu "vermuten", daß das χρή "in einem hohen, wenn nicht höchsten Sinne gesagt ist" (115). H.s Interpretation des χρή ist in WD stärker 'etymologisch' als in EM: χρή, so behauptet H. jetzt, gehört zum Zeitwort χράω, χρῆσθαι, worin ἡ χείρ, die Hand, liege (114); χράω bedeutet nach H.s Ansicht in WD entsprechend: Ich handhabe, gebrauche brauche (114). Die eigentliche, hohe Bedeutung von 'brauchen' enthält, so wie sie H. von hier aus zur Entfaltung bringt, zwei 'Komponenten': (1) Das eigentliche Brauchen setzt das Gebrauchte nicht herab, indem es dieses nur be- und abnützt; vielmehr "muß die Hand sich dem Ding anmessen" (114). Im Brauchen liegt also ein sich anmessendes Entsprechen des Brauchenden (der Hand) an das Wesen des Gebrauchten. Eben deshalb kann für H. im eigentlichen Brauchen die zweite 'Bedeutungskomponente' liegen: (2) Es läßt "das Gebrauchte in seinem Wesen" (114), schärfer noch: es bringt das Gebrauchte erst in sein Wesen und hält, verwahrt es darin (114, 119).

Innerhalb von H.s Auslegung des χρή-Satzes in Parm. B 6,1 in WD kommt nun allerdings nur die zweite der genannten 'Bedeutungskomponenten' von χρή zum Tragen. Daß sich das Geheiß der Zwiefalt an das Wesen des Denkens anmißt, sagt H. in WD nirgends (das Denken kann für den späten H. das Wesen des Seins nicht

bestimmen), wohl aber entläßt für ihn das Geheiß das
Gefüge von λέγειν und νοεῖν in sein Wesen und hält
es darin: Aus der Zwiefalt "spricht das Geheiß, das
in das Wesen des Denkens heißt, dieses in sein Wesen einläßt und es bei sich verwahrt" (148). Wenn,
wie H. glaubt, im χρή-Satz von Parm. B 6,1 das Heißen der Zwiefalt als solches zu Wort kommen soll,
dann kann das nur im χρή geschehen. H. vertieft
denn auch die Auslegung des letzteren in diese Richtung: Indem er das im Brauchen liegende 'Einlassen
ins Wesen' und 'darin Verwahren' als ein An-befeh-
len interpretiert (119), wird es H. möglich, im χρή
ein Heißen genannt zu sehen (119); zum Bedeutungsspielraum des letzteren gehört, so hatte er einige
Vorlesungsstunden zuvor gezeigt, tatsächlich das
Anbefehlen, Gelangenlassen (82 f). So kommt H. auf
durchaus konsequente Weise schließlich zu dem 'Ergebnis': "Im χρή ... ist ein Geheiß genannt, wenngleich nicht eigens gedacht ..." (119).

    Es ist klar, daß es sich für H. hier um das
Geheiß handelt, das das Abendland ins logos-
mäßige Denken heißt. Nach diesem Geheiß wurde
von ihm von vornherein in der Auslegung des
χρή-Satzes gefragt. Die spezifisch seinsgeschichtliche 'Perspektive' bestimmt somit notwendig die Einzelauslegung des Parmenides in
WD mit.

Wenn das χρή das Heißen nennen soll, das ins Denken
heißt, dann muß dem χρή ein wenn auch nur ungenann-
tes 'Subjekt' als dasjenige zugehören, von dem das
Heißen ausgeht. Dieses 'Subjekt' ist nach H.s Meinung das ἐὸν ἔμμεναι : 'es "nennt verhüllterweise das 'Es' im χρή als dem 'Es brauchet'." (146)
(Man beachte die Seltsamkeit, daß "Seiendes: seiend",
d.h. 'das Seiende ist' Subjektfunktion haben soll.)

    H. geht in WD auf den Einwand der klassischen
Philologie ein, χρή sei ein Beispiel für einen subjektlosen oder impersonalen Satz. Er
versucht diesen Einwand mit dem Hinweis zu
entkräften, daß diese Bestimmung aus der Grammatik und Logik stammt, diese aber das Wesen
jener seltsamen Sätze nicht hinreichend aufgeklärt haben (116, ZS 19).

Es bleibt noch zu verdeutlichen, auf welche Weise H. aufzuweisen können glaubt, daß das ἐὸν ἔμμεναι das verhüllte Subjekt des χρή ist. Nach H.s Übersetzung und Auslegung von λέγειν und νοεῖν sind diese wesenhaft auf das ἐὸν ἔμμεναι bezogen (WD 139), haben sie in diesem Bezug ihr Wesen. In einem solchen Wesensbezug von etwas auf anderes liegt, daß das erste sich aus dem zweiten im eigenen Wesen bestimmt. Dementsprechend gilt nach H.s Ansicht für das λέγειν τε νοεῖν τε: "Das Bestimmende für das Wesen von λέγειν und νοεῖν ist ... Jenes, dem ihr Gefüge sich fügt." (139)

> Im χρή-Satz ist, so darf man H. wohl interpretieren, die alles tragende und hinsichtlich ihres Wesens und ihrer Wesensherkunft bislang ungedachte Wechselbeziehung von Sein und Menschenwesen[31] zur Sprache gekommen. "Sie ist genannt in den Hauptsätzen, die Parmenides und Heraklit sagen."(45)

Vorausgesetzt, das Wesen des Denkens bestimmt sich aus dem Bezug auf das ἐὸν ἔμμεναι, dann ist dieses dasjenige, das das Denken in sein Wesen weist, seinem Wesen anbefiehlt, d.h. überhaupt ins Denken heißt:

> Das ἐὸν ἔμμεναι "verweist ... das λέγειν und νοεῖν [.] in sein Wesen. Dieses Verweisende ist das, was uns in das Denken heißt." (139)

Angenommen, H.s Ansicht träfe zu, das χρή nenne ein "Es brauchet", in dem ein auf das Denken bezogenes Heißen genannt ist, und das ἐὸν ἔμμεναι wäre eben das das Denken Heißende, dann wäre es auch tatsächlich dasjenige, das verhüllterweise im 'Es' von "Es brauchet" genannt ist. Daß das ἐὸν ἔμμεναι das verborgene 'Subjekt' des χρή ist, schließt H. also letztlich aus dem (von ihm angenommenen) Wesensbezug des λέγειν τε νοεῖν τε auf das ἐὸν ἔμμεναι bzw. daraus, daß dieser, formal ausgedrückt, einen wesenhaften 'Rückbezug' des letzteren auf das erstere einschließt, welcher dann im χρή genannt sein kann:

"Das ἐὸν ἔμμεναι ist ... Jenes, worauf
das λέγειν τε νοεῖν τε gerichtet bleiben
muß ... Dies besagt: das ἐὸν ἔμμεναι
nimmt das λέγειν τε νοεῖν τε für sich ...
in Anspruch. Nur insofern das Vorliegenlassen und das In-die-Acht-nehmen ... auf das
ἐὸν ἔμμεναι angewiesen und in es eingewiesen bleiben, genügt ihr Gefüge dem aus dem
ἐὸν ἔμμεναι her verlangten Wesen des Denkens. Das ἐὸν ἔμμεναι ... ist es, durch das
hindurch das χρή ... spricht. Das ἐὸν ἔμμεναι
nennt verhüllterweise das 'Es' im χρή als
dem 'Es brauchet' ..."(145 f).

§ 26 RÜCKBLICK VON HEIDEGGERS INTERPRETATION DES χρή-SATZES IN PARMENIDES B 6,1 IN WD AUF EM

Blickt man von H.s Auslegung des χρή-Satzes (in Parm. B 6,1) in WD auf die nach EM zurück, so zeigen sich, wenn man von der Übersetzung und Auslegung der einzelnen Worte absieht, folgende Unterschiede:

(1) Die Wörterordnung des χρή-Satzes ist nach EM noch nicht parataktisch, sondern (bis auf eine Zuordnung) syntaktisch.

(2) Das Subjekt des χρή ist nach EM τὸ λέγειν τε νοεῖν τε, nicht das ἐὸν ἔμμεναι.

(3) Das ἐὸν ἔμμεναι nennt nach EM noch nicht die Zwiefalt von Anwesendem und Anwesen (es bedeutet vielmehr: "das seiend (ist) Sein" (EM 129)) und auch nicht das Geheiß, das das Abendland ins logos-mäßige Denken heißt. Erst in WD erfährt das ἐὸν ἔμμεναι eine seinsgeschichtliche Interpretation.

Daß H. in WD für das χρή ein anderes Subjekt annimmt als in EM, dürfte nicht in philologischen Beobachtungen gründen, da, wenn man schon ein Subjekt für χρή annehmen will, es vom Bau des χρή-Satzes her 'natürlicher' erscheint, das direkt auf das χρή folgende τὸ λέγειν τε νοεῖν τε als Subjekt anzunehmen statt das entfernte ἐὸν ἔμμεναι. Vielmehr dürften Wandlungen im Denken H. zu jener Modifikation der Auslegung des χρή-Satzes geführt haben: (1) Während H. in EM noch wie in seiner Frühphase den Unterschied von Sein und Seiendem betont (156), denkt er in WD Sein und Seiendes aus der Einfalt der Zwiefalt (WD 148). (2) Die Zwiefalt wird in der Besinnung des späten H. auf die Seinsgeschichte als das gedacht, was das Abendland ins logos-mäßige Denken schickt und dabei als solche auch in Grenzen zum Vorschein kommt. Wenn H. an seiner grundlegenden Voraussetzung festhalten wollte, daß die 'Vorsokratiker' innerhalb der Tradition die ursprünglichsten Erfahrungen vom Wesen von 'Sein' und 'Denken' machen, die die verfallenen 'Prägungen' von Sein und Denken in den nachfolgenden Epochen 'vorbereiten', dann mußte sich ihnen auch das Geheiß der Zwiefalt am ursprünglichsten (vor H.) zeigen (105) und bei ihnen entsprechend auf dieselbe Weise zu Wort kommen. Als solches zur--Sprache-kommen der Zwiefalt ließ sich nun besonders leicht das ἐὸν ἔμμεναι in Parm. B 6,1 interpretieren. Das Heißen der Zwiefalt konnte, sollte es überhaupt in Parm. B 6,1 zu Wort kommen, nur im χρή eigens genannt sein. Dies dürfte H. veranlaßt haben, das χρή (mittels einer 'etymologischen' Auslegung) daraufhin zu befragen, ob in ihm ein Heißen, Anbefehlen zu Wort kommt, und so seine Auslegung in EM zu revidieren.[32] Sollte jedoch im χρή das Heißen der Zwiefalt, d.h. des ἐὸν ἔμμεναι zu Wort kommen, dann konnte nicht mehr das τὸ λέγειν τε νοεῖν τε das 'Subjekt' des χρή sein, sondern nur das ἐὸν ἔμμεναι. Wenn jedoch dementsprechend das τὸ λέγειν τε νοεῖν τε sprachlich als 'Objekt' des χρή (statt als sein 'Subjekt' wie in EM) und das "Es" in "Es brauchet" als eigenständiges (sich auf ἐὸν ἔμμεναι beziehendes) 'Subjekt' verdeutlicht werden sollte, so mußte H. zwischen χρή und τὸ λέγειν einen Doppelpunkt setzen. Das dürfte ihn dann zu der Auffassung geführt haben, der χρή-Satz sei parataktisch.

§ 27 HEIDEGGERS INTERPRETATION VON PARMENIDES B 6,2b NACH WD

H. könnte seine Auslegung des χρή von Parm. B 6,1 als ein Heißen mit dem Hinweis darauf abgestützt haben, daß sich Parmenides 'ausdrücklich' unter einem Geheiß stehend erfährt:

B 6,2b ... τά σ' ἐγὼ φράζεσθαι ἄνωγα ...
"Dies ... heiße ich dich zu beherzigen."(WD 108). Die Stelle zeigt nach H.s Ansicht in WD, daß die im χρή-Satz in B 6,1 enthaltene Forderung nicht von Parmenides gestellt wird, sondern ihm von Aletheia (126) als einem heißenden Wesen (ἐγὼ) zugesprochen wird (108). Parmenides steht für H. unter ihrem Geheiß, er spricht im ganzen Gedicht ihrem Zuspruch nach, um ihm zu entsprechen (108). Parmenides gibt, wie H. glaubt, seinem Gedicht die Gestalt einer 'Offenbarung', weil er um das Geheißensein des Denkens oder um die Beziehung von Entbergung/Sein und Menschenwesen als der eines Zu- und Entsprechens 'weiß'. Aus diesem 'Wissen' ist für H. auch das ἄνωγα in B 6,2 gesagt. Kann dann aber H. noch behaupten, Parmenides habe das Geheiß nicht als solches gedacht und erörtert, sondern nur genannt (105, 119), obwohl doch seine Sprache sein Denken selbst ist (114) und ihm das Geheiß "eigens aufgegangen" (105) ist? Die Schwierigkeit läßt sich mit Hilfe der schon früher herangezogenen Unterscheidung von Verstehen und Auslegen auflösen[33]: Parmenides 'weiß', so wird man H. interpretieren dürfen, um das Geheiß, das ins Denken heißt, in einem verstehenden Denken. In einem solchen ist es ihm eigens aufgegangen und kann darum auch von ihm eigens genannt werden (119). Es bleibt bei ihm aber ungedacht und ungesprochen (119), insofern es ihm nicht (wie H.) zum 'Thema' eines 'ausdrücklich' auslegenden Denkens und Sprechens wird. So wie H. in WD den Bedeutungsspielraum von 'Nennen' auslegt, kann es durchaus zu einem verstehenden Denken gehören: Nennen ist kein leeres Dahereden von Wörtern oder ein Versehen einer Sache mit einem Namen, es ist vielmehr ein "ins Wort rufen" (85). Im Nennen wird das Anwesende (bzw. sein Anwesen) geheißen an-

zukommen (85), es ist also ein Herbeiverlangen (151). Indem Parmenides nach H.s Ansicht das Heißen der Zwiefalt (der Aletheia) nennt, läßt er es somit eigens vorliegen. Es kommt also bei ihm "zum Vorschein", doch nicht notwendig "zum vollen Scheinen" (105).

In EM übersetzt H. Parm. B 6,2b fast wie in WD: "dies ... heiße ich dich, dir kund zu halten" (EM 85). Das heißende, vor-sprechende Wesen ist wohl nach H.s Meinung in EM wie nach WD Aletheia und d.h., da diese zum Wesen des Seins gehört (78), das Sein des Seienden. Wenn sich somit auch H.s Position in WD offenkundig in EM vorbereitet, so lassen sich gleichwohl die Unterschiede nicht übersehen: (1) Nach EM ist es noch nicht die Zwiefalt, sondern das "Sein", das ins Denken ruft. (2) Das Heißen in Parm. B 6,2 wird nach EM noch kaum 'anbefehlen', 'gelangen lassen' bedeuten, sondern eher den vom Sein über den Menschen ausgeübten Zwang nennen. (3) Das Heißen der Aletheia ist nach EM kaum wie in WD ausdrücklich in eine seinsgeschichtliche 'Perspektive' gerückt, da H. hier nur die Geschichte des Seinsverständnisses des Menschen zum Problem macht. Damit hängt es möglicherweise zusammen, daß jenes Heißen in EM unthematisch bleibt.

§ 28 HEIDEGGERS INTERPRETATION DES DREIWEGS (PARM. B 2; B 6,4-9) NACH WD

Während das Geheiß der Aletheia in EM wohl aus dem soeben angedeuteten Grund als solches unbesprochen bleibt, fragt H. in WD gemäß der Auslegung des Parmenides am Leitband der seinsgeschichtlichen Frage nach dem Geheiß, das das Abendland ins Denken weist, ausdrücklich nach dem Geheiß, das jenen auf die drei Wege gewiesen hat:

> Das Geheiß, d.h. die Aletheia bzw. die Zwiefalt "weist ihn auf drei Wege: auf einen solchen, den das Denken vor allen anderen zu gehen hat, auf einen solchen, den es dabei auch beachten muß, und auf einen, der für das Denken ungangbar bleibt. Das Geheiß ruft das Denken vor Weg, Unweg und Abweg in eine Wegkreuzung."(WD 108).

Die Auslegung der parmenideischen Wege ist in WD in mancher Hinsicht dieselbe wie die in EM: Was B 2 angeht, so bleibt die dis-junktive Struktur des Fragments auch in WD unerkannt. Alle drei Wege bilden nach WD eine Einheit, eine Wegkreuzung; diese geht wie nach EM im Denken ständig mit (108). Wie Weg nach EM ein Gehen bedeutet, so nach WD eine Be-wegung (164).[34)] Wie nach EM so gehört auch nach Meinung des späten H. zum Denkweg eine Aussicht (WD 109, 164 f, SG 83), ein Ausblick (VA III 49). Während nach der hinter SuZ stehenden Interpretation das Unterscheiden der drei Wege wohl zur Methode des Parmenides gehört und es nach EM ganz entsprechend die Auslegung des Seins gründet und trägt (EM 133), dürfte H. in seiner Spätphase diese Auslegung aufgegeben haben, da es jetzt für ihn im wesentlichen Denken keine Methode gibt (Usp 178 f) und Parmenides' Denken für ihn mit dem wesentlichen Denken verwandt ist. Die μέθοδος scheint für den späten H. erst bei Aristoteles ein Wort für den Denkweg zu werden (SG 111).

Der e r s t e Weg, "den das Denken v o r a l l e n a n d e r e n /Sperrung von mir/ zu gehen hat" (WD 108), ist nach H.s Ansicht in WD/VA der, auf dem der Denkende, von der Zwiefalt bzw. Aletheia geheißen, d.h. auf den Weg gebracht (105), das ἐόν in seinem ἔμμεναι vorliegen läßt (VA III 49), es hinsichtlich desselben in die Acht nimmt. Das χρή, "Es brauchet" in Parm. B 6,1 ist also (nach WD) in bezug auf den ersten Weg des Parmenides gesagt. - Der zweite Weg des Parmenides ist nach WD wie nach EM "ungangbar". Der Grund für seine Zusammengehörigkeit mit dem ersten Weg könnte H. darin andeuten, daß nach seiner Ansicht Parmenides mit dem zweiten Weg "den Vorenthalt der Zwiefalt beachtet" (VA III 50, vgl. auch S. 52).[35] Zwar denkt Parmenides wohl auch gemäß WD/VA im μὴ ἐόν die 'Negation' des 'Seins', doch erfährt er darin jetzt im Unterschied zu EM den in der Zwiefalt waltenden geschickhaften Vorenthalt ihrer selbst, ihr Wesen, Währen (VA III 65) im Entzug. Parmenides nimmt damit eine Erfahrung vorweg, die sich H. in der seinsgeschichtlichen Interpretation von WiM eröffnet hat (auch an dieser Stelle wird deutlich, wie der Schritt von der transzendentalen zur seinsgeschichtlichen Interpretation H.s Einzelauslegung des Parmenides modifiziert hat). - Das Begehen des ersten Weges schließt, wie H. WD 108 meint, ein ständiges Beachten des Abweges zum Schein ein. Er ist nach WD wie nach EM der Weg, den die Sterblichen "gewöhnlich gehen" (WD 121). Sie hören nie auf den Ruf der Aletheia bzw. der Zwiefalt, das Anwesen des Anwesenden zu beachten, sondern halten sich an das in jener entfaltete Anwesende (VA III 50). Parmenides muß, wie der späte H. glaubt, auch diesen dritten Weg ständig vorliegen lassen und in die Acht nehmen, da ihn das Geheiß der Zwiefalt bzw. der Aletheia, d.h. diese aus ihrem Wesen heraus in ein ständiges Abheben der drei Wege ruft (WD 122).

§ 29 HEIDEGGERS INTERPRETATION VON PARMENIDES B 7,1-5 IN WD

Parmenides wird nach H.s Ansicht in WD in B 7,1-2 zunächst "vom Unweg des Denkens ferngehalten" (WD 121). εἶναι μὴ ἐόντα in B 7,1 steht also nach WD wohl für ὡς οὐκ ἔστιν in B 2,5. - In B 7,3-5 wird Parmenides nach WD vor dem dritten Weg "gewarnt" (121). H. bezieht sich hier deutlich auf

B 7,3 ... μηδέ σ' ἔθος πολύπειρον ὁδὸν κατὰ τήνδε βιάσθω ...

"'Und nicht zwinge Gewöhnung dich, vielgeläufige, auf diesen Weg ...'" (121).

In dieser Warnung vor dem gewohnten Weg spricht, wie H. glaubt, ein Geheiß, auf den dritten Weg acht zu geben (121). Wer vor dem Feind warnt, heißt den Gewarnten, auf ihn acht zu geben. Parmenides wird nach WD davor gewarnt, "das gewöhnliche Meinen ... für d e n Weg des Denkens zu halten..." (121), ein Gedanke, der in EM explizit keine Rolle spielt. Nach diesem Werk muß Parmenides den dritten Weg wissen, weil er sich als ein Mensch zunächst ganz auf ihm verloren hat (EM 86). H.s Interpretationen in EM und WD sind sich jedoch ähnlicher, als es auf den ersten Blick scheinen mag: Parmenides ist, so kann gemäß EM gesagt werden, von den "Menschen" 'prinzipiell' durch seine Gesinnung als Denker unterschieden. Sollte er sich durch die "Gewöhnung" auf den Weg der Menschen (zurück)zwingen lassen, so nur so, daß er ihn für den Weg des Denkens hält (WD). Solche Verwechslung kann nur durch ein Wissen (EM) oder In-die-Acht-nehmen (WD) des dritten Weges vermieden werden. Sie ist, so darf man H. wohl interpretieren, das Gegenteil des κρίνειν, von dem Parmenides in B 7,5 spricht. Aletheia warnt für H. vor jener Verwechslung und heißt in das Beachten des dritten Weges (B 7,3 f) bzw. ins κρίνειν, weil sie den reinen Denkweg und d.h. die Abwehr des dritten Weges braucht (WD 85), von sich her verlangt (VA III 38), um sich zu ereignen.

Schon nach EM spricht in Parm. B 7,3 ein Geheiß der Aletheia. Während aber die Göttin nach EM in B 7,3 eine Anweisung für das faktisch auch für den Denker unvermeidbare Gehen auf dem dritten Weg gibt (132), liegt nach WD in ihrer Warnung ein Bewahren vor diesem (WD 121), liegt der 'Akzent' also auf der Vermeidbarkeit jenes Gehens.

B 7,4 f ... νωμᾶν ἄσκοπον ὄμμα καὶ ἠχήεσσαν ἀκουήν / καὶ γλῶσσαν ...

"'... weiden zu lassen blickloses Auge und lärmiges Gehör und Zunge ...'" (121).
Diese Übersetzung hält sich mehr an die griechischen Wortformen und ist insgesamt weniger interpretierend als die in EM. Inhaltlich läßt sie allerdings im Verhältnis zu der in EM keine Besonderheiten erkennen. Auch der auslegende Kontext steht in enger Nachbarschaft zu EM: In Parm. B 7,4 f wird der λόγος, so glaubt H., "gegen alles ... Gaffen und Herumhören und gegen das Geschwätz scharf abgehoben" (121). Anders als in EM heißt jedoch das Gaffen, Hören und Reden der Sterblichen in WD 'nicht überlegend': es hat nämlich "über alles und jedes sein Urteil schon fertig" (121), statt auf einem Denkweg, d.h. im Fragen die Zwiefalt vorliegen zu lassen (VA III 49). Das gewöhnliche Sagen, Hören und Reden ist, so darf man H. wohl interpretieren, nicht überlegend, insofern und weil es kein Legen in d i e s e m Sinne ist. Hier und noch mehr in H.s Übersetzung von

B 7,5 λόγωι mit "im Überlegen" zeigen sich die Konsequenzen davon, daß H. λέγειν in WD nicht mehr als Hinstellen wie in EM, sondern als Legen, Liegenlassen auslegt. Die Wandlung scheint sachlich geringfügig zu sein (vgl. o. § 24), doch nur aufgrund ihrer können Bedeutungen wie "Vorlegen, Darlegen, Überlegen" (WD 121) in den Bedeutungsspielraum von λέγειν, λόγος einbezogen werden. Mit der Übersetzung von λόγωι in Parm. B 7,5 mit "im Überlegen" hängt es wohl zusammen, daß H. in WD κρῖναι ... λόγωι ... ἔλεγχον gefälliger konstruiert als in EM: Während nach diesem Werk ἔλεγχον von λόγωι abhängig ist ("indem du ... vor dich hinstellst" oder 'im Hinstellen' benötigen fast zwingend ein Objekt) und das κρῖναι darum wider Erwarten ohne Objekt bleibt, ist nach WD ἔλεγχον wohl das natürlicherweise zu erwartende Objekt zu κρῖναι ("im Überlegen" braucht nicht notwendig ein Objekt). Anders als nach EM scheint λόγωι nach H.s Ansicht in WD das Wesen der Sprache nicht zu nennen. Zwar stehen auch nach WD λόγωι und γλῶσσαν, "das bloße Daherreden" "unmittelbar und beinahe hart im äußersten Gegensatz" zueinander (121 f), doch braucht λόγωι für H. deshalb noch nicht (eigentliches) 'Sagen' zu bedeuten: nicht alles Überlegen ist ein Sagen, aber alles Überlegen steht im Gegensatz zum bloßen Daherreden.

Der Gedanke der Entscheidung im Sinne der decision, der für SuZ tragend (SuZ 223) und auch noch in EM festgehalten ist (EM 128), wobei hier allerdings die Entscheidung von H. in das Sein zurückgenommen wird (84), verliert in WD und überhaupt beim späten H. entsprechend dem Hervortreten der Geschicklichkeit des Denkens jede wesentliche Bedeutung. So hat Parmenides "seinen Weg weder selbst gemacht noch gewählt", sondern ist, wie H. glaubt, (von Aletheia) auf ihn geschickt (WD 61).36) κρίνειν bedeutet entsprechend bei Parmenides (wie bei den Griechen der großen Zeit überhaupt37)) nach Ansicht des späten H. nicht mehr 'unterscheiden' und 'sich entscheiden' wie nach SuZ, sondern nur noch 'unterscheiden'; während H. in EM κρῖναι in Parm. B 7,5 noch mit "entscheide scheidend" (EM 133) übersetzt, besagt es nach WD nur "unterscheide" (WD 121). Mit der Ausscheidung des Entscheidens wird es H. möglich, κρῖναι noch enger vom benachbarten λόγωι her zu verstehen: "Verlangt wird ... ein λέγειν des λόγος und durch dieses erst das κρίνειν" (122). Das κρίνειν als "eines gegen das andere abheben" (122) setzt, so darf man H. wohl interpretieren, das Schonvorliegen des Abzuhebenden, mithin ein erscheinenlassendes Legen, Über-legen voraus. Andererseits führt ein Vorliegen von Seiendem bzw. von Wegen in sich auf ein κρίνειν, Abheben, Hervorheben und Zurückstellen (122).

§ 30 HEIDEGGERS INTERPRETATION VON PARMENIDES B 3 UND B 8,34 f IN WD

Parm. B 3 ist nach H.s Ansicht in WD eine gerafftere Form des χρή-Satzes in Parm. B 6,1. H. begründet diese These wie folgt: statt λέγειν τε νοεῖν τε sage Parmenides meistens nur νοεῖν, statt ἐὸν ἔμμεναι nur εἶναι oder ἐόν (WD 146). Dem χρή-Satz zufolge sei das νοεῖν, das Denken nur ein solches, insofern es in das ἐὸν ἔμμεναι eingewiesen ist, d.h. in der verkürzenden Sprache, wenn es mit dem εἶναι zusammengehört und in es gehört (146). Eben dies sage nun Parm. B 3:

"'das nämlich Selbe In-die-Acht-nehmen ist so auch Anwesen des Anwesenden'." (147, vgl. VA III 42)

Wie schon nach EM, so sind auch nach H.s Auffassung in WD (und VA) νοεῖν und εἶναι in Parm. B 3 nicht miteinander identisch im Sinne der Gleichung A = A, sondern - als Zusammengehörige - "gerade das Verschiedene" (WD 147) (wer annimmt, τὸ αὐτό meine das Identische, verliert das Gehör für das Rätselwort (VA III 38)). Zur Begründung seiner These verweist H. in WD darauf, (a) daß τὸ αὐτό nicht dasselbe bedeutet wie τὸ ὁμοῖον, das Gleiche (WD 147) und (b) daß Parmenides in B 6,1 das Denken vom ἐὸν ἔμμεναι deutlich unterscheidet (147). Seine Auslegung des τὸ αὐτό weist H. positiv im Rückgang auf Parm. B 8, 34-36a aus: Hier beziehe sich

B 8,35 f ... οὐ γὰρ ἄνευ τοῦ ἐόντος ... εὑρήσεις τὸ νοεῖν ...
"'nicht nämlich gesondert vom Anwesen des Anwesenden kannst du ausfindig machen das In-die-Acht-nehmen'" (147),
wie das γὰρ anzeige, auf B 8,34 und damit auch auf das αὐτό in B 3 zurück. Deshalb und weil B 8,35-36a wie B 3 den Bezug von Sein und Denken zu Wort bringe, lasse sich das αὐτό in B 3 vom οὐ γὰρ ἄνευ in B 8, 35 her erläutern (148). Ἄνευ bedeutet, so behauptet H., 'ohne' im Sinne von 'gesondert' und nenne damit das "Gegenverhältnis zu σύν, d.h. zusammen" (147). Οὐ γὰρ ἄνευ bedeute somit positiv "nur zusammen mit ..." Damit zeige sich: das αὐτό in B 3 "bedeutet das Zusammengehörige" (147). Aus Parm. B 8,35-36 ergibt

sich nach H.s Ansicht wie schon aus B 6,1 für das
Wesen der in B 3 genannten Zusammengehörigkeit von
'Denken' und 'Sein': das νοεῖν ist, wenn es für sich
'gesondert', d.h. ohne Wesensbezug auf das ἐόν (8,35)
bzw. εἶναι (B 3) vorgestellt wird, noch nicht das
Denken (147). In WD liegt überhaupt bei der Auslegung von Parm. B 3 und B 8,34 der 'Akzent' stärker
auf dem Wesensbezug des νοεῖν auf das εἶναι (ἐόν) als
in EM (H.s Interpretation von B 8,35-36a ist dagegen,
wenn man vom ἐν ὧι- Nebensatz und der modifizierten
Auslegung von ἐόν und νοεῖν absieht, nicht unzufällig
in WD in der Grundstruktur dieselbe wie in EM). So
gehören νοεῖν und εἶναι nach H.s Ansicht in WD ausdrücklich auf die Weise zusammen, daß das νοεῖν sein
Wesen darin hat, "in das Anwesen von Anwesendem eingewiesen zu bleiben" (148).

    Gemäß der Betonung des Wesensbezugs des νοεῖν
    auf das εἶναι kann H. dem Voraustehen des
    νοεῖν vor dem εἶναι in WD eine Bedeutung
    verleihen: Es deutet die Eingewiesenheit
    des ersteren in letzteres an (148).

In VA wird die Stellung des νοεῖν in B 3
(und B 8,34) zum 'Fundament' für H.s Kritik (Destruktion) der Auslegung des Fragments als halbpoetischen Vorläufer des
Berkeleyschen Satzes esse = percipi. Daß
Parmenides das Wort 'Denken' in B 3 und B
8,34 dem für 'Sein' vorausstellt, während
Berkeleys Satz das 'Denken' nach dem Sein
nennt, zeigt nach H.s Auffassung in VA an,
daß jener das 'Denken' dem Sein überantwor-
tet und zuspricht (VA III 33) und dieser das
Sein in das Denken verweist (33), d.h. vom
(neuzeitlich-begreifenden) Vorstellen in dem
Sinne abhängig sein läßt, daß sich die Gegen-
ständigkeit der Gegenstände im vorstellenden
Bewußtsein konstituiert (31).

Der Bezug des νοεῖν auf das εἶναι (ἐόν) gründet wohl auch nach der Ansicht des späten H. wie nach EM im φύσις -, d.h. Erscheinungscharakter des Seins. Gemäß der Fragestellung von WD tritt hier jedoch dieser Gesichtspunkt zurück zugunsten einer seinsgeschicklichen Auslegung jenes Bezugs: Im εἶναι (ἐόν), "Anwesen des Anwesenden spricht das Geheiß, das in das Denken ruft, welcher Ruf das Denken so in sein Wesen ruft, daß es das νοεῖν in das εἶναι einweist" (WD 148).

Mit der Betonung der Verwiesenheit des νοεῖν auf das εἶναι hängt es wohl zusammen, daß in WD Parm. B 8,35-36a im Gegensatz zu EM bei der Auslegung von Parm. B 3 eine Rolle spielt und die Auslegung dieses Fragments sich entsprechend strukturell etwas auf die in Kapitel V der vorliegenden Arbeit vorgeschlagene Interpretation zubewegt. Die genannte 'Akzentverschiebung' ist ziemlich eindeutig durch Wandlungen in H.s Denken und weniger durch Einsichten in die Struktur von B 3 und B 8,34 ff bedingt. So ist z.B. nach HB das Sein das Element des Denkens (HB 147 f), und dieses auf das Sein als das Ankommende bezogen und in es gebunden (193).

> Schon nach SuZ ist das parmenideische νοεῖν an das εἶναι gebunden, insofern es mit ihm zusammengehört: das Vernehmen bzw. Verstehen ist immer (auch) ein Sichten von Sein. Doch liegt wohl nach SuZ der 'Akzent' auf der Abhängigkeit des Seins vom νοεῖν (bzw. Verstehen). Auch nach EM ist das Vernehmen an das Sein gebunden. Doch liegt der 'Akzent' darauf, daß das Geschehnis des Vernehmens vom Sein aufgrund seines Erscheinungscharakters ernötigt ist. Nach Hw 83 ist jene Bindung darin gegründet, daß der Mensch vom Seienden angeschaut, bei sich versammelt und einbehalten ist. Somit bereitet sich in Hw (und schon in EM) die These von WD vor, daß das 'Sein' das 'Denken' in sein Wesen ruft, indem es das 'Denken' in das 'Sein' verweist.

§ 31 HEIDEGGERS INTERPRETATION VON PARMENIDES
      B 8,34-36a IN VA III ("MOIRA")

Parmenides bedenkt nach H.'s Auffassung in VA in B
8,34 ff das Verhältnis von 'Sein' und 'Denken' eingehender (VA III 35) und sagt "deutlicher" als in
B 3, was er unter Sein versteht (38), da er statt
von εἶναι vom ἐόν, das in seiner Zweideutigkeit
die Zwiefalt nennt, spricht (B 8,35). H. beachte-
te diesen Unterschied zwischen B 3 und B 34 ff
schon in EM, wie seine Übersetzung von B 8,35-36a
in diesem Werk zeigt; während nun in EM jenem Unterschied keine über B 8,35 f hinausreichende Bedeutung zukommt, H. ihn vielmehr durch seine Übersetzung von B 8,35b (danach ist im ἐόν, Seiend,
das Sein schon gesprochen (EM 132)) gleichsam 'neu-
tralisiert', wird er in VA (und andeutungsweise
schon in WD 147 f) zur Grundlage seiner Auslegung
des in Parm. B 3 und B 8,34 ff genannten Bezugs
von 'Sein' und 'Denken': Das ἐόν ist, wie H. behauptet, in B 8,34 statt des εἶναι dasjenige, worauf
das οὕνεκεν ἔστι νόημα bezogen ist, weil die im
ἐόν genannte Zwiefalt, nicht das Anwesen für sich
(εἶναι) oder das Anwesende für sich (ἐόντα) dasjenige ist, was das Denken für sich verlangt (VA
III 36, 38 f). H. entfaltet die (von ihm angenommene) Bedeutung von οὕνεκεν, indem er seine Übersetzung "wessentwegen" (38) auf ihre (deutschen)
Wortelemente hin abhört: "Das Denken west der ...
Zwiefalt w e g e n an. Das An-wesen des Denkens
ist u n t e r w e g s ⟨Sperrungen von mir⟩ zur
Zwiefalt ..." (38). Entsprechend seiner Betonung
des Wegcharakters des Denkens gehört für den späten H. zum wesentlichen Denken wesensmäßig das Un-
ter-wegssein. Das parmenideische νόημα ist für H.
als Gedanc (38)[38)] seinem wesentlichen Denken verwandt und als solches wesenhaft unterwegs zur Zwiefalt. Eben deshalb kann Parmenides, so darf man H.
wohl interpretieren, die Einsicht in das Unterwegssein des Denkens in B 8,34b (οὕνεκεν), wenn
auch nur verstehend, vorwegnehmen. Der für H. im
Unterwegssein zur Zwiefalt eingeschlossene Wesensbezug des νοεῖν auf diese[39)] gehört, wie H.
glaubt, schon deshalb zum νοεῖν, da es, wie Parm.

B 6,1 zeigt, durch das vorausgehende λέγειν auf jene versammelt ist (38). Ursprünglicher ist jedoch für H. beides, λέγειν und νοεῖν, durch die Zwiefalt selbst an sie gebunden, da sie es ist, die das Denken für sich verlangt (38). Diese Gebundenheit des 'Seins' an das 'Denken' ist wie schon nach EM so auch nach VA im οὕνεκεν in B 8,34 eingeschlossen: Das 'Denken' west nach VA III zuwillen, wegen der Zwiefalt an (38 f), worin das Gebrauchtsein durch diese liegt.

Da H.s Auslegung von Parm. B 8,35-36a in VA nur bei B 8,35b sachlich Neues bringt, werde ich mich im Folgenden auf Letzteres beschränken. Grob gesagt versteht H. in VA B 8,35b so, als ob Parmenides sagen würde: Ἐν τῶι ἐόντι ist das νοεῖν ein πεφατισμένον. H. versucht, den Sinn von B 8,35 b durch einen Rückgriff auf Parm. B 6,1 zu erhellen. Φατίζειν und seine Stammverwandten φάσκειν, φάναι sind für ihn (nach VA) zwar nicht des gleichen, aber doch des selben Wesens wie λέγειν (40); sie nennen wie dieses ein Sagen im Sinne des Erscheinen- und Liegenlassens. Das νοεῖν muß demnach für H. gemäß dem von ihm in VA vertretenen Übersetzungstyp von Parm. B 8,35b ein Gesagtes im Sinne des zum Vorschein Gebrachten sein und zwar ἐν τῶι ἐόντι, in der Zwiefalt. Das νοεῖν kommt, wie H. glaubt, in der Zwiefalt zum Vorschein, weil diese, wie B 6,1 angeblich zeigt, das λέγειν hervorruft (d.h. den Menschen ins λέγειν heißt) und mit dem so entlassenen Vorliegen des Anwesenden dem νοεῖν solches gibt, das es in die Acht nehmen kann (41).

§ 32 HEIDEGGERS INTERPRETATION VON PARMENIDES B 3 IN VA III ("MOIRA")

Was Parm. B 3 betrifft, so liegt in VA der Schwerpunkt der Interpretation auf dem "Rätselwort" τὸ αὐτό: In ihm verschweigt sich (VA III 52), so behauptet H., der Grund und die Hinsicht, worin νοεῖν und εἶναι, Denken und Sein als Verschiedene übereinkommen (37). Aber eben deshalb muß es die "Fülle" (38) in sich bergen. Den besonderen Rang des im αὐτό Verschwiegenen sieht H. von Parmenides dadurch angedeutet, daß es wie sein Pendant ταὐτόν in B 8,34 von ihm betont an den Beginn des Satzes gerückt ist. Dies weist nach H.s Sicht die Auslegung an, bei τὸ αὐτό "aufmerksam zu verweilen und immer neu zu ihm zurückzukehren" (43). Um die seiner Meinung nach im αὐτό erfahrene, aber als solche unbedachte und ungesagte Dimension zu erschließen, geht H. auf Parm. B 8,34 ff ein, da hier nach seiner Auffassung das Verhältnis von 'Denken' und 'Sein' eingehender bedacht wird (35). Neben der Wortform ἐόν für 'Sein' (statt εἶναι) ist nach H.s Ansicht an diesem Text entscheidend, daß nach B 8,35b das Denken ein in der Zwiefalt Gesagtes (πεφατισμένον), d.h. zum Vorschein Gebrachtes (43) ist, mithin in der Zwiefalt als solcher die φάσις, das Sagen als In-den-Vorschein-bringen waltet (dabei bringt dieses Sagen gerade auch das Anwesen des Anwesenden, d.h. die Zwiefalt selbst zum Vorschein, zur Entfaltung (43)). Indem H., grob gesagt, dieses Zum--Vorschein-bringen mit der Unverborgenheit, ἀλήθεια des Parmenides 'identifiziert' und diese als die Dimension denkt, die 'Sein' und 'Denken' in ihr Aus- und Zu-einander vereignet, kommt er zu der Behauptung, in τὸ αὐτό in Parm. B 3 sei die ἀλήθεια "geschwiegen". Wenn auch die Zwiefalt und die in ihrem Zum-Vorschein-kommen, in ihrer Entfaltung waltende Entbergung bei Parmenides wie bei den Griechen überhaupt ungedacht bleiben, so ist wegen der verstehenden Erfahrung des Wesens der Aletheia durch jenen nach H.s Meinung nicht aus-, sondern eingeschlossen, daß Parmenides in seinem Sagen stets die Entbergung im Gehör hat als das, was dem νοεῖν, 'Denken' die Weisung in das εἶναι als das Zu-denkende gibt (44 f).[40] Was dem Denken diese Weisung gibt, muß im αὐτό verborgenerweise, verhüllterweise genannt sein, da es mit der Selbigkeit von 'Denken' und 'Sein' auch den in ihr verborgenen Grund zu Wort bringt.[41] Darum meint H., daß wenigstens gefragt werden dürfe, ob nicht im αὐτό die Entbergung "geschwiegen" ist (45).[42]

Die Entbergung ist für H. im αὐτό (ταὐτόν) in Parm. B 3 (B 8,34) geschwiegen, weil im Beginn des abendländischen Denkens der unbeachtete Wegfall der Zwiefalt geschieht (36) und sich damit auch die Lichtung des Seins des Seienden verbirgt (37). Das Geschwiegen--sein der Aletheia im αὐτό wird von H. insgesamt in drei 'Hinsichten' entfaltet (52): (1) Im αὐτό verbirgt sich die Entbergung als das die Zusammengehörigkeit von 'Denken' und 'Sein', Vernehmen und Zwiefalt Gewährende und (2) als die Lichtung, die in der Entfaltung der Zwiefalt waltet. (3) Indem sich im αὐτό die Entbergung verschweigt, 'steht' es 'für' dieses Sichverschweigen selbst, verbirgt sich in ihm der Entzug der Wahrheit des Seins (μὴ ἐόν) in der Vorherrschaft des Seienden über das Denken.

Diese Auslegung von Parm. B 3 schließt eine im Verhältnis zu EM verwandelte Bestimmung seiner grammatischen Struktur ein: Ist in τὸ αὐτό die Aletheia als das alles Tragende und Gewährende verschwiegen, so muß das αὐτό nicht mehr wie nach EM Prädikat, sondern Subjekt des Fragments (45) sein. Aus dem genannten Grund hat auch das ἐστίν nach VA eine gewandelte Bedeutung: Es ist nicht mehr nur 'Kopula' wie nach EM, sondern nennt jetzt nach H.s Ansicht das Wesen, Währen, Gewähren der Aletheia. Beachtet man, daß B 8,34 für H. das selbe sagt wie B 3, so sagt letzteres für ihn insgesamt: "das nämlich entbergend die Zwiefalt Entfaltende gewährt das in-die-Acht-Nehmen auf seinem Weg zum versammelnden Vernehmen des Anwesens von Anwesendem."(45)

§ 33 HEIDEGGERS INTERPRETATION VON PARMENIDES B 8,36b-38a in VA III ("MOIRA")

H. emendiert in VA Parm. B 8,36b-37a mit Bergk, liest also wie folgt:
οὐδ' ἦν γὰρ ἢ ἔστιν ἢ ἔσται ἄλλο πάρεξ τοῦ ἐόντος.
ἄλλο ist nach dieser Lesart das Subjekt des Satzes. Da ἐόντος hier nach H.s Ansicht wie in B 8, 35 nicht das 'Seiende' bedeutet, sondern die Zwiefalt nennt, begründet die Stelle für ihn nicht die Einordnung des Denkens in das Ganze des Anwesenden

oder seine Zuordnung zum einen Seienden. Sie sagt vielmehr nach VA III:

> "Außerhalb" der Zwiefalt "gibt es niemals ein Anwesen von Anwesendem, denn dieses beruht als solches in der Zwiefalt ..." (VA III 46). "Darum gibt es auf keine Weise ein irgendwo und irgendwie Anwesendes außerhalb der Zwiefalt."(47)

Man sieht leicht, daß H. das ἄλλο fallen läßt. Eine es berücksichtigende Übersetzung hätte in seinem Auslegungshorizont in etwa wie folgt lauten müssen: Außer(-halb) der Zwiefalt (ihrer Lichtung) gibt es auf keine Weise Anderes, d.h. es gibt überhaupt nur die Zwiefalt (außerhalb ihrer) und sonst nichts. Daß diese Aussage für H. kaum sinnvoll ist, dürfte der Grund für den Ausfall des ἄλλο sein. Daß die Übersetzung des ἐόν mit 'die Zwiefalt' zum Ausfall des ἄλλο führt, zeigt an, wie verfehlt sie ist. – H. sieht den Begründungszusammenhang in Parm. B 8, 35-37a wie folgt: Auf die Frage, weshalb Parmenides B 8,34-36a noch mit B 8,36b-37a begründet, ist nach VA zu antworten: Daß das νοεῖν einem von εἶναι, Sein verschiedenen Namen hat, könnte den Anschein erwecken, "als sei es doch ein ἄλλο, ein Anderes, gegenüber dem Sein und deshalb außerhalb seiner." (46). (Man sieht, wie H. versucht, das in seiner Interpretation zunächst ausgefallene ἄλλο in diese wieder hereinzunehmen.) Daß sich das Denken 'außerhalb' des Seins aufhält, ist jedoch, so behauptet H., nicht nur ein bloßer Schein, da das Gefüge von λέγειν und νοεῖν dem Anwesen des Anwesenden gegenüber liegt und sich aus ihm heraushält, insofern es Anwesendes im Licht von Anwesen vorliegen läßt und, von der Zwiefalt gerufen, zu ihr unterwegs ist (46). Eben weil das Denken in gewisser Hinsicht außerhalb der Zwiefalt steht, muß Parmenides, wie H. meint, aufweisen, daß es in anderer Hinsicht in jene gehört und in ihr bleibt (46): Die Zwiefalt west aus der Entbergung; diese gewährt jedoch die Lichtung des Anwesens des Anwesenden nur, indem sie ein λέγειν und νοεῖν braucht (46 f); als so gebrauchtes ist das Gefüge beider in die Zugehörigkeit zur Zwiefalt einbehalten (47).

    Nicht unzufällig wird aus dem begründenden γάρ in Parm. B 8,36 bei H. ein folgerndes "Darum"[43]: "Darum gibt es auf keine Weise ein ... Anwesendes außerhalb der Zwiefalt." (47) Nach H.s Ansicht enthält B 8,35-37a ganz grob gesagt folgenden Gedankengang: In einer Hinsicht sind λέγειν und νοεῖν aus verschiedenen Gründen vom 'Sein' verschieden; in anderer Hinsicht, nämlich als von der in der Zwiefalt waltenden Entbergung gebrauchte, gehören sie in das 'Sein'. F o l g l i c h gibt es kein Anwesendes außerhalb der Zwiefalt (47) - auch λέγειν und νοεῖν sind nach H.s Auffassung in VA III Anwesende: νοεῖν, νόημα wesen an (38).

Inwiefern ein "Außerhalb von Anwesen neben dem ἐόν unmöglich bleibt" (47), erhält nach VA seine "Begründung" in Parm. B 8,37b-38a:

              ... ἐπεὶ τό γε Μοῖρ' ἐπέδησεν/
      οὖλον ἀκίνητόν τ' ἔμεναι ...

Dieser Nebensatz ist nach H.s Ansicht in VA III der Satz aller Sätze des Parmenides, weil er im ἐόν (τό γε) und in Μοῖρα das eigentlich zu Denkende nennt (47). Daß es allerdings in einem "unversehens angefügten Nebensatz" gesagt ist und Parmenides es hierbei bewenden läßt (solches geschieht überhaupt bei den großen Denkern (47) - ob H. sich hier einschließt, muß hier offen bleiben), zeigt, wie H. glaubt, an, daß es bei ihm als solches "nicht eigens sichtbar", d.h. gedacht wird (47). Μοῖρα ist nach VA III die "Zuteilung, die gewährend verteilt und so die Zwiefalt entfaltet" (47). Sie ist die geschickhafte Schickung (48), insofern als sie das 'Sein' a l s Zwiefalt (ἐόν) entfaltet (dieses Entfalten ist, wie sich zeigen wird, nach H.s Ansicht im ἐπέδησεν eingeschlossen) und so dem Menschen das zu Denkende schenkt (47).

    H. hat, wie es scheint, seine Auslegung von Μοῖρα in Parm. B 8,37 verschiedentlich modifiziert. Nach N I verstand er sie wohl als

Notwendigkeit im Sinne eines Charakters des
Seienden als solchen (N I 354). Nach der Abhandlung über Anaximander in Hw ist die im
Anwesen waltende Beziehung zum Anwesenden
bei Anaximander in χρεών (der Brauch) und
bei Parmenides in Μοῖρα zu Wort gekommen
(Hw 337). Die beiden Denker denken in diesen
Grundworten den Grundzug, das Wesende im Anwesen (342). Parmenides denkt (H. verweist
dabei auf B 8,37) das Wesen des Seins, die
Einheit dieses Einenden ausdrücklich als
Μοῖρα (340). Zugleich nennt diese wie
Anaximanders χρεών das "Erteilen des Anteils" im Sinne des einhändigen Aushändigens des Anwesenden in einen Anteil seiner Weile (339 f).

Als das die Zwiefalt Entfaltende nennt Moira nach
H.s Auffassung in VA das Selbe wie Aletheia: "Die
Entbergung ist jenes Geschick, das sich je und jäh
... in das ... Entbergen verteilt und sich dem Menschen zuteilt."(VA I 30) Die Zwiefalt 'ist', west
als der entbergend-bergende Austrag von Überkommnis
des Seins über das Seiende und von so geschehender
Ankunft des Seienden (ID 62 f). Das in solchem Austrag waltende Schicken nennt Parmenides für H. in
Μοῖρα. Wie der Austrag, so schickt sie dem Denken
mit dem Sein d e s Seienden sein zu-Denkendes
zu. Da Μοῖρα und Austrag das selbe nennen, nennt
Parmenides, so darf man H. wohl interpretieren, in
jener die Zwiefalt gleichsam mit. Die Moira gibt
sich darum für H. mit der Zwiefalt dem Denken
selbst zu denken. Wie die Zwiefalt, so ist entsprechend Μοῖρα von (H.s) Parmenides nur in einem verstehenden Erfahren und nicht als solche, im Wesen
gedacht. Sie selbst "behält die Zwiefalt als solche
und vollends ihre Entfaltung" d.h. sich selbst "im
Verborgenen" (VA III 48).

Wenn einerseits die Moira nach VA III das
Anwesen ins Scheinen und so das Seiende ins
Erscheinen gelangen läßt, andererseits zur
Unverborgenheit die jähe Weile gehört (WD
144), so liegt darin, daß der Abstand zu Hw

nicht so groß ist, wie es zunächst scheinen
mag. Übrigens ist Moira als das dem Denken
das jeweilige Anwesen des Anwesenden Zuteilende wie Aletheia ein verborgenes Vorspiel
dessen, was H. in ID und ZS Ereignis nennt.

Vom Wortlaut des parmenideischen Gedichts, insbesondere von B 8,37b-38a führt nichts direkt auf eine Moira im Sinne einer die Zwiefalt entfaltenden
Zuteilung (VA III 47). H. konnte seine Interpretation von B 8,37-38a nur halten, indem er das hier
genannte Binden der Moira gleichsam in sein Gegenteil uminterpretierte: Es ist für ihn ein Ent-binden und als solches ein Entfalten. Das Ent-binden
des ἐόν, des Anwesens des Anwesenden ist, wie H.
glaubt, nur so möglich, daß es in Ruhe (ἀκίνητον)
und Gänze (οὖλον) entbunden und d.h. zugleich in
diese gebunden wird; das Gegenteil, Wechsel und Unvollständigkeit lassen nämlich, wie sich früher ergab, Anwesen gerade nicht erscheinen:

> Μοῖρα hat das ἐόν "in die Zwiefalt entbunden und so gerade in die Gänze und Ruhe
> gebunden, aus welchen und in welchen ...
> sich Anwesen von Anwesendem ereignet" (48).

§ 34 HEIDEGGERS INTERPRETATION VON PARMENIDES B 8,38b UND DES ZUSAMMENHANGS DER BEIDEN TEILE DES PARMENIDEISCHEN GEDICHTS NACH VA III ("MOIRA")

Nach VA III ist nicht nur der Ausblick, der sich
Parmenides in den σήματα als dem vielfältigen
Scheinen des Anwesens (VA III 49) eröffnet, von
Moira zugeschickt, auch der dritte Weg gründet in
ihrer Schickung. Aus diesem Grund kommt Parmenides
nach H.s Ansicht im unmittelbaren Anschluß an den
Nebensatz über Moira in B 8,38b-41 auf jenen Weg zu
sprechen. Das alltägliche Vernehmen kann sich, wie
H. glaubt, an das (unmittelbar sich darbietende)
Anwesende ohne Rücksicht auf sein Anwesen halten
(50), weil Moira 'vorgängig' schon die Zwiefalt

entfaltet und den Sterblichen darin das Erscheinen des Anwesenden zugeschickt hat. Von hier aus erschließt sich nach H. die Bedeutung des τῶι in B 8,38b:

> "Was geschieht d a d u r c h ⌊Sperrung von mir⌋, daß das Geschick das Anwesen des Anwesenden in die Zwiefalt entbindet ...?" (49). Es folgt dann die Besinnung auf den dritten Weg, speziell auf B 8,38 ff. Das "dadurch" nimmt H. in der Paraphrase von τῶι πάντ' ὄνομ' ἔσται (B 8,38b) "dadurch alles ... wird anwesen im vermeintlichen Entbergen, das die Herrschaft der Wörter erbringt" wieder auf und fährt dann fort: "Wodurch geschieht das? Durch die Μοῖρα ... In der Entfaltung der Zwiefalt kommt mit dem Scheinen des Anwesens das Anwesende zum Erscheinen" (51).

Das vermeintliche Entbergen des Anwesenden durch die Sterblichen in ihrem gewöhnlichen Sagen und Vernehmen hält sich gemäß ihrer Seinsvergessenheit nicht an das Scheinen des Anwesens, die σήματα, sondern nimmt "die einzige Weisung aus den gängigen Wörtern" (50) und bewegt sich in ihrem Sprechen statt im Sagen des Wortes. Von hier ausgehend glaubt H. τῶι πάντ' ὄνομ' ἔσται paraphrasieren zu können: "dadurch alles ... wird anwesen im vermeintlichen Entbergen, das die Herrschaft der Wörter erbringt" (51). Das vermeintliche Entbergen des alltäglichen Sagens und Vernehmens gründet, wie H. glaubt, in Moira, d.h. in der Weise, wie die Entbergung der Zwiefalt sich zuschickt, d.h. im Walten der Verbergung in ihr: das Geschick "überläßt das Anwesende ... dem alltäglichen Vernehmen der Sterblichen"; dies geschieht "dadurch ⌊!⌋, daß die Zwiefalt als solche und damit ihre Entfaltung verborgen bleiben" (51), in dieser also die Verbergung waltet (51). Das τῶι in B 8,38b ist, so meint H., eben aus einer verstehenden Erfahrung des Zusammenhangs zwischen der in der Entfaltung der Zwiefalt durch Moira waltenden Verbergung und dem Geschick der Herrschaft der Wörter im gewöhnlichen Sagen gesagt. Während Parmenides den im Schicken der Moira waltenden Entzug bzw. die in der Entbergung waltende Verbergung zwar verstehend erfährt, aber doch nicht denkend eigens zu Wort bringt 44), hat Heraklit nach H.s Ansicht dies eigens "gedacht" (VA III 51), wenn er sagt: φύσις κρύπτεσθαι φιλεῖ (B 123)45). Daß H. bei seiner Auslegung des τῶι in Parm. B 8,38b auch das Problem des Zusammenhangs von Aletheia- und Doxa-teil des parmenideischen Gedichts zu lösen glaubt, läßt sich mit Hilfe einer Stelle in Hw (von 1942/43) deutlich machen, in der sich H. schon deutlich auf die Parmenidesauslegung in WD/"Moira" zubewegt:

> "Seitdem das ὄν... als die φύσις aufging, beruht das Anwesen ... im φαίνεσθαι... Dementsprechend ist die Mannigfaltigkeit des Anwesenden ... als dasjenige gedacht, was in seinem Erscheinen einfach als das Anwesende angenommen wird. Annehmen bedeutet hier: ohne weiteres hinnehmen ... Das Annehmen ... denkt ... nicht weiter auf das Anwesen des Anwesenden. Es bleibt in der δόξα. Dagegen ist das νοεῖν jenes Vernehmen, das eigens das Anwesende in seinem Anwesen vernimmt ... Die Zweideutigkeit des ὄν nennt sowohl das Anwesende als auch das Anwesen ... Dieser wesenhaften Zweideutigkeit des ὄν entspricht, daß mit der δόξα ... das νοεῖν des εἶναι zusammengehört." (Hw 162)

In den Horizont von VA übertragen heißt das: Es gründet in der Zwei-deutigkeit des Wortes ἐόν, genauer in der Zwie-falt, daß bei Parmenides der Aletheia-teil mit der Doxa zusammengehört. Weil die Entfaltung der Zwiefalt als φάσις, als Zum-Vorschein--bringen waltet (VA III 49), darum kann neben dem Scheinen des Anwesens auch das Anwesende in seinem unmittelbaren Erscheinen vernommen werden. Der Schein, d.h. die Vorherrschaft der ἐόντα (52) und die Wahrheit gehören zusammen aus dem Wesen der Entfaltung der Zwie-falt. Indem Parmenides auf den Ruf der Aletheia (d.h. auf ihre Wesensoffenbarung) bzw. auf den der Moira hört, zeigt sich ihm, wie H. glaubt, der Spielraum der entbergenden Entfaltung der Zwiefalt: das νοεῖν und λέγειν des Anwesens des

Anwesenden und das δέχεσθαι des Anwesenden, in
welchem sich die Zwiefalt vorenthält, die Entgung sich entzieht, insofern sie zuläßt und ermöglicht, daß sich das Anwesende für das Vernehmen vor
sein Anwesen stellt und dieses so verstellt.46) Indem also Parmenides "die Μοῖρα des ἐόν" im Aletheia-teil "im Hinblick auf das Anwesen" und in der
Doxa im Hinblick "auf das Anwesende" denkt (VA III
51), 'sieht' er den in Moira waltenden Entzug, die
in Aletheia waltende Verbergung.

§ 35   DAS αὐτὸ IN PARMENIDES B 3 NACH ID

Nach H.s Ansicht in VA III ("Moira") ist im αὐτὸ
von Parm. B 3 Ἀλήθεια, die Entbergung "geschwiegen" (VA III 45). In den Jahren nach "Moira" legte H. die Aletheia vom Ereignis her aus: dieses
ist nach ZS "das Uralte, das sich in dem Namen
Ἀλήθεια verbirgt" (ZS 25). Damit muß für H. τὸ
αὐτὸ in Parm. B 3 in einem Zusammenhang mit dem
Ereignis treten. Wie dieser Zusammenhang seiner
Meinung nach zu denken ist, deutet H. etwa drei
Jahre nach "Moira" in "Der Satz der Identität"
(ID) an.

Der Satz der Identität, nach der überlieferten Lehre der Metaphysik der oberste aller ersten Grundsätze (SG 21), lautet: A = A. In ihm wird, so zeigt H.
in ID zunächst, dem Sein des Seienden die Identität
im Sinne der Einheit mit ihm selbst als Grundzug
zugesprochen, da A = A eigentlich 'A i s t A' besagt, in A also das, was ist, oder das Seiende als
solches angesprochen wird (ID 16). Der Satz der Identität entspricht damit der Weise, wie das gesamte
abendländische Denken das Sein denkt (17). Wo nun
aber in diesem Denken das Sein zum ersten Mal zur
Sprache kommt, bei Parmenides, da gehört, wie H.
behauptet, die Identität nicht in das Sein, vielmehr gehört dieses, wie Parm. B 3 zeigt, - zusammen
mit dem Vernehmen - in eine Identität:

"' Das Selbe nämlich ist Vernehmen ... sowohl als
auch Sein'."(18).47)

Während die spätere Metaphysik die Identität (ausschließlich) als einen Zug im Sein vorstellt, bestimmt Parmenides, wie H. meint, das Sein (auch) als einen Zug einer Identität (19). Diese kommt für H. weiter her als die sonst von der Metaphysik bedachte Identität (19), d.h. sie ist ursprünglicher als diese, da aus ihr das Sein allererst diejenigen Wesensbestimmungen empfing und empfängt, in welchen es durch die Metaphysik begriffen wird (23). Darin liegt, daß die in Parm. B 3 genannte Identität nicht von der Identität aus gedacht und bestimmt werden kann, die die Metaphysik als Grundzug des Seins bedenkt (19). Mit dieser Behauptung setzt sich H. mittelbar auch gegen seine Auslegung des αὐτό (in Parm. B 3) in EM ab, der zufolge dieses dasselbe sagt wie das ἕν, also einen Grundzug des Seins nennt (EM 106). H. wendet sich in ID mittelbar auch gegen die Auslegung der in Parm. B 3 gedachten Identität als Zusammengehörigkeit, wie er sie in EM (106), WD (147) und VA III (45) vertritt, wenn er sagt, die Zusammengehörigkeit von Denken und Sein sei nicht nach der Gewohnheit von der Einheit des Zusammen her zu bestimmen, vielmehr sei umgekehrt das Zusammen aus dem Gehören zu erfahren (ID 20). (Daß sich H. hier von EM absetzt, ist besonders leicht zu sehen, legt er doch hier τό αὐτό als das Selbe wie das heraklitische ξυνόν bedeutend aus(EM 106).Mit diesem Schritt ist für H. der Weg frei für den Einblick in das Ereignis,das Sein und Denken und d.h. Sein und Mensch einander gehören läßt. Mensch und Sein gehören einander, weil erst der Mensch das Sein als Anwesen ankommen läßt (ID 23) und jener sein Auszeichnendes darin hat, daß er, als denkens Wesen offen für das Sein, vor dieses gestellt ist (22). In diesem Einander-gehören spielt ein Einander-übereignen, ein Ver-eignen und Zu-eignen. Mit der Erfahrung dieses Eignens kehrt der Mensch in das "Ereignis" ein (28).

    Das Ereignis kommt am ehesten dem nahe, was H. in VA III als die alles gewährende Entbergung denkt; dagegen hat das in HB gedachte Sein zwar in gewisser Hinsicht den 'Ort' des Ereignisses inne, es unterscheidet sich aber auch von diesem: (1) Während nach HB das Sein selbst in den epochalen Geschicken sich s e l b s t gibt (HB 165), zuschickt, gibt das Ereignis nach ZSD zwar das Sein, bleibt aber als solch gebendes selbst "geschicklos" (ZSD 44), d.h. es gibt sich nicht selbst wie ein epochales Seinsgeschick (entsprechend kann von ihm das 'es gibt' nicht gesagt werden (24)). Während also nach HB Gebendes und Gegebenes noch eine Einheit bilden, tritt in ZSD beides auseinander. (2) Während es nach HB die e i n z i g e Sache des als solches geschichtlichen (HB 166) Denkens ist, auf das Geschick des Seins zu achten und seine bleibende Ankunft - die Geschichte des Seins ist nach jenem Werk "nie vergangen", sondern "steht immer bevor" (146) - zur Sprache zu bringen (193) und das Denken dabei als solches in die Geschichte des Seins gehört und von ihr ereignet ist (166), ist nach ZSD für das Denken, das in das das Sein zuschickende, selbst aber geschicklose Ereignis einkehrt, die Seinsgeschichte zu Ende, insofern für es das Geschick des Seins nicht mehr das eigens zu Denkende ist (ZSD 44).

Das Ereignis eignet, indem es (das Ereignete) er--äugt, erblickt und sich darin an-eignet (ID 28 f). Der Mensch ist - im Unterschied zum sonstigen Seienden - auf die Weise vom Ereignis er-äugt, angeeignet und eben darin in sein Eigenes gebracht, daß es ihn in den Brauch entläßt (Usp 260), das Anwesen des Anwesenden im denkenden Sagen zu entbergen. Das Ereignis eignet durch das Brauchen des Menschen bzw. des Denkens zugleich das Sein in sein Eigenes, d.h. in sein Erscheinen als Anwesen des Anwesenden und sein Brauchen des denkenden Menschen. "Das Er--eignis ist der in sich schwingende Bereich, durch den Mensch und Sein einander in ihrem Wesen erreichen, ihr Wesendes gewinnen ..." (ID 30). Das Vereignen von Mensch und Sein in ihr Eigenes durch das Ereignis, d.h. sein Zusammen-gehören-lassen beider bestimmt die 'Art' ihres Zusammens, mithin also auch, wie H. glaubt, das Wesen der von Parmenides in B 3 gedachten Selbigkeit: "Die Frage nach dem Sinn" des parmenideischen αὐτό "ist die Frage nach dem Wesen der Identität ... Jetzt zeigt sich: Sein gehört mit dem Denken in eine Identität, deren Wesen aus jenem Zusammengehörenlassen stammt, das wir das Ereignis nennen. Das Wesen der Identität ist ein Eigentum des Er-eignisses."(31)

> Es scheint, daß H. in ID Ereignis und τὸ αὐτὸ nicht so eng zusammensieht wie Aletheia und τὸ αὐτὸ in VA III. In diesem ist nicht einfach das Ereignis "geschwiegen", wie es nach VA III die Aletheia ist. Während H. aus diesem Grund in VA III bestreitet, das αὐτὸ nenne das Identische (VA III 38), kann er dies in ID eingestehen, da er hier den in B 3 genannten Sachverhalt als vom Ereignis gewährt versteht und dieses entsprechend im αὐτὸ nicht geschwiegen ist. (Mit diesen Unterschieden hängt es auch zusammen, daß das ἐστιν in B 3 nach ID eine andere Bedeutung ('Kopula') hat als nach VA.) Gleichwohl ist VA III die nächste Vorstufe zu H.s Auslegung des αὐτὸ in ID.

Parmenides denkt nach H.s Ansicht in ID die Identität (zumindest auch) als Zusammen-gehören von Denken und Sein in das Selbe (ID 19), also nicht (nur) als einen Grundzug des Seins wie die spätere Metaphysik. Deshalb und weil er, wie H. meint, jenes Zusammen-Gehören nicht von der Einheit des Zusammen vorstellt, sondern dieses Zusammen aus dem Einander-Gehören von Denken und Sein her erfährt (20), 'sieht' er, wenn auch nicht denkend, sondern nur verstehend, im Gegensatz zur Metaphysik das Ereignis, insofern es aus seinem Einander-Gehören-lassen von Denken und Sein das Wesen der Identität als Einander-Gehören eben jener bestimmt (daß Parmenides nach H.s Ansicht das Ereignis erfahren hat, bestätigt ZS 8).

> Parmenides erfährt nach ID das Eräugtsein des Menschen durch das Ereignis, wenn er sein Denken als von ihm für die Ankunft des Seins

gebraucht versteht (23). Nach "Die Zeit des Weltbildes" von 1938 ist es demgegenüber weder das Ereignis, noch die Aletheia, sondern das Seiende, das den Menschen erblickt, an-schaut (Hw 83).

§ 36 HEIDEGGERS INTERPRETATION DES ἔστι γὰρ εἶναι (PARMENIDES B 6,1)

Der späte H. übersetzt das ἔστι γὰρ εἶναι des Parmenides mit "Es ist nämlich Sein" (HB 165, ZS 8, KTS 306). Ganz ähnlich spricht H. schon in SuZ dem Sein ein 'es gibt' zu (SuZ 212, 230). Da beide 'Aussagen' die selbe Problematik betreffen, soll die Interpretation mit einem kurzen Blick auf das 'es gibt Sein' in SuZ einsetzen. H. sagt in SuZ 'es gibt Sein' nicht, weil er den Satz 'Sein ist' als unangemessen ablehnen würde, sondern weil dieser Satz das Mißverständnis nahelegt, in ihm werde Sein als Seiendes vorgestellt. Wie v.Herrmann zutreffend bemerkt, bezieht sich das 'es gibt' in SuZ noch nicht auf die Art, in der es Sein gibt, wie beim späten H., es nennt vielmehr die Faktizität von Sein.[48] Der Sinn des Satzes 'Sein ist' sollte in SuZ I,3 aufgeklärt werden: "Was es bedeutet: Sein 'ist', wo es doch von allem Seienden unterschieden werden soll, kann erst konkret gefragt werden, wenn der Sinn von Sein und die Tragweite von Seinsverständnis überhaupt aufgeklärt sind." (230). H.s These in HB, das parmenideische ἔστι γὰρ εἶναι ,"'Es ist nämlich Sein'" verberge das anfängliche Geheimnis für alles Denken, also auch eine entscheidende Einsicht, ist in SuZ offensichtlich schon vorbereitet.

Daß H. in der Phase von SuZ das parmenideische ἔστι γὰρ εἶναι schon mit "Es ist nämlich Sein" übersetzte, ist unwahrscheinlich, da er es in EM noch mit "das Seiend nämlich hat Sein" (EM 85) übersetzt. Wie sich früher ergab, besagt dies nach H.s Ansicht in EM wohl in etwa: 'das Sein west, ist eigentlich seiend'.

Ist dies richtig, so würden die Übersetzungen "Das Seiend nämlich hat Sein" (EM) und "Es ist nämlich Sein" (HB) trotz aller Verschiedenheit der zugrundeliegenden grammatischen Auffassung im Sinn fast zusammenfallen.

Innerhalb der bislang veröffentlichten Werke kommt H. zum ersten Mal ausdrücklich auf das parmenideische ἔστι γὰρ εἶναι innerhalb seiner Reinterpretation des 'es gibt Sein' von SuZ in HB zu sprechen. Nach HB wird in SuZ das 'es gibt' vom Sein gesagt, um das 'ist', das gewöhnlich vom Seienden gesagt wird, vorläufig nicht auch vom Sein sagen zu müssen, das doch gerade nicht das Seiende ist (HB 165). Doch w e n n dies mögliche Mißverständnis im Blick bleibt, dann kann, ja muß nach HB gerade vom Sein gesagt werden, daß es ist: Es ist "seiender als jegliches Seiende" (189).[49] Von hier aus interpretiert H. nun das parmenideische ἔστι γὰρ εἶναι, "'Es ist nämlich Sein'": Es bringt nach seiner Ansicht die wesentliche Erfahrung zu Wort, daß "das 'ist' in der gemäßen Weise nur vom Sein gesagt werden" kann, "so daß alles Seiende nicht und nie eigentlich 'ist'" (165).[50] Wie das Ist des Seins nach SuZ aus seinem Sinn, so ist es nach HB aus der Wahrheit des Seins her zu denken. Dabei bleibt in beiden Werken das Problem des Ist des Seins letztlich offen: "weil das Denken dahin erst gelangen soll, das Sein in seiner Wahrheit zu sagen ..., muß für die Sorgfalt des Denkens offenbleiben, ob und wie Sein ist" (HB 165). Weil einerseits das Ist des Seins mit seiner Wahrheit zusammengehört (beide nennen das Selbe), diese andererseits jedoch das eigentlich zu denkende Geheimnis ist, "verbirgt sich" im ἔστι γὰρ εἶναι des Parmenides, wie H. glaubt, "das anfängliche Geheimnis für alles Denken" (165). Wie die Wahrheit des Seins noch ungedacht, unerfragt ist, ist auch das ἔστι γὰρ εἶναι "heute noch ungedacht" (165). (Dem entspricht auch, daß H. bei der Ausarbeitung von SuZ I,3 und damit an der Aufklärung der Bedeutung von 'Sein ist' scheiterte.)

Nach SuZ 'ist' das Sein, so kann vermutet
werden, wenn es von einem im engen und strengen Sinn sich erschließenden Dasein ent-wor-
fen wird; nach HB 'ist' dagegen das Sein,
wenn es sich dem den Entwurf vollbringenden
Denken geschickhaft gibt, zu-schickt. Von
hier aus wird es H. möglich, das 'es gibt'
in 'es gibt Sein' von SuZ neu und zwar jetzt
gemäß seiner Wortbedeutung zu interpretieren: "In 'S.u.Z.' ... ist ... gesagt: ...
'es gibt' das Sein ... das 'es', was hier
'gibt', ist das Sein selbst. Das 'gibt'
nennt ... das gebende, seine Wahrheit gewährende Wesen des Seins."(165) Das Sein
i s t , wenn und indem es sich ins Offene
und als dieses gibt; dabei ist der Mensch
als denkender der Empfänger dieser Gabe und
bestimmt sich das Sichgeben des Seins je aus
der Weise, wie es sich lichtet. Der Satz 'das
Sein ist' meint also implizit auch: das Sein
gibt sich dem Menschen als Geschick seiner
Lichtung. HB sagt nichts darüber, inwiefern
dies schon im ἔστι γὰρ εἶναι des Parmenides
mitgenannt sein soll. Der Akzent liegt einzig
darauf, daß Parmenides als in gewissen Grenzen
eigentlich ek-sistierender Denker sieht: Das
Sein und nicht das Seiende 'ist' eigentlich
(und ist darum das eigentlich zu Denkende).
Man darf aber wohl H. wie folgt interpretieren: Indem Parmenides das Ist des Seins, sein
Wesen (verbal) erfährt, erschließt sich ihm
auch sein Sichgeben, Zuschicken.

Den bis jetzt veröffentlichten Werken zufolge hat
sich H. nach HB (1946) zum parmenideischen ἔστι
γὰρ εἶναι erst wieder in ZS und KTS (beides 1962)
geäußert.

H.s Interpretation des ἔστι γὰρ εἶναι in
KTS steht grammatisch (nach HB und KTS ist
εἶναι Subjekt des ἔστι, nach ZS ist es sein
Objekt) und inhaltlich HB näher als seiner
Auslegung jener parmenideischen Worte in ZS.
Da auch Wege von der Auslegung in KTS zu der
in ZS leicht denkbar sind[57]), liegt die An-

nahme nahe, jene sei die Vorstufe zu dieser.
Doch die Ähnlichkeit der Auslegung des ἔστι
γὰρ εἶναι in KTS mit der seltsamen Interpretation von Parm. B 2,3 in dem 1963/64 entstandenen Vortrag EPh - H. paraphrasiert hier
B 2,3 wie folgt: "ὅπως ἔστιν... εἶναι : daß anwest Anwesen" (ZSD 75) - läßt vermuten, daß
KTS nach ZS entstand.

In ZS und KTS entscheidet sich H. gegen seine These
in HB und wohl auch nach SuZ, EM und WD (172), daß
das Sein, nicht das Seiende, eigentlich ist: "Sein
kann nicht s e i n . Würde es sein, bliebe es
nicht mehr Sein, sondern wäre ein Seiendes."(KTS
306). "Sein i s t nicht. Sein gibt Es ..." (ZS
6)52). Mit dieser Einsicht muß H. das ἔστι γὰρ
εἶναι des Parmenides erneut problematisch werden.
Obwohl jetzt das Ist nicht vom Sein gesagt werden
darf, hält H. in ZS und KTS an der Übersetzung des
ἔστι γὰρ εἶναι in HB mit "Es ist nämlich Sein"
fest, legt jedoch jeweils eine mit seiner neuen
Einsicht vereinbare Auslegung jener Worte vor. Nach
ZS ist statt 'Sein ist', 'Zeit ist' "Es gibt Sein",
"es gibt Zeit" zu sagen. Soll das Sein in seinem
Verhältnis zur Zeit gedacht werden, wie es sich ZS
zur Aufgabe stellt (ZS 4), dann muß das Es und sein
Geben in "Es gibt Sein" und "Es gibt Zeit" erblickt
und erfahren werden. Dies soll so geschehen, daß
zuerst Sein und Zeit in ihr Eigenes gedacht werden
(5). In diesem ihrem Sich-geben soll dann jenes Geben sichtbar werden, das beide er-gibt und darin in
ihr Verhältnis zueinander hält (5). Sein, Anwesen
zeigt sich nun, im Hinblick auf das Anwesende bedacht, als Anwesen-lassen, wobei Lassen hier den
Sinn von 'weglassen', 'freigeben' hat (ZSD 40): Das
Anwesen läßt, gibt das Anwesende ins Offene frei
(40). Wird nun das Sein oder Anwesen-lassen - im
Schritt zurück (51) - im Hinblick auf es selbst bedacht (5, 40), so zeigt sich das Lassen als ein Zu-
lassen, Geben, Reichen, Entbergen, ins Offene bringen (5, 40), und zwar nun nicht mehr des Anwesenden, sondern wie schon der Wortbestand andeutet,
des Anwesens selbst. Da dieses Geben von Sein den

Grundzug des Über- oder Zueignens des Seins in sein Eigenes (das Anwesen) hat, ist das "Es", das gibt, als Ereignis zu denken (20). Das Ereignis ist nicht die Lichtung, sondern das, was sie er-bringt, er--gibt(Usp 258), das ursprünglichste Entbergen. Es erbringt, ereignet alle wesenhaften Bezüge: die Zwiefalt von Anwesen und Anwesendem (in der Metaphysik), Ding und Welt in ihren Unterschied, die Zusammengehörigkeit von Denken (Mensch) und Sein, die 'Einheit' von Gewesenheit, Gegenwart und Zukunft, das Verhältnis von Zeit und Sein. Das Ereignis ereignet das Sein wie überhaupt in sein Eigenes, so auch in seine geschichtlichen Prägungen. Als so schickendes kann das Ereignis erst in den Blick kommen, wenn in der Frage nach dem Sein als solchem dieses als Anwesen-Lassen bedacht wird. Darum ist die Seinsvergessenheit der Metaphysik für H. auch Ereignisvergessenheit und umgekehrt das Erwachen aus der Seinsvergessenheit in SuZ zugleich "das Entwachen in das Ereignis" (ZSD 32). Dieses schickt zwar der Metaphysik ihre epochale Seinsauslegungen, entzieht sich jedoch ihrem Beachten der Seiendheit des Seienden. In der Einheit dieses Schickens und Sichentziehens sieht H. jetzt das Wesen der Metaphysik: "Die Metaphysik ist die Geschichte der Seinsprägungen, d.h. ... die Geschichte des Sichentziehens des Schickenden zugunsten der im Schicken gegebenen Schickungen ..." (44). Wenn aber das Ereignis sich (wie in der Metaphysik) entziehen und (wie in H.s Denken) als sich entziehendes entbergen kann, ist es dann nicht auch geschichtlich, so daß zwar für H. beim Entwachen in das Ereignis die Geschichte des Seins zu Ende ist (44), doch zugleich die Einkehr in die 'Geschichte' des Ereignisses erfolgt? H. scheint dies zu bestätigen: Dem Ereignis "fehlt" nicht "jede 'Bewegtheit'" (44), kann doch (wie im Denken H.s) sein Entzug zu einem Ende kommen (44), und die ihm eigene Weise der Verbergung (Ent-eignis) sich als das eigentlich zu Denkende zeigen, eigens entbergen, ankommen (44).

In der Verbergung des Ereignisses als Anwesen gebendes in der Metaphysik 'gründet' es wohl nach H.s Ansicht in ZS, daß Parmenides statt 'es g i b t

Sein' ἔστι γὰρ εἶναι 'Es i s t nämlich Sein'
sagt: "Im Beginn der Entbergung von Sein", d.h.
bei Parmenides, "wird zwar Sein, εἶναι, ἐόν gedacht, aber nicht das 'Es gibt'. Statt dessen sagt
Parmenides ἔστι γὰρ εἶναι, 'Es ist nämlich Sein'."
(ZS 8) In der Ungedachtheit des 'Es gibt' liegt,
so meint H., daß sich Parmenides das Ereignis in
eins mit seinem Geben entzieht zugunsten des Seins
als der Gabe (8). Da nun Parmenides, wie hierin
eingeschlossen ist, für H. in Grenzen ursprüngliche Erfahrungen vom Wesen des Seins macht, dieses
jedoch nichts Seiendes ist, kann der Satz ἔστι
γὰρ εἶναι das Sein "nicht als etwas Seiendes vorstellen" (8). Da jener Satz aber auch nicht das
'Es gibt Sein' zu Wort bringt, muß ihm eine dritte
Bedeutung eignen: Die Griechen dachten, so behauptet H. in ZS, in dem betonten ἔστι ein 'Es vermag'.
Der Sinn dieses Vermögens wie auch das 'Es', das
Sein vermag, bleiben jedoch, wie H. meint, bei Parmenides (wie überhaupt in der Metaphysik) ungedacht
(8), d.h. es verbirgt sich ihm, daß im ἔστι als
'es vermag' ein als solches sich nicht zeigendes
Geben und ein ebensolches Gebendes eingeschlossen
ist: "Sein vermögen heißt: Sein ergeben und geben.
In dem ἔστι verbirgt sich das Es gibt."(8)

> Während in HB (und KTS) das 'Es' in "'Es ist
> nämlich Sein'" für die Auslegung unerheblich
> bleibt, H. diesen Satz vielmehr auffaßt, als
> lautete er: 'Sein ist', ist nach ZS, und
> (innerhalb der bisher veröffentlichten Werke
> H.s) allein hier, die Formulierung "Es ist
> ..." für die in ἔστι γὰρ εἶναι gedachte Sache
> wesentlich. - Der Satz 'Es, das Ereignis, ver-
> mag Sein' ist im natürlichen Sprachgebrauch
> ohne Parallele; vermögen fordert eigentlich
> einen mit 'zu' angeschlossenen nicht-substan-
> tivierten Infinitiv. "Das Element /d.h. das
> Sein/ ist das, aus dem her das Denken vermag,
> ein Denken zu sein."(HB 147) Das Geben und
> Vermögen des Ereignisses in ZS steht übrigens
> in deutlicher Nachbarschaft zum Mögen des
> Seins in HB: Mögen heißt hiernach "das Wesen
> schenken" (148).

Daß sich im parmenideischen ἔστι (γὰρ εἶναι) das Ereignis und sein Geben verbirgt, bezeugt sich, so darf man H. wohl interpretieren, erst einem Denken, das mit dem Fragen nach dem Sein als solchem in das Ereignis einkehrt und dabei dessen Sichverbergen als das ihm Eigentümliche erfährt. Der Metaphysik ist allerdings das Ereignis und sein Entzug nicht völlig verborgen: jenes meldet sich, wie H. glaubt, im Grundwort Ἀλήθεια (ZS 25), und wenn auch nur sprachlich, im ἔστι γὰρ εἶναι des Parmenides; dieser ist für H. im κρύπτεσθαι in Her. B 123 zum ersten und letzten Mal ausgesprochen (ZSD 56) und verbirgt sich wohl auch in der frühgriechischen λήθη (25,44). Wahrscheinlich stand nach H.s Ansicht das parmenideische ἔστι (γὰρ εἶναι) in der Nachbarschaft zum "Es ist..." der in ZSD 42 zitierten Trakl-Verse.53) Wie das ἔστι des Parmenides, so kann man das dichterische 'Es ist' "nur aus dem Ereignis denken" (43). (H. rückte analog schon in WD das χρή, Es brauchet des Parmenides in die Nähe zu dem "Es brauchet" in Hölderlins Hymnen "Der Ister" und "Die Titanen" (WD 117 f,169), von wo aus übrigens H.s Übersetzung des χρή mitangeregt sein könnte.) Wie im dichterischen 'Es ist' der Bezug zum Menschen mitgenannt ist (ZSD 43), so ist er wohl nach H.s Ansicht auch im denkerischen ἔστι des Parmenides verborgen (das in ihm verborgene 'Es gibt' (ZS 8) hat ja den Menschen zum Empfänger).

Wie schon gesagt, hält H. zwar auch in KTS an seiner Übersetzung des parmenideischen ἔστι γὰρ εἶναι in HB mit "Es ist nämlich Sein" fest (KTS 306), doch gibt er dem Satz eine der Einsicht, daß Sein nicht ist, nicht widersprechende Bedeutung: Parmenides sagt zwar, so behauptet H. jetzt, "'Anwest nämlich Anwesen'", doch da "im εἶναι, Anwesen, eigentlich die Ἀλήθεια... das Entbergen" spricht, sagt das ἔστι nicht die Seiendheit vom εἶναι, Anwesen aus, sondern 'das Anwesenlassen' (306). Sprechen meint hier für H. wohl ungefähr soviel wie waltend erscheinen. Das im Anwesen gesprochene, erscheinende Entbergen läßt Anwesendes in seine Anwesenheit frei (ZSD 40), es bringt das Anwesende in diese (62). So wird verständlich, daß für H. das von Parmenides betont vom εἶναι gesagte ἔστι eigentlich das Anwesenlassen sagen kann (KTS 306); ἔστι γὰρ εἶναι sagt nach H.s Meinung entsprechend als ganzes: Anwesen (εἶναι) läßt (Anwesendes) anwe-

wesen⁵⁴⁾, oder: "Sein - eigentlich: das Anwesenheit
Gewährende" (306). Wenn jedoch ἔστι γὰρ εἶναι 'Sein
gewährt Sein' besagt, dann wird hier "Sein, τὸ αὐτό
(das Selbe), καθ' αὐτό, auf es selbst zu, gesagt"
(306)⁵⁵⁾, spricht also in jenem Satz eine Art "Tautologie". Ähnlich wie nach HB im ἔστι γὰρ εἶναι
"das anfängliche Geheimnis für alles Denken" sich
verbirgt (HB 165), nennt nach KTS jene Tautologie
"das anfänglich und künftighin für das Denken Maßgebende" (KTS 307). Auch der Grund, weshalb das
ἔστι γὰρ εἶναι das eigentlich zu Denkende nennt,
ist nach HB und KTS ähnlich: Nach HB weist der Satz
- im Gegenzug zur Verfallenheit ans Seiende - das
Sein als das eigentlich zu Denkende, weil eigentlich Wesende auf und blickt darin zugleich auf die
Wahrheit, das Sichzeigen des Seins hinaus. Das 'tau-
tologische' Zusagen des Seins auf es selbst nach
KTS ist ein als solches unbedachtes Nennen des Seins
in seiner Wahrheit. Da diese bei Parmenides ungedacht bleibt, muß sie, wie H. glaubt, in seinem
ἔστι γὰρ εἶναι als ungedachte Möglichkeit verborgen sein: "die Tautologie" sagt das "für das Denken
Maßgebende. Deshalb birgt diese Tautologie Ungesagtes, Ungedachtes, Ungefragtes in sich." (306 f)
Da die Zeit der Vorname der Wahrheit des Seins ist
(WME 205), erweist nach H.s Meinung in KTS (unter
anderem) sie sich als das in jener Tautologie verborgene Ungedachte; es ist die Zeit, die im ἔστι
auf das εἶναι, Sein, wenn auch als solche ungedacht,
zugesagt wird:

> "'Anwest nämlich Anwesen'. Was heißt hier An-
> wesenheit? Gegenwart? Woher bestimmt sich der-
> gleichen? Zeigt sich, genauer: verbirgt sich
> hier ein ungedachter Charakter eines verbor-
> genen Wesens von Zeit? Steht es so, dann muß
> die Frage nach dem Sein unter den Leittitel
> gelangen: 'Sein und Zeit'."(KTS 307)

Wie sich gezeigt hat, gibt es nicht so etwas wie eine 'Entwicklung' in H.s Auslegung des parmenidei-

schen ἔστι γάρ εἶναι. Auch lassen sich keine eindeutigen Gründe für ihre Wandlungen angeben. Weder können grammatische Überlegungen (die Übersetzung jener Worte ist in HB, ZS und KTS formal dieselbe), noch in jedem Fall Wandlungen in H.s Denken (wahrscheinlich hat H. das Leitwort 'Ereignis' in KTS nicht aufgegeben) noch Wandlungen in der 'etymologischen' Auslegung des ἔστι/ εἶναι (in KTS (1962) erinnert sie an die in VA III 45 (1954)) klar als Grund für den Wandel von H.s Interpretation des ἔστι γάρ εἶναι aufgewiesen werden.

§ 37 HEIDEGGERS INTERPRETATION DES PARMENIDES IN EPh

In EPh legt H. zunächst dar, daß die Metaphysik (Philosophie) als das begründende Vorstellen des Seienden in der Ausfaltung in die technisierten Wissenschaften und in der Einrichtung einer wissenschaftlich-technischen Welt sich in ihre letzte, d.h. äußerste, 'radikalste' Möglichkeit versammelt und sich auf diese Weise vollendet (ZDS 63, 65). Wenn diese Möglichkeit eine Wesensvollendung ist, dann scheinen alle Möglichkeiten metaphysischen Denkens vollständig verwirklicht und das Denken somit in sein Ende gelangt zu sein, vorausgesetzt es hat nicht in seinem Beginn eine erste Möglichkeit des Denkens 'übersprungen' (65). H.s Besinnung auf Parmenides, Hegel und Husserl versucht denn auch zu zeigen, daß die Metaphysik tatsächlich die "erste" Möglichkeit der Ek-sistenz in die Lichtung übersprungen hat, insofern sie diese Möglichkeit a l s Metaphysik nicht eigens erfahren und übernehmen konnte, obwohl sie von ihr ausgehen mußte (65) und überhaupt von ihr ermöglicht ist. Das An-denken an jene erste Möglichkeit soll nach EPh im Menschen eine Bereitschaft für die Möglichkeit wecken, daß die Weltzivilisation des technisch-wissenschaftlich-industrielle Gepräge überwindet (67), d.h. daß das Ge-stell sich in das Ereignis und d.h. in die Ankunft von Welt und Ding wandelt.

Daß die Metaphysik von der Ek-sistenz in die Lichtung ausging, diese Möglichkeit jedoch nicht als solche eigens übernehmen konnte, zeigt sich nach H.s Ansicht daran, daß die Lichtung zwar von Parmenides in der Ἀλήθεια , Unverborgenheit gesprochen, gesagt, genannt, aber als solche nicht eigens gedacht ist (67, 74, 76 ff). Letzteres ist auch nicht möglich für ein Denken, das wie das des Parmenides metaphysisch das Seiende auf die Seiendheit als seinen Grund hin vorstellt (62). Die Aufgabe, die Lichtung zu bedenken, hat sich der Philosophie "durch ihren Beginn verschlossen" (66).
In bezug auf die Aletheia, mithin in bezug auf die Lichtung sagt Parmenides jedoch:

B 1,28 ... χρεὼ δέ σε πάντα πυθέσθαι ...
"'du sollst aber alles erfahren ...'" (74).
Da für den späten H. das Denken wesensmäßig ein Erfahren ist (57), wird im Hinblick auf diese Übersetzung fraglich, ob sich H. nicht selbst widerspricht, wenn er behauptet, die Aletheia bzw. Lichtung bleibe bei Parmenides ungedacht. H. sagt ferner selbst: "Der sinnende Mann soll das nichtzitternde Herz der Unverborgenheit erfahren", d.h. "sie selbst in ihrem Eigensten... Das ist die Lichtung des Offenen" (75). Vermutlich ist dieses Erfahren des Parmenides für H. 'nur' ein verstehendes und deshalb kein Erfahren im Sinne von Denken. In "Heraklit" (259) sagt H. denn auch ganz entsprechend: "Über die ἀλήθεια a l s ἀλήθεια steht in der ganzen griechischen Philosophie nichts." Doch sagt nicht Parmenides in B 1,29 etwas 'über' die Aletheia?

B 1,29 ... ἠμὲν ἀληθείης εὐκυκλέος ἀτρεμὲς ἦτορ ...
"' ... sowohl der Unverborgenheit, der gutgerundeten, nichtzitterndes Herz ...'" (ZSD 74)
Wenn Ἀλήθεια hier, wie gesagt, nach H.s Ansicht die Lichtung nennt (74, 77) bzw. als diese zu denken ist (75), so stimmt das im Groben mit dem überein, was er seit GPh zur frühgriechischen ἀλήθεια sagt. Im einzelnen modifiziert H. jedoch in EPh seine Auffassung gegenüber seiner bisherigen Auslegung:

(1) Die Lichtung ist nach EPh nicht mehr das Gelichtete oder Licht, sondern der Spielraum von Licht und Dunkel.

(2) Ἀλήθεια bedeutet nach EPh nicht mehr Wahrheit.

Ad (1): Nach SuZ ist die Zeitlichkeit das Licht, das das Dasein ursprünglich lichtet (SuZ 350 f). H. denkt also nach jenem Werk das Licht als Lichtendes, Gelichtetheit ergebendes. Die Lichtung des Daseins meint nach SuZ seine Gelichtetheit (133). Nach "Aletheia" sagen Lichtung und Lichten dasselbe (VA III 54). Das Lichtende ist das Licht selbst – es waltet im Feuer, πῦρ Heraklits (71) – wie auch die Lichtung (diese beleuchtet Anwesendes und erleuchtet Menschen und Götter (74)). Auch nach "Der Spruch des Anaximander" sind Licht und Lichtung (des Seins) dasselbe (Hw 310 f). Während H. in SuZ ἀλήθεια als die in der Gelichtetheit des Daseins gründende Entdecktheit des Seienden (SuZ 219) und in GPh als die Lichtung des Daseins selbst auslegt (GPh 24 f), gewährt nach "Moira" die in der Entfaltung der Zwiefalt waltende ἀλήθεια als Entbergung (VA III 43) die Lichtung des Anwesens (47). Nach "Moira" gehören Licht und Lichtung nahe zusammen: es gibt das Licht (43) und die Lichtung (47) des Anwesens, ferner das stille Licht der Lichtung (51). Im Gegensatz zu seiner bisherigen Auffassung unterscheidet H. in EPh und "Heraklit" scharf zwischen Lichtung und Licht. Zwar wird auch jetzt dem Denken das Anwesende nur in einer Helle zugänglich, doch die Helle, das Licht setzt seinerseits wieder die Lichtung, die offene Stelle voraus (ZSD 72). Das Licht, welches für H. früher die Lichtung konstituierte, schafft nach EPh nicht die Lichtung (72), sondern durchmißt sie nur (73). Dementsprechend kann jetzt auch die Lichtung von H. als Spielraum von Licht u n d Dunkel gedacht werden (72, 74, "Heraklit" 260). Ἀλήθεια sagt nach H.s Ansicht in EPh bei Parmenides entsprechend nicht mehr "Entdecktheit", 'Gelichtetheit' des Seienden wie nach SuZ, noch Unverborgenheit als im-Licht-stehen oder Erscheinen des Seienden wie nach EM 106, noch Entbergen als ursprünglichstes Lichten ("Moira"),

sondern ist die Lichtung, das Offene als Spielraum
des Lichts.

Ad (2): Wenn die Lichtung zum Spielraum von Licht
und Dunkel wird und nicht per se gelichtet ist,
kann sie wohl nicht mehr Wahrheit genannt werden.
Dementsprechend hält sich denn H. in EPh auch an
die 'natürliche' Bedeutung dieses Wortes (Richtigkeit, Gewißheit des Wissens) und hebt Wahrheit
scharf von der Lichtung (als von dieser gewährt)
ab (ZSD 76 f). Somit kann ἀλήθεια nach H.s Position in EPh (76) und "Heraklit" (260), sofern damit die Unverborgenheit genannt ist, im Gegensatz
zu allen vorausgehenden Arbeiten H.s, einschließlich "Moira" (VA III 44, 52) nicht mehr Wahrheit
bedeuten. Doch scheidet H. die Bedeutung 'Wahrheit'
aus dem Bedeutungsspielraum von ἀλήθεια damit
nicht aus. Während er noch in HG (von 1958) bestreitet, daß die Verbindung von ἀλήθεια, ἀληθής
mit verba dicendi bei Homer seine Übersetzung jener
Worte mit "Unverborgenheit" und "unverborgen" widerlegt (HG 271), gesteht er in EPh (von 1964) ein,
daß aus jener Verbindung folgt, daß ἀλήθεια schon
bei Homer Wahrheit im Sinne von Richtigkeit, Verläßlichkeit bedeutet (ZSD 77).[56] Auch die Philosophie der Griechen erfährt, wie H. nun behauptet,
ἀλήθεια, die Unverborgenheit "sogleich und nur
als ὀρθότης, als die Richtigkeit des Vorstellens
und Aussagens" (78) und insofern auch als Wahrheit.
Damit ergibt sich die Vermutung, daß Parmenides
nach EPh die Unverborgenheit verstehend erfahren,
Wahrheit jedoch als Richtigkeit gedacht hat. Ist
das richtig, so würde sich EPh zu den vorausgehenden Werken wie folgt verhalten: (1) Nach dem ganzen
Werk H.s wird von Parmenides die Unverborgenheit
(Entbergung) verstehend erfahren, nicht aber als
solche gedacht. (2) Während H. vor EPh annimmt,
die Griechen hätten in der Unverborgenheit das (im
Verhältnis zur Richtigkeit) ursprüngliche Wahrheitsphänomen gesehen, behauptet er in EPh, ihrem
Denken habe sich das (verstehend angemessen erfahrene) Phänomen der Lichtung durch den Gedanken der
Wahrheit/Richtigkeit verstellt.

εὐκυκλέος, gutgerundet, heißt nach H.s Ansicht
in EPh die ἀλήθεια, "weil sie im reinen Rund

des Kreises gedreht ist, auf dem überall Anfang und
Ende dasselbe sind" (74). Aletheia führt also nach
EPh anscheinend eine Art Kreisbewegung durch (im Gegensatz zu EM, wo H. εὐκυκλέος noch mit schönkugelig übersetzt (EM 86)). Dieser Bewegung, die
von H. als Drehung des einen Endpunkts eines Radius um den anderen gedacht sein könnte, scheint
nach H.s Ansicht Identität und Kontinuität zu eignen, was zu verbürgen scheint, daß sie, wo sie auch
immer anfängt, zum Ausgangspunkt zurückkehren kann.
Die Reinheit der Bewegung schließt für H. anscheinend auch ein, daß sie frei von Überdeckungen und
verdeckten Einbiegungen und Schleifen ist: "In dieser Drehung gibt es keine Möglichkeit des Verdrehens, Verstellens und Verschließens."(ZSD 74 f)
Wie dies im einzelnen auch zu verstehen sein mag,
klar ist, daß nach H.s Auffassung in EPh in εὐκυκλέος eine Drehung ausgesprochen wird, die,
weil sie die der Unverborgenheit ist, nur εὐ-,
rein sein kann, da die Un-verborgenheit jede Ver-
-drehung ausschließt. Man kann sich fragen, ob
nicht von hier ein Weg zu H.s These führt, die
Aletheia sei von Parmenides als Richtigkeit gedacht: In EM wird der Begriff der Verdrehung klar
in die Nachbarschaft der Richtigkeit gerückt (EM
147).

ἀτρεμὲς ἦτορ meint, so behauptet H., die Aletheia
selbst "in ihrem Eigensten", genauer "den Ort der
Stille, der in sich versammelt, was erst Unverborgenheit gewährt", d.h. "die Lichtung des Offenen"
(ZSD 75). Wie εὐκυκλέος so wird, wie sich zeigt,
auch ἀτρεμὲς ἦτορ von H. streng von der Nachbarschaft zu ἀληθείης her ausgelegt. Aus ἀτρεμὲς scheint
H. herauszulesen, daß Parmenides ἦτορ als Ort der
S t i l l e erfahren hat (eine Interpretation,
die man für EM kaum annehmen kann). Der Ort der Stille erinnert an das Geläut der Stille, das als die
Sage oder das Lichtende der Sprache das Geviert der
Welt in die Nähe des Gegen-einander-über lautlos rufend versammelt (Usp 215). In einem anderen Zusammenhang in EPh legt H. das Herz der Unverborgenheit
als die λήθη aus, in welcher ein Bergen waltet, aus
dem erst Unverborgenheit gewährt werden kann (ZSD
78).57) Doch nach dem hier entscheidenden Kontext

(75 f) gibt das Herz der Lichtung die Möglichkeit des Zusammengehörens von Sein und Denken (75), und dies kann doch wohl nur von der Lichtung gesagt werden.

Die Lichtung/Unverborgenheit bzw. der Ort der Stille (ἀτρεμὲς ἦτορ) tritt in EPh (wenigstens formal) an die Stelle des Ereignisses als das Anwesen und Denken und ihr Zusammengehören Gewährende (75). Daß H. hier auch an Parm. B 3 denkt, bedarf wohl keiner weiteren Erläuterung.

Der Weg des Denkens, sei es spekulativ (Hegel) oder intuitiv (Husserl), bedarf nach H.s Auffassung der Aletheia als der Lichtung (75). Diese gewährt sowohl dem Denken seinen Weg zur Anwesenheit als auch deren Anwesen (75). Dieser Zusammenhang ist, so behauptet H., von Parmenides (nicht aber von Hegel und Husserl) erfahren und in B 2,3 zu Wort gebracht worden (H. denkt hier wohl daran, daß Parm. B 2,3 von Aletheia 'gesprochen' ist). Ähnlich wie nach H.s Meinung in VA ("Moira") das parmenideische Denken zur Zwiefalt unterwegs ist, so geht es nach seiner Ansicht in EPh dem einen nach, daß anwest Anwesen. Dieses Nachgehen ist von Aletheia "vor allem anderen als erstes" gewährt und erscheint darum bei Parmenides als der von ihr zuerst genannte Weg:

"Was die Unverborgenheit vor allem anderen als erstes gewährt, ist der Weg, auf dem das Denken dem einen nachgeht und es vernimmt: ὅπως ἔστιν... εἶναι: daß anwest Anwesen." (75)

Daß H. hier Parm. B 2,3 in die Nachbarschaft von ἔστι γὰρ εἶναι (nach KTS ausgelegt) rückt, ist gewiß nicht zufällig: einerseits soll B 2,3 doch das Eine vom Denken zu Denkende nennen, andererseits nennt auch das ἔστι γὰρ εἶναι für H. "das anfänglich und künftighin für das Denken Maßgebende" (KTS 307). Man sieht übrigens auch leicht, daß H. Parm. B 2,2 f im Horizont seiner Auslegung von B 3 interpretiert.

Wenn auch Parmenides ἀλήθεια nach EPh als Richtigkeit denkt, so geht H. doch auch hier noch davon aus, daß er (neben den 'Vorsokratikern') die ursprünglichste Erfahrung der Lichtung vor ihm, H., selbst machte. Die (philologische) Einsicht, daß ἀλήθεια schon bei Homer Richtigkeit, Verläßlichkeit oder Ähnliches bedeutet, da das Wort bei ihm von verba dicendi abhängig ist, konnte diese entscheidende Voraussetzung nicht umstoßen. Mit dem Wandel von H.s Erfahrungen von Sein, Denken, Wahrheit usw. wandelte sich, wie sich immer wieder zeigte, entsprechend auch seine Parmenidesauslegung. Daß deren Modifikationen auch durch Einsichten in die sprachlichen und logischen Strukturen der parmenideischen Fragmente bedingt sind, konnte an keiner Stelle sichtbar gemacht werden. In H.s hermeneutischer Theorie spielen diese Struktur- z u s a m m e n h ä n g e denn auch keine oder nur eine untergeordnete Rolle. Hermeneutisch entscheidend ist für H. vielmehr der Rückgang auf die ursprüngliche Bedeutung der e i n z e l n e n Worte, wobei deren Auslegung nur selten aus der sprachlichen und logischen Struktur der Fragmente gerechtfertigt und schon gar nicht von dieser aus geleitet ist oder von ihr aus eine Modifikation erfährt. Die Modifikationen der Interpretation der Grundworte, die dann sekundär zu Wandlungen der Parmenidesauslegung führen, scheinen vielmehr eher durch sprachlich-etymologische Beobachtungen bei Homer und entscheidender noch durch Wandlungen in H.s Erfahrung der Sache des Denkens bedingt. Damit soll jedoch das letzte Wort zu dieser Problematik noch nicht gesagt sein. Dies kann, wenn überhaupt, nur geschehen, wenn die derzeit in mancher Hinsicht recht schmale Textbasis durch die Veröffentlichung der ausführlichen Parmenidesvorlesungen H.s erweitert wird.

FÜNFTES KAPITEL:

PARMENIDES – EINE PHILOLOGISCHE ANALYSE SEINER WICHTIGSTEN FRAGMENTE

Wie in der Vorbemerkung schon angedeutet wurde, soll H.s Umgang mit den parmenideischen Texten auch kritisch erhellt werden, indem seine philologischen Voraussetzungen und Fehlentscheidungen verdeutlicht werden. Um die hierzu nötigen erkenntnismäßigen Mittel zu gewinnen, soll im Folgenden zunächst unabhängig von H. eine philologische Analyse der Fragmente des Parmenides erarbeitet werden.

§ 38 DAS PARMENIDEISCHE ἔστιν ALS KRITERIUM DER UNTERSUCHUNG DES SEIENDEN (PARMENIDES B 2 UND B 8,15-21)

Schlüssel zum Verständnis des parmenideischen Ansatzes sind die Verse B 2,3 und B 2,5:

ἡ μὲν ὅπως ἔστιν τε καὶ ὡς οὐκ ἔστι μὴ εἶναι   B 2,3

ἡ δ' ὡς οὐκ ἔστιν τε καὶ ὡς χρεών ἐστι μὴ εἶναι B 2,5

Trotz vieler, z.T. ausgedehnter Untersuchungen ist Übersetzung und Interpretation dieser Worte immer noch völlig umstritten. Nur darin hat sich ein Konsensus ausgebildet, daß ἔστιν bzw. οὐκ ἔστιν von P. mit Absicht ohne ein aus dem Kontext zu ergänzendes Subjekt gelassen sind.[1]) Damit stellt sich nicht nur die Frage nach dem Sinn des Ist, sondern auch die nach seinem Verhältnis zum Seienden. Nach Calogero, der als erster ein 'subjektloses' ἔστιν annahm, ist dieses das Ist der "Affirmation" und das Seiende seine ontologisierte Form. Das ergibt sich nach Calogero daraus, daß sich, wie er meinte, die Verbindung des Seienden mit verba declarandi B 2,8 (οὔτε φράσαις (vgl. Calogero 20 [187])) und B 8,35 (ἐν ὧι πεφατισμένον ἐστιν (vgl. Calogero 12 [11])) nur mittels der genannten Hypothese zureichend erklären läßt (vgl. dazu auch § 54). Daß jenes Ist von P. zum Seienden ontologisiert wird, führt Calogero darauf zurück, daß (1) P. den Unterschied des Logischen und Ontologisches nicht gekannt hat und (2) daß das Sagen für P. unlösbar mit dem Erkennen verbunden ist, Erkennen aber Sein impliziert oder voraussetzt. Calogero nimmt also an, daß das Seiende und das ἔστιν B 2,3 zusammenfallen und beide das Ist der Aussage meinen. Ist das Seiende bei P. einzig und unveränderlich einheitlich, so besagt das nach Calogero nichts anderes, als daß die Affirmation jede nähere Determination ausschließt, da Determinationen dem Wesen der Affirmation widersprechende Negationen einschließen. – Diese Interpretation der Genesis des parmenideischen Seinsbegriffs ist aus folgenden Gründen unannehmbar:

(1) Es scheint unwahrscheinlich, daß das Ist der Affirmation zum Subjekt von Aussagen werden konnte, ohne daß P. wegen des damit verbundenen Verlusts der verbalen Bedeutung den verbalen Charakter dieses Subjekts eigens betont hätte. Das Seiende ist bei P. eindeutig als nominales Partizip von εἶναι behandelt (vgl. unten § 64). Sollte es dennoch als Verbum verstanden werden müssen, wäre zur Vermeidung eines Mißverständnisses eine entsprechende Erklärung zu erwarten.

(2) Auch sonst würden sich Sprache und These zu sehr widersprechen: In einem zeitlich unendlichen (vgl. § 48) und räumlich begrenzten (kugelförmigen) Seienden (vgl. § 52) erkennt man kaum das indeterminierte Ist der Aussage. Es hilft auch nicht weiter, wenn man die 'Prädikate' des Seienden wie Tarán als negativ versteht (vgl. § 44).

Im Anschluß an Wittgensteinsche Gedanken hat Mourelatos das parmenideische ἔστιν als metalinguistische Kopula gedeutet, genauer als das Charakteristikum des spekulativen Weges zur Wahrheit bzw. der Aussagen, die auf diesem Weg gemacht werden. Damit sind nach Mourelatos folgende Beobachtungen am besten erklärt:

(1) ὅπως ἔστιν steht in Apposition zu ὁδός und gibt der ὁδός den Namen.
(2) ἔστιν ist ohne jedes spezielle Subjekt.
(3) Die ὁδός ὅπως ἔστιν scheint bei P. eine räumlich sich erstreckende Bewegung mit einem Ziel zu sein. Die übliche Deutung des ἔστιν als existenziales Ist erlaubt nach Mourelatos nur, es als Ausgangsort, Ziel oder Station des Weges, nicht aber als sein durchgehendes Charakteristikum zu verstehen. Als Kopula sei das ἔστιν aber als eine Untersuchungslinie in das wahre Wesen der Dinge deutbar (daß das οὐκ ἔστιν auf dem ersten Weg ausgeschlossen ist, bedeute, daß das wahre Wesen der Dinge nur in inhaltlich positiven Aussagen faßbar ist) und darum werde diese Auffassung der Wegmetapher am ehesten gerecht: "The copula functions precisely as the conveyer to the reality of a thing."(Mourelatos (2) 59)

Kann man bezweifeln, daß die ὁδός ὅπως ἔστιν ein Ziel hat (ihr Ziel, die Wahrheit wäre seltsamerweise identisch mit den Wegzeichen, σήματα B 8,2 (vgl. § 44)), so ist Mourelatos doch zuzugeben, daß das Bild des Weges als einer räumlich gerichteten und gestreckten Bewegung (vgl. Kap. V A.15) bei der Interpretation des ἔστιν berücksichtigt werden muß. Seine Deutung des ἔστιν führt allerdings in eine Reihe von Schwierigkeiten[2] und muß deshalb abgelehnt werden.

Im Folgenden soll nun gezeigt werden, daß die auch sonst in der neueren Parmenidesforschung[3] mehrfach vertretene These, das parmenideische ἔστιν habe existenziale Bedeutung und ein allgemeines[4] Subjekt, entgegen Mourelatos' Behauptung der Wegmetapher durchaus entspricht und als einzige eine befriedigende Deutung des schwierigen Verses 8,20 ermöglicht. 8,20 lautet:

εἰ γὰρ ἔγεντ',οὐκ ἔστ(ι), οὐδ' εἴ ποτε μέλλει ἔσεσθαι

Kurz zuvor wurde die Disjunktion[5] (Krisis) rekapituliert (B 8,15-18), was nahelegt, B 8,20 als ein 'Glied' der an sie anschließenden Schlußfolgerung

in bezug auf die Möglichkeit bzw. Unmöglichkeit von
Werden und Vergehen (B 8,13b f) zu verstehen. Es
wäre kaum verständlich, wie durch 8,15-18 allein
das Werden und Vergehen (B 8,13 f) widerlegt sein
sollte. Ferner verweist 8,21 deutlich auf 8,13 f
zurück: Beide Stellen sprechen vom Gegensatzpaar
Werden und Vergehen.6) Das ἔστι in 8,20 läßt sich
nun, so scheint es, weder als existenziales noch
als kopulatives Ist verstehen (nach εἰ γὰρ ἔγεντ'
erwartet man so oder so ein Imperfektum (οὐκ ἦν)).
Mourelatos sucht den Ausweg in der Annahme, ἔγεντ'
und μέλλει ἔσεσθαι seien zeitlich betont, es sei
also von einem Geschehen in der Vergangenheit und
Zukunft die Rede, wobei das temporale Moment über-
wiege (so bedeute to get to be to be at a certain
time (Mourelatos (2) 103), also action zu einem
Zeitpunkt ((2) 102)). P. setze dem Sein in der Zeit
das kopulative Ist in seiner Zeitlosigkeit entgegen: "So the meaning is: 'If x is - at a time, then'
x is not -" (2) 103). Doch Mourelatos' Beweis dafür,
daß sich P. der Zeitlosigkeit des ἔστιν bewußt ist
((2) 105 ff), überzeugt mich nicht: οὐδέ ποτ' ἦν
οὐδ' ἔσται, ἐπεὶ νῦν ἔστιν ὁμοῦ πᾶν B 8,5 hat das
Seiende zum Subjekt und sagt nur darüber etwas aus.
Ferner ist ἔγεντ' vom Kontext her zu verstehen, denn
es ist höchst unwahrscheinlich, daß γίγνεσθαι B 8,20
einen anderen Sinn hat als einen Vers vorher oder
nachher. B 8,21 ist jedoch γένεσις als der Gegenbegriff von ὄλεθρος (= Vergehen in Nichtsein) verstanden (zu γένοιτο B 8,19 als Gegenbegriff von ἀπόλοιτο vgl. Kap. V A. 6). Da ferner B 8,19 und B 8,21
in Zusammenhang stehen mit B 8,13b f, und γενέσθαι
B 8,13b das Werden (Wachstum) aus dem Nichtseienden,
das B 8,6b-13a besprochen wird, wieder aufnimmt
(vgl. § 47, insbesondere A.74), so darf man annehmen, daß ἔγεντ' ebenfalls Werden aus dem Nichtseienden bedeutet.7) Diesem Nichtseienden entspricht
in der Disjunktion nur ein existenziales ἔστιν bzw.
οὐκ ἔστιν und nicht die Kopula (vgl. Kap. V A. 3).
Auch das οὐκ ἔστ(ι) 8,20 kann nur existenziale Bedeutung haben, da 8,21 die Unmöglichkeit von Werden
und Vergehen abschließend feststellt. Man gelangt
somit zu folgender Übersetzung von 8,20:
"Wenn es ⟨das Seiende⟩ wurde ⟨aus Nichtseiendem⟩,

dann ist es ⌊das Seiende⌋ nicht, auch ist es nicht, wenn es jemals entstehen wird ⌊wörtlich: sein wird⌋"[8]).

Um diesen Gedanken zu verstehen, müssen wir die Krisis noch genauer zu verstehen suchen. Der erste Weg, "daß -ist und (d.h.) daß es nicht möglich ist, daß -nicht ist", bildet nach Ansicht fast aller neueren Parmenides-Forscher die exklusive und kontradiktorische Alternative zum zweiten Weg, "daß -nicht ist und (d.h.) daß es richtig ist[9], daß -nicht ist": "-ist" und "-ist nicht" einerseits, "es ist unmöglich, daß -nicht ist" und "es ist richtig, daß -nicht ist" andererseits bilden formal gesehen jeweils kontradiktorische Gegensatzpaare. Und nach B 2,2 ist dem wahren Erkennen "-ist" und "-ist nicht", Sein und Nichtsein allein im Verhältnis einer exklusiven Alternative gegeben.[10] Eine andere Ansicht ist für P. nur Blindheit und Taubheit (B 6,4-9)[11]. Daraus ergibt sich, daß das exklusive und kontradiktorische Verhältnis der beiden Wege, mithin von Sein und Nichtsein bestimmend ist für ihren Charakter. Was "-ist" bedeutet, habe ich nur verstanden, wenn ich es als exklusive und absolute contradictio zu "-ist nicht" verstehe. Daß es P. um diese Bestimmung des Sinnes des "-ist" durch den exklusiven Bezug auf das kontradiktorische "-ist nicht" geht, zeigt der epexegetische Zusatz "es ist nicht möglich, daß -nicht ist", was ja nichts anderes ist als die Verneinung des οὐκ ἔστιν, also der kontradiktorischen Alternative. "-ist" bedeutet: "es ist unmöglich, daß -nicht ist", es schließt eo ipso sein Gegenteil aus.

Behaupte ich nun, daß Gewordenes existiert, so schließt das ein, daß für mich Nichtseiendes eine sinnvolle Annahme ist, da Werden das Entstehen aus dem Nichts zumindest immer als Möglichkeit einbegreift, wenn nicht überhaupt allein als solches zu denken ist (vgl. § 47). Halte ich aber Nichtseiendes für eine sinnvolle Annahme, so behaupte ich zugleich, die Aussage: "es ist richtig, daß -nicht ist" (25,) sei haltbar. Weiter halte ich letztere Aussage mit dem Satz "(etwas) ist" entgegen dem exklusiven und kontradiktorischen Verhältnis von "-ist" und "-ist nicht" für vereinbar, da das Wer-

dende existiert. Ich widerspreche dann ferner auch
dem Satz, daß das, was ist, unmöglich nicht sein
kann. Ich gebe schließlich dem absolut nicht existenten Nichtseienden 'relative' Existenz (εἶναι
μὴ ἐόντα 7,2), da etwas aus ihm entstehen kann und
Nichtseiendes somit erkennbar und sagbar scheint
(vgl. § 41). Das alles zeigt, daß Werden nicht dem
strengen und einzig möglichen Sinn von "-ist" entspricht, woraus folgt, daß Gewordenes nicht sein
kann (8,20). Damit zeigt sich aber: Die Disjunktion bzw. der durch sie definierte Begriff von "-ist"
muß als das Kriterium für die Bestimmung des So-
Seins des Seienden verstanden werden. Ist das richtig, dann sind "-ist" und "-ist nicht" für P. nicht
einfach nur die formalen Möglichkeiten der Aussage,
sondern sie sind von ihm von vornherein als Sach-
aussagen (allgemeiner Art freilich) verstanden, wie
auch die epexegetischen Zusätze (2,3b; 2,5b) über
das rein Formale hinausgehen. Nur weil hier 'ontologisch' gesprochen wird, d.h. der "Sinn von Sein"
im allgemeinen bestimmt wird, kann die Krisis zum
Kriterium werden für das So-Sein des Seienden:
ἡ δὲ κρίσις περὶ τούτων ἐν τῶιδ' ἔστιν ... (8,15).
- Diese Auffassung fügt sich gut zur Wegmetapher.
Das Kriterium "-ist"[12] gilt ja auf dem ganzen Gang
der Untersuchung. Wenn auch ein 'Prädikat' des Seienden vom anderen abgeleitet wird, so ist es doch
für P. nicht so, daß nur die 'Prädikate' ungeworden
und unvergänglich (8,3) aus der Krisis ableitbar
wären. 8,33b als Analogie zu 8,20 weist deutlicher
auf die Krisis zurück (vgl. § 51). So macht es keine Schwierigkeiten anzunehmen, daß das "-ist" im
Sinne von B 2 das allgemeine 'ontologische' Charakteristikum des ganzen Wahrheitsteils 8,1- 49 ist.
Das Denken, das hier vollzogen wird, hält sich ständig an den wahren und für P. einzig möglichen Sinn
des "-ist" des Seienden, und also an den einzig möglichen "Sinn von Sein". Der Grund für diese Bindung
des Denkens an das Sein (Ist) liegt, soweit sich
das aus B 2 erschließen läßt, in der Unerkennbarkeit des absoluten Nichtseins, dessen Absolutheits-
charakter seinerseits wieder von der in B 2 gedachten Korrelation von Sein und Nichts her zu verstehen ist.
Damit ergibt sich, daß das Sein (des Seienden) in

B 2 in verbaler Form zu Begriff gebracht wird.[13)]
Auch ist jetzt leicht zu sehen, daß Mourelatos'
Einwand, ein existenzial verstandenes ἔστιν entspreche nicht der Wegmetapher, nicht stichhaltig
ist: Ein Weg gemäß dem Sein kann genauso zu einem
Ziel führen, wie der der affirmativen Kopula. Macht
hier das Forschen nur positive Aussagen, so hält es
sich dort ständig an die wahre Idee von Sein. Und
schließlich wird, wenn man davon ausgeht, daß P.
das ἔστιν als das durchgängige Kriterium für den
Gang der Untersuchung des ἐόν versteht, auch klar:

(1) Warum das "-ist" nicht identisch mit dem Seienden ist (vgl. die Kritik an Calogero und § 64):
   es ist das Kriterium für die Untersuchung seines Wie-Seins[14)];

(2) warum P. kein bestimmtes Subjekt des "-ist" angibt: es geht P. einzig um den Unterschied von
   Sein und Nichtsein, alle anderen Aussagen sollen erst aus diesem Verhältnis entwickelt und
   nach ihm beurteilt werden;

(3) warum P. die Verbform benutzt und nicht z.B.
   vom Weg des Seienden spricht: die Verbformen
   sind für die Herausarbeitung des kontradiktorischen Verhältnisses von Sein und Nichtsein am
   besten geeignet. Die formale, logische Argumentationsweise ist nicht zu übersehen. Doch für
   P. ist das logisch Wahre ungeschieden auch das
   ontologisch Bestimmende. (Logik und Ontologie
   fallen für ihn zusammen, Logik ist immer schon
   ontologisch. Erkennen ist dem Begriffe nach auf
   die Realität bezogen (vgl. v.Fritz (3) 314). Das
   Sagen geht bei P. mit dem Erkennen zusammen B
   2,7 f; 6,1; 8,7 f; 8,17 (ἀνώνυμον). Das läßt
   vermuten, daß es ebenfalls auf Realität bezogen ist und deshalb mit dem Erkennen zusammengehört. Das legt nicht gerade den Gedanken nahe, daß P. so etwas wie eine formallogische
   Aussage gekannt hat.)

B 2 geht P. völlig unvermittelt vom Nichtsein (2,5)
zum Nichtseienden (2,7) über. Entsprechendes läßt
sich auch B 8,9-10 beobachten. Aus diesem und anderen Gründen (vgl.Kap.V A.13) möchte ich annehmen, daß

P. den Unterschied von Sein (-ist) bzw. Nichtsein (-ist nicht) und Seiendem (das, was ist) bzw. Nichtseiendem (das, was nicht ist) nicht thematisiert hat. Ist das richtig, so folgt, daß das Sein (-ist) und das Seiende für ihn wie selbstverständlich zusammengehören: Das Sein i s t das Sein des Seienden. Das -ist gehört zum letzteren als demjenigen, das ist. Wenn es richtig ist, daß das parmenideische ἐόν als "das, was ist" zu verstehen ist (vgl. § 64), dann ist auch die Annahme nicht zu kühn, daß das Seiende (das, was ist in seiner Gesamtheit) für P. der Ausgangspunkt des Fragens ist: Weil Seiendes ist, entsteht die Frage nach seinem Sein, d.h. nach der Art und Weise, wie das Seiende ist und wesenhaft sein muß. - Spricht P. in der Krisis in allgemeiner Weise vom Sein (Ist) und Nichtsein (Ist-nicht), so impliziert die unbefragte Zusammengehörigkeit von Sein und Seiendem einen unmittelbaren Bezug dieser allgemeinen Rede zum konkreten Seienden in seinem Wie-Sein. Von hier aus erklärt sich der unmittelbare Übergang von der Krisis (B 8,16-18) zum Seienden (8,19 ff).

Von der gegebenen Deutung der Krisis als Kriterium der Forschung aus ergibt sich eine einfache Möglichkeit, die Charakterisierung des Weges der Sterblichen durch die Formel εἶναι μὴ ἐόντα B 7,1 (vgl. § 41) zu verstehen. Das ist nicht die Prämisse, von der die Sterblichen ausgehen, noch eine metalinguistische Formel (hier scheitert die Erklärung von Mourelatos' Standort aus ebenfalls), sondern die ontologische Grundthese, die den verschiedensten 'sinnlichen' Wahrnehmungen zugrunde liegt, oder der gemeinsame Nenner, auf den sie gebracht werden können. Wiewohl dieser Maßstab ihres Denkens den Sterblichen unbewußt ist, richten sie sich nach ihm bei der Vielzahl der 'sinnlichen' Erfahrungen (vgl. § 41). In seiner inhaltlichen Unbestimmtheit entspricht das εἶναι μὴ ἐόντα der in B 6,8 f ausgesprochenen Identität und Nichtidentität von Sein und Nichtsein. Was das Denken der Sterblichen konkret zum Inhalt hat, wird erst in B 8,38b-41 und besonders in der Doxa im einzelnen dargestellt.

P. hat seinem Gedicht die Form einer Offenbarung durch eine Göttin gegeben. Dem Menschen ist der sachgemäße Begriff von Sein und Nichtsein, wie ihn die Krisis formuliert, wegen seiner naturgegebenen Schwäche nicht zugänglich (vgl. § 40). Doch das begründet noch nicht, daß P. tatsächlich eine Auffahrt und Anrede durch eine Göttin erlebt hätte, wie Mansfeld annimmt ((1) 259). Ein allegorisches Verständnis des Proömiums macht immer noch die geringeren Schwierigkeiten (vgl. Kapl. V A. 195). Als dem Denker der absolute und exklusive Gegensatz von Sein und Nichtsein, die Unerkennbarkeit des letzteren und die umstürzenden Konsequenzen dieses Ansatzes aufgegangen waren, da konnte er von seinen Voraussetzungen her sein bisheriges Denken nur als sterbliche Blindheit und die neue Erkenntnis nur als eine Macht von göttlichem Rang verstehen. Mansfeld nimmt an, daß hinter den 'Prämissen' der Krisis die Autorität der Göttin des Rechts steht ((1) 62). Es lassen sich jedoch folgende Beobachtungen machen, die dafür sprechen, daß für P. die 'Prämissen' der Krisis als solche offenbar und einleuchtend (evident) gewesen sind:

(1) Hält man sich streng an den Begriff des absolut Nichtseienden, so wird evident, daß das Nichtseiende unerkennbar ist (2,7; 8,7-9), zumal wenn man sich klar macht, daß das Erkennen mit dem Sein zusammengehört (B 3 schloß wahrscheinlich an 2,8 an). In sich evident war für P. offensichtlich auch der Beweis, daß aus Nichtseiendem nichts entstehen kann (8,9-10).

(2) Die Krisis erfolgt gemäß 8,16 "wie es Notwendigkeit ist". Auch die Unerkennbarkeit und Unsagbarkeit des Nichtseins ist damit als notwendig bezeichnet. P. vollzieht die Notwendigkeit B 7,5 zufolge mit seinem λόγος nach, versteht sie demnach und nimmt sie nicht nur als Behauptung hin. Das bedeutet, daß P. die Lehre der Göttin evident wurde.

(3) 2,6-8 ist ein sorgfältig ausgearbeiteter Begründungszusammenhang. Auf eine allgemeine Charakterisierung des zweiten Weges als nichts erkundend (παναπευθέα 15)) folgen zwei (bzw. drei) aneinander gereihte Begründungen: Der Weg ist nichts erkundend, weil das μὴ ἐόν, das von der Krisis her als absolut Nichtseiendes zu den-

ken ist, unerkennbar ist; und dies ist der Fall, weil Erkennen des absolut Nichtexistenten unvollziehbar ist (οὐ γὰρ ἀνυστόν 2,7). Und dies wurde wahrscheinlich mit Hilfe von B 3 begründet. Dieser ausgefeilte Begründungszusammenhang (man beachte das doppelte bzw. dreifache (B 3!) γάρ) läßt kaum darauf schließen, daß das Gesagte von göttlicher Autorität verbürgt ist und nicht evident gemacht werden soll.

War die Disjunktion für P. als solche evident, so steht der Annahme nichts im Wege, daß sie ihre Genesis einer Reflexion des P. über das Verhältnis von Sein (des Seienden) und Nichtsein verdankt. Von der Erkenntnis des absolut kontradiktorischen Charakters dieser Begriffe wäre P. dann zum Begriff des absoluten Nichtseins gelangt, dessen (von B 3 her begründete) Unerkennbarkeit ihn wiederum zu dem Schluß gezwungen hätte, daß nur das "-ist" im absoluten Sinne Maßstab für die Erkenntnis des Seienden sein kann. Auch wenn die Interpretation des Proömiums ergäbe, daß P. ein Offenbarungserlebnis im realistischen Sinne hatte, so darf man doch annehmen, daß diesem die angeführte 'Reflexion' vorausging. Ebensowenig wie ein realistisches Offenbarungserlebnis eine notwendige Voraussetzung ist, ist es die Kenntnis logischer Verfahren unabhängig von der Krisis.[16] Selbst wenn man jene Kenntnis voraussetzen dürfte, so bliebe doch die Frage, warum P. die logischen Verfahren so angewandt hat, wie es faktisch der Fall ist. Mir scheint es immer noch leichter anzunehmen, daß P. von der Reflexion über Sein und Nichtsein zu seinen Beweisen gelangte als umgekehrt von allgemeinen Beweisverfahren zu seiner materialen Aussage.

§ 39 DER STRENGE SINN DES SEINS DES SEIENDEN (PARMENIDES B 6,1 f)

B 6,1 läßt rein sprachlich mehrere Übersetzungen zu (wahrscheinlich ergab sich der Sinn aus dem Zusammenhang):

(1) Es ist möglich, ἔμμεναι als Kopula eines von χρή abhängigen Satzes mit τὸ λέγειν τε νοεῖν τ' als Subjekt und ἐόν als Prädikatsnomen aufzufassen. Dieser Satz ließe eine zweifache Übersetzung zu:

   (a) 'Es ist notwendig, daß das Sagen und Erkennen das Seiende ist' (Picht 240).

   (b) 'Es ist notwendig, daß das Sagen und Erkennen ein Seiendes ist' (so Diels 35, Verdenius (1) 37, Kahn Thesis 722 u.a.).

Die erste Übersetzung ist mit Skepsis zu betrachten, da P. sonst nirgends sagt, daß der νόος das Seiende ist (vgl. dazu auch § 55). Die zweite Übersetzung ist sicher unhaltbar, da sie der Einheit des Seienden widerspricht. Beide Übersetzungen passen auch nicht recht zum folgenden Kontext.

(2) Die Mehrheit der englischen Gelehrten versteht ἐόν als Partizip des ἔστιν mit dat.-finalem Infinitiv:
'Das, was man sagen und erkennen kann, muß sein, denn es kann sein, es kann nicht Nichts sein' (so Burnet 174, Cornford 31, Owen 94 f, Guthrie 17 ff, Hölscher (1) 393 f, Bormann 75 u.a.). Inhaltlich ist diese Übersetzung durchaus vertretbar, ja sie scheint mir sogar parmenideischer zu sein als die meisten übrigen. Die Auffassung des ἐόν ist linguistisch zwar möglich (vgl. Hölscher (2) 98 f), doch gleichwohl nicht ohne Härte. Zwar läßt sich der mit χρή beginnende Satz, so wie ihn Burnet übersetzt, vielleicht mit den unmittelbar folgenden Worten zusammenfügen (man müßte dann bei ἔστι γὰρ εἶναι ein "nur" ergänzen, denn sowohl die Logik der Bur-

netschen Übersetzung der Stelle - diese Übersetzung müßte wie folgt lauten: das, was man ... erkennen kann, m u ß sein, denn es kann nur sein. Nichts kann es nicht sein - als auch der parmenideische Begriff des νοεῖν schließen die Übersetzung des ἔστι γὰρ εἶναι mit reinem "es kann sein" aus[17])), doch macht der weitere Kontext (6,2 f) Burnets Übersetzung unwahrscheinlich:

(a) τά σ' ἐγὼ φράζεσθαι ἄνωγα (6,2) erinnert an κόμισαι δὲ σὺ μῦθον ἀκούσας (2,1), müßte also wie dieses sich auf eine entscheidende Lehre beziehen: Demgegenüber kann bei Burnet B 6,1 nur als Begründung von B 2,7 f oder Ähnliches, mithin nur als ein Nebengedanke verstanden werden.

(b) Bei Burnet bleibt der Bezug des γὰρ in 6,3 auf 6,1 f unklar. B 6,3 bezieht sich auf den zweiten Weg. Warum dieser ungangbar ist, würde wohl 2,7 f und 6,1 f, wenn Burnets Übersetzung richtig wäre, begründet. Also erwartet man eine Folgerung statt eine Begründung in 6,3.

(3) Es ist möglich, ἐὸν als Objekt, ἔμμεναι als Prädikat von τὸ λέγειν τε νοεῖν τ' zu verstehen und diese Konstruktion als einen von χρὴ abhängigen A.c.I. anzusehen:

'Es ist notwendig, daß das Sagen und Erkennen des Seienden ist' (so Fränkel DPh 404, Gigon 257, Heitsch (3)46, (4)22 f, 149).
Konstruktion und Zusammenhang mit dem Kontext sind ausgesprochen schwierig. Was ἔστι γὰρ εἶναι etc. immer bedeuten mag, es folgt daraus nichts für ein Sein des Sagens und Erkennens (des Seienden). Fraglich ist ferner, ob sich die Übersetzung mit der Einzigkeit des Seienden verträgt.
- Tarán konstruiert wie Fränkel, doch gibt er ἔμμεναι kopulativen Sinn (58). Nach Tarán bedeutet 6,1: "It is necessary to speak and to think Being." Seine Deutung des ἔμμεναι ist mir unklar.

(4) Man kann τό als Akkusativobjekt der von χρή abhängigen Infinitive λέγειν τε νοεῖν τ' verstehen. τό würde vorweisen auf das ebenfalls von den Infinitiven abhängige ἐὸν ἔμμεναι:
'Es ist notwendig, dieses zu sagen und zu denken, daß Seiendes ist' (so Mansfeld (1) 90, Hölscher (3) 17).

Ein vorausgehendes τό = τόδε ist durchaus möglich.[18] Zu fragen wird sein, ob diese Deutung sich mit dem Kontext vereinbaren läßt.
Wahrscheinlich beeinflußt von der Behauptung Fränkels, τό könne nach χρή kein Demonstrativum sein[19], erklärt Kranz in DK τό als Nominativ, also wohl als Artikel zu den substantivierten Infintiven λέγειν und νοεῖν , und übersetzt gleichzeitig wie folgt: "Nötig ist zu sagen und zu denken, daß nur das Seiende ist" (DK I 232). Fast allgemein wird diese Konstruktion als undurchsichtig und unhaltbar angesehen. Χρή ist im Griechischen ein Impersonale und kann keinen artikulierten Infinitiv als Subjekt haben.

Auch das an den χρή-Satz anschließende ἔστι γάρ εἶναι/ μηδὲν δ' οὐκ ἔστιν ist verschieden übersetzbar und verschieden übersetzt worden:

(1) 'Sein nämlich ist, Nichtsein ist nicht' (so Diels 35, Verdenius (1) 37, DK, Picht 239, Fränkel DPh 404 (Sein gibt es), Tarán 54, Heitsch (3) 47 (es gibt Gegenwärtigsein ...), (4) 23).

(2) 'Es (sc. das Seiende) kann sein, Nichtsein ist nicht' (so Reinhardt 35, Hölscher (3) 16).

(3) 'Es (sc. das Seiende) kann sein, es ist nicht möglich, daß Nichts ist (oder: daß es Nichts ist)'. Man ergänzt also aus ἔστι γάρ εἶναι ein εἶναι (so Calogero 22 /20/, Burnet 159, Cornford 31, Mansfeld (1)90, Guthrie 17-22).

Für Möglichkeit (1) scheint zu sprechen:

(1) Das Seiende ist für P. nicht möglich, sondern notwendig.[20]

(2) Es ist nicht ohne weiteres klar, wie das nur Mögliche das χρή begründen kann (auch wenn man es mit "es ist richtig" (vgl. Kap. V A. 134)

übersetzt).[21]

(3) B 6 ist öfter an B 2 (+B 3) angefügt worden. Es legte sich dann nahe, die fraglichen Worte als eine kurze Rekapitulation der Krisis zu verstehen.[22] Von der Krisis her ist es aber nicht verständlich, warum P. statt von der faktischen Existenz von der Möglichkeit des Seienden sprechen sollte. Die wahrscheinliche conclusio 'allein der Weg, daß-ist, ist ein wahrer Weg' führt nur auf ein faktisches Sein: der Weg des Ist ist gangbar, da das Seiende, weil es i s t , erkennbar ist.

Für Möglichkeit (2) und (3) sprechen jedoch nicht minder gewichtige Gründe:

(1) Im übrigen Text ist εἶναι niemals Subjekt des Ist.
(2) Das ἐόν bedeutet bei P. "das, was ist" (vgl. unten § 64); eine Verwechslung von εἶναι und ἐόν ist darum unwahrscheinlich, zumal P. sonst in seiner Terminologie ziemlich genau ist (Mansfeld).

Die zuletzt angeführten Argumente scheinen mir zwingend auf die Übersetzung von ἔστι γὰρ εἶναι mit "es kann nämlich sein" zu führen. Ist das richtig, so behauptet μηδὲν δ' οὐκ ἔστιν (6,2a) am ehesten die Unmöglichkeit des Nichtseins für Seiendes: Es (das Seiende) kann nicht Nichts sein oder Nichtseiendes ist es nicht. Darin liegt gemäß dem in B 2 formulierten parmenideischen Seinsbegriff, daß Seiendes nur sein kann ("sein" ist hier betont), das Nichtsein wird zugleich vom Seienden ausgeschlossen. (Ganz ähnlich wird B 2,3 von ἔστιν die strenge Bedeutung durch οὐκ ἔστι μὴ εἶναι festgehalten: - ist bedeutet: es ist nicht möglich, daß - nicht ist.) Wegen des Bezugs von B 6,1-2 auf den zweiten Weg (er wird 6,3 eingeführt[23]), möchte ich annehmen, daß B 6,1 f in der Nachbarschaft zum Ergebnis der Krisis steht. Dieses lautete wahrscheinlich (vgl. B 8,18): Der Weg, daß-ist, ist der wahre (Weg). Dies bedeutet, daß nur die Untersuchung, die sich an den strengen Sinn von Sein hält, vollziehbar ist. Eine solche Untersuchung setzt die Erkenntnis voraus, daß Seiendes nur im strengen Sinne ist, daß es nur sein kann und nicht Nichts sein kann. Ein Seiendes, das auch nicht existiert (vor seiner γέννα B 8,6), ist damit ausgeschlossen. – An sich wäre es auch möglich anzunehmen, der Akzent liege auf ἐόν. B 6,1 schlösse dann aus, daß μὴ ἐόντα (7,1) sind (vgl. § 41). Der Zusammenhang mit dem zweiten Weg (-ist nicht) B 6,3 legt es aber nahe, den Akzent auf ἔμμεναι zu setzen. Das Nichtsein ist von Seiendem dem Begriffe nach ausgeschlossen, nur Sein im strengen Sinn ist eine mögliche 'Prädikation' (ἔστι γὰρ εἶναι). (Von hier aus läßt sich auch gut das emphatisch vorgezogene τὸ erklären.) Die Sterblichen lassen trotz dieses einfach zu erkennenden Sachverhalts auch die Nichtexistenz von etwas zu (vgl. B 8,6b ff). Damit wäre gezeigt, daß die von mir bevorzugte Übersetzung keineswegs banal ist, wie Owen glaubt (94), oder tautologisch, wie Bormann kritisiert (74). Das schwierige ἔστι γὰρ usw. braucht weder als Rekapitulation noch als Resultat der Krisis verstanden werden. Es verdeutlicht im Blick auf die Krisis, was mit ἐὸν ἔ μ μ ε ν α ι gesagt ist: "Es ist sachlich angemessen, dies zu 'sagen' und zu 'denken', daß Seiendes i s t ; es kann nämlich (nur) s e i n , Nichts kann es nicht (sein)".

§ 40 DER DRITTE WEG NACH PARMENIDES B 6,4-9

Parm. B 2 stellt zwei Wege einander gegenüber. Der eine ist der des Seins, der andere der des Nichtseins. Nun ist offenkundig, daß P. von den Annahmen der Sterblichen behauptet, daß sie nichtig seien (so z.B. B 8,38 ff). Damit scheint es zusammenzuhängen, daß lange Zeit die Ansicht vorherrschte, der Weg des Nichtseins B 2,5 sei der der Sterblichen, und wenn P. B 6,4 ff dann noch von nichts wissenden Sterblichen auf einem dritten Wege spricht, so sei damit eine besondere Gruppe unter jenen, nämlich Heraklit und seine Anhänger, gemeint; der dritte Weg ist also nach dieser Auffassung ein Nebenweg des zweiten.[24] Der Vorteil dieser Deutung scheint zu sein, daß sie die Schwierigkeit, daß P. B 2,2 nur zwei Wege für das νοεῖν zuläßt, B 6,4 ff aber einen dritten einführt (daß dies der Fall ist, ist

unbestreitbar; B 6,3 heißt es: πρώτης γάρ σ' ἀφ'
ὁδοῦ ταύτης διζήσιος... ⟨Lücke⟩, und B 6,4 f sagt
P.: αὐτὰρ ἔπειτ' ἀπὸ τῆς, ἣν δὴ βροτοὶ ... πλάττονται), weniger hart erscheinen läßt. Außerdem erlaubt diese Auffassung, die δόξαι βροτῶν, die Parmenides im zweiten Hauptteil entfaltet, schon B 2,5 als nichtig erklärt zu sehen. Nun hat Reinhardt (64 ff) mit triftigen Gründen die These verteidigt, der dritte Weg sei nicht nur ein Nebenweg des zweiten, sondern d e r Weg der Sterblichen im allgemeinen. Hat Reinhardt recht, so stellt sich nicht nur die Frage, wie sich die Exklusivität der in B 2 genannten Wege mit dem Umstand vereinbaren läßt, daß P. insgesamt drei Wege kennt; problematisch ist dann auch, in welchem Verhältnis das im Doxateil Gesagte zum dritten Weg der Sterblichen steht.

Wenn man aus der Aussage des P., daß nur zwei Wege zu e r k e n n e n sind, folgert, daß ein dritter Weg etwa auch nicht v o r z u s t e l l e n , d.h. a n z u n e h m e n ist, dann scheint nur übrig zu bleiben, die Doxa mit dem zweiten Weg zu identifizieren und den dritten Weg als eine Variante des zweiten zu deuten, etwa im Sinne der Herakliteerhypothese. Doch spricht P. B 2,2 von Erkennen im strengen Sinne, so daß der Übergang zu einem 'Denken' (Meinen), das nicht mit dem Erkennen zusammenfällt, B 2,2 durchaus nicht widersprechen muß. Somit ergibt sich von B 2 aus kein Einwand gegen Reinhardts These, und dies um so weniger als eine Berufung auf B 2,2 selbst zu Inkonsequenzen führt: Fordert man nämlich in bezug auf B 2,2 Konsequenz und identifiziert die Doxa mit dem zweiten Weg, so ist man nicht in der Lage, dieselbe Konsequenz auch für B 2,7 f zu fordern: Während der Weg des Nichtseins παναπευθέα, ganz und gar unerkundend und das Nichtseiende absolut unerkennbar ist, erhebt der Doxa-Teil deutlich einen (erst später näher zu bestimmenden) Anspruch auf Wissen (B 1,28-32; B 10; B 8,60-61, vgl. dazu § 59). Dies weist ziemlich eindeutig darauf hin, daß Reinhardt recht hat und nicht der zweite, sondern der dritte Weg der der Sterblichen überhaupt ist. Man wird dieser These auch darum den Vorzug geben müssen, weil sich auf ihrer Basis eine Reihe sprachlicher Schwierigkeiten lösen lassen und B 6,4-9 insgesamt einen einfacheren und klareren Sinn erhält:

(a) Während es vom zweiten Weg heißt, er sei absolut unerkundend, weil das Nichtseiende unerkennbar ist, heißt es vom dritten Weg, daß auf ihm βροτοί umherschwanken, d.h. doch wohl ihre Meinungen ausbilden und ihre nichtigen 'Erkenntnisse' (B 7,4 f, B 16, vgl. § 61) gewinnen. Diese Sterblichen lassen sich von denen der Doxa terminologisch nicht unterscheiden. Ferner ist die Sprache des ganzen Abschnitts, wie Mansfeld ((1) 1-32) gezeigt hat, von der frühgriechischen Schicksalsterminologie beeinflußt, in der mit βροτοὶ εἰδότες οὐδὲν usw. immer die Menschen überhaupt gemeint sind.

(b) νενόμισται 6,8 erinnert an ὅσσα βροτοὶ κατέθεντο B 8,39. νομίζειν bedeutet hier 'in Geltung stehen', meint also ein Gesetz, eine Sitte, die von den Menschen willkürlich gesetzt wurde. Ein νόμος ist aber etwas Allgemeines oder zumindest Weitverbreitetes (vgl. z.B. Xen. B 2,13) [25].

(c) Es gibt Gründe dafür, daß πάντων 6,9 ein Masculinum ist. Der Genetiv bei ὁδός, κέλευθος dürfte bei P. wie bei Homer den Reisenden auf dem Weg bezeichnen [26]. Auch ist nicht einleuchtend, daß οἷς B 6,8 zugleich in eine Aussage über eine Haltung der Menschen (νενόμισται) und über ein Faktum (... ἔστι ... B 6,9) gehören soll [27]. Die Wahrscheinlichkeit, daß P. mit παλίντροπος an das παλίντροπος in Her. B 51 anspielt, wird damit noch geringer [28].

Oben versuchte ich zu zeigen, daß die Krisis eine allgemeine ontologische Bestimmung der Begriffe Sein und Nichtsein ist. Sein (Nichtsein) ist für P. nur als exklusive und kontradiktorische Alternative zum Nichtsein (Sein) sachgemäß verstanden. Von den Sterblichen heißt es nun im Gegensatz dazu B 6,8 f:

οἷς τὸ πέλειν τε καὶ οὐκ εἶναι ταὐτὸν νενόμισται
κοὐ ταὐτόν ...

Die Annahme, daß τὸ πέλειν B 2,3 und οὐκ εἶναι
B 2,5 aufnimmt, ist sicher nicht zu gewagt. Immerhin spricht P. in diesem Zusammenhang von den Sterblichen als ἄκριτα φῦλα, und weist auch das ταὐτὸν...
κοὐ ταὐτόν klar auf das radikale οὐ ταὐτὸν der Krisis zurück. τὸ πέλειν und οὐκ εἶναι sind allgemeine
und unbestimmte Begriffe. Trotz dieser Allgemeinheit und Unbestimmtheit sind sie deutlich nicht
nur von formaler, sondern von ontologischer Bedeutung (was meine Interpretation von B 2,3
und B 2,5 unterstützt, wenn die Voraussetzung richtig ist, daß B 2 und 6,8 f eng zusammengehören).
Die ἄκριτα φῦλα sind nicht schlechte Logiker (die
etwa die Affirmation und Negation der Existenz eines unbestimmten Gegenstandes nicht scharf genug
auseinanderhalten könnten), sie sind vor allem und
zuerst schlechte Ontologen, die Sein und Nichtsein
ontologisch für dasselbe und nicht dasselbe halten,
wenn sie trotz alles Wissens um die Verschiedenheit
von Sein und Nichtsein (... κοὐ ταὐτόν) dem Nichtsein ständig eine gewisse Existenz zubilligen
(εἶναι μὴ ἐόντα B 7,1), z.B. aufgrund ihrer Annahme des Werdens aus dem Nichts (εἶναι μὴ ἐόντα ist
ebenfalls eine allgemeine ontologische Aussage).
Auch sonst sind die Sterblichen als ontologisch
fehlgehend charakterisiert (8,38 ff, 8,53 ff).[29]

Wie schon erwähnt, hat Mansfeld gezeigt, daß die
Aussagen, die 6,4-9 die Unentschiedenheit der Sterblichen bezüglich Sein und Nichtsein als ontologische Unkenntnis charakterisieren, Topoi der Schicksalsterminologie in Lyrik und Epos übernehmen.
Mansfeld ist aber nicht näher darauf eingegangen,
was P. aus der Tradition gemacht hat. Das soll hier
und weiter unten wenigstens ansatzweise versucht
werden.
Die Termini ἀμηχανίη und εἰδότες οὐδὲν sind wie
bei P. so auch in der Dichtung jener Zeit zusammengehörige Begriffe. Statt auf die ontologische Unwissenheit bezogen sie sich in der Dichtung auf die
praktische Existenz. Die Zukunft wird allein von
der Gottheit bestimmt, die Sterblichen sind dem von
Zeus verhängten Geschick gegenüber hilflos (ἀμήχανοι) und, da der Gott seine Pläne nicht zu offenbaren pflegt, in bezug auf die Zukunft unwissend

(εἰδότες οὐδέν). Alles, was den Menschen bleibt, sind illusorische Hoffnungen (ἐλπίδες)[30]. Wie die ἀμηχανίη dem Geschick gegenüber bei P. zur Unfähigkeit der Menschen zur Wahrheit, zum sachgemäßen Vollzug der Krisis wird, so werden aus den existenziellen Hoffnungen bei P. wesenlose Satzungen (νενόμισται B 6,8) das Sein und Nichtsein betreffend. Wie in der Dichtung die Ohnmacht, die Unwissenheit und Sterblichkeit die Menschen von den Göttern unterscheidet, also ihr Wesen konstituiert, so auch bei P.: Die Ohnmacht "steuert" den verirrten Geist der Menschen (6,5 f), d.h. die Sterblichen sind wesensmäßig unfähig zur Wahrheit.[31] Ist das richtig, so war auch die Setzung der Gestalten kein "Sündenfall der Erkenntnis" (Reinhardt 26), gibt es vielmehr nur zwei Bereiche: den Bereich der Sterblichen und ihrer nichtigen Annahmen und illusorischen Vorstellungen und in Entsprechung zur allmächtigen und unsterblichen Gottheit den Bereich des Seienden von göttlichem Rang und göttlicher Ewigkeit.

Die ontologische Unfähigkeit der Menschen wurde von P. nicht mehr weiter begründet. Das zeigt sich daran, daß es bei P. wegen der Einzigkeit des Seienden überhaupt keine Sterblichkeit geben dürfte und der νόος fest an das Seiende gebunden ist, so daß ein νοεῖν innerhalb der Doxa gar nicht existieren dürfte. Diese 'Systemwidrigkeit' läßt sich nur so erklären, daß die der Wahrheit widersprechende Erfahrung nur durch Reduktion auf die Phantasie der die Erfahrungen machenden Menschen erklärt werden konnte. Diese Reduktion konnte ihr Ziel aber nur erreichen, wenn diese Phantasie als solche nichtig war. Um dies zu unterstreichen, werden die traditionellen Topoi der Schicksalsterminologie herangezogen, die durch den neuen Kontext neuen Sinn erhalten.

§ 41   ZUM GEDANKENGANG VON PARMENIDES B 7,1 ff

Es ist behauptet worden, B 7,1 schließe unmittelbar an 6,9 an (so Mansfeld (1) 92, Guthrie 21). Doch scheint mir das einleitende γὰρ dem zu widersprechen (statt dessen würde man ein 'doch', ἀλλά erwarten[32]). Dann ist jedoch zu fragen, ob man B 7,1-2 dem zweiten oder dritten Weg zuzuweisen hat. B 7,1 behauptet die Unbeweisbarkeit des εἶναι μὴ ἐόντα[33]. Bewiesen wird 2,6-8 die Unmöglichkeit des zweiten Weges. Man darf aber annehmen, daß P. auch den dritten Weg widerlegt hat. Diese Möglichkeit legt sich für 7,1-2 nahe, weil das Folgende zum dritten Weg gehört. Doch könnte die Widerlegung des dritten Wegs auch über die des zweiten erfolgt sein, so daß mit εἶναι μὴ ἐόντα eben dieser gemeint wäre.[34] Für diese Möglichkeit spricht die formale Analogie von 7,2 f mit 6,3 f. An beiden Stellen werden jeweils zwei verschiedene Wege aneinandergereiht (κατὰ τήνδε B 7,3 bezieht sich eindeutig auf das Folgende, ὁδοῦ B 7,3 kann also nicht ἀφ' ὁδοῦ von B 7,2 wiederaufnehmen). Doch gegen die Annahme, B 7,1 f beziehe sich auf den zweiten Weg, spricht:

(1) Der Plural μὴ ἐόντα weist in die Erfahrungswelt, also auf den dritten Weg. Handelt es sich B 7,1 f um den zweiten Weg, so fiele der zweite und dritte Weg wegen dieses Plurals zusammen.

(2) οὐκ ἔστιν bzw. χρεών ἐστι μὴ εἶναι sind Negationen eines unbestimmten, aber existenten Subjekts. εἶναι μὴ ἐόντα ist dagegen eine Affirmation eines nichtexistenten Subjekts (χρεών ἐστι μὴ εἶναι ist eine 'Affirmation' einer Negation, nicht eines Nichtseienden; es besagt nicht, daß Nichtsein 'real' ist, sondern daß es richtig ist, daß (etwas) nicht ist, also fast das Gegenteil von εἶναι μὴ ἐόντα). εἶναι μὴ ἐόντα ist ein Widerspruch in sich selbst, während οὐκ ἔστιν eine logisch sinnvolle Aussage ist.

(3) εἶναι μὴ ἐόντα fügt sich gut zur Aussage von der Identität von Sein und Nichtsein (B 6,8).

Man wird also annehmen müssen, daß B 7,1 f und B 7,
3 ff in denselben Sachbereich gehören, daß aber B
7,2 und B 7,3 nicht von genau demselben Weg sprechen. Das Dilemma ist, wie mir scheint, wie folgt
zu lösen: B 7,1 f gehört wegen seines theoretisch-
abstrakten Inhalts in eine allgemeine Kritik der
allgemeinen Ontologie der Menschen; die Reflexion,
die dieser allgemeinen Ontologie folgt, wird als
ein Weg der Untersuchung neben den der konkreten
Wahrnehmungsvorgänge der Menschen gestellt. Beide
Wege bilden eine Einheit, insofern sie in den
'Prinzipien' zusammenfallen. Von hier aus erklärt
sich die auf B 7,2 folgende Warnung: P. könnte auf
der Ebene der 'Reflexion' den Weg der Sterblichen
verlassen, insofern er theoretisch einsieht, daß
Existenz nichtseiender Dinge ein Widerspruch in
sich selbst ist, doch das ἔϑος πολύπειρον könnte
ihn auf den Weg der Wahrnehmung von Werden und Vielheit und damit zur impliziten Annahme der Existenz
von Nichtseienden zurückzwingen. Denn nimmt man die
Existenz von Werdendem an, so ist eine relative Existenz von Nichtseiendem auf zweierlei Weise impliziert:

(1) Das absolute Nichtsein bringt nichts hervor
 (B 8,9 f). Soll das Nichtseiende dennoch Seiendes hervorbringen können, so kann es nicht absolut nichtseiend sein.

(2) Das absolut Nichtseiende ist unerkennbar und unsagbar (B 8,7 ff). Spricht man von Werden (als
 Seiendem), so hält man das implizite.Nichtsein
 für sagbar und erkennbar, also für nicht absolut nicht seiend.

Entsprechendes gilt für die Annahme von Zwei- oder
Vielheit. Ist A Licht, B Nacht, so ist A nicht
Nacht, Nacht ist also in A nicht existent. Seiendes
aus Licht und Nacht ist ferner aus verschiedenen
Quantitäten dieser Elemente aufgebaut. Diese Quantitäten vermögen zu wachsen und abzunehmen, was,
wie sich zeigen wird (§ 47), Nichtsein impliziert.
Auf doppelte Weise läßt es sich somit verständlich
machen, wie die Sterblichen mit der Annahme einer
Zweiheit (bzw. von Licht und Nacht) Nichtseiendes
für erkennbar und sagbar halten.

Die Sterblichen machen nicht nur Aussagen nach dem
Muster: es ist richtig, daß -nicht ist, sie verstehen auch nicht, was das bedeutet (verstünden sie das,
würden sie die Aussage nicht machen). Aufgrund ihrer
ontologischen ἀμηχανίη nehmen sie statt der Unerkennbarkeit des Nichtseienden seine Erkennbarkeit und damit seine relative Existenz an. Bei all ihren Erfahrungen (ihr ἔθος ist πολύπειρον B 7,3), auf ihrer
ganzen ὁδός διζήσιος (διζήσιος ist wohl bei ὁδὸν B
7,3 aus B 7,2 zu ergänzen) richten sie sich nach
dem Kriterium εἶναι μὴ ἐόντα. Dieses ist das allgemeine, im einzelnen nicht konkretisierte Charakteristikum der menschlichen Erkenntnis, das gewiß gewonnen ist aus der Analyse der menschlichen Begriffe
Werden, Vielheit etc.

§ 42   ZUR BEDEUTUNG VON ἀλήθεια BEI PARMENIDES

Es ist in der Forschung unumstritten, daß bei Homer
der ursprüngliche Zugang zur Wirklichkeit die unmittelbare Augenzeugenschaft ist. Alles Wissen geht auf
sie unmittelbar oder auch mittelbar zurück. Das unvermittelt Wißbare ist nur das, was dem Menschen unmittelbar vor Augen liegt; alles andere bedarf, um
gewußt zu werden, der Vermittlung, sei es durch Götter (Musen) oder Menschen. Die Vermittlung von Wissen ist nun bei Homer der Zusammenhang, in dem er
ἀλήθεια, ἀληθής gebraucht: ἀλήθεια und ἀληθής sind,
von einer unsicheren Ausnahme abgesehen[35], an die
verba dicendi gebunden[36]. Ἀληθείην καταλέγειν heißt,
aufgrund einer unmittelbaren Augenzeugenschaft einen
den Geschehnissen genau entsprechenden, alle für den
Hörer wichtigen Elemente und Fakten enthaltenden Bericht zu geben[37]. Die Sachverhalte, Geschehnisse
selbst heißen nie ἀλήθεια[38]. Die Möglichkeit des
ψεῦδος liegt nicht im νοεῖν, das nicht täuschen kann
(vgl. v.Fritz (3)278 ff), sondern im Bericht, im
λέγειν. Da das Wissen des Augenzeugen als gesichert
gelten kann, kommt das ψεῦδος dadurch zustande, daß
zwischen den Partnern keine Offenheit herrscht und
der Berichtende entscheidende Momente der Wirklichkeit ausläßt oder auch anders darstellt als sie
sind[39].

Nach Homer beginnt sich die ἀλήθεια von den verba dicendi zu lösen und direkt ohne ihre 'Vermittlung' zum Gegenbegriff von ψεῦδος, γνώμη oder λόγος zu werden. Sie bezeichnet nun mehr und mehr auch die Wirklichkeit, wie sie sich dem Menschen unverfälscht zeigt, also die Ssche selbst und nicht nur die Sachgemäßheit eines Berichts[40].
Die Etymologie des Wortes ἀλήθεια ist umstritten. Die Ableitung von λήθω, die Deutung des ἀ- als ἀ-privativum wurde von Heidegger zur Basis philosophischer Überlegungen gemacht[41]. Diese Etymologie hat zahlreiche Anhänger gefunden, sie ist aber auch bestritten worden[42]. Die Frage muß hier unentschieden bleiben. Wichtig ist im vorliegenden Zusammenhang nur, daß die Griechen, wie Heitsch[43] gezeigt hat, schon früh (die ersten Belege finden sich bei Hesiod) ἀλήθεια als ἀ-λήθεια gedeutet haben. Da ἀλήθεια (in späterer Zeit) 'Wirklichkeit' im Gegensatz zum ψεῦδος bedeutet, folgt, daß wir ἀλήθεια als unverborgene[44], unverfälschte 'Wirklichkeit' zu verstehen haben, wobei die Unverborgenheit immer relativ ist auf ein Sehen. Das Gegenteil der Wahrheit, das ψεῦδος verbirgt entsprechend das Seiende, wie es an ihm selbst ist, dem Blick. Ἀλήθεια kann nicht direkt mit "Unverborgenheit" übersetzt werden, wie H. glaubt[45]. Für die Griechen ist primär die Sache von Interesse, wie sie an ihr selbst ist und sich dem Blick unverhüllt zeigt.
Daß P. in B 1,28 ff an die Vorankündigung in Hesiods Theogonie anknüpft, ist schon oft gesehen worden. Dieser Sachverhalt kann als Zugang zum spezifisch parmenideischen ἀλήθεια-Begriff dienen, der in der Vorankündigung eine wichtige Rolle spielt.

Hesiod teilte mit Homer die Ansicht, daß der Dichter nur dann eine über den Horizont unmittelbaren Erlebens hinausreichende Wahrheit mitteilen kann, wenn er seine menschliche Begrenzung durch eine Inspiration von der Gottheit her überwinden darf. Was Hesiod über den Ursprung der Götter zu sagen hatte, überschritt das unmittelbare Erleben jedes Menschen absolut und mußte darum Eingebung der Musen sein. Das, was er zu sagen hatte, stand im Widerspruch zum homerischen Mythos. Da dieser ebenfalls göttli-

cher Herkunft war (Homers Mythen hatten die Menschen
als wahr überzeugt, was eine menschliche Möglichkeiten übersteigende Sachkunde voraussetzte), mußten
die Musen Homer belogen haben:

ἴδμεν ψεύδεα πολλὰ λέγειν ἐτύμοισιν ὁμοῖα
ἴδμεν δ', εὖτ ἐθέλωμεν, ἀληθέα γηρύσασθαι

(Th. 27 f)

Damit gelangte Hesiod zu der Idee des Trugs als einer göttlichen Macht, der der Mensch seiner ganzen
ἀμηχανίη entsprechend hilflos ausgesetzt war.
Vergleicht man nun die Vorankündigung des P. mit
der des Hesiod, so bemerkt man leicht zwei wichtige
Abweichungen:

(1) P. erfährt nicht nur die Wahrheit wie Hesiod,
 bei dem der Trug nur die anderen traf, P. erfährt Wahrheit u n d 'Trug'.

(2) P. leitet den Trug nicht von der Gottheit her,
 sondern von den Menschen.

Der Grund für das letztere scheint einfach zu finden: Götter, die einen Irrtum erzeugen könnten,
gibt es bei P. nicht. Sie widersprächen seinem
Seinsbegriff. Die Ananke ist nur eine blasse Allegorie für die 'Natur' der Fesseln bzw. Grenzen des
Seienden, die verhindern, daß sich das Seiende verändert (vgl. Kap. V A. 88). Ist das richtig, so ist
die Einzigkeit (B 8,36 f) des Seienden, also die
Struktur der entdeckten Wahrheit der tiefere Grund,
warum der 'Trug' nicht auf eine göttliche Macht,
sondern nur auf die Menschen zurückgehen konnte.
Die unveränderliche Einzigkeit des Seienden erlaubte keine von ihm ausgehende Verbergung; die Erklärung des Scheins konnte also nur im Rückgang auf
die Sterblichen erfolgen: sie stellen sich das Seiende (aufgrund ihres falschen Begriffs von Sein und
Nichtsein) anders vor, als es ist und verstellen
sich so seine wahre Wirklichkeit. Wenn der Wahrheit
kein Von-sich-aus-sich-selbst-verbergen zugeschrieben werden kann, dann ist sie für P. prinzipiell
'vor aller Augen liegend' (in diesem Sinne könnte
man auch sagen, sie sei unverborgen), nur vermögen

die Augen der Menschen die Wahrheit aufgrund ihrer
Blindheit (B 6,7) nicht zu erkennen. Der Prozeß der
Offenbarung ist also nicht konstitutiv für den Wahrheitsbegriff,
er ist vielmehr erzwungen durch die
Blindheit der Sterblichen. Nicht die Wahrheit tritt
aus ihrer Verborgenheit, sondern der Geist des Menschen
wird offen für das, was eo ipso schon 'wahr'
ist, und nimmt dabei Abschied von seinen trügerischen
Illusionen.⁴⁶⁾
Strukturelle Analogien zum parmenideischen Wahrheitsbegriff
gibt es ansatzweise in der frühen Dichtung,
deutlicher bei Heraklit und Platon.
In der homerischen und archaischen Dichtung hat allein
die Gottheit die Entscheidung über das Schicksal der Menschen:

ὦ παῖ, τέλος μὲν Ζεὺς ἔχει βαρύκτυπος
πάντων ὅσ' ἐστὶ καὶ τίθησ' ὅκηι θέλει.   (Sem. 1,1 f)

Da die Gottheit ihre Entscheidung im voraus nicht
mitteilt, wissen die Menschen nichts über ihre Zukunft, sind sie

οὐδὲν εἰδότες, ὅκως ἕκαστον ἐκτελευτήσει θεός
(Sem. 1,4 f). Obwohl Zeus bereits Alter, Krankheit,
Tod verhängt hat (Sem. 1,11 ff), jagen sie irrealen
Hoffnungen von Glück und Reichtum nach, welche Illusionen
ihnen das 'reale' πρηκτόν verstellen:

ἐλπὶς δὲ πάντας καπιπειθείη τρέφει
ἄπρηκτον ὁρμαίνοντας ...   (Sem. 1,6 f)

Dasselbe sagt kürzer und prägnanter Theognis:

ἄνθρωποι δὲ μάταια νομίζομεν εἰδότες οὐδέν
                    (Theognis 141)

Das Zukünftige und Vergangene ist nicht als solches
verborgen, dem νόος der Gottheit ist alles offenbar
und gegenwärtig:

ὑμεῖς γὰρ θεαί ἐστε, πάρεστέ τε, ἴστε τε πάντα
                    (Il. 2,485)

Das Zukünftige ist nach Pindar den Menschen verborgen,
weil die Gottheit dem Menschen ihren Plan nicht
mitteilt und die Menschen blind sind für das, was im
Machtbereich der Gottheit liegt:

> σύμβολον δ' οὔ πώ τις ἐπιχθονίων
> πιστὸν ἀμφὶ πράξιος ἐσσομένας
> εὗρεν θεόθεν·
> τῶν δὲ μελλόντων τετύφλωνται φραδαί
>
> (Pi.O.12,8-9)

Die frühe Dichtung setzt demnach nicht bei der Unverborgenheit bzw. Verborgenheit des Geschehens an, sondern bei dem Erkenntnisvermögen des Menschen und der Gottheit.[47] Ist das Erkenntnisvermögen der Menschen auf den unmittelbaren Anblick und Berichte angewiesen, so hat demgegenüber das der Götter unmittelbaren Zugang zur Gesamtheit alles Geschehens:

> πάντα ἰδὼν Διὸς ὀφθαλμὸς καὶ πάντα νοήσας
>
> (Hes.Erg.267)

> εἰρεῦσαι τά τ' ἐόντα τά τ'ἐσσόμενα πρό τ' ἐόντα
>
> (Hes.Th. 38)

Das Moment der Verborgenheit spielt nur insofern eine Rolle, als die Götter ihren νόος den Menschen nicht offenbaren:

> πάντηι δ' ἀθανάτων ἀφανὴς νόος ἀνθρώποισιν.
>
> (Solon 17 D)

Diese Verbergung hat jedoch darin ihren Grund, daß der Unterschied der Erkenntnis von Gott und Mensch ohne sie nicht festgehalten werden könnte.
Klarer als in der Dichtung tritt uns der Gedanke der menschlichen Blindheit in bezug auf die an sich offenbare Wahrheit bei Heraklit entgegen: ἀξύνετοι ἀκούσαντες (den λόγος?) κωφοῖσιν ἐοίκασιν (B 34). Auch für Platon war die Wahrheit nicht verborgen, sondern vor Augen liegend, wenn der Mensch sich von seinen Wahnbildern trennt.[48]
Bei P. tritt entsprechend dem archaischen Wahrheitsbegriff ἀλήθεια nicht nur in Verbindung mit dem λέγειν (wie bei Homer), sondern auch in Verbindung mit dem νόημα auf (8,50 f, 1,28 f). Stellte sich das Problem der ἀλήθεια bei Homer in der Mitteilung (Erfahrung als solche war ja wahr), so wurde dem P. gerade die Erfahrung zum Problem: Da alle menschliche Erfahrung ihre Wurzel in selbsterzeugten Illusionen hatte, konnte nur ein νόημα von göttlichem Rang (wie das der offenbarenden Göttin und das des 'vergött-

lichten' P. (s. § 61)) Zugang zur Wahrheit haben.
Von dieser Problematisierung des Erkennens her läßt
sich die Verbindung des ἀλήθεια-Begriffs mit dem
νόημα verstehen: Sie ist die Folge der Reflexion
über die Möglichkeit von Wahrheitserkennen.

§ 43   ZUR BEDEUTUNG VON Πειθώ, ἐτήτυμος UND ἀληθής

In der Analyse von B 2 bzw. des Analogon B 8,15-18
blieb der genaue Sinn von B 2,4 als ganzes, von
οὐ γὰρ ἀληθής ἐστιν ὁδός und καὶ ἐτήτυμον εἶναι (8,17f)
unerörtert. Aufgrund der Analysen des vorhergehenden
Abschnitts kann das jetzt nachgeholt werden.
Der erste Teil von 2,4 Πειθοῦς ἐστι κέλευθος ist relativ leicht zu verstehen. Πειθώ war (mindestens)
seit Hesiod eine göttliche Macht, die menschlicher
Schönheit und Redekunst einwohnen konnte[49]. Diese
Macht unterwirft sich denjenigen unwiderstehlich, der
sich ihr aussetzt (Πειθώ bezieht sich dem Wortsinne
nach auf den vollzogenen Zustand[50]). Sie wurde sowohl mit der Göttin der Gewalt in Verbindung gebracht
als auch in das Gefolge der Liebesgöttin versetzt.
Da die Πειθώ auf jeden Fall den Einfluß auf den
menschlichen νόος oder die menschliche ψυχή betrifft,
muß man annehmen, daß die Πειθώ des P. eben die Art
des Einflusses des Weges, 'daß - ist', auf den νόος
des Menschen bezeichnet. Die Untersuchung, die diesen Weg geht, ist zugleich der Weg der unwidersteh-
lichen Überzeugungskraft, d.h. die Untersuchung ist
schlechthin überzeugend. Das hat seinen Grund darin,
daß die Πειθώ (oder ihr Weg) in einem bestimmten Zusammenhang mit der ἀλήθεια steht: Ἀληθείηι γὰρ ὀπηδεῖ.

Mourelatos ((2)158-160) hat auf einen Gebrauch des
Verbums ὀπηδέω bei Hesiod hingewiesen, der dem des P.
nahekommt, weil in ihm wie bei diesem ὀπηδέω mit Abstrakta verbunden ist:

(1) τοὶ μὲν ὑποχθόνιοι ... δεύτεροι, ἀλλ' ἔμπης
     τιμὴ καὶ τοῖσιν ὀπηδεῖ   (Erg. 141 f)
(2) οὐδέ ποτ' ἰθυδίκηισι μετ' ἀνδράσι λιμὸς ὀπηδεῖ
                                        (Erg. 230)

(3) πλούτῳ δ' ἀρετὴ καὶ κῦδος ὀπηδεῖ   (Erg. 313)

In (1) bezieht sich ὀπηδέω auf eine kultische Pflicht: auch den chthonischen Gottheiten gebührt kultische Verehrung; in (2) bringt es eine wesensgemäße Folge zum Ausdruck (den gerechten Mann trifft naturgemäß keinen Hunger); in (3) bezeichnet es die naturgemäße Verbindung von Reichtum, Vortrefflichkeit und Ruhm.
Die drei Stellen stimmen in der Idee einer wesensmäßigen Folge oder Zugehörigkeit überein, ohne sich wie der gewöhnliche Gebrauch auf eine Bewegung zu beziehen. Darum darf man auch bei P. eine Metapher dieser Art ausschließen. P. möchte die engste Zusammengehörigkeit von Überzeugung und Wahrheit ausdrücken oder jene als wesensmäßige Folge von dieser bezeichnen.[51] Der Weg gemäß Ist überzeugt schlechthin, da Überzeugung mit Wahrheit (Realität) zusammengeht oder dieser wesensnotwendig folgt und weil der Weg des Seins per definitionem an die Wirklichkeit gebunden ist. (Ist κέλευθος das Subjekt von ὀπηδεῖ, dann bedeutet 2,4b: der Weg des Ist folgt der Realität, d.h. er ist wesensmäßig an sie gebunden. Das ἔστιν 2,3 erhielte implizit eine Erklärung, wie sie der hier vertretenen Deutung entspricht.)
Es dürfte deutlich sein, daß es näher liegt, ἀλήθεια mit 'Realität' zu übersetzen statt mit "Unverborgenheit".
Es bleibt noch die Charakterisierung der Wege als οὐ ἀληθής (8,17) und ἐτήτυμον (8,18) zu klären. ἀληθής und ἐτήτυμος sind hier austauschbar, jede Unterscheidung wirkt jedenfalls künstlich[52]; Parmenides hat sich dem nachhomerischen Sprachgebrauch[53] entsprechend der ursprüngliche Bedeutungsunterschied der beiden Worte verwischt. Erstaunlicherweise heißen B 8,17 f die Wege wahr bzw. unwahr, nicht die Sache. Wahrheit scheint bei P. sonst synonym zu sein mit dem Seienden (So-Sein) als Gegensatz zum Trug der menschlichen δόξαι (vgl. die Gegenüberstellung ἀλήθεια - δόξαι B 1,29 f und B 8, 50-52). Wäre der erste Weg als seiend bezeichnet, müßte er mit dem Seienden wegen dessen Einzigkeit (8,36 f) identisch sein. Das ist aber ausgeschlossen, weil das Seiende als unveränderliches nicht mit dem Nacheinander der Argumente des Wegs der Unter-

suchung (zum Weg als erstrecktem Gang vgl. Kap.V A. 15) identisch sein kann[54] (zur Identität von Denken und Sein vgl. auch § 55). Am besten versteht man οὐ ἀληθής / ἐτήτυμον nicht adverbial, sondern als Adjektive zu ὁδός: Die ὁδός ἐτήτυμος ist der 'reale' Weg. Das bedeutet: Die Untersuchung 'gemäß -Ist' hat wirklich Wegcharakter, da sie zu einem Ergebnis führt. Der Weg des Nichtseins ist οὐ ἀληθής, kein 'wirklicher' Weg, da er unzugänglich[55], nicht vollziehbar (2,7) und nichts erkundend ist. Diese Interpretation paßt nicht nur gut zu B 2,6 ff, sie ist auch die einzige, die mit der Wortbedeutung von ἀληθής in πίστις ἀληθής (1,30; 8,28) zusammenpaßt ('Unverborgen' gibt hier keinen Sinn). Auch die ursprüngliche Bedeutung von ἐτήτυμος [56] liegt nicht weit ab von meiner Übersetzung: den Weg des Seins kann man erproben, und er hält stand als Weg im Gegensatz zum Weg des Nichtseins.

§ 44   DAS 'WESEN' DER σήματα (PARMENIDES B 8,1-3)

Nach der Widerlegung des dritten Weges kann der erste endgültig als der wahre behauptet werden:

       ... μόνος δ' ἔτι μῦθος ὁδοῖο
λείπεται ὡς ἔστιν· ταύτηι δ' ἐπὶ σήματ' ἔασι
πολλὰ μάλ'...   B 8,1-3

"Es bleibt einzig noch die Rede übrig von dem Wege, daß-ist. An ihm sind sehr viele Wegzeichen ..."[57]. Die σήματα auf oder am Wege werden sofort als 'Prädikate' des Seienden eingeführt: ὡς ἀγένητον ἐὸν καὶ ἀνώλεθρον ἔστιν ... (8,3). Man kann darum annehmen, die σήματα meinten schon diese 'Prädite': auf diesem (Weg der Untersuchung) sind viele Kennzeichen (des Seienden zu finden).[58] Doch spricht die Formulierung ταύτηι δ' ἐπὶ σήματ' ἔασι für die Bedeutung "Weg-Zeichen"[59].
Bevor auf die Bedeutung dieser Metapher eingegangen werden kann, ist die Frage zu beantworten, in welcher Weise die Zeichen auf das Seiende bezogen werden müssen.[60] Tarán behauptet, daß dem Seienden nach Parmenides' Auffassung nur die Charakteristik

der Existenz zukomme und es folglich im strengen
Sinne prädikatlos sei; die 'Zeichen' seien nur negative Prädikate; sie leugneten jegliche Differenz im
Seienden und seien als Konsequenzen aus der Selbstidentität des Seienden zu verstehen (194). Doch gegen die Annahme, die σήματα seien nicht im vollen,
direkten und strengen Sinne 'Prädikate' des Seienden, ist Folgendes einzuwenden:

(1) Der λόγος ἀμφίς ἀληθείης (B 8,50 f) gebraucht
zwar Metaphern, doch 'Prädikate' wie ἕν, πᾶν
sind durchaus nicht in irgendeinem übertragenen
Sinne gebraucht.

(2) Die 'Prädikate' werden bewiesen, und ein Beweis
ist für gewöhnlich ein direktes Aussagen.

(3) Nichts deutet daraufhin, daß der λόγος (B 8,50)
oder μῦθος (8,1) nur eine uneigentliche Rede
ist. Diese Rede wird so eingeführt, als sei sie
die wahre Erkenntnis.

(4) Das Seiende ist räumlich ausgedehnt und begrenzt.
Taráns Argumente (150 ff) dagegen überzeugen
nicht.

Weil die σήματα als 'Prädikate' des Seienden eingeführt werden, liegt es nahe, sie als seine Eigenschaften zu verstehen. Man könnte aber auch vermuten, daß sie das Sein des Seienden in ähnlicher Weise konstituieren, wie die Kennzeichen der Gestalten
diese selbst erst als gegensätzliche Qualitätsstoffe
konstituieren (vgl. § 57). Doch ist der Sinn dieser
Aussage nicht ohne weiteres einsehbar.
Die Zeichen haben, wie schon oft aufgefallen ist, zumeist privativen Charakter. Ἀγένητον z.B. grenzt
das Seiende genau genommen nur vom Gewordensein ab
(und sagt somit nicht, ob das Seiende zeitlos oder
von ewiger Dauer ist). Dieser Sachverhalt spiegelt
die parmenideische Argumentationsweise: Die Krisis
bzw. die ontologische Argumentation des P. überhaupt bezieht sich auf eine Reihe streng kontradiktorischer und exklusiver Prädikatpaare ("geworden"-
"ungeworden" B 8,13-21, "ganz"-"geteilt" B 8,11 bzw.
B 8,22-25, "vollendet"-"mangelhaft" 8,32 f usw.)
und zeigt, daß das eine Prädikat (z.B. "geworden")
innerhalb der Prädikatpaare nicht die Bedingung er-

füllt, die dem Begriff des Seins ("-ist") entspricht.[61] Daraus folgert P., daß nur das gegenteilige 'Prädikat' wahr sein kann. So heißt es B 8,20: Wäre das Seiende ein gewordenes, so ist es, bevor es wird, nicht seiend. Dem strengen Begriff des Seins entspricht Seiendes folglich nur als ungewordenes. Nur so erfüllt es die Bedingung, die mit Sein, seiend etc. gegeben ist. Als gewordenes würde das Seiende diese Bedingung nicht erfüllen: εἰ (!) γὰρ ἔγεντ', οὐκ ἔστ(ι) (8,20). Damit wäre eine gewisse Analogie zwischen den Kennzeichen der Gestalten und den 'Prädikaten' des Seienden gezeigt: Die Kennzeichen der Gestalten konstituieren diese als Licht und Nacht, die 'Prädikate' des Seienden konstituieren dieses als wahrhaft Seiendes, insofern sie die Bedingungen erfüllen, die mit Sein gegeben sind, und ihre Gegensätze das Seiende nichtseiend sein ließen (8,20). Das Seiende erkennen heißt für P. nicht, eine Reihe von kontingenten 'Prädikaten' als wahr zu akzeptieren, etwa aufgrund der Autorität der Göttin, es heißt vielmehr, die 'Prädikate' als wesensmäßige Bedingungen des Wie-Seins des Seienden aus dem Begriffe des Seins herzuleiten; es heißt folglich auch, die 'Prädikate' als Wesensbestimmungen zu verstehen, in denen sich das Seiende als das Existente dem Wesen nach konstituiert (und folglich auch offenbart), ganz ähnlich wie sich die Gestalten Licht und Nacht in ihren Kennzeichen konstituieren (und offenbaren).

B 8,2 bedeutet σήματα, so zeigte es sich, Wegzeichen, Wegweiser. Das Weiterweisen der 'Prädikate' läßt sich am einfachsten dahingehend verstehen, daß aus den bewiesenen 'Prädikaten' aufgrund ihrer Wahrheit weitere gefolgert werden können (vgl. Kap. V A. 64). Beachtet man, daß die 'Prädikate' Wesensbestimmungen sind, so ergibt sich noch ein weiterer Aspekt der Wegzeichenmetapher: Da der Beweisgang B 8,5-49 die Prädikate als notwendige Bedingungen des Seins des Seienden evident macht, bestätigen die 'Prädikate' implizit, daß die Untersuchung auf dem rechten Wege ist. Sie entsprechen damit beiden Funktionen eines natürlichen Wegweisers, die Richtigkeit des Weges zu bestätigen und weiterzuweisen.

Mourelatos nimmt an, das Ziel des wahren Weges sei die Wahrheit (die 'Realität' des Seienden). Die Wahrheit ist jedoch, so zeigte es sich, identisch mit den 'Prädikaten', also mit den Wegweisern selbst. Was das Ziel sein sollte, erscheint in der Wegmetapher B 8,1 ff als Wegzeichen. Der Schlüssel für diesen paradoxen Sachverhalt scheint mir im dargestellten Wesen der 'Prädikate' zu liegen: Weil in ihnen die "Wahrheit" des Seienden durchsichtig wird, bestätigen sie, daß der νόος sein Ziel erreicht hat, auf dem wahren Wege des Erkennens zu sein und daß er folglich auf diesem Wege weiterzugehen hat. Wo Wegzeichen sind, ist wirklich ein Weg (B 8,18), d. h. man gelangt zur Erkenntnis. 8,2 f zeigt erneut, mit welcher Strenge P. den Terminus Weg als Erkennen oder Gang der Erkenntnis verstanden hat.

§ 45 TEXTKRITISCHE ÜBERLEGUNGEN ZU PARMENIDES B 8,4

Nach wie vor ist der Wortlaut und die Übersetzung der einzelnen 'Prädikate' des Seienden umstritten. Das von Plutarch (adv. Col. 1114C) und Proklos (Parm. 1152) überlieferte ἔστι γὰρ οὐλομελές ist heute allgemein aufgegeben zugunsten der Simplicius-Leseart οὖλον μουνογενές und zwar mit folgender Begründung:

(1) οὐλομελές bedeutet nach DK 22 C 2 (= Bd. I 189, 19 f) 'vollständig in seinen Teilen'. Das Seiende hat jedoch keine Teile.

(2) ἔστι γὰρ macht den Eindruck einer Ergänzung von Plutarch (es fehlt bei Proklos).

(3) Weil im Lehrgedicht die Ewigkeit des Seienden durch die Ganzheit begründet werde, könne P. innerhalb der Kennzeichen nicht umgekehrt argumentiert haben. Dieses Argument ist m.E. nicht stichhaltig, denn in B 8,5-6a wird die Ewigkeit (οὐδέ ποτ' ἦν usw.) durch die Ganzheit, Einheit und Kontinuierlichkeit (ἐπεὶ νῦν ἔστιν ὁμοῦ πᾶν, ἕν, συνεχές) bewiesen (vgl. § 48).

Da ihm μουνο-γενές wegen seines zweiten Wortbestandteils mit ἀγένητον zu kollidieren scheint, hat J.R. Wilson (in "Parmenides, B 8,4") μουνογενές in B 8,4 in μουνομελές emendiert. Seine Lösung hat ohne Zweifel den Vorteil, daß sich die Variante οὐλομελές auf einfache Weise (durch Ausfall des μουνο- und Verschmelzung von οὖλον und -μελές) erklären läßt. Für Wilson spricht ferner: Zwar mußte μουνογενές nicht unbedingt in seinem Grundsinn 'einzig-entsprossen' verstanden werden, es konnte auch 'einzig' heißen[62],doch dürfte Parmenides bei seiner Wortwahl den ganzen Bedeutungsspielraum im Blick gehabt und darum μουνογενές, schon um Mißverständnisse zu vermeiden, vermieden haben. In Emp. B 58 bezieht sich μουνομελές auf die Glieder, die unter dem Einfluß von Neikos voneinander isoliert umherirren. Das Wort könnte also bei P. durchaus in poetischer Weise die Einheitlichkeit oder Unteilbarkeit des Seienden anzeigen. Das Kennzeichen würde wohl in B 8,22-25 bewiesen. (Man hat angenommen, οὖλον korrespondiere mit B 8,22-25, doch damit hat dieser Abschnitt nur mittelbar zu tun (vgl. §47). Er bliebe B 8,1-4 ohne Kennzeichen, wenn man μουνογενές liest. Die Schwierigkeit, daß B 8,22-25 oder B 8,34-41 ohne Kennzeichen bleiben müßte, ist, wie mir scheint, nicht zu vermeiden. Doch nichts zwingt, hier völlige Konsequenz von seiten des P. anzunehmen.)
Ebenso schwierig wie der Anfang von 8,4 ist der Schluß des Verses. Überliefert ist ἠδ' ἀτέλεστον. Od. 16,111 bedeutet das Wort soviel wie endlos, doch das wäre fast eine Dublette zu ἀνώλεθρον (deren Sinn nach ἀτρεμές (= unveränderlich) erst recht nicht einsehbar wäre), während 8,42 ff kein σῆμα erhielte. Die Konjektur Taráns (ἠδὲ τελεστόν) scheidet aus, weil es dazu nur eine unsichere Parallele gibt (vgl. LSJ s.v.). Die vom Kontext (8,42 ff) her befriedigendste Konjektur οὐδ' ἀτέλεστον wurde zuerst von Brandis aufgestellt, aus paläographischen Gründen jedoch bisher nicht anerkannt. J. Wiesner (4 A. 10) hat aber neuerdings HDE als Verschreibung von ATREMECOYDE verständlich gemacht.

§ 46   ZUR STELLUNG VON PARMENIDES B 8,5-6a

Die Restauration von οὖλον μουνογενές [-μελές] hat in der neueren Forschung zur Erkenntnis geführt, daß οὐδέ ποτ' ἦν οὐδ' ἔσται, ἐπεὶ νῦν ἔστιν ὁμοῦ πᾶν, ἕν, συνεχές B 8,5-6a nicht mehr zum Programm, sondern zum darauf folgenden Beweis gehört. Würde 8,5-6a nämlich zum Programm gehören, erhielte man mehrere unnötige Dubletten[63]: Die Weg-Zeichen ἀγένητον und ἀνώλεθρον 8,3 würden in 5a variiert, und οὖλον erschiene wieder in πᾶν, μουνομελές (bzw. μουνογενές) in συνεχές (bzw. ἕν). - Gehörte 8,5-6a zum Programm, so müßte ferner das γάρ in B 8,6b den ganzen Beweisgang 8,6b-49 an 8,1-6a anfügen. Die an B 8,6b-21 anschließenden Deduktionen der anderen Kennzeichen setzen aber jeweils mit einer eigenen Prämisse ein, so daß man nicht annehmen kann, daß γάρ den ganzen λόγος über das Seiende an das Programm anschließt.[64] Wenn γάρ allein den Beweis von B 8,6b-21 einführt, so kann es sich nur auf B 8,5-6a beziehen, ein gleichzeitiger Bezug auf B 8,3 ist logisch ausgeschlossen. Dann ist aber klar, daß B 8,5-6a nicht mehr zum Programm gehört.

§ 47   ZUR STRUKTUR DES BEWEISGANGES PARMENIDES
   B 8,6b-21

In Parm. B 8,5-21 erfolgt die Demonstration der Wegzeichen ἀγένητον, ἀνώλεθρον und οὖλον (8,3 f). Weil 8,12-13 der Schlüssel zum Verständnis des ganzen Abschnitts ist, sei zunächst diese Stelle besprochen.
Diels übersetzte 8,12 f wie folgt: "Auch kann die Kraft der Überzeugung niemals einräumen, es könne aus Nichtseiendem irgendetwas anderes als eben Nichtseiendes hervorgehen."(37). παρ' αὐτό bezieht Diels also auf das unmittelbar vorausgehende ἐκ μὴ ἐόντος. So verstanden würde 8,12 f noch einmal wiederholen, was schon 8,9 f gezeigt wurde: aus Nichtsein entsteht nichts. Logisch wäre es ein Korollar zum Vorhergehenden. Dagegen ist zu sagen, daß P. kurz zuvor betont, daß das Nichtsein unerkennbar und unsagbar ist (8,8-9), daß Diels' Deutung jedoch

dem Nichts eine Quasiexistenz zuschreibt, weil etwas "neben" ihm existieren soll und es "etwas" 'hervorbringt'. Ferner scheint dieses Korollar nach 8, 7-11 völlig überflüssig, zumal 8,11 den Eindruck eines gewissen Abschlusses macht. Wohl um diese Schwierigkeiten zu vermeiden, hat Mansfeld ((1) 95) Diels' Ansatz dahingehend geändert, daß er παρ' αὐτό sich auf das Seiende beziehen läßt. Nichts Drittes kann neben dem Seienden aus dem Nichts entstehen, d.h. aus dem Nichts kann wirklich nichts werden. Doch etwas Drittes neben Seiendem und Nichts ist bei P. ohnehin schon wegen B 2 ausgeschlossen.

Die genannten Interpretationen scheinen noch eine andere Schwierigkeit zu enthalten: die Wiederlegung des Werdens aus Seiendem würde fehlen. Reinhardt, Tarán, Hölscher, Kahn u.a. haben unter anderem auch darum eine Korrektur des ἐκ μὴ ἐόντος in ἐκ τοῦ ἐόντος und ähnlich vorgeschlagen. Die Vorteile liegen auf der Hand: (1) παρ' αὐτό wird leicht verständlich; (2) der Abschluß 8,11 wird sinnvoll; (3) man erhält das Glied, das logisch gefordert ist; (4) das οὔτε 8,7 hätte seine natürliche Entsprechung in 8,12; (5) 8,13b-21 erhielte eine klare Funktion (die Widerlegung des Werdens aus Seiendem). Doch auch die Nachteile sind nicht unerheblich:

(1) Der Eingriff in den gut überlieferten Text ist nicht ohne Gewaltsamkeit.

(2) Das γίγνεσθαι nach dem futurischen ἐφήσει ist kein Präteritum, wie zu erwarten wäre, wenn das Werden des jetzigen Seienden aus einem anderen Seienden widerlegt würde, es muß sich vielmehr der 'Textlogik' zufolge in der Zukunft ereignen[65]. Dieses Futur wäre auch dann nur schwer zu erklären, wenn P. in 8,12 f das Entstehen von Seiendem aus Seiendem zu letzterem hinzu widerlegen würde. Dies müßte dann doch für Vergangenheit, Gegenwart und Zukunft geschehen, soll es so konsequent geschehen, wie es ein Beweis fordert.

(3) Die rhetorischen Fragen B 8,6-7 werden wesentlich prägnanter, wenn sie nicht auch auf ein Werden aus Seiendem bezogen sind. Sind sie auch

auf dieses bezogen, haben sie etwas Schulmeisterliches: "Welchen Ursprung ... wirst du für es suchen?" Antwort: (a) das Nichtsein, (b) das Seiende. Doch beides ist falsch und die Frage damit abgewiesen. Die beiden Fragen klingen an sich aber so, als wären sie von ihrer eigentlichen Sinnlosigkeit von vornherein völlig überzeugt (was denn auch den nachfolgenden Beweisen in Form der reductio ad absurdum B 8,7b-10 sachlich vollkommen entspricht).

B 8,12-13 kann nur so verstanden werden, daß ein zukünftiges Werden (von etwas) aus dem Nichtsein zum gegenwärtigen Seienden hinzu ausgeschlossen wird. παρ' αὐτό bezieht sich auf das Seiende, von dem schon bisher die Rede war, nicht auf ἐκ μὴ ἐόντος. Taráns Einwand (96), παρ' αὐτό könne sich logisch nur auf dieses beziehen, ist nicht stichhaltig, denn das ἐόν erscheint vor B 8,12 nur B 8,3 und danach auch erst wieder in einigem Abstand, nämlich B 8,19. P. spricht demnach ständig im Personalpronomen vom Seienden und παρ' αὐτό entspricht nur dieser Redeform.

Das soeben entwickelte Verständnis von 8,12 f ist nicht nur linguistisch das einzig zulässige, es ist auch von der Sache her nahegelegt:

(1) Entstehen des Seienden aus Seiendem ist für P. ein Modus der Veränderung des Seienden, die 8,26 ff widerlegt wird. Man ist folglich nicht gezwungen, zur Erreichung einer vollständigen Argumentation diesen Gedanken auch schon 8,12 f anzunehmen.

(2) Wiesner (31) hat richtig gesehen, daß P. von seinem Seinsbegriff ausgeht. Mir scheint, daß dies für ihn das einzig Mögliche war. Hätte P. nicht beim absoluten und exklusiven Gegensatz von Sein und Nichts eingesetzt, so hätte er unnötigerweise den schon B 2 als wahr erkannten Begriff von Sein und Nichts verlassen. Was B 2 für jedes wahre νοεῖν evident ist, muß es auch noch 8,6b ff sein. Wer 8,12 f eine andere Bestimmung des Seins als die in der Disjunktion gegebene für möglich hält, nimmt an, P. halte den Weg der Sterblichen immer noch für eine diskutable Möglichkeit.[66]

8,11 macht den Eindruck eines gewissen Abschlusses. Werden scheint nun mit guten Gründen widerlegt. Die darauffolgende Widerlegung des zukünftigen Werdens ist darum auf den ersten Blick nicht recht verständlich. Das Dilemma löst sich auf eine einfache Weise, wenn man beachtet, daß P. 8,7b ff nicht einfach Werden schlechthin widerlegt, sondern dieses Werden als Wachstum in der Vergangenheit präzisiert wie die vorausgehende Frage πῆι πόθεν αὐξηθέν; (man beachte die Aoristform) beweist. [67] Ist das richtig, so erhält man folgendes einfache Schema: In 8,7-11 wird das Wachstum aus dem Nichtseienden in der Vergangenheit, in 8,12 f das Wachstum aus dem Nichts in der Zukunft zum gegenwärtigen Seienden hinzu widerlegt. – Damit stellt sich die Frage, in welchem Verhältnis 8,12 f zu dem das Vorhergehende in gewisser Weise abschließenden Vers 8,11 steht. Wenn es in der Vergangenheit kein Wachstum gab, das Seiende jedoch vorhanden ist, dann, so folgert P., muß das Seiende "ganz" vorhanden sein. Ist das richtig, dann kann es auch nicht in Zukunft wachsen. Dieses Wachstum aus dem Nichts in der Zukunft ist ferner auch aus den 8,7-10 angegebenen Gründen unmöglich. 8,12 f hat also den Charakter eines Korollars aus 8,7-11. An sich sind alle Argumente gegen Werden aus dem Nichtseienden mit 8,11 abgeschlossen. Doch wurden sie nur gegen das Werden in der Vergangenheit vorgetragen, was den Nachtrag für das Wachstum (aus dem Nichtsein) in der Zukunft (8,12-13a) bedingt. Das Korollar ist, was das Tempus angeht, konträr zu 8,7-10, weshalb es mit dem Vorhergehenden durch οὔτε-οὐδέ verklammert ist[68].

Es gilt als nächstes die Verse B 8,6b-11 im einzelnen zu analysieren. Als erstes macht P. in seinem Beweisgang 8,6b ff darauf aufmerksam, daß Werden einen Ursprung und Wachstum aus dem Ursprung impliziert: "Welchen Ursprung kannst du (schon) für es suchen? Wie und woher (ist es) gewachsen?" (8,6b-7a). Von dieser Doppelfrage wird unmittelbar anschließend die völlige Absurdität nachgewiesen: Gäbe es für das Seiende einen Ursprung, käme nur das Nichtseiende in Frage (s.o.). Der Gedanke des Wachstums aus dem Nichtseienden wird von der Göttin sofort mit einem strikten Verbot belegt, da er völlig absurd ist: οὐδ' ἐκ μὴ ἐόντος ἐάσσω φάσθαι σ' οὐδὲ νοεῖν (8,7b-8a)[69]. Darauf folgt die Begründung: Die Frage oder Suche (διζήσεαι) nach Nichtseiendem bzw. das 'Denken' eines Wachstum aus Nichtseiendem bzw. die Frage nach einem πόθεν überhaupt ist absurd, weil ein Nichtseiendes (d.h. daß etwas nicht ist) als ein absolutes Nihil unsagbar und 'unerkennbar' ist: οὐ γὰρ φατὸν οὐδέ νοητόν ἔστιν ὅπως οὐκ ἔστι (B 8,8-9). Nachdem das Nichtseiende in seinem absoluten Nichtsein solchermaßen verdeutlicht ist, ist unmittelbar verständlich, warum im Nichtseienden kein χρέος (keine Erfordernis, kein zureichender Grund) für die Veranlassung von Wachstum enthalten sein kann:

$$\tau\acute{\iota}\ \delta'\ \mathring{\alpha}\nu\ \mu\iota\nu\ \varkappa\alpha\grave{\iota}\ \chi\rho\acute{\epsilon}o\varsigma\ \mathring{\omega}\rho\sigma\epsilon\nu$$
$$\mathring{\upsilon}\sigma\tau\epsilon\rho o\nu\ \mathring{\eta}\ \pi\rho\acute{o}\sigma\vartheta\epsilon\nu,\ \tauο\tilde{\upsilon}\ \mu\eta\delta\epsilon\nu\grave{o}\varsigma\ \mathring{\alpha}\rho\xi\acute{\alpha}\mu\epsilon\nu ο\nu\ \varphi\tilde{\upsilon}\nu;$$

(B 8,8-9).

Auch die Frage nach dem Wie, Warum (πῆι) des Wachsens ist also absurd. Die rhetorische Doppelfrage, die die reductio ad absurdum einleitet, führt ihrerseits auf eine rhetorische Frage, deren Absurdität unmittelbar evident ist. 8,11 zieht aus 8,6b-10 den Schluß: Weil kein Ursprung denkbar ist und folglich auch kein Wachsen aus ihm, kann das Seiende nur "ganz" sein oder überhaupt nicht. Das bedeutet aber: Gewachsensein würde Ganzsein ausschließen, Nichtgewachsensein fordert Ganzsein. Was bedeuten Wachstum und Ganzheit (πᾶν, οὖλον) bei P.?

B 8,22-25 spricht dafür, daß Wachstum von P. nicht nur als die rein quantitative Zunahme eines qualitativ Gleichbleibenden, sondern auch als Addition von 'qualitativ' Verschiedenem (die allerdings ebenfalls eine quantiative Zunahme auf das Seiende insgesamt gesehen bedeuten würde) vorgestellt wird: 8,22b (ἐπεὶ πᾶν ἐστιν ὁμοῖον) muß, soll es eine bewiesene 'Prämisse' des Folgenden sein, 8,11 wieder aufnehmen. 8,22-25 entfaltet ἐπεὶ πᾶν ἐστιν ὁμοῖον [70] und also mittelbar auch 8,11 inhaltlich. Πάμπαν impliziert also Unteilbarkeit (οὐδὲ διαιρετόν) in durch Seinsgrade unterschiedenes Seiendes. Da die Ganzheit in der Unmöglichkeit von Wachstum beruht, folgt, daß das ausgeschlossene Wachstum nicht nur quantitativ verstanden ist, sondern auch als Addition von Seiendem, das dem Seinsgrade nach verschieden ist[71].

Gäbe es Wachstum, so argumentiert P., so wäre nicht ausgeschlossen, daß das Seiende aus Teilen entstünde, die sich durch den Seinsgrad unterscheiden würden. Da es aber kein Wachstum geben kann, weder in der Vergangenheit noch in der Zukunft, gibt es keine Teile (ist das Seiende πᾶν, ἕν, συνεχές 8,5 f), denn nur bei Wachstum des Seienden ist der Gedanke von Teilen sinnvoll. (Die Argumentation gegen Seinsgrade 8,22-25 dient also nur dazu, das συνεχές 8,5 f zu verdeutlichen. Eine Polemik gegen andere Denker anzunehmen, erscheint vom Gedankengang her als nicht notwendig und ist auch unwahrscheinlich, weil 8,22-25 nicht einmal - das wäre von der Sache her fast gefordert und darum näherliegender als Polemik gegen andere Philosophen - eine Widerlegung der von den Menschen gesetzten Gestalten (8,53) dargestellt[72].)

In B 8,14 schließt P. ohne weitere Begründung auch das Vergehen aus. Offenbar implizierte die Ungewordemheit eo ipso auch die Unvergänglichkeit. Vergehen ist widerlegt, weil es Nichtseiendes impliziert (ein 'Sachverhalt', der nun keiner weiteren Erläuterung mehr bedarf) und Nichtseiendes unerkennbar und unsagbar ist (8,8 f). - Ist das Seiende ungeworden, so hat es eine Seinsverfassung, die es nicht erlaubt, daß es vergeht: Wenn das Seiende nur "ganz" sein kann (8,11), so kann es auch nicht vergehen, denn hierbei würde es in Teile zerfallen. Was nicht entstanden ist, vergeht folglich auch nicht; was wie die Einzeldinge der Doxawelt (durch Mischung) entstanden ist, kann auch wieder vergehen (durch Entmischung). Alles spricht dafür, daß Melissos B 2 auf einer parmenideischen Lehre aufbaut:

εἰ μὲν γὰρ ἐγένετο, ἀρχὴν ἂν εἶχεν ... καὶ τελευτήν (ἐτελεύτησε γὰρ ἂν ποτε γενόμενον)· ὅτε δὲ μήτε ἤρξατο μήτε ἐτελεύτησεν, ἀεί τε ἦν καὶ ἀεὶ ἔσται...[73]

Auf die summarische Schlußfolgerung τοῦ εἵνεκεν οὔτε γενέσθαι οὔτ' ὄλλυσθαι ἀνῆκε Δίκη usw.[74] folgt eine Rekapitulation der Krisis: ἡ δὲ κρίσις περὶ τούτων ἐν τῶιδ' ἔστιν ... Sie wurde schon weithend besprochen (§ 38), weshalb hier nur noch einige Ergänzungen folgen sollen. Was zunächst interessiert, ist das Verhältnis der Krisis zu 8,6b ff. Man erkennt leicht, daß die Krisis ein Element enthält, das schon 8,7 ff aufgetaucht ist: die Unerkennbarkeit und Unsagbarkeit des Nichtseins. Neu ist, daß der in 8,7 ff nur vorausgesetzte parmenideische Seinsbegriff anhand des Wegeschemas ausdrücklich formuliert wird. Vielleicht hat P. angenommen, daß aus diesem Grunde die Krisis ein Beweis von besonderer Prägnanz und Stringenz ist und daß die Sache, um die es eigentlich geht, erst durch die Krisis ganz durchsichtig wird. Darum wird der summarische Abschluß von 8,6b ff τοῦ εἵνεκεν οὔτε γενέσθαι οὔτ' ὄλλυσθαι usw. zur vorangestellten These eines neuen Beweises[75], der erst nach 8,6b ff eingeführt wird, weil er Elemente von 8,6b ff voraussetzt (vgl. § 38). - Ist 8,16-18 ein neu einsetzender Beweis, so ist es zumindest offen, ob μέλλει ἔσεσθαι 8,20 von 8,12-13a her zu deuten ist[76]. Dagegen spricht, daß die Bedeutung von μέλλει ἔσεσθαι als αὐξήσεται kaum wahrscheinlich ist, denn auch der Hexameter könnte eine so mißverständliche Ausdrucksweise nicht entschuldigen. Ferner kommt in der parallelen Formulierung οὐδ' ἔσται 8,5 nur die Bedeutung "und nicht wird es sein" in Frage. Bei wörtlichem Verständnis macht allerdings Schwierigkeiten, daß 20b eine Binsenweisheit zu sein scheint, während 20a eine so umstürzende wie schwierige (wenn nicht paradoxe) Aussage macht. Man entgeht dieser Schwierigkeit mit der Annahme, daß das Wachstum in der Zukunft hier als der Fall eines zukünftigen Werdens eines Seienden zum Seienden hinzu (und selbstverständlich aus dem Nichtseienden) verstanden ist. Dafür sprechen auch strukturelle Analogien zwischen 8,6b-13a und 8,20 f (vgl. Kap.V A.76). Gemeint ist dasselbt wie 8,12-13a, nur wird jetzt vom hinzukommenden Seienden aus gedacht, statt vom schon bestehenden.

§ 48 DIE EWIGKEIT DES PARMENIDEISCHEN SEIENDEN

Es konnte gezeigt werden, daß 8,5-6a (οὐδέ ποτ' ἦν usw.) die vorangestellte These für den Beweisgang 8,6b-21 ist (s. § 46). 8,5-6a enthält nun in sich selbst einen Begründungszusammenhang:

οὐδέ ποτ' ἦν οὐδ' ἔσται, ἐπεὶ νῦν ἔστιν ὁμοῦ πᾶν, ἕν, συνεχές ...

Man kann annehmen, 8,6b ff begründe nur den mit ἐπεί eingeleiteten Nebensatz. Damit stimmt überein, daß nach 8,11 das Seiende πάμπαν sein muß. Doch der Gesamtzusammenhang (8,6b-21) widerlegt auch γένεσις und ὄλεθρος (8,21), so daß sich die Vermutung nahelegt, οὐδέ ποτ' ἦν οὐδ' ἔσται beziehe sich hierauf, d.h. das γάρ 8,6 beziehe sich auf den ganzen vorhergehenden Satz (als These des Folgenden). οὐδέ ποτ' ἦν k a n n jedenfalls den Ausschluß des Vergehens in der Vergangenheit (das Seiende w a r nicht (so daß es jetzt nicht mehr wäre)), οὐδ' ἔσται k a n n den Ausschluß des Werdens in der Zukunft (das Seiende w i r d nicht erst sein (so daß es jetzt noch nicht wäre)) bedeuten.[77] Doch dagegen spricht:

(1) ἦν und ἔσται einerseits und νῦν ἔστιν andererseits sind als Tempora einander emphatisch entgegengesetzt. Damit scheint P. Vergangenheit und Zukunft als Möglichkeiten für das Seiende auszuschließen und nur die 'zeitlose' Gegenwart (im Sinne des nunc stans) zuzulassen.[78]

(2) Ewige Dauer, wie die Konkurrenzlösung als Sinn annimmt, hat vor und nach P. ihren Ausdruck gefunden in der sogenannten Ewigkeitsformel (z.B. Mel. B 2: ἔστι τε καὶ ἀεὶ ἦν καὶ ἀεὶ ἔσται[79]).

Demgegenüber erscheint die Formulierung des P., meinte sie dasselbe, paradox und unnötig schwierig.

(3) Im folgenden Beweis erfolgt der Ausschluß von Werden nicht aufgrund des πᾶν-, ἕν- und συνεχές-Seins des Seienden, sondern anscheinend aufgrund der umgekehrten Argumentation. Weil das Seiende nicht geworden ist, ist es

(8,11 wird eingeleitet durch folgerndes οὕτως)
"ganz". Man wird nur ungern (manche halten es
auch für unmöglich) in 8,5-6a einen anderen Begründungszusammenhang annehmen.

Diese Argumente sind zwar beeindruckend, doch nicht
durchschlagend. Ihre Schlagkraft wird schon dadurch
gemindert, daß der Parmenidestext sonst keine zuverlässigen Beweise für die 'zeitlose' Ewigkeit des
Seienden hergibt. 8,6b ff begründet die These 8,5-
6a (oder 8,5b-6a) und müßte folglich einen Beweis
darstellen für die 'zeitlose' Gegenwart. Doch dieser Beweis findet sich nirgends, auch nicht 8,20,
wo man ihn üblicherweise zu finden meinte (man übersetzt dann: "wenn es ... war, dann ist es nicht,
auch nicht, wenn es jemals sein wird", eine zugegeben elegante aber gleichwohl, wie gezeigt (§ 38),
unhaltbare Lösung). Darüber hinaus enthält der Text
sogar einen Beleg für den Gedanken der unendlichen
Dauer des Seienden: ταὐτόν τ' ἐν ταὐτῶι τε μένον
8,29. Gegen Schlußfolgerungen aus diesem Sachverhalt hat man eingewendet, daß die 'Zeitlichkeit'
der Sprache von P. nicht einfach beseitigt werden
konnte, seine Sprache folglich notwendig unangemessen sein mußte[80]. Nun ist aber nicht einzusehen,
warum P. die Ablehnung der Zeit in einen einzigen
Vers (8,5) gepreßt haben sollte, wenn er schon Aussagen zeitlicher Dauer (wie ihm sicher nicht entgangen wäre) nicht vermeiden konnte. Immerhin ist er
in der Widerlegung von Werden und Vergehen sehr ausführlich. Soweit ich sehe, implizieren auch Werden
und Vergehen für P. nicht das Zeitphänomen (so daß
ihr Nichtsein auch das Nichtsein der Zeit bedeuten
würde), sondern nur das Problem des Nichtseins (vgl.
§§ 38, 47).
Daß P. von der Ewigkeitsformel abweicht, obwohl er
gerade die ewige Dauer behaupten will, läßt sich
leicht damit erklären, daß es ihm hier nicht nur
auf die Ewigkeit sondern seinem Anliegen 8,6b ff
entsprechend auf den Ausschluß von Werden und Vergehen ankommt: Beim Seienden kommt es nicht vor,
daß es "war", also vergangen wäre oder "sein wird",
also entstehen würde. Daß die Ewigkeitsformel für
P. keine bindende Kraft hatte, zeigt sich in 19,1 f,

wo dieses Schema geradezu in das Gegenteil verkehrt ist, nämlich Werden und Vergehen behauptet. Ferner fällt auf, daß P. in bezug auf die Doxa-Welt von einem νῦν spricht: Die Doxa-Welt ist entstanden und darum gegenwärtig (B 19,1). Es ist wenig wahrscheinlich, daß die Doxa-Welt mit derselben temporalen Prädikation belegt wird, die das 'zeitlose' Sein des Seienden von der Zeit abheben soll.

Es ist zuzugeben, daß die Verneinung der emphatisch betonten Vergangenheit und Zukunft (Argument (1)) am einfachsten so zu verstehen ist, als sei die 'zeitlose' Gegenwart ausgesagt. Man muß aber bedenken, daß für P. im Falle, daß er die Idee der 'zeitlosen' Gegenwart noch nicht kannte, dieser offenkundige Sinn und damit die Möglichkeit eines Mißverständnisses gar nicht bewußt werden konnte.

Somit bleibt nur das Argument, daß in 8,5-6a die Argumentation in entgegengesetzter Richtung verlaufen würde wie in 8,6b ff, wenn man 8,5-6a im Sinne der ewigen Dauer versteht. Eine solche Umkehrung der Argumentation widerspräche, so meint man, dem Denkstil des P. und auch den sachlichen Zusammenhängen.

Dazu ist zu sagen, daß es sich in beiden Punkten um unbeweisbare Prämissen handelt. P. begründet die Vollendung des Seienden 8,32 mit der Fesselung durch Ananke (8,30 f) u n d mit einem Rückverweis auf die Krisis (8,33 ist eine Analogie zu 8,20 (s. § 51)). Eine einsinnig bestimmte Abfolge von Argumenten liegt hier also nicht vor. Auch in der Sache entspricht 8,5-6a dem Kontext vollkommen: 8,5a verneint das Vergehen in der Vergangenheit und ein Werden in der Zukunft (οὐδ' ἔσται meint wohl dasselbe wie μέλλει ἔσεσθαι 8,20 (vgl. dazu § 47)). Als Begründung führt P. die Ganzheit, Einzigkeit und Kontinuierlichkeit des Seienden in der Gegenwart an. Oben (§ 47) zeigte es sich, daß Werden und Vergehen den Aufbau des Seienden in Teilen implizieren. Umgekehrt kann ein Seiendes, das "ganz", "einzig" etc. ist, nicht vergehen oder werden (wachsen). Dazu müßte es nämlich in Teile zerfallen. "Ganzheit", "Einzigkeit" etc. können also durchaus den Ausschluß von Werden und Vergehen begründen.

Man kann aber noch weitergehen und bestreiten, daß in 8,6b ff nur das Ganzsein aus der Unmöglichkeit des Werdens abgeleitet wird und nicht auch der umgekehrte Gedanke impliziert ist. In § 47 versuchte ich zu zeigen, daß 8,12-13 implizit mit denselben Argumenten begründet wird wie der Ausschluß des Wachstums in der Vergangenheit. Daraus folgt, daß wir die Argumente in 8,8b-11 an 8,12-13a anschließen dürfen:

These: Es gibt kein Wachstum in der Zukunft aus Nichtsein (zum Seienden hinzu),
 (a) weil Nichtsein unerkennbar und unsagbar ist (8,7b ff) und
 (b) weil kein zureichender Grund für Wachstum existiert (8,9b-10);

Schluß: somit ist das Seiende entweder ganz oder nicht (8,11).

8,11 ist keine Zwischenbemerkung in Parenthese, sondern der Schluß (οὕτως !), der Wachstum in der Vergangenheit und sinngemäß auch für die Zukunft ausschließt. Daraus folgt:

(1) Die Alternative von Ganzheit und Nichtsein tritt an die Stelle der Aussage, daß Werden in Vergangenheit und Zukunft nicht ist. Die Alternative erfordert diese Aussage als Explikation. Ganzheit als einzig zulässige Möglichkeit schließt also Werden aus. Das entspricht genau 8,5-6a.

(2) τοῦ εἵνεκεν οὔτε γενέσθαι οὔτ' ὄλλυσθαι ἀνῆκε Δίκη (τό ἐόν) 8,13b f schließt mittelbar, dem Sinne nach, an 8,11 an. Weil das Seiende nur ganz sein kann, darum läßt die Dike nicht zu, daß das Seiende entsteht oder vergeht. Auch das entspricht genau der Aussage von 8,5-6a.

Damit ist gezeigt, daß das in 8,5-6a gegebene sachlogische Verhältnis auch in 8,6b ff impliziert ist. Es ist klar, daß sich P. nach dieser Interpretation enger an die Tradition anschließt, als wenn man annimmt, er hätte die 'zeitlose' Gegenwart vertreten. Bei Homer und Hesiod heißen die Götter αἰὲν ἐόντες (Od. 1,263), ἀθάνατοι (Il.1,503) und ähnlich. Bei den Joniern war in Entsprechung dazu das göttliche ἄπειρον ein ἀθάνατον. Während die Götter des Epos einen Anfang haben, ist das ἄπειρον der Jonier wenigstens tendenziell ungeworden, weil es der Ur-

sprung alles Entstandenen ist. Mit Sicherheit belegt
ist der Gedanke erst bei Heraklit (B 30). Doch erst
P. hat einen Beweis für die Ungewordenheit seines
Seienden entwickelt, das wegen seiner Ungewordenheit
die Götter des Mythos an göttlichem Rang noch über-
trifft und (auch) darum das wahrhaft Göttliche ist.

§ 49 Ἀκίνητον (PARMENIDES B 8,26)

Für gewöhnlich ordnet man dem Wegzeichen ἀτρεμές
den Abschnitt 8,26-33 (oder 8,26-31) zu. Ferner
identifiziert man ἀτρεμές mit ἀκίνητον (8,26). Bedeutung und grammatische Stellung dieses ἀκίνητον
sind nicht ganz einfach zu erschließen.
P. setzt, entsprechend wie in 8,22, 8,37, 8,42
auch in dem genannten Abschnitt mit einer Prämisse
ein, die im Vorhergehenden (8,21) bewiesen wurde:

$$...\text{ἐπεὶ γένεσις καὶ ὄλεθρος}$$
$$\text{τῆλε μάλ' ἐπλάχθησαν} ... \qquad (8,27\text{b f})$$

Das ἐπεὶ bezieht sich zunächst auf das unmittelbar
Vorangehende ἄναρχον - ἄπαυστον (8,27): Ohne Werden
und Vergehen kein Anfang und kein Ende. ἀκίνητον
gehört aufgrund seiner Stellung ganz offenkundig zu
μεγάλων ... δεσμῶν und scheint mit diesem zusammen
eine (vielleicht begründende) Apposition zu ἄναρχον-
ἄπαυστον zu bilden. Daraus folgt, daß nicht eigentlich das ἀκίνητον das Thema der Verse 8,26-28 ist,
sondern ἄναρχον-ἄπαυστον. B 8,26-28 kann man als
eine Art Nachtrag zu 8,21 verstehen, der allerdings
schon das Folgende vorbereitet, denn 8,26 steht in
klarem Zusammenhang mit 8,29 ff, wie sich weiter unten zeigen wird.

Nicht nur der ἐπεὶ-Satz nimmt Vorangehendes wieder
auf, auch μεγάλων ἐν πείρασι δεσμῶν (8,26) bezieht
sich darauf zurück: das ἀκίνητον-in-Grenzensein beruht offenbar darauf, daß Dike die Fesseln nicht lok-
kert, sondern das Seiende festhält (8,13b-15a). (Daß
ἀκίνητον μεγάλων ἐν πείρασι δεσμῶν nicht weiter begründet wird, weist darauf hin, daß P. vorher schon
Bewiesenes aufnimmt.) Ist diese Annahme richtig, so
bezeichnet ἀκίνητον das Wie des In-Seins in den Grenzen der Fesseln oder dessen Folge. Würde die Fesse-

lung gelockert (8,14), wäre also das Seiende κίνητον, so wäre es nach 8,13 b ff frei, zu werden und zu vergehen. Dies sind aber die Stichworte, die in der Begründung 8,27 b f wiedererscheinen. Was 8,26 verschlüsselt ist, wird im ἐπεί-Satz 8,27 f explizit formuliert. Jedesmal handelt es sich um Begründungen des ἄναρχον-ἄπαυστον. Folglich führt nichts in diesem Gedankengang darauf, daß mit ἀκίνητον die Ortsbewegung angesprochen ist und wir hier den Gedanken von Mel. B 7,7 voraussetzen müßten, daß Bewegung des Seienden nicht stattfindet, weil πᾶν δ' ἔμπλεον ἐστιν ἐόντος (8,24) [81]. Auch Werden und Vergehen haben bei P., soweit man noch erkennen kann, nichts mit Ortsbewegung zu tun. "Unbewegt" kann ἀκίνητον in diesem Kontext allenfalls im übertragenen Sinne bedeuten: Lockern sich die Fesseln, könnte sich das Seiende darin "bewegen", d.h. wäre es nicht mehr ihrem absoluten Zwang unterworfen, sondern könnte werden und vergehen. Diese Annahme hat jedoch eine geringe Wahrscheinlichkeit für sich, da ἀκίνητον in 8,38 unmetaphorisch gebraucht ist und soviel wie "unverändert" zu bedeuten scheint (s.u.).

In der Mehrheit der Fälle bedeutet κινέω in der Sprache jener Zeit soviel wie "bewegen". Dabei ist diese Bewegung weniger relativ zu einem Raumkontinuum als vielmehr zu einer Ruhelage gedacht, aus der das betreffende Seiende heraustritt aufgrund einer Erschütterung oder Erregung[82]. Von hier aus hat sich eine Bedeutung ohne räumliche Komponente entwickelt. So konnte κινέω für jede Erregung gebraucht werden, die etwas aus seiner (inneren) Ruhe bringt: μάταιος ἐκ νυκτῶν φόβος κινεῖ, ταράσσει ... (Ais.Ch. 288 f), Τηλέμαχος ... κινήσας δὲ θύρην προσέφη... Εὐρύκλειαν (Od. 22, 394), Δῆλος ἐκινήθη (von einem Erdbeben Hdt. 6,98). Etwas erschüttern kann räumliche Bewegung und Verletzung der Integrität zur Folge haben. Die letztere Komponente liegt Redewendungen zugrunde wie νόμαιά τε κινέει πάτρια (Hdt. 3,80). Von hier aus ist verständlich, daß ἀκίνετοι Emp. B 17,13 (= 26,12) die Beständigkeit der Elemente im Kreislauf bezeichnen kann. ἀκίνητον 8,26 als "in der Integrität und Identität unerschüttert", "unverändert" zu verstehen[83], ist also semantisch möglich als auch vom Kontext (8,26-28) her nahegelegt (s.o.). Auch das direkt folgende μεγάλων ἐν πείρασι δεσμῶν hebt nicht nur auf einen räumlich fixierten Raum, sondern auf einen wesensnotwendigen Abschluß ab, wie die Austauschbarkeit von πεῖρας und δεσμοί - man vergleiche 8,26 mit 8,31 - und die Folgerung der Vollendung aus der Fesselung durch eine Grenze (8,30b-32) zeigt. Aber auch der weitere Kontext enthält Indizien für die gegebene Deutung:

(1) Weil das Seiende ἀκίνητον ist (8,38a), sind sowohl τόπον ἀλλάσσειν als auch διὰ χρόα φανὸν ἀμείβειν 8,41 "Namen", Benennungen und nicht Sein. ἀκίνητον umfaßt hier offenkundig Qualitätsänderung u n d Ortsbewegung. - Bedeutet ἀκίνητον 8,38 "unverändert", so ist ohne weiteres verständlich, warum daraus (und aus οὖλον) die Einzigkeit des Seienden folgt (8,36b f). Bedeutet es dagegen "unbewegt", so ist dies kaum verständlich: Ein bewegtes Seiendes kann eines bleiben und bleibt es für gewöhnlich, sonst wäre es nicht mehr dieses bestimmte bewegte Seiende.

(2) 1,29 muß ἀτρεμές übertragen verstanden werden. Das Herz der Wahrheit ist deren innerstes Wesen, sie selbst "durch und durch".[84] Bei P. ist nur das Seiende unbeweglich, nicht der 'Kern' der Wahrheit. Dieser ist wie die Wahrheit allenfalls unverändert. Ist dies richtig, dann darf man diese Bedeutung auch für ἀτρεμές in 8,4 und das mit ihm korrespondierende ἀκίνητον in 8,26 annehmen.

Das Seiende ist ohne Anfang und Ende (8,27), also ohne Wachstum und Vergehen. Folglich ist das Seiende unverändert (ἀκίνητον 8,26). Das Seiende ist dies auch, weil es durch die Grenze (8,26) eines materialen und räumlichen Abschlusses gefesselt ist (zu πεῖρας vgl. § 52 und Kap. V A. 88). Da das Seiende sich weder 'qualitativ' durch Addition eines im Seinsgrad Verschiedenen noch nur rein quantitativ-räumlich durch Addition von qualitativ Gleichem verändert, ist es qualitativ immer dasselbe (ταὐτόν ... μένον 8,29) und räumlich unverändert (ἐν ταὐτῶι... μένον 8,29[85]). 8,29 verdeutlicht also nur, was 8,26-28 implizit schon gesagt ist.

§ 50   Δίκη, Ἀνάγκη UND πίστις

Die absolute Unverändertheit des Seienden beruht
auf der Herrschaft der Ananke über das Seiende:

$$\text{κρατερὴ γὰρ Ἀνάγκη}$$
$$\text{πείρατος ἐν δεσμοῖσιν ἔχει, τό μιν ἀμφὶς ἐέργει}$$

(8,30 f)

Während P. die Figur der Moira (8,37) aller Wahrscheinlichkeit nach aus der Schicksalsterminologie übernommen hat[86], läßt sich die Herkunft der Ananke nicht näher bestimmen.[87] Beide Figuren stehen für einen absolut unentrinnbaren Zwang über das Seiende (Ananke hat Fesseln[88]), die das Seiende ringsum, also völlig einschließen, τό μιν ἀμφὶς ἐέργει 8,31). Der dritte Name der Göttin, Dike, zeigt an, daß dieser Zwang nicht willkürlich ist. P. knüpft hier, wie Fränkel (WF 126 ff) gezeigt hat, an eine homerische Verwendung von δίκη in der Bedeutung "das Wesensgemäße, Konsequente" an. Bei P. ist Dike dementsprechend die "Richtigkeit der Konsequenz" (Fränkel WF 165) oder besser noch die "sachliche Notwendigkeit". Das Wesen der Dike-Ananke ist nicht formal-logischer Art, denn die Krisis erhebt nicht den Anspruch, logisch richtig zu sein, sondern den, ontologisch Wahres zu sagen. An das ontologisch Wahre muß sich das νοεῖν halten, um wahres νοεῖν zu sein. Darum gibt es kein nur formal richtiges Denken (s. auch § 38). - Ebenso wenig wie die Ananke die Logik des richtigen Denkens ist, ist πίστις (8,12; 8,28; 1,30) die Gewißheit des Denkens[89]. Auch die Sterblichen sind, wie B 7,3 f impliziert, von ihren Vorstellungen völlig überzeugt, doch sagt P. gleichwohl, daß keine wahre πίστις in diesen Vorstellungen sei (1,30). Dies scheint eher auf eine Wesensbestimmung zu deuten als auf eine Bestimmung des Subjekts. Auf einen 'objektiven Sachverhalt' scheint auch die Analogie von πίστις 8,12 mit Dike 8,14 zu führen (man beachte die Entsprechung von ἐφῆσει 8,12 in ἀνῆκε 8,14). Würde πίστις die Gewißheit des Denkens bedeuten, dann würde die certitudo des Subjekts nach 8,12 f und 8,28 fast zum fundamentum inconcussum veritatis. Ein solcher Subjektivismus muß aber bei P., wie sich noch zeigen

wird (vgl. § 55), ausgeschlossen werden.
Guthrie (26) übersetzt in Anlehnung an Heidel 717
ff πίστις mit Evidenz. πίστις ἀληθής (1,30; 8,28)
wäre dann jedoch fast tautologisch. B 8,12 könnte sich der Ausdruck auf das Vorhergehende beziehen,
doch B 1,30 ist der Zusammenhang mit einem Beweis
nicht ohne Gezwungenheit herzustellen.[90] Evidenz
setzt als Offenkundigkeit eines wahren Sachverhalts
für einen νόος Gegenwart des Sachverhalts voraus,
8,12 betrifft jedoch ein Geschehen in der Zukunft[91].
Auch würde Evidenz das Sein des Seienden stärker an
den νόος binden, als es erlaubt ist.
Heidels und Guthries These ist jedoch ein Fort-
schritt, insofern als hier richtig gesehen wird,
daß πίστις 8,12 und 8,28 auf die vorangehenden
Beweise bezogen ist. πίστις tritt so unvermittelt
auf wie Dike. Dike bezieht sich aber 8,14 unzweifelhaft zurück auf den Beweisgang 8,6b ff; nur weil
ihr Wesen im Beweisgang impliziert war, kann sie
scheinbar ohne Beweis 8,14 eingeführt werden. (Die
Krisis und entsprechend die übrigen Beweise erfolgen nach 8,16 ὥσπερ ἀνάγκη. Ananke ist aber mit
Dike identisch.) Darum und auch wegen der Entsprechung von ἐφήσει 8,12 mit ἀνῆκε 8,14 legt es sich
nahe, πίστις in Analogie zu Dike-Ananke als Wesens-
bezeichnung des Beweises 8,7b-11 zu verstehen.
Ein solcher Zusammenhang ist auch für 8,28 nahegelegt: ἀπῶσε δὲ πίστις ἀληθής nennt den Grund des
Umherirrens von Werden und Vergehen 8,27 f. γένεσις
und ὄλεθρος nehmen an dieser Stelle aber unübersehbar 8,21 wieder auf; auch hier kann darum πίστις
am einfachsten als die πίστις des Beweisgangs 8,5-
21 erklärt werden. (Die πίστις ist nicht die der
Fesseln bzw. der Ananke, da sie 8,12 noch vor dieser (8,14) eingeführt wird.) Der Wahrheitsteil ist
ein πιστὸς λόγος (8,50), was auch den Hinweis auf
den Sinn von πίστις selbst gibt: Glaubwürdigkeit,
Zuverlässigkeit sind mögliche Bedeutungen des Wortes, wie sie der Zusammenhang nahelegt.
Die πίστις, die 8,28 Werden und Vergehen verstößt,
ist, wie gesagt, eine 'objektive' Macht wie Dike-
Ananke-Moira und wie diese eine Eigenschaft der von
P. vorgetragenen Beweise. Diese doppelte Bedeutung
läßt sich wie folgt erklären: Weil die Beweise 'ontologisch' gemeint sind und in ihnen die Sache selbst

zur Entscheidung kommt, können die 'Eigenschaften'
der Beweise zu Mächten werden, die das Seiende bestimmen[92], kann die ἀνάγκη der Krisis (8,15) zur
Ananke-Dike-Moira, kann die πίστις der Beweise zu
einer πίστις werden, die ähnlich wie jene Göttin
Werden und Vergehen ausschließt.

§ 51   ZUR BEDEUTUNG VON οὕνεκεν IN PARMENIDES B 8,32

Mit der Fesselung bzw. mit der mit dieser synonymen
Begrenzung verbindet P. die Vollendung des Seienden:

(1) αὐτάρ ἐπεὶ πεῖρας πύματον, τετελεσμένον ἐστί
                                                          8,42

(2)   κρατερὴ γὰρ Ἀνάγκη
     πείρατος ἐν δεσμοῖσι ἔχει, τό μιν ἀμφὶς ἐέργει,
     οὕνεκεν οὐκ ἀτελεύτητον τὸ ἐὸν θέμις εἶναι 8,30-32

Das Schlüsselwort für das Verständnis dieser Verbindung in 8,32, οὕνεκεν, ist in seiner Bedeutung umstritten. Es könnte "weswegen" oder "weil" bedeuten
(vgl. § 53). In der jüngsten Forschung wird argumentiert, οὕνεκεν müsse 8,32 "weswegen" heißen, weil in
8,30-32 das logische Verhältnis der Argumente dem
Analogon 8,42 entsprechen müsse[93]. Dieses Argument
ist nicht stichhaltig, da die Annahme, bei P. seien
die Argumente einsinnig festgelegt, nicht haltbar
ist (vgl. § 48). Vom Sachlichen her wäre die Bedeutung "weil" durchaus vertretbar: Ist die Vollendung
"rechtens" (θέμις), so folgt daraus notwendig eine
Grenze als bindender materialer Abschluß. Auch
8,11 ff enthält einen nicht unähnlichen Gedankengang: 8,13b-15a wird die Fesselung des Seienden
durch Dike (die der Begrenzung sachlich entspricht)
mittelbar aus dem 8,32 nicht unähnlichen Vers 8,11
gefolgert (vgl. § 48). Übersetzt man οὕνεκεν mit
"weil", so erhält man einen ausgesprochen konsequenten Gedankengang: "Weil das Seiende nicht mangelhaft sein kann (8,33), muß es vollendet sein
(8,32); folglich ist es in Grenzen ... (8,30 f)."
Dieser Gedankengang führt zuletzt sogar auf die
Krisis zurück, da 8,33b ad unguem 8,20 entspricht
und man für 8,33 als ganzes folgenden Gedankengang

anzunehmen hat: Das Seiende ist nicht mangelhaft (8,33a), denn wäre es das (das von Simplicius überlieferte μή ist zu streichen[94])), so würde es "alles entbehren", d.h. nicht existieren, weil es dem strengen und einzig möglichen Seinsbegriff der Krisis nicht entspricht: Im Mangel ist schon allein dem Begriffe nach Nichtsein impliziert. Es ist aber auch die Möglichkeit von Werden, Wachstum aus dem Nichtseienden zum Seienden hinzu (und damit Veränderung, womit der Gedanke auch auf 8,26-29 zurückführt) enthalten.[95])

Dennoch scheint mir die Übersetzung von οὕνεκεν mit "weswegen" richtig zu sein, weil diese Bedeutung 8,34 die einzig mögliche ist (vgl. § 53). Nach 8,30 ff bedingt die Herrschaft der Ananke die Vollendung des Seienden. 8,33 zeigt diese Herrschaft als ontologische Notwendigkeit (die Krisis wird 8,16 ὥσπερ ἀνάγκη vollzogen), das Bild erhält gleichsam seine abstrakte ontologische Deutung.

§ 52 DIE KUGELFÖRMIGKEIT DES SEIENDEN (PARMENIDES B 8,42-49)

P. gebraucht in seinen Beweisen wiederholt Begriffe, die auf eine räumliche Ausdehnung des Seienden hinzuweisen scheinen. So ist das Seiende "voll" (8,24) und an einem Ort (τῆι) nicht stärker oder schwächer als an einem anderen (8,23; 8,48); es ist kontinuierlich (8,25), stößt an sich selbst (als Nachbarn 8,25) und ist überallhin mit sich selbst gleich (8,49). Nun hat sich der prägnanteste räumliche Ausdruck, das πεῖρας, als synonym mit den δεσμοί (s. § 49) und wesensverwandt mit der Ananke erwiesen (s. Kap. V A. 88), was eine rein metaphorische Bedeutung zwar noch nicht beweist, aber immerhin nahelegt. Man wird darum aus der räumlichen Ausdrucksweise keine allzu weitreichenden Schlüsse ziehen: Wie πεῖρας eine ungewollte räumliche Bedeutung haben könnte, so könnten auch jene Beobachtungen nur eine ungewollte Konzession an die Räumlichkeit der Sprache sein[96]). Es fällt aber auf, daß P. nirgendwo, wie es zu erwarten wäre, der räumlichen Vorstellung entgegentritt. Das könnte man vielleicht mit der Hypothese zu erklären versuchen, daß die Raumlosigkeit des Seienden sich aus dem Zusammenhang ergab und also nicht eigens betont werden mußte. Dieses Argument versagt aber bei der Beobachtung, daß P. dem Seienden ausdrücklich einen Mittelpunkt zuschreibt: μεσσόθεν ἰσοπαλὲς πάντηι 8,44a (ἰσοπαλὲς bezieht sich eindeutig auf das Seiende). Das räumliche Moment, das mit dieser Aussage eingeführt wird, kann nicht dadurch beseitigt werden, daß man den Mittelpunkt als Metapher deutet[97], da der Text für eine solche Deutung keinen direkten Anhalt bietet. Der Vergleich mit einer σφαῖρα und die Erwähnung einer Grenze im unmittelbaren Kontext führen vielmehr in eine andere Richtung. Weil P. das Seiende 8,42 ff eindeutig räumlich vorstellt, müßte die räumliche Vorstellung, wenn das Seiende in Wahrheit raumlos ist, zur Vermeidung eines Mißverständnisses in ihrem eigentlichen Sinn bestimmt und erklärt werden. Da dies nicht geschieht, müssen wir annehmen, daß das Seiende eine räumliche Größe ist. Dem entspricht, daß unmittelbar nach μεσσόθεν ἰσοπαλὲς davon die Rede ist, daß das Seiende überall gleich ausgedehnt ist (8,44 f), also Kugelform haben muß.[98] Die Verteidiger eines raumlosen Seienden haben demgegenüber auf eine Reihe von Schwierigkeiten hingewiesen, die mit der Annahme eines räumlich endlichen Seienden verbunden sind:

(1) Wer Grenzen setzt, überschreitet sie auch schon. Das gilt insbesondere für räumliche Grenzen. Mit ihnen ist eo ipso ein leerer Raum jenseits des Seienden angenommen, was unvereinbar ist mit P.' Ansatz, der das Sein von Nichtseiendem ausschließt (7,1 f).

(2) Eine räumliche Grenze wäre kein materialer Abschluß, kein πεῖρας im parmenideischen Sinn, da kein Grund zu sehen ist, warum dem räumlich begrenzten Seienden nicht ständig etwas Neues hinzugefügt werden könnte.

(3) Der Vergleich mit der σφαῖρα bezieht sich nicht auf das πεῖρας, sondern auf τετελεσμένον[99]. Man könnte darum annehmen, daß die räumliche Vollendung des Balles (oder Kugel)

mit einer völlig unräumlichen Vollendung des
Seienden verglichen wird, das räumliche Moment
des Gleichnisses also nichts mit dem Seienden
selbst zu tun hätte. Damit würde sich die Wahrscheinlichkeit verringern, daß der ganze Abschnitt sich auf die Räumlichkeit des Seienden
bezieht.

Das Gewicht dieser Argumente ist verschieden. Um
das zweite Argument zu entkräften, braucht man nur
anzunehmen, daß Wachstum für P. gleichviel, ob es
durch dem Seinsgrade nach gleich oder verschieden
Seiendes erfolgt, immer Wachstum an Quantität und
damit an Ausdehnung bedeutet. Ein mangelhaftes Seiendes, das quantitativ und damit räumlich wachsen
könnte und somit eine variable räumliche "Grenze"
hätte, entspräche nicht dem Begriff des Seins und
wäre damit nicht existent (vgl. §§ 38,51). Nur das
quantitativ vollendete Seiende mit einer festen
räumlichen Grenze als Ausdruck eines wesensnotwendigen materialen Abschlusses erfüllt die Bedingungen des Seins. Aus der sich im Bereich des Idealen
vollziehenden Disjunktion leitete P. somit die 'materialistische' Vorstellung eines quantitativ-räumlichen Abschlusses des Seienden ab, wobei es aber
ausgeschlossen werden muß, daß er den Unterschied
des materiellen und idealen Seins kannte. Denn nicht
nur ist das Bekanntsein dieses Unterschieds vor Platon und Aristoteles sonst nicht zu belegen, seine
Annahme widerspräche auch der Intention des P.: Für
ihn sind die 'Prädikate' des Seienden Wesensbestimmungen und Wesensbedingungen des Seienden (vgl. §
44). Die räumliche Vollendung und Begrenzung des
Seienden ist als ein 'Prädikat' wie alle anderen so
'ideal' wie diese. Wäre das Seiende nicht räumlich-
-quantitativ gegrenzt, so entspräche es nicht, wie
gezeigt, dem einzig möglichen Begriff von Sein.

Ist es richtig, daß die räumliche Grenze in ihrer
Räumlichkeit eine 'Wesensaussage' ist, so verliert
auch das oben zuerst angeführte Argument an Gewicht,
wonach jenseits des Seienden kein Raum denkbar ist,
ein räumlich begrenztes Seiendes gerade dies aber
voraussetzte. Wenn das πεῖρας als der unverrückbare
Abschluß jeglichen Seienden die Möglichkeit jedweden Wachstums ausschließt, dann ist damit auch ein

leerer Raum als Ort möglichen Entstehens unmöglich. "Eine (räumliche) Grenze setzen heißt sie schon überschreiten" dürfte ein dem P. noch unbekannter Gedanke gewesen sein. So muß man jedenfalls nach dem linguistischen Befund von 8,42 ff und der Sachlogik von 8,5-49 insgesamt annehmen.

Es bleibt noch das Bedenken, daß sich der Vergleich mit der σφαῖρα nicht auf das πεῖρας, sondern auf τετελεσμένον bezieht. Doch auch dann, wenn die Vollendung des Seienden 8,42 noch unräumlich verstanden wäre, ist nicht hinwegzudiskutieren, daß 8,44 f eine räumliche Vorstellung einführt (s.o.). Ein Sprung von einer unräumlichen Vollendung 8,42 f zu einer räumlichen 8,44 f ist nicht nur unwahrscheinlich, er ist auch nicht notwendig. Nach dem oben für das πεῖρας Entwickelten hindert uns nichts, entsprechend auch für τετελεσμένον eine Verbindung einer materialen und einer räumlichen Bedeutung anzunehmen. Was für das πεῖρας gilt, muß auch für die Vollendung gelten, da sie in jenem ihren Grund hat (8,42). Die Kugelgestalt war in ihrer Form für die Griechen die Vollendung schlechthin. Materialiter war einem Ball (Kugel) aufgrund dieser vollkommenen Form nichts hinzuzufügen. Würde einer Kugel irgendetwas fehlen (8,33), so wäre sie nicht mehr vollendet. Daß die Vollendung des Seienden mit der Ausdehnung[100] einer σφαῖρα (Ball), deren räumliche Perfektion ausdrücklich betont wird, verglichen wird, macht eine räumliche Bedeutung von τετελεσμένον (sie ergab sich für P. wohl aus diesem Zusammenhang) eher wahrscheinlich als eine unräumliche.

ἰσοπαλές ist häufig mit gleichgewichtig übersetzt worden, da es Tim. 62d-63a diese Bedeutung hat. Diese Bedeutung scheint auf den ersten Blick gut zu passen, da das Seiende überall gleich groß (8,44b f) und vollkommen homogen ist (8,46 ff). Vom Zentrum aus würden dann überallhin gleiche Kräfte wirken. Ein solchermaßen gleichgewichtiger Ball würde sich nicht verändern und folglich den Angaben von 8,26-31 vollkommen entsprechen. Gleichwohl ist diese Interpretation abzulehnen, da das Seiende kein Gewicht hat (das gibt es nur bei den von den Menschen gesetzten "Gestalten" (vgl. § 57)), ein solches jedoch in 'gleichgewichtig' impliziert ist. Bormann (177) hat vorgeschlagen, ἰσοπαλές als identisch mit homogen zu deuten. Doch ist die Bedeutung "gleich" für ἰσοπαλής erst bei Thukydides belegt, auch handelt der Text unmittelbar vor und nach ἰσοπαλές von der Ausdehnung, und ist die Formulierung "von der Mitte her homogen (gleich)" ohne klaren Sinn. Die bisher angeführten Schwierigkeiten vermeiden Calogero und Mourelatos, die dem Wort seiner ursprünglichen Bedeutung entsprechend einen "kämpferischen" Sinn geben[101]: "überall gleich, von der Mitte aus Stirn zu bieten" (Calogero 27 [257]); "pushing out equally" (Mourelatos (2) 124). Als ein Beleg für die Möglichkeit von Bewegungsmetaphern trotz der Unbeweglichkeit des Seienden haben beide Gelehrte ἱκνεῖσθαι εἰς ὁμόν (8,46 f) angeführt. Diese Stelle besagt aber nur, daß das Seiende im "Selben" anlangt, weil es immer schon dort ist.[102] Das ἱκνεῖσθαι weist zwar auf eine Bewegung zurück, aber mit der Absicht, jede Veränderung auszuschließen. Ein entsprechender Zusammenhang ist für ἰσοπαλές in der von Calogero und Mourelatos vertretenen Deutung nicht gegeben, womit wegen der Unbewegtheit des Seienden die Übersetzung von ἰσοπαλές mit einer Bewegungsmetapher unwahrscheinlich wird.

Bei Herodot heißt ἰσοπαλής gleich stark im Kampf (1,82; 5,49) und bezieht es sich auf die Kräfte militärischer Gegner. Von hier aus ist es am einfachsten, man übersetzt das Wort bei P. mit "gleichstark" und bezieht es auf den Radius des Seienden: von der Mitte aus ist es überallhin[103] gleich stark. Das Seiende ist vom Mittelpunkt aus gesehen überallhin gleich 'dick', es hat überall den gleichen Abstand zur Peripherie. Somit ist es räumlich (und damit auch quantitativ) vollendet (8,42), gleicht es einem überallhin wohlgerundeten Ball (8,43) und ist es nirgendwo größer oder kleiner (8,44b f). Diese Interpretation stimmt also mit dem näheren Kontext überein.

Die räumlich-quantitative Vollendung des Seienden hat nach 8,46 ff in seiner völligen Homogenität ihren Grund. Mit der Homogenität ist, wie sich zeigte (vgl. §§ 47, 48), jedes Wachstum und jeder Mangel von etwas ausgeschlossen. Die qualitative Unteilbarkeit hat somit eine quantitative Vollendung und diese die Kugelgestalt als wesensmäßige Entsprechung (Folge). Der abschließende Vers 8,49 betont noch einmal die Homogenität, so daß man sagen kann, die Göttin höre B 5 entsprechend[104] da auf, wo sie 8,5-6a begann: bei der Ganzheit und Kontinuierlichkeit des Seienden.

Diese Interpretation stimmt nicht nur mit Simplicius' Deutung in den wesentlichsten Punkten überein[105], sie macht auch auf einfache Weise verständlich, warum Melissos in der Unendlichkeit des Seienden von P. abweicht. Melissos hat aus der Distanz dessen, der ein Gedankengebäude nicht erst entwickelt sondern fertig übernehmen kann, die Schwäche der Argumentation des P. bezüglich der Grenze des Seienden erkannt. Er mußte infolgedessen die Grenze des Seienden überschreiten, um den Grundansatz seines Lehrers halten zu können. Ähnlich ist wohl auch das Entstehen des Atomismus zu erklären. Nach einem Zeugnis des Simplicius hat Leukippos die Philosophie des P. gekannt.[106] Die Kritik des Leukippos an P. setzte ebenfalls an der Begrenzung des Seienden als der dialektischen Achillesferse der Doktrin des P. ein. Er läßt aber das Seiende nicht unendlich werden wie Melissos, sondern erklärt fast einfacher noch als dieser den leeren Raum jenseits des Seienden für seiend: μὴ μᾶλλον τὸ δὲν ἢ τὸ μηδὲν εἶναι (Dem. B 156).[107] So tritt das unteilbare Seiende (die Atome) neben den leeren Raum. Die Entstehung des Atomismus erklärt sich somit auf einfachste Weise, wenn man Leukippos vom räumlich begrenzten Seienden des P. ausgehen läßt.

§ 53 ÜBERSETZUNGSMÖGLICHKEITEN VON PARMENIDES B 8,34

Für die Übersetzung von 8,34 bietet sich rein sprachlich eine Vielzahl von Möglichkeiten an aufgrund der verschiedenen Übersetzungsmöglichkeiten von ταὐτόν, ἐστὶ νοεῖν, οὕνεκεν und ἔστι νόημα. Ein Teil der Kombinationen läßt sich wegen offenkundiger Sinnlosigkeit sofort ausscheiden. Doch bleibt eine stattliche Zahl diskutabler Möglichkeiten. ταὐτὸν δ' ἐστὶ νοεῖν τε καὶ οὕνεκεν ἔστι νόημα könnte bedeuten:

(1) Erkennen und (das) aufgrundwessen das Erkennen ist (oder: Existenz hat, oder: wahr ist), ist dasselbe.

(2) Denken und (das), umwillenwessen das Denken ist, ist dasselbe.

(3) Erkennen und Erkennen, daß -ist, ist dasselbe.

(4) Erkennen und daß das Erkennen ist, ist dasselbe.

(5) Erkennen und (Erkennen), daß das Erkannte ist, ist dasselbe.

(6) Dasselbe (das Seiende) ist zu erkennen und (ist das,) umwillenwessen das Denken ist.

(7) Dasselbe (das Seiende) ist zu erkennen und (ist das,) aufgrundwessen das Erkennen ist (oder: wahr ist).

(8) Das Identische ist zu erkennen und (ist das,) aufgrundwessen Erkennen ist (oder: wahr ist).

(9) Das Identische ist zu erkennen und (ist das,) umwillenwessen Denken ist.

(10) Dasselbe Gedachte ist möglich zu denken und möglich, daß es ist.

Möglichkeit (1) liegt auf den ersten Blick zweifellos am nächsten und war denn auch bis zu Diels die einzige, die man in Erwägung zog. Diels vertrag Möglichkeit (2), wobei er sich auf Simplicius' Deutung[108] des οὕνεκεν als οὗ ἕνεκα, also als finalkausale Konjunktion berief. Diels fand eine Reihe von Nachfolgern, da er der damaligen Forschung aus einer nicht geringen Schwierigkeit heraushalf: Vor allem aufgrund von B 3 glaubte man P. als Vorläufer des subjektiven Idealismus einstufen zu müssen.[109] Doch das damals geläufige Verständnis von 8,34 gemäß Möglichkeit (1) stand mit dieser Interpretation in frontalem Widerspruch, da sie das Denken auf das Seiende gründet und damit von diesem (als Bedingung) abhängig sein läßt.

Heidel hat gegen Diels geltend gemacht, daß er im Linguistischen die neuplatonische Konzeption des Simplicius übernimmt, obwohl doch die Autorität der Alten abzulehnen ist (Heidel 722). Das Argument wird

heute kaum mehr anerkannt, denn Simplicius könnte
den Sinn sprachlich durchaus korrekt verstanden haben trotz seiner neuplatonischen Interpretation. So
können allein sachliche Erwägungen entscheiden.
Sachlich scheint bei Diels bedenklich, daß ein Satz,
der die Identität zweier Begriffe postuliert, nicht
in einem Atemzuge auch deren Verschiedenheit behaupten dürfte[110], daß sich ferner P. nach Diels' Auslegung eher breit und ungeschickt ausdrücken würde
(τὸ τέλος νοήματος für B 8,34b liegt näher)[111].
Hölscher glaubt, daß der Grund außerhalb des Nebensatzes fehle, auf den sich οὕνεκεν sonst bezieht[112].
Doch darf man den Grund wohl in dem elliptischen τὸ
(= τό ἐόν) annehmen, das vor οὕνεκεν (aus 8,35) zu
ergänzen ist.
Es ist ohne weiteres klar, daß auch Möglichkeit
(1)[113] von dem oben angeführten Argument, wonach ein
Satz, der in irgendeinem Sinne die strikte Identität
zweier Begriffe behauptet, nicht zugleich auch ihre
Verschiedenheit sagen könne, betroffen ist. Durchschlagender noch scheint das Argument zu sein (es
war in der Forschung in diesem Zusammenhang denn
auch maßgebend), daß Möglichkeit (1) dem Wortlaut
nach eine reale Identität des νοεῖν und des Seienden zu behaupten scheint, da ταὐτόν 8,29 und 8,57
eine reale Identität im strengen Sinne bezeichnet,
ein denkendes Seiendes jedoch aus guten Gründen ausgeschlossen werden muß (vgl. § 55). Wollte man dennoch an Möglichkeiten (1) festhalten, müßte man ταὐτόν 8,34 einen anderen Sinn als den der realen Identität geben[114], indem man etwa das Wort als Bezeichnung der Identität von Erkennen und Seiendem in bezug auf einen dritten Sachverhalt oder (bzw. und)
als Ausdruck ihrer Zusammengehörigkeit versteht.
Es ist klar, daß dann auch die Aussage der Verschiedenheit der Glieder innerhalb der Identitätsformel
nichts Widersprüchliches mehr hat. Doch weil man
ταὐτόν 8,34 nicht gern eine andere Bedeutung gibt
als 8,29 und 8,57, wird man nach anderen Lösungen
suchen.

Heidel übersetzte "Thinking and the thought that the
object of thought exists, are one and the same"(722),
verstand οὕνεκεν also wie ein von νόημα abhängiges
ὅτι (Möglichkeit (3)). Auch wenn man diese Lö-

sung prinzipiell akzeptieren könnte, ein 'object of thought' wird man besser nicht ergänzen, da P. diesen modernen Denkgewohnheiten entsprechenden Begriff nicht gekannt hat. Parmenideischer wäre es, ἔστι im Sinne des strengen Ist mit unbestimmtem Subjekt im Sinne der Krisis zu verstehen. Das οὕνεκεν ἔστι νόημα würde so in der Nachbarschaft von ὁδός ὡς ἔστιν und ... οὐδὲ νοητόν ἐστιν ὅπως οὐκ ἔστι (8,8 f) zu stehen kommen. Fränkel ("Erkennen ist identisch mit der Erkenntnis des Ist" (WF 195)) glaubte Heidel folgen zu müssen, weil (1) οὕνεκεν im Homer nur an einer Stelle kausalen Sinn hat (Od. 3,61), sonst aber "daß" oder "weil" heißt, und weil (2) οὕνεκεν 8,32 seiner Ansicht nach "weil" bedeutet, so daß es zwei Verse weiter nicht "weswegen" bedeuten könnte. Heute ist es jedoch (vor allem aufgrund der Untersuchung der Stelle von v.Fritz (3) 306 ff) kaum mehr umstritten, daß οὕνεκεν "weswegen" bedeuten kann.[115] Zum zweiten Argument ist zu sagen, daß die Bedeutung von οὕνεκεν 8,32 aus dem unmittelbaren Kontext nicht mit Sicherheit erschlossen werden kann, daß sie vielmehr ihrerseits aus 8,34 erschlossen werden muß (vgl. § 51). - Die Heidelsche Konstruktion steht zwar nicht im Widerspruch zur Philosophie des P., sie ist aber aus grammatischen Gründen unhaltbar:

(1) Möglichkeit (3) setzt eine ausgesprochen gezwungene Wortfolge voraus: Sie entspräche ὡς ἔστιν ὁδός.

(2) οὕνεκα hängt sonst von verba sentiendi et declarandi ab. Als Gegenbeispiel haben Calogero (11 u. 12 /10/) u.a. Od. 15,41 f angeführt, ohne zu überzeugen (Chantraine a.a.O. 291 läßt οὕνεκα Od. 15,41 f vom Verb abhängen).

(3) Erwägenswert ist der Einwand Hölschers ((1) 391), daß die präzise Sprache des P. ein abgeschliffenes οὕνεκεν = ὅτι unwahrscheinlich macht und die Kausalbeziehungen des Zusammenhangs auch 8,34 eine kausale Konjunktion nahelegen. Außerdem ist 8,34 eine Gleichung, in Möglichkeit (3) liegt aber nach Hölscher gar keine Gleichung vor.[116]

Grammatisch vertretbar, aber von der bei P. gedachten Sache her gesehen kaum haltbar ist die dem Vorschlag (4) entsprechende Übersetzung von Verdenius: "knowing is the same as (the fact) that a thought exists" ((1) 40). Das faktische νοεῖν eines νόημα impliziert nach Verdenius' Übersetzung und Deutung eo ipso das Sein des Denkens, da Denken immer sein eigenes Sein voraussetzt. Das Denken würde, so Verdenius weiter, damit als Seiendes prädiziert (τὸ νοεῖν ἐν τῶι ἐόντι πεφατισμένον ἐστιν (8,35b), da das Seiende alles umgreift und darum das umfassende Prädikat aller Dinge ist. Damit widerspricht die Deutung von Verdenius der Einzigkeit des ἐόν (vorausgesetzt, dieses meint bei P. 'das, was ist'). Möglichkeit (4) fällt eindeutig aus dem Rahmen der parmenideischen Doktrin.

Verdenius' sprachlicher Analyse verwandt ist die von Gadamer: "dasselbe ist: zu denken und (denken), daß das Gedachte ist (= wahr ist)" [117]. Gadamer hält sich also an Möglichkeit (5). Er nimmt an, Denken werde hier als das definiert, das seinem Begriffe nach "seinshaltig", d.h. wahr sein muß. Das Denken erkenne, daß es niemals über das Sein hinaustragen könne zu einem jenseitigen Nichtsein [118]. Von der bei P. gedachten Sache her ist dies vielleicht haltbar, doch scheint mir die Ellipse des Verbums nach τε καὶ unwahrscheinlich zu sein. Es würde ja auch mit νοεῖν geglichen und kann darum kaum fehlen. Ferner ist die Ellipse nicht ohne weiteres aus dem Zusammenhang erkennbar, da die Gleichung ohne das Verb allein auf οὕνεκεν ἔστι νόημα zu gehen scheint.

Grammatisch hat Gadamer keine Nachfolger gefunden, inhaltlich scheint er jedoch einigen Einfluß ausgeübt zu haben. So sehen Gigon (267) und v.Fritz ((3) 309) bei abweichender Übersetzung von 8,34 in diesem gleichermaßen die Bindung des νοεῖν an das Seiende ausgesprochen. Auch Hölscher, der sich in "Grammatisches zu Parmenides" an Möglichkeit (7) hält[119], nimmt an, jene Bindung des Denkens an das Seiende sei in 8,34 implizit ausgesprochen: "das Seiende weist sich als das einzig Denk-Mögliche aus ..." (395), "das Denk-Mögliche ist der Grund für die Wahrheit des Denkens" (394). Dazu ist zu sagen, daß Erkenntnis für P. eo ipso wahr (richtig) sein dürfte, so daß die Übersetzung des zweiten ἔστι mit "es ist wahr" sachlich wenig über die übliche hinausführt. Tarán (121) hat gegen Möglichkeit (7) eingewandt, sie enthalte eine Tautologie. Das ist richtig, wenn man sie so versteht, daß das Seiende hier sowohl zur Möglichkeit als auch zur Bedingung der Erkenntnis gemacht wird. Es ist auch richtig, wenn man οὕνεκεν ἔστι νόημα als "weswegen Erkennen wahr ist" versteht: Das könnte nämlich allenfalls bedeuten, daß das Seiende Bedingung des Vollzugs eines Erkennens ist, das den Namen wirklich verdient (vgl. § 43), und eben ein solches ist zweifellos schon 8,34a gemeint. Doch kann Möglichkeit (7) auch so aufgefaßt werden, daß das Seiende erkennbar, d. h. nicht unerkennbar ist und zugleich die Bedingung der Erkenntnis ist. So verstanden wäre der Satz nicht tautologisch: Die Bedingung des Erkennens ist nicht dasselbe wie die faktische Möglichkeit des Erkennens. (Obwohl Erkennen möglich ist und faktisch vollzogen wird, muß seine Bedingung nicht erkennbar sein.) Noch weniger ist Möglichkeit (6) tautologisch, doch auf ein finales οὕνεκεν verweist im nächsten Kontext nichts.

Die sinnvollste Lösung scheint also Möglichkeit (7) zu sein, wenn man sie dahingehend versteht, daß das Seiende nicht unerkennbar und zugleich die Bedingung der Erkenntnis ist. Doch ist auch diese Lösung mit einigen Schwierigkeiten behaftet:

(1) Nichts deutet daraufhin, daß die Erkennbarkeit des Seienden für P. nicht eine Selbstverständlichkeit gewesen ist. Auch für seine geistigen Väter und Zeitgenossen war die 'Realität' prinzipiell erkennbar (vgl. § 42). Es ist denkbar unwahrscheinlich, daß die Erkennbarkeit betont wird, nachdem das Seiende fast völlig erkannt ist. Nimmt man, um diese Schwierigkeit zu umgehen, an, νοεῖν sei emphatisch, und übersetzt: allein das Seiende eröffnet die Möglichkeit wahrer Erkenntnis, so wird 8,34 fast tautologisch (s.o.).

(2) Mansfeld ((1) 66) und Heitsch ((3) 23 f) haben aus grammatischen Gründen ein prädikatives ταὐτόν angenommen:

(a) εἰσι νοῆσαι 2,2 ist nicht notwendig eine
Parallele für ταὐτόν δ' ἐστι νοεῖν, da
das 6,8, 8,29 und 8,57 prädikativ gebrauchte ταὐτόν eine Gegenparallele bildet.

(b) Die Ergänzung eines zweiten ἔστι vor οὕνεκεν führt nach den genannten Gelehrten
zu einem unzulässigen Zeugma: ἔστι vor
νοεῖν würde bedeuten "es ist möglich",
da es einen Infinitiv bei sich hat; das
zweite zu ergänzende ἔστι wäre jedoch nur
eine reine Kopula.[120] – Dieses Argument verliert etwas an Schlagkraft, wenn man beachtet, daß ἔστιν c.inf. nicht eine theoretische Möglichkeit einführt, sondern einen
Sachverhalt als so gegeben und gegenwärtig
bestimmt, daß er eine Aktionsmöglichkeit
als naheliegend eröffnet[121]. Das existenziale Moment in ἔστι (νοεῖν) könnte vielleicht die Ellipse des kopulativen ἔστιν
ermöglichen. Doch ist dann nicht mehr zu sehen, welcher Sinn für ταὐτόν δ' ἐστί νοεῖν
anzunehmen ist: Betont würde zuerst zweifellos die Möglichkeit des Erkennens (vgl. B
2,3 οὐκ ἔστι μὴ εἶναι), durch das ausgefallene ἐστὶ vor οὕνεκεν würde aber diese
Betonung der Möglichkeit wieder zurückgenommen, da beide ἐστὶ durch das Zeugma auf
die gleiche Stufe gestellt würden.[122]

(3) Die Übersetzungen mit ἔστιν c.inf. enthalten
eine Abschwächung des ταὐτόν ... τε καί. Die
Selbigkeit der geglichenen Glieder besteht allein in ihrem Bezug zu einem Dritten, dem Seienden, nicht aber werden sie selbst miteinander
identifiziert. Darum kann man sich fragen, warum P. überhaupt die Identitätsformel verwendet
und seine Leser bis zur nächsten Zeile im Un-
klaren läßt über die Bedeutung des ταὐτόν.

(4) Das Folgende würde nicht mehr die Identität der
Glieder, sondern nur noch οὕνεκεν ἔστι νόημα
begründen. (Daß man das Seiende überhaupt erkennen kann, wird in 8,35 ff schon gar nicht
begründet.)

§ 54 ZUR PROBLEMATIK VON PARMENIDES B 8,35b

ἐν ὧι πεφατισμένον ἐστιν 8,35 ist in ähnlicher Weise ungeklärt wie 8,34. Diels (85) übersetzte: "im Seienden findet sich das Denken ausgesprochen" und erklärte dahingehend, daß P. hier die alte Vorstellung von der Realität alles Gesprochenen voraussetze. Der Sinn wäre also, daß im Seienden oder durch das Seiende das Denken real ist. Calogero bemerkt dazu mit Recht, das sei eine "in erlesener Weise antiparmenideische Schlußfolgerung" vom Sein der Namen (6 /5_7 A. 8). Calogero selbst sah in besagtem Nebensatz ein Argument für seine Deutung des Seienden als Kopula (vgl. § 38): Der Nebensatz ist nach Calogero auf ein Seiendes im absoluten Sinne bezogen sinnlos. P. hätte nach Calogero höchstens wie folgt sagen können: "das Seiende ist im Denken ausgesagt", was jedoch das klare Gegenteil des Gesagten ist. Nimmt man Calogero zufolge andererseits an, das Seiende sei das Ist der Affirmation, so würde der Satz völlig klar: Das Denken ist im 'Ist' ausgedrückt (6 /5_7 f,12 /11_7). Diese Deutung des Seienden ist jedoch, wie gezeigt (§ 38), nicht annehmbar. Auch Verdenius' Deutungsversuch ("I 'utter knowing in that which is'" = "'I make being the predicate of knowing'" (1) 40) ist weder inhaltlich noch sprachlich haltbar (vgl. § 53). Verwandt mit Verdenius' Interpretation ist die von Fränkel in WF: "Denn nicht ohne das Seiende, innerhalb dessen es (= das Erkannte) ausgesagt ist ..., wird man das Erkennen finden."(195) Das Erkannte, so Fränkel, könne nämlich nur innerhalb des Seienden ausgesagt sein, denn "die Behauptung oder Bejahung eines Sachverhalts bedeutet ..., daß der Sachverhalt dem Bereich des Seienden angehört" (DPh 407). Diese Deutung steht in klarem Widerspruch zur Einzigkeit des Seienden (und geht wohl auf Fränkels Deutung (oder Nichtunterscheidung) des Seienden als "Sein" zurück). Die Annahme von "das Erkannte" als Subjekt des ἐν ὧι-Satzes ist unhaltbar, weshalb Fränkel in DPh bei sonst gleichbleibender Deutung die Übersetzung "innerhalb dessen das Behauptete besteht" (407) vorgeschlagen hat. Damit berührt er sich mit Hölscher, der ebenfalls πεφατισμένον zum Subjekt macht: "Ein Gesagtes ist, hat Bestand ... im Seien-

den" (Hölscher (2) 100); Hölscher nimmt an, Denken
und Sagen seien synonym, und wie das Seiende der
Grund für die Wahrheit des νοεῖν sei (das sagt nach
seiner Auffassung 8,34b), so sei es nach 8,35b der
Grund für die Wahrheit des Gesagten. Auch 8,35b
ist nach Hölscher von der Bedingung der Wahrheit
die Rede wie im Kontext. Grammatisch scheint Hölschers Deutung möglich zu sein (anders Tarán 127),
doch kann sie nicht als wahrscheinlich gelten: Die
Perfektform πεφατισμένον würde es nahelegen, unter
dem Gesagten den bisher von der Göttin vorgetragenen λόγος zu verstehen und nicht jede Aussage
schlechthin. Für P. ist nur die Lehre seines Gedichts wahr und sonst nichts. Der Gedanke: "aufgrund des einen Seienden (von diesem ist hier die
Rede) ist die (hier vorgetragene) Rede 'wahr' (d.h.
eine Rede, die wirklich eine Rede ist, weil sie etwas zu sagen hat (vgl. § 43)) - gäbe es das (eine)
Seiende nicht, gäbe es auch nicht diese Rede", ist
bei P. vielleicht vorstellbar, doch πεφατισμένον
an Stelle von λόγος ist unwahrscheinlich. Ferner
heißt ἔστιν bei P. sonst "(etwas) ist existent"
(das Gesagte kann aber wegen der Einzigkeit des Seienden nicht existent sein), darum wäre die von Hölscher vertretene Bedeutung des ἔστιν leicht einem
Mißverständnis ausgesetzt, was ihre Wahrscheinlichkeit nicht eben erhöht.
Da mit einem 'wörtlichen' Verständnis des πεφατισμένον nicht recht weiterzukommen ist, hat es nicht
an Versuchen gefehlt, ihm eine übertragene Bedeutung
zu geben. Nach v.Fritz ((3) 308 f) entfaltet sich
8,35b zufolge das Denken in seinem Objekt, da es
umgekehrt kein Denken ohne ein Objekt gibt (οὐ γὰρ
ἄνευ τοῦ ἐόντος ... εὑρήσεις τὸ νοεῖν 8,35 f).
Guthrie übersetzt: "in dependence on, in respect
of which it is expressed or revealed" (39) und interpretiert ähnlich wie v.Fritz: "for thought depends on 'what is' ... for its fulfilment, unfol-
ding ..." (40). Mourelatos nimmt wie Guthrie an,
ἐν ᾧ bedeute "in Abhängigkeit von". Da seiner
Ansicht nach φατίζειν 8,60 ein Vertrauensverhältnis
zwischen Göttin und P. impliziert, gelangt er von
der Übersetzung: "on which it depends having been
solemny declared" zu der Paraphrase "to which it

stands committed" ((2) 172). Wie bei v.Fritz und
Guthrie geht auch bei Mourelatos das Moment des
Sagens, Mitteilens, Offenbarens, das das Wort 8,60
zweifellos hat, am Ende verloren. - Nach Bormann
(84) ist 8,35b die Begründung oder Erklärung der
Abhängigkeit des Denkens vom Seienden in οὕνεκεν
ἔστι νόημα. "Das νοεῖν ist im Seienden darge-
legt" bedeutet nach Bormann: "was über das Seiende gewußt werden kann, ist im Seienden als dem
Grund des νοεῖν enthalten" (84). Die Paraphrase
läßt jedoch statt τό νοεῖν (8,36) τό νοητόν erwarten. Auch muß 8,35b als Erklärung des nächsten
Kontextes (οὐ γὰρ ἄνευ usw.) und nicht von 8,34b
her verstanden werden.

§ 55 INTERPRETATIONSMÖGLICHKEITEN VON PARMENIDES B 3

Parm. B 3 ist bei Clemens (Strom. VI, 23), Proklos
(Parm. 1152) und Plotin (Enn. V 1,8) überliefert.
Clemens hat das Fragment gründlich mißverstanden,
Proklos gibt es nur in entstellter Form wieder, und
Plotin deutet es als Identität von νοῦς und ὄν im
Bereich der Ideen: ... εἰς ταὐτὸ συνῆγεν ὄν καὶ
νοῦν καὶ τὸ ὄν οὐκ ἐν τοῖς αἰσθητοῖς ἐτίθετο,
es folgt dann Fr. 3 (a.a.O.). Bis auf Zeller hat
diese Interpretation die Konstruktion des Fragments
im 19. Jahrhundert bestimmt. In der Deutung ging
die Mehrheit der Forscher jedoch eigene Wege; so
bedeutet B 3 nach Mullach: Quidquid cogitamus, id
sic comparatum esse oportet, ut sit. Was man erkennt, muß sein. Dies hat sich zu der Ansicht fort-
entwickelt, daß B 3 "nur die notwendige Realität
jedes Gedachten" zu Wort bringt (so Patin (574) in
Übereinstimmung mit anderen). Calogero hat dagegen
mit Recht bemerkt, daß νοεῖν und νοεῖσθαι nicht
dasselbe sind (15 147). Entsprechendes gilt auch
gegen Heitsch, der übersetzt: "Wahrnehmen und gegenwärtig sein ist dasselbe."((3) 24) Er paraphrasiert dann wie folgt: "Was ich vernehme, das mache
ich mir gegenwärtig, und umgekehrt ist mir nur das
gegenwärtig, was ich vernehme" (a.a.O.). Identisch
sind also Vernommenes (was ich vernehme) und Gegen-

wärtiges. Nach Fränkel, der sich Plotins Deutung nähert, besagt 8,34 und entsprechend wohl auch B 3: "... statt der Gegenüberstellung von Subjekt und Objekt besteht nur ein einheitliches Bewußtsein des Seins von sich selbst ..." (WF 185) [123]. Vlastos (168) hat diese Interpretation mit folgenden Argumenten verteidigt:

(1) Sie wird vom Wortlaut von B 3 und B 8,34 her nahegelegt.

(2) Nach Mel. B 7,4 ist das Seiende ὑγιές, also lebender Geist.

(3) Die Einzigkeit des Erkennens erfordert es, das Erkennen in das Seiende hineinzunehmen, ansonsten wäre der νόος ein zweites Seiendes neben dem Seienden (8,36 f).

Diese Argumente können nicht überzeugen. Das erste Argument stellt eine Prämisse dar, die erst zu beweisen wäre. Gegen sie spricht: In B 3 'identifiziert' P. νοεῖν und εἶναι, in B 8,34 νοεῖν und ἐόν (vgl. 8,35). Es gibt Grund zu der Annahme, daß das ἐόν das eine Seiende ist und εἶναι allgemein 'Sein' bezeichnet (vgl. § 56), beides also nicht dasselbe ist, wie Fränkel voraussetzt. Wenn Melissos das Seiende ὑγιές nennt, bedeutet das, daß es keinen Schmerz empfindet. Das kann aber auch bedeuten, daß das Seiende gar nichts empfindet. 8,36 f kann auch begründen, warum das Erkennen an das Seiende gebunden ist: es gibt kein zweites Seiendes außer ihm, das man erkennen könnte. Überhaupt hätte P. alles getan, um den Leser vom richtigen Verständnis von 8,34 ff abzulenken. Ist das Seiende und der νόος aus dem genannten Grund eine Einheit, so muß dies auch für den νόος des P. gelten, wenn das Argument (3) überhaupt Sinn haben soll. Der νόος des P. bleibt aber eindeutig im ganzen Gedicht ein eigenständiger νόος, der in einem Zuge mit der Wahrheit auch die Doxa erfährt. Wäre der νόος des P. im Laufe der Offenbarung der Wahrheit mit dem Seienden vereint worden, so wäre es unverständlich, daß P. gleich danach in 8,50-52 das Gegenteil voraussetzt. Ferner implizieren auch 6,1, 2,7 f und B 4,1 f, daß das Erkennen nicht mit dem Seienden zusam-

menfällt, sondern von ihm verschieden ist [124].
Der λόγος ἀμφὶς ἀληθείης (8,50 f) müßte nach Vlastos ebenfalls mit dem Seienden zusammenfallen, obwohl er als die ὁδὸς διζήσιος, also als ein diskursives Denken mit einem differenzierenden Nacheinander von Argumenten[125], nicht mit dem homogenen und unveränderten Seienden zusammenfallen kann. Daß das räumlich ausgedehnte und begrenzte Seiende zugleich Geist ist, ist nicht wahrscheinlich.[126]
Zeller nahm an, νοεῖν ἐστίν B 3 sei eine Parallele zu εἶσι νοῆσαι B 2,2 und übersetzte aufgrund dessen B 3 mit "denn dasselbe kann gedacht werden und sein" (687 A. 1), womit natürlich die in der Identifizierung von Denken und Sein enthaltenen Schwierigkeiten umgangen waren. Nach Zeller schließt P. B 3 von der Möglichkeit des Seins auf die des Denkens. In der Annahme, dieser Gedanke sei die Umkehrung von 2,7, schloß er B 3 direkt an B 2 an. Doch dann müßte man statt "nur was sein kann ..." "nur was i s t ..." erwarten. Aber auch inhaltlich ist Zellers Übersetzung unhaltbar: νοεῖν bedeutet bei P. "erkennen", ist also dem Begriffe nach mit Realität verbunden. Darum ließe νοεῖν nur die Aussage zu: "Nur was ist, kann erkannt werden".

Um diese und andere Schwierigkeiten zu vermeiden, hat Hölscher Zellers Deutung umgekehrt: "Nur was zu erkennen ist, kann sein" ((3) 81, vgl. auch (2) 97).[127] Hölscher erklärt das potentiale νοεῖν ἐστίν wie folgt: Aus der Unerkennbarkeit des Nichtseienden 2,7 soll dessen Nichtsein gefolgert werden. Dazu fehle noch eine Prämisse: daß die Möglichkeit von Sein von der Erkennbarkeit abhängt. Linguistisch ist diese Erklärung, die P. in die Nähe des Subjektivismus rückt, Zellers Auffassung vielleicht überlegen; sie scheint mir aber dennoch nicht akzeptabel, weil es nicht zutrifft, daß P. aus der Unerkennbarkeit des Nichtseienden dessen Nichtsein folgert. Er begründet vielmehr mittels der Unerkennbarkeit des Nichtseienden (2,7) das Nichterkunden des Weges gemäß dem Nichtsein. Wenn B 3 sich an B 2 anschloß, dann kann es darum allenfalls das faktische Sein als Voraussetzung des Erkennens oder Ähnliches ausgesprochen haben. Ferner ist nicht einzusehen, warum P. als das Gegenteil des faktisch

Nichtseienden von 2,7 die Möglichkeit des Seins denken soll.
Boeder (Grund 144) versuchte Zellers Übersetzung damit zu verteidigen, daß er das ἐστίν ... εἶναι als χρή εἶναι verstand: "denn es ist dasselbe, was sowohl zu erkennen ist als auch zu sein hat". (Ähnlich versteht auch Guthrie das Fragment (17).) Dieses Zeugma wäre von nicht unbeträchtlicher Härte, da das eine ἐστίν sowohl die Möglichkeit als auch die Notwendigkeit bezeichnen würde. Auch würden beide Bedeutungen durch die zeugmatische Struktur verwischt (vgl. Kap. V A. 122). Boeder hat ferner selbst gezeigt, daß ἐστιν c.inf. keinen unentrinnbaren Zwang (wie er hier zu erwarten wäre) bedeutet (a.a.O. 143).
Die Übersetzung Zellers führt also zu keinem voll befriedigenden Verständnis des Fragments. Man wird darum nach weiteren Lösungen mit prädikativem τὸ αὐτὸ suchen.
Diels übersetzte B 3 wie folgt: "Denn /das Seiende/ denken und sein ist dasselbe" (33). Tarán bemerkt dazu, es sei schwer zu verstehen, wie Diels das Griechische verstand (42). Verdenius hat ferner den Einwand gemacht, wegen μὴ ἐόν 2,7 könne B 3 nicht ἐόν ergänzt werden. Doch scheint mir Diels' Lösung dadurch zu retten, indem man statt denken "erkennen" einsetzt, denn "erkennen" ist eo ipso Erkennen von Realität.

Heidel nahm eine Ellipse von νοεῖν vor εἶναι an: "For it is one and the same thing to think and to think that it is."(720) Danach wäre B 3 eine Art Begriffsbestimmung des νοεῖν. Die Konstruktion ist sachlich möglich, doch ist sie ausgesprochen hart. Die Ellipse eines zweiten νοεῖν kann dem Leser kaum einsichtig werden.
In Anlehnung an Heidel übersetzt Mansfeld: "Denn es ist dasselbe, (etwas) zu denken, und deshalb, daß es ist."((1) 68) Das bedeutet nach Mansfeld: "etwas denken impliziert, daß es ist".(a.a.O.) Hölscher wendet mit Recht ein, daß τε καὶ nicht 'und deshalb' heißen könne. Unhaltbar ist auch die Gesamtinterpretation Mansfelds, derzufolge die Konklusion aus B 2 nicht "allein der Weg, daß Ist, ist wahr", sondern "allein das Seiende ist zu erkennen"

gelautet hat, welche Veränderung durch B 3 begründet würde. Das würde jedoch voraussetzen, daß entweder der Weg oder das "Ist" das Seiende ist.128)

Ein anderer Interpretationstyp nimmt B 3 als Aussage einer parallelen Struktur von Sein und Erkennen. So Reinhardt: "Was für das Denken Gesetz war, mußte auch für die Dinge unbeschränkte Geltung haben ..." (30). Die Struktur des Seienden fällt laut Reinhardt mit der Logik des abstrakten Denkens zusammen (77); der Begriff der Sache soll mit ihrer Realität identisch sein. Für P. würde es "kein Werden" geben, "sollte das Seiende beim Wort genommen werden" (257). Reinhardt erkennt zwar richtig die - nicht weiter problematisierte - Voraussetzung des P., man müsse vom Begriff des Seins auf die Realität des Seienden schließen. Sein Verständnis von νοεῖν als begriffliches Denken (Reflektieren) ist jedoch unhaltbar. Die 'Struktur' des νοεῖν ist das (verstehend-reflektierende) 'Wahrnehmen' von Seiendem im Sinne des 'direkten' Erfassens eines unmittelbar Gegebenen. Infolgedessen muß für die Reflexion über das νοεῖν, wie sie B 3 und B 8,34 vorliegt, nicht eine Analogie zwischen Sein und Denken, sondern die Bindung des 'Erkennens' an das Seiende entscheidend sein.

§ 56 ERKENNEN, SEIN UND SEIENDES NACH PARMENIDES B 3 UND B 8,34 ff

Die Schwierigkeiten, die mit einer Übersetzung des ταὐτόν (bzw. τὸ αὐτὸ) als Subjekt sowohl bei 8,34 als auch bei B 3 verbunden sind, sind m.E. gewichtig genug, um eine prädikative Übersetzung und von 8,29 und 8,57 abweichende Deutung des ταὐτόν zu rechtfertigen.
Wenn in B 3 und B 8,34 Erkennen und Sein bzw. Seiendes identifiziert werden, so bedeutet das noch nicht notwendig, daß B 3 und B 8,34 genau dasselbe sagen. Wenn es richtig ist, daß B 3 in den Zusammenhang der Krisis gehört, so hat das Fragment bezüglich des Wahrheitsteils den Charakter einer Prämisse. B 8,34 gehört seinerseits zu diesem Wahrheitsteil selbst. P. würde sich eines falschen Zirkels schul-

dig machen, wenn B 3 und B 8,34 dasselbe sagen.

οὕνεκεν ἔστι νόημα bedeutet: Erkenntnis ist an das Seiende als seine Bedingung gebunden. Dasselbe bringt auch οὐ γὰρ ἄνευ τοῦ ἐόντος ... εὑρήσεις τὸ νοεῖν zum Ausdruck: Das Erkennen abseits vom Seienden, ohne Seiendes ist nicht möglich. Beide Male muß das eine und ewige Seiende gemeint sein, weil sich sonst 8,36b nicht anschließen läßt ("Erkennen gibt es nicht ohne oder getrennt vom (bisher besprochenen) Seienden, denn außer diesem gibt es nichts anderes"). ἐν ὧι πεφατισμένον ἐστιν ist eine Erläuterung zum Hauptsatz: das Erkennen ist ohne das eine Seiende unauffindbar, weil es in Bezug auf dieses "erklärt", durch dieses "ausgesagt", "bestimmt" ist. Das Erkennen ist durch den Bezug auf das eine Seiende 'definiert', weil Erkennen dem Begriffe nach an Sein gebunden ist und es über das eine Seiende hinaus nichts anderes geben kann (8,36 f). Ist Erkennen durch seinen Bezug auf das eine existente Seiende 'definiert', dann kann man kein Erkennen unabhängig von diesem auffinden.

ταὐτὸν δ' ἐστὶ νοεῖν ... wird kaum einen im Vergleich zu B 8,35 f entscheidend neuen Gedanken einführen, da 8,34 als ganzes durch 8,35 f begründet wird. Müßte man übersetzen: "dasselbe kann erkannt werden ...", so könnte das darum nur bedeuten: (Nur) das Seiende macht (allererst wahres) Erkennen möglich. Doch wegen der damit verbundenen linguistischen und sachlichen Schwierigkeiten (vgl. § 53) nimmt man besser an, daß 8,34 Erkennen und das Seiende geglichen werden. Was das bedeuten soll, hat P. schon in der Gleichung selbst erklärt: Erkennen ist durch das (eine) Seiende bedingt und fällt darum mit ihm zusammen. Ebenso könnte man sagen: Sehen und Licht sind dasselbe, d.h. fallen zusammen, weil und insofern das Sehen durch das Licht ermöglicht ist. Analoges sagt B 3: Erkennen und Sein fallen zusammen ("... sind dasselbe"), weil und insofern Erkennen dem Begriffe nach Sein (von Seiendem) voraussetzt. So verstanden begründet B 3 auch die Unerkennbarkeit von Nichtseiendem (2,7) und hat es ferner auch den Charakter einer Prämisse für B 8,34 ff: Das Erkennen fällt mit dem einen Seienden zusammen, ist ohne dieses nicht zu finden und durch den Bezug auf dieses 'definiert', weil es nur dieses eine Seiende gibt und Erkennen mit seiner Bedingung, dem Sein, zusammenfällt.

§ 57 LICHT UND NACHT ALS KOMPLEMENTÄR-GEGENSÄTZLICHE BENENNUNGEN DER MENSCHEN

Mit einer kurzen Überleitung versehen beginnt der Doxateil wie folgt:

δόξας δ' ἀπὸ τοῦδε βροτείας

μάνθανε κόσμον ἐμῶν ἐπέων ἀπατηλὸν ἀκούων

μορφὰς γὰρ κατέθεντο δύο γνώμας ὀνομάζειν   (8,51 ff).

δόξας βροτείας, πίστον λόγον... ἀμφὶς ἀληθείης scharf gegenübergestellt, und κόσμον ἀπατηλὸν ergeben klar, daß den beiden von den Sterblichen gesetzten δόξαι kein Sein zukommt. Diese δόξαι sind willkürlich gesetzt und also ohne Realität, ihre Beschreibung ist ἀπατηλὸν, trügerisch, weil sie in ihrer inneren Konsequenz dem Unwissenden Sein vortäuscht. Auch daß γνώμας B 8,53 an der Stelle steht, wo man μορφὰς erwarten sollte, und im Kasus von μορφὰς erscheint (statt als γνώμην), scheint mir auf dasselbe zu weisen[129]. Außer einiger noch zu klärender Inkonsequenzen im Doxateil spricht nichts dafür, daß die Gestalten irgendeine Realität besäßen. Im Gegenteil, folgende Stelle scheint das direkt auszuschließen:

... οὐδὲν γὰρ ⟨ἢ⟩ ἔστιν ἢ ἔσται

ἄλλο πάρεξ τοῦ ἐόντος, ἐπεὶ τό γε Μοῖρ' ἐπέδησεν

οὖλον ἀκίνητόν τ' ἔμεναι· τῶι πάντ' ὄνομ(α) ἔσται [130],

ὅσσα βροτοὶ κατέθεντο πεποιθότες εἶναι ἀληθῆ

γίγνεσθαί τε καὶ ὄλλυσθαι ...   (8,36 ff)

Könnte man vielleicht noch annehmen, οὐδέν γὰρ ⟨ἢ⟩ ἔστιν usw. betreffe nur das Sein im absoluten Sinne und nicht auch das im relativen (eine Annahme, die allerdings nicht ohne Gewaltsamkeit ist, da οὐδέν hier völlig den Eindruck macht, einen umfassenden

Sinn zu haben), so gerät man doch bei der Annahme
eines relativen Seins neben dem Absoluten auf jeden
Fall in Konflikt mit der Krisis, die Sein nur in einem einzigen Sinn zuläßt.

Ist die Doxa-Welt für P. ohne Realität, so ist sie
es umso mehr für die Sterblichen (vgl. πεποιθότες
εἶναι ἀληθῆ [131]) 8,39). Für die Sterblichen tritt
(auch die Antithese Wahrheit-Doxai 1,29 f und 8,50
ff ergibt das klar) die Doxa an die Stelle des Seienden, da die Kennzeichen des Seienden und die Annahmen der Sterblichen (8,40 f) einander kontradiktorisch sind (vgl. § 44).
μορφὰς erhält im folgenden eine Näherbestimmung durch
τῶν μίαν οὐ χρεών ἐστιν (8,54). μίαν bedeutet hier
nicht "die eine" im Gegensatz zu "die andere" (Zeller 703 A. 2) da das, wie zuerst Diels (93) bemerkt
hat, τῶν ἑτέρην heißen müßte und sich gute Argumente
dafür anführen lassen, daß das Licht nicht mit dem
Seienden identisch ist, wie Zeller voraussetzt (vgl.
Kap. V A. 145). Wollte man gleichwohl "die eine" übersetzen, würde genau genommen sogar das Licht mit der
nicht zu benennenden, nicht als seiend anzunehmenden
Gestalt zu identifizieren sein. Darum bleibt nur,
μίαν im numerischen Sinn als "eine" zu verstehen.

8,53 schließt dem Inhalt nach aus, daß es sich um Rede der Sterblichen handelt. κατέθεντο bzw. ὀνομάζειν
als Annehmen eines nichtexistenten Seienden enthält
eine deutliche Kritik, die den Sterblichen nicht bekannt sein kann. Es wird hier auch begründet (siehe
das γάρ), warum P. die δόξαι βρότειαι ohne πίστις
ἀληθής (1,30) gleichwohl verstehen lernen soll: sie
wurden faktisch gesetzt[132]). Folglich ist 8,53 Rede
der Göttin, was dasselbe auch für 8,54a impliziert.
Denn Rede der Sterblichen könnte nun nur noch als indirekte, von κατέθεντο abhängige Rede auftreten, was
jedoch τῶν μίαν οὐ χρεών εἶναι erwarten ließe. Die
direkte Rede, die faktisch vorliegt, würde als Rede
der Sterblichen ein "sie sagten" erwarten lassen[133]).
Dem entspricht aber nichts im Text. Bei Rede der
Sterblichen wäre das Fehlen dieses "sie sagten" sperriger als die Übersetzung von μίαν im Sinne von
ἑτέραν, wie Mourelatos mit Recht urteilt ((2)83).

8,54a ist also zu übersetzen: "von denen eine (Gestalt zu benennen) nicht sachlich angemessen ist".134) Fränkel (DPh 410, ähnlich Deichgräber 54 f) glaubte, "das ist um eins zuviel" verstehen zu müssen. P. würde rein formal kritisieren, daß die Sterblichen über die Einheit hinaus überhaupt eine Zweiheit ansetzen. Abgesehen davon, daß es fraglich ist, ob μίαν μορφήν bei P. überhaupt "Einheit" heißen kann (s.u.), so würde doch auf jeden Fall die Bestreitung der Zwei nicht durch die Verneinung der Eins ausgedrückt werden 135). Solchen Schwierigkeiten entgeht Schwabl, indem er μίαν μορφήν inhaltlich füllt und statt als formale Eins μορφήν als das Seiende (Sein) versteht. "Als die eine, die beiden 'Gestalten' zusammenfassende Gestalt kommt natürlich nur das Sein in Frage, freilich nun als eine Gestalt der höheren ... letzten Ebene ..." ((1) 395 f). Schwabl nimmt nämlich an, daß P. von den Grundgestalten Licht und Nacht ausgehend durch Abstraktion den Begriff des Seienden (Seins) gewonnen hat. Genauer gesagt, Schwabl nimmt bei P. ein Aufstellen "von 'prinzipiellen' Weltkräften, die jeweils auf 'prinzipiellere' Weltkräfte zurückgeführt werden" ((1) 402) an. Zur Stützung seiner These verweist Schwabl auf die Anreicherung der griechischen Sprache mit Abstrakta im archaischen Zeitalter und auch auf Aisch. Prom. 209 f:

ἐμοὶ δὲ μήτηρ οὐχ ἅπαξ μόνον Θέμις
καὶ Γαῖα, πολλῶν ὀνομάτων μορφὴ μία

(Ich führe die Stelle hier als Beleg dafür an, daß μορφή die individuelle Ausbildung eines Allgemeineren bedeuten kann. Ein weiteres Beispiel findet sich bei dem (allerdings einige Jahrzehnte jüngeren) Philolaos (B 5):

ὅ γα μὰν ἀριθμὸς ἔχει δύο μὲν ἴδια εἴδη, περισσὸν καὶ ἄρτιον ... ἑκατέρω δὲ τῶ εἴδεος πολλαὶ μορφαί, ἅς ἕκαστον αὐταυτὸ σημαίνει.)

Nach Schwabls Ansatz müßte man wie folgt paraphrasieren: "Sie setzten zwei Gestalten, von denen eine höhere Einheit, nämlich das Seiende (Sein) sachlich unhaltbar ist". Das wäre eine Negation des Seins der Gestalten, die gut zum folgenden ἐν ὧι πεπλανημένοι

εἰσίν passen würde. Sie könnte durchaus implizieren,
daß P. einen Abstraktionsprozeß, ähnlich wie ihn
Schwabl annimmt, vorgenommen haben könnte, von dessen
Ergebnis aus er dann die Ausgangsbasis bestritten
hätte (für das relative Sein der Gestalten
spricht 8,54a jedoch keinesfalls). Doch auch diese
Modifikation stößt auf Schwierigkeiten, denn der Begriff
der μορφή kann gar nicht das Seiende meinen
(das darum auch nicht in μίαν μορφήν ausgedrückt
sein kann).

τἀντία δ' ἐκρίναντο δέμας καὶ σήματ' ἔθεντο χωρὶς
ἀπ' ἀλλήλων (8,55 f) enthält zwei fast symmetrische,
durch καὶ verbundene Hauptsätze, denn δέμας ist mit
Sicherheit zu ἐκρίναντο zu ziehen[136]. Dieses läßt
nämlich ein Objekt erwarten, und die Doppelung von
fast sinngleichen Objekten vor ἔθεντο und fehlendem
bei ἐκρίναντο ist nicht nur stilistisch uneben, sondern
auch sachlich nicht zu begründen. Daß δέμας dem
Sinne nach in engster Nachbarschaft zu σήματα steht,
ergibt schon πυκινὸν δέμας ἐμβριθές τε (8,59): Die
Stelle zeigt, daß δέμας wie σήματα in etwa für Eigenschaft
steht[137]. Entsprechend meint δέμας in 8,55
die Gestalt als Ganzheit von Eigenschaften. Dies ist
es, was die Sterblichen in ihrer ἀμηχανίη als seiend
annehmen[138]. - ἐκρίναντο und ἔθεντο stehen zu
μορφὰς κατέθεντο in Parallele, so daß man annehmen
darf, daß es sich 8,53 und 8,55 um denselben Vorgang
handelt. δέμας als 'Gestalt der Gestalten' ist darum
nur begrifflich, aber nicht sachlich von μορφὰς
abzuheben. Die μορφαί 'entstehen', indem die δέμας,
d.h. die Eigenschaften gesetzt werden. P. zählt nur
Eigenschaften der Gestalten auf, die zusammen ihre
δέμας ausmachen, doch es ist weder begrifflich noch
sachlich möglich, etwas ihnen Zugrundeliegendes zu
erkennen, das dann als μορφή bezeichnet werden müßte
(von Substanzen wird man also in diesem Zusammenhang
besser nicht reden). μορφὰς muß als das verstanden
werden, das sich aus Eigenschaften konstituiert.
Auch wäre es mit der Analogie von 8,53 mit 8,55 nicht
zu vereinbaren, μορφὰς vom folgenden Kontext abzutrennen
und nur im allgemeinsten Sinne als 'das Seiende'
zu verstehen (der Fehler der Sterblichen wäre dann,
zwei statt ein Seiendes anzunehmen).

Die Eigenschaften werden von P. nach dem Prinzip der Gegensätzlichkeit verstanden. Dies und die Konsequenz, mit der P. durch die ganze Kosmogonie und Kosmologie hindurch an der Idee der Eigenschaftsstoffe festhält, zeigt ein gewisses Abstraktionsvermögen an. Doch wie sollte ein Denken, das sich so intensiv um Eigenschaften bemüht, von diesen Eigenschaften aus durch Abstraktion zum 'Leersten', das sich denken läßt, dem "Sein" gelangen (wie Schwabl glaubt)? Dies ist ein zu großer Sprung, um allein mit der Suche nach abstrakteren Ursprüngen, wie sie Schwabl annimmt, erklärt werden zu können. Die nächstliegende höhere Einheit wäre die komplementäre Gegensätzlichkeit als solche gewesen (die denn auch bei Schwabl nur eine geringe Rolle spielt). Auch vom Text her hat Schwabls These keine Basis, weil μορφή nicht das Seiende meinen kann. Denn ist es richtig, daß μορφὰς semantisch auch von δέμας her zu bestimmen ist und dieses die Einheit der Eigenschaften darstellt, so kann es nicht das Seiende meinen, da dieses keine solchen Eigenschaften hat, wie sie 8,56 ff aufgeführt werden. Vom Seienden sagt P. nicht, daß es schwer oder leicht, dicht oder dünn, hell oder dunkel ist, obwohl er die ganze Wahrheit erfahren soll (1,28 f)[139]. Der Fehler der Sterblichen ist es gerade, das Seiende durch Einführung eines komplementären Gegensatzpaares von Qualitäten zu differenzieren in zwei durch sie definierte Qualitätsstoffe. Man kann die Differenz zwischen Seiendem und Gestalten aber noch deutlicher machen. μορφή ist bei P. deutlich eine philosophische Ausprägung des homerisch-archaischen Gebrauchs des Wortes. Das Wort bezeichnet hier die Erscheinungsformen von etwas, z.B. der Wuchs eines Menschen, also eine bestimmte konkrete Prägung, die von anderem absondert und individualisiert und die dem Blick anderer erscheint.[140] Auch die Gestalten haben Identität, sind voneinander getrennt durch ihre δέμας und haben Erscheinungscharakter:

(1) Die Identität einer jeden Gestalt wird von P. ausdrücklich betont (ἑωυτῶι πάντοσε τωὐτόν 8,57),

(2) ebenso die Trennung voneinander: τἀντία δ' ἐκρίναντο (8,55), κἀκεῖνο κατ' αὐτό (8,58)[141]. Beide Charakteristika bedingen einander und rücken die Gestalten in die Kategorie des 'Individuellen'.

(3) Den 'Erscheinungscharakter' der Gestalten bringt schon allein das Stichwort σήματα zum Ausdruck. Nach 9,2 hat jedes Ding δυνάμεις, seinem Anteil von Licht und Nacht entsprechend (vgl. § 59). Damit ist gesagt, daß die Gestalten selbst δύναμις-Charakter haben, der nur in ihren "Wirkungen", d.h. Wärme, Kälte, Festigkeit, Schwere usw. bestehen kann.

Der μορφή-Begriff impliziert also Individualisierung und weist zurück auf Wahrnehmung eines äußerlich Erscheinenden. Im Seienden gibt es aber keine Individualisierung (sondern nur Homogenität) und kein äusserlich Wahrnehmbares von der genannten Art. Es ist nicht mit den Sinnesorganen wahrnehmbar. Auch eine umfassende Einheit anderer Art als das Seiende wie etwa die Bedeutung ἀρχή[142] kann somit nicht mit τῶν μίαν (μορφήν) gemeint sein. Wenn μίαν(μορφήν) nicht eine höhere zusammenfassende oder zugrundeliegende Gestalt meinen kann, so können Identität und Sein in 8,54a nicht angesprochen sein. Übrig bleibt dann nur eine streng numerische Bedeutung. Cornford (46), Reinhardt (70) verstehen die Stelle "von denen man nicht einmal eine benennen dürfte", also eine Kritik an der Setzung der Gestalten überhaupt. Doch würde man dann οὐδέτεραν, μηδετέραν oder οὐδέ μίαν erwarten[143]. Als einzige Möglichkeit bleibt dann aber nur noch, μίαν auf den dritten fundamentalen Seinscharakter der Gestalten, die Differenz (τῶι δ' ἑτέρωι μὴ τωὐτόν) bzw. die Gegensätzlichkeit zu beziehen (τἀντία... ἐκρίναντο...). Dies hat schon Hölscher[144] aufgrund von linguistischen Beobachtungen vorgeschlagen. Er übersetzt: "zwei Formen, von denen nur eine einzige zu benennen ... zulässig ist" ((2) 107) und interpretiert: Die Worte "bezeichnen ganz einfach ... das komplementäre Wesen der beiden von den Menschen benannten Gestalten." (a.a.O.)

Die Sterblichen haben das Seiende durch eine διαίρεσις in eine Zweiheit zerlegt. Es ist nun nicht ohne weiteres einzusehen, warum gerade in eine Zweiheit. An sich wäre ja auch eine Mehrheit von Gestalten denkbar. Die Lösung scheint mir darin zu liegen: wenn ich etwas Unbestimmtes qualifiziere, lasse ich zugleich auch das Gegenteil als sinnvolle, mögliche Behauptung zu. Hell ist als Qualität nur sinnvoll, wenn es Dunkel gibt. Es ist also unmöglich, das Seiende nur als Licht zu bestimmen, die Nacht als komplementärer Gegensatz tritt logisch unvermeidlich hinzu. Nur eine Gestalt zu benennen, ist unangemessen.
Damit ist zugleich gesagt, warum die Gestalten μὴ ἐόντα sind. Jede von ihnen setzt eo ipso voraus, daß auch ihr Gegensatz ist, in dem sie selbst nicht ist. Die Sterblichen befinden sich damit auf dem dritten Weg und glauben: εἶναι μὴ ἐόντα (7,2)[145].

§ 58 DIE KONTINUIERLICHE 'SEIENDHEIT' DER DOXA-WELT (PARMENIDES B 9,4)

Ähnlich kontrovers wie die Deutung von 8,54a ist die von 9,4. Nach Ansicht der einen bringt ἐπεὶ οὐδετέρωι μέτα μηδέν zum Ausdruck, daß die beiden Gestalten nicht am Nichtsein teilhaben, also beide sind [146]. Der Gegenposition zufolge wiederholt der ἐπεί-Nebensatz in anderer Form den Inhalt von 9,3 [147]. Das All - so erläuterte z.B. Fränkel[148] - ist ausschließlich mit Licht und Nacht angefüllt, da die beiden Elemente komplementär sind. Ein Weniger der einen Gestalt bedeutet ein Mehr der andern. Ein Drittes ist ausgeschlossen. Darum hat jedes Ding an beiden Gestalten oder an einer von beiden teil. Das soll durch ἐπεὶ οὐδετέρωι μέτα μηδέν ausgedrückt sein. Fränkels Übersetzung: "denn keinem von beiden gehört nichts an" ist zwar sprachlich haltbar, jedoch macht der Zusammenhang mit dem Kontext Schwierigkeiten.[149] Doch auch die Konkurrenzübersetzung und -deutung ist nicht ohne Probleme. Es ist nämlich nicht ohne weiteres einzusehen, wie eine der beiden Formen mit dem Nichtsein zusammengebracht werden kann[150] (dies gilt auch für die Nacht: wiewohl sie ἀδαής unsichtbar ist, ist kaum ein Grund zu sehen, weshalb sie als "dichte und schwere Gestalt" (8,59) doch noch mit dem Nichts identifiziert werden könnte; die Nacht war schon bei Homer, Hesiod, Anaximander von einer gewissen Konsistenz[151], so daß P. kaum befürchten mußte, mißverstanden zu werden). Von diesem Problem scheint Hölscher auszugehen, wenn er den Tod als Hauptproblem des P. faßt[152]. Die in B 9,4b ausgesprochene Erkenntnis, daß auch der Tod kein Nichtsein bedeute, hat nach Hölschers (früherer) Ansicht P. zu der Einsicht gebracht, daß das Nichtsein aus dem Seienden schlechthin ausgeschlossen ist, daß es also kein Werden und Vergehen gibt. Doch muß man unterscheiden zwischen dem Nichtsein des Todes und des Toten. P. behauptet zwar ein Sein und eine 'Wahrnehmung' des Toten, des Leichnams, doch wenn sich dieser auflöst, hört auch er nicht mehr Schweigen, fühlt auch er nicht mehr Kälte usw. (A 46). Weil auch die μέλη aus reiner Nacht sich einmal auflösen werden (τελευτήσουσι 19,2), gibt es keine unendliche Existenz des Menschen. - Mansfeld hat 9,4b ausschließlich auf πᾶν π λ έ ο ν ἐστὶν ... (9,3) bezogen. 9,4b sichert nach seiner Ansicht dann πλέον gegen das Nichtsein ab: Aus 9,1 und 9,2 "kann das neue σῆμα der Totalität noch nicht gefolgert werden, nämlich daß ein Nichts im absoluten Sinne nicht in den beiden Elementen begegnen kann." ((1)154) Dagegen muß jedoch eingewendet werden:

(1) Warum eine der Gestalten als Nichtsein verstanden werden könnte, bleibt unklar (s.o.).

(2) P. will zeigen, daß und wie aus dem Benennen von Gestalten das Vollsein des Seienden in seiner Gesamtheit mit diesen Gestalten folgt[153]: Man beachte, daß φάος καὶ νὺξ von 9,1 in φάεος καὶ νυκτὸς ἀφάντου seine Entsprechung hat. Es geht nicht nur um das Vollsein als solches als einer Analogie zum Vollsein des Seienden (Mansfeld (1) 153), sondern auch um das Vollsein mit den Elementen, das die Voraussetzung ist für die Entwicklung der Kosmogonie und Kosmologie.

(3) Nach Mansfeld müßte man eigentlich nach 9,3 einen Zwischengedanken einschieben: alles ist ein Volles von Licht und Nacht, also ist es ein Volles wie das Seiende (8,24), da beide gleich sind, da

beide sind. Doch so würde ἴσων ἀμφοτέρων seine natürliche Funktion als Apposition zu φάεος καὶ νυκτὸς verlieren. Warum ἐπεὶ οὐδετέρωι usw. erst auf ἴσων ἀμφοτέρων folgt, wiewohl doch gezeigt werden soll, daß alles voll mit 'Sein' ist, bleibt unklar. Es hilft auch nicht weiter, wie folgt zu verstehen: alles ist voll von Licht und Nacht als beiden gleichen, also ist es ein Volles wie das homogene Seiende, weil ... Die Trennung des ἐπεὶ-Satzes von ἴσων ἀμφοτέρων wäre eine Gewaltsamkeit.

Ich schlage vor, den ganzen Vers 9,4 als Konsequenz zu 9,3 aufzufassen und ἐπεὶ οὐδετέρωι μέτα μηδέν einzig als Begründung des ἴσων ἀμφοτέρων zu verstehen. Diese einfache Konstruktion wird möglich, wenn man μηδέν wie 6,1 f und 8,6b ff vom parmenideischen Begriff von Sein und Nichtsein her versteht. Die Gestalten erfüllen alles, sie s i n d also, und zwar gleichrangig, da auch für sie die Krisis gilt: sie sind nicht Nichts, können also nur am einen einzig möglichen ἔστιν teilhaben. Daß die Elemente nicht Nichts sind, ist impliziert in der Behauptung, daß sie alles erfüllen. Darum ist ἴσων ἀμφοτέρων die Konsequenz aus 9,3, was 9,4b mit einem Verweis auf die Krisis gezeigt werden soll. Wir erhalten so einen einfachen Gedankengang, der die oben genannten Schwierigkeiten vermeidet: (1) μηδέν erhält eine einfache Erklärung, (2) ἐπεὶ οὐδετέρωι usw. schließt zwanglos an ἴσων ἀμφοτέρων als präzise Begründung an. Damit bestätigt sich mittelbar, daß μηδέν auch 6,2 und 8,6b ff im Horizont des spezifisch parmenideischen Seinsbegriffs, wie er in der Krisis definiert ist, zu verstehen ist. - Man kann annehmen, daß das Vollsein durch 9,1, vielleicht auch durch die Komplementarität der Elemente hinreichend begründet ist, und erhielte dann für B 9 insgesamt folgenden Gedankengang:

Weil[154] die Sterblichen alles mit Licht und Nacht benennen, weil dies ferner auch den Einzeldingen ihren (gegenwärtigen) Kräften entsprechend zugeteilt ist, erfüllen beide Elemente das Seiende in seiner Gesamtheit (und im einzelnen), sind demnach gleich seiend, da sie ja nicht am Nichtsein teilhaben (mithin nur in einem einzig möglichen Sinne sein können). Indem die Menschen die Gestalten setzen und das gesamte Seiende mit ihnen erfüllen, sind sie der Krisis und Ananke, die in ihr waltet, nicht entgangen. Dieses "Seiende" ist trotz seiner Irrealität und Dualität von gleichem Rang, an keinem Ort "stärker" oder "schwächer" (8,23 f). Die Sterblichen vermögen die Kontinuität des Seienden nicht wirklich aufzuheben.

§ 59   DIE DOXA ALS GEOFFENBARTES WISSEN

Da es nichts Drittes gibt neben Licht und Nacht, so müssen die δυνάμεις (9,2) der Einzeldinge (σφετέρας kann sich nur auf ἐπὶ τοῖσί usw. (9,2) beziehen) mit ihrer Zusammensetzung aus Licht und Nacht identisch sein. Die "Wirkungen" der Dinge meinen ihre Eigenschaften, die mit ihrer Bildung aus Licht und Nacht (φύσις 16,3), also mit ihrer Struktur identisch sind[155]. Haben die Einzeldinge aber Strukturen und festgelegte Eigenschaften, so folgt, daß eine relative Erkenntnis trotz ihres Scheinwesens von ihnen möglich sein sollte[156]. In der Tat spricht nun P. in B 10 von Erkenntnis in bezug auf die Himmelskörper. Hierbei handelt es sich um Erkenntnis im vollen Sinne (trotz des Scheinwesens der himmlischen Erscheinungen), wie folgende Beobachtungen zeigen: πεύσηι (10,4) erinnert stark an πυθέσθαι 1,28 (daß P. alles erfahren soll, ἀλήθεια, δόξαι und was mit diesen zusammenhängt, zeigt, daß das letztere wesentlich ist für einen wissenden Mann (1,3) und also nicht völlig ohne "Wahrheit" sein kann). Ferner hebt die dreimalige Wiederholung des selben Gedankens mit εἴσηι (10,1), πεύσηι (10,4), εἰδήσεις (10,5) die Echtheit der Erkenntnis hervor.[157] - Jenes dreimalige Versprechen von Erkenntnis in B 10 betrifft jeweils ein Doppeltes: Das 'Werden' (A) und 'Sein' (B) jeder kosmischen Erscheinung soll mitgeteilt werden. 'Werden' und 'Sein' folgen dabei in der Reihenfolge AB-BA-BA-AB [158]. Das Werden ist in substantivischer und verbaler Form ausgedrückt (φύσιν — ἐξεγένοντο — φύσιν — ἔφυ). (Wegen der Entsprechung von substantivischen und verbalen Formen einerseits und wegen des jeweiligen Gegensatzes zum Sein andererseits bedeutet φύσιν Werden, Entstehen.[159]) Das 'Sein' wird zweimal mit ἔργα bezeichnet. Was wir darunter zu verstehen haben, scheint sich aus B 14 und B 15 zu ergeben: Der Mond etwa wandert um die Erde, περὶ γαῖαν ἀλώμενον, als Nachtlicht, νυκτιφαὲς (B 14). Dabei blickt sein Rundauge (10,4) ständig hin zur Sonne[160]: αἰεὶ παπταίνουσα πρὸς αὐγὰς ἠελίοιο (B 15). ἔργα hat also den Sinn von 'Funktionieren', 'Wirken' im kosmischen Gesamtzusammenhang. Das wird durch die ἔργα des Himmels bestätigt: ὥς μιν ἄγουσ(α) ἐπέδησεν Ἀνάγκη πείρατ' ἔχειν ἄστρων (10,6 f). Die Ananke hält den Kosmos ebenso in den Banden einer räumlichen Grenze wie das Seiende (jener ist nichts anderes als das mit Qualitäten erfüllte Seiende). Der οὐρανός als diese Grenze hindert die Himmelskörper, sich über den bestehenden Kosmos hinauszubewegen. Das ἔργον des Himmels ist diese Fesselfunktion (πείρατ' ἔχειν ἄστρων).

Wegen εἴσηι, πεύσηι, εἰδήσεις kann φύσις keinen polemischen Charakter haben, wie Heinimann (94) glaubt[161]. P. wendet sich nicht gegen diejenigen, die das Seiende als φύσις erklären, er tritt allenfalls mit ihnen in Konkurrenz, wie 8,60 f andeutet. Hier verspricht die Göttin P. einen διάκοσμος mitzuteilen, der so beschaffen ist, daß ihn kein Sterblicher zu überholen vermag. Mit διάκοσμος ist ein Vorgang gemeint, ein "Anordnen" der Welt als ganzer[162]. In der Erkenntnis des Anordnens des Weltganzen (und damit implizit der φύσις[163]) der Einzeldinge) soll P. kein Mensch überlegen sein. Das kann nur meinen, daß keine zeitgenössische oder überlieferte Kosmogonie P. überholen soll[164]. Da es nun nicht unwahrscheinlich ist, daß P. die jonischen Theorien gekannt hat, dürften diese in 8,60 f zumindest auch mitgemeint sein.

Umstritten ist der Sinn von ἐοικότα πάντα 8,60. Wohl im Hinblick auf die Irrealität der Doxa haben Mourelatos ((2)231) und Guthrie (50 f), letzterer unter Berufung auf Xen. B 35 ταῦτα δεδοξάσθω μὲν ἐοικότα τοῖς ἐτύμοισι, für jene Worte die Bedeutung 'wahrscheinlich-scheinend' vertreten[165]. Doch einen 'wahrscheinlich-scheinenden' Diakosmos kann man ebenso gut überholen wie einen 'wahrscheinlichen' (Heitsch (4)75, Luther (2)115 u.a.) oder 'wahr scheinenden'. Auch ist eine Beeinflussung des P. durch Xenophanes sonst nicht beweisbar(vgl.§ 60). Da die Doxa,wie gezeigt, den "Anspruch auf Richtigkeit und Wissen" (Schwabl (1) 400) erhebt, sind die Deutungen Guthries, Mourelatos' und Heitschs sowohl vom näheren wie vom weiteren Kontext her unwahrscheinlich. – Somit bleibt nur die Bedeutung 'entsprechend', 'passend', 'angemessen',wobei schwierig zu bestimmen ist, worauf sich ἐοικότα bezieht. Verdenius ((1) 51, 57) glaubte, es beziehe sich auf "the facts". Das hätte aber nur Sinn, wenn διάκοσμος ' Lehre von der Weltordnung' bedeuten könnte. Ferner wäre ein Äquivalent zu "the facts" zu erwarten, da ohne es der Satz mißverständlich wäre; ein solches Äquivalent fehlt jedoch. Mansfeld schlug vor, ἐοικότα auf die vorangehenden Gestalten zu beziehen ((1) 146 ff). Das scheint mir die beste Lösung zu sein. Sie setzt keine Thesen und Begriffe voraus, die wie 'wahrscheinlich-scheinend' keine Basis in den übrigen parmenideischen Texten haben. – B 8,61 ergibt, daß der Diakosmos wahr ist. ἐοικότα πάντα nennt dafür die Bedingung: Der Diakosmos entspricht (im ganzen (9,1) und im einzelnen (9,2)[166]) den von den Menschen tatsächlich gesetzten Gestalten. Nur von ihnen ausgehend kann die wahre Kosmogonie entwickelt werden.

Daß die Göttin P. die wahre Kosmogonie, die den Annahmen der Sterblichen durchgehend entspricht, mitteilt, impliziert, daß sie den Sterblichen unbekannt ist. Das legt die Vermutung nahe, daß die Sterblichen ihre eigenen Annahmen und aufgrund dessen den Aufbau ihrer Welt aus diesen Annahmen nicht kennen. Diese Paradoxie wird durch folgende Beobachtungen bestätigt:

(1) Die Gestalten müssen als angenommene Grundlagen der Scheinwelt dem Sterblichen P. ausdrücklich offenbart werden (1,30; 8,53 ff).

(2) Die Sterblichen wissen auch nichts über die Grundlagen ihres νόημα in ihrer eigenen elementaren Beschaffenheit (B 16), noch wissen sie etwas über das νόημα des Toten.

Zur Erklärung dieses Sachverhalts kann man B 6,4-9 heranziehen (vgl. § 40). Die Blindheit der Sterblichen bezieht sich nicht nur auf die Krisis bzw. das Seiende, sondern auch auf die Struktur der von ihnen gesetzten 'Welt'. Wie man sprechen kann, ohne

die grammatische Struktur der Sprache jemals eigens
thematisiert zu haben, so ist z.B. auch das Wort
"Sonne" verständlich, ohne daß man das Element Licht
und seine Strukturen eigens thematisiert. P. deutet
auch einen Umstand an, der mit der Unkenntnis der
Menschen bezüglich der Strukturen der eigenen Vorstellungen in Zusammenhang zu stehen scheint: Nach
7,4 lassen die Sterblichen das ziellose Auge und das
brausende Gehör schweifen, sie scheinen somit völlig in den Folgen ihrer Annahmen, der Erfahrungswelt aufzugehen. Die Unfähigkeit, die eigene Vor-
stellungswelt zu analysieren und das Sichverlieren
an die einzelnen Phänomene der Sinnenwelt dürften
sich gegenseitig bedingen. Wer ständig immer Neues
wahrnimmt, achtet nicht auf die Struktur des Wahrgenommenen. Wessen Geist allein aus sich unfähig
ist, die eigene Welt zu analysieren, wird die Vielfalt des Wahrgenommenen unreflektiert aufnehmen.
Die Struktur des menschlichen Vorstellens ist nur
einem Erkennen von göttlichem Rang zugänglich. Daß
die Göttin den διάκοσμος entwickelt, schließt mit
ziemlicher Wahrscheinlichkeit aus, daß er nur "wahrscheinlich-scheinend" ist. Xen. B 34, 1 f heißt es:

καὶ τὸ μὲν οὖν σαφὲς οὔτις ἀνὴρ ἴδεν οὐδέ τις ἔσται
εἰδὼς ἀμφὶ θεῶν τε καὶ ἅσσα λέγω περὶ πάντων

Darum bleiben Xenophanes als Menschen nur wahr schei-
nende Vermutungen:

ταῦτα δεδοξάσθω μὲν ἐοικότα τοῖς ἐτύμοισι   (B 35).

Der Gott ist für Xenophanes hingegen allwissend, wie
sich mitteilbar aus Xen. B 24 ergibt; ihm steht in
Umkehrung zu Xen. B 34,1 alles klar vor Augen. Er
ist darum nicht angewiesen auf Vermutungen wie die
Menschen. Wie sollte nun die Göttin des P., dieselbe
Göttin, die ihm das Herz der Wahrheit lehrt, auf
die Ebene der Menschen, auf die der ἐοικότα τοῖς
ἐτύμοισι herabsteigen und gleichsam vom menschlichen Ort aus sprechen statt das "σαφές" über die
Scheinwelt mitzuteilen, wo diese doch 'existiert'
(νῦν ἔασι B 19,1) (wie die alltägliche Erfahrung
ständig ergibt).

§ 60   DIE THEOLOGIE INNERHALB DER DOXA UND IHRE
       FUNKTION

Nach B 9,1-3, insbesondere 9,2, implizit auch nach
B 8,38-41 'entsteht' die Erfahrungswelt insgesamt
und im einzelnen durch ein setzendes Benennen der
Menschen. Doch nach 12,3-6 tritt anscheinend eine
Göttin an die Stelle der Menschen: Nicht diese bau-
en ihre Welt auf (so Tarán 227), sondern die Göttin:
πάντα γὰρ στυγεροῖο τόκου καὶ μίξιος ἄρχει (12,4).
Sie lenkt Werden und Vergehen der Erfahrungswelt
(πάντα κυβερνᾶι 12,3), insbesondere das sexuelle
Geschehen (B 12,4-6), das exemplarisch für den
ganzen Werdensprozeß[167] zu verstehen scheint. Die
Göttin steuert auch, wie sich zeigen wird, die Gedanken und die Konstiution des Menschen. Und doch
soll die Welt eine Setzung der Menschen bis ins
einzelne hinein sein.

Mourelatos glaubt, das Problem zu lösen, indem er
die Daimon als eine "projection of mortal indecisi-
on" versteht. Ihre Krisis der Gestalten sei unvoll-
ständig und trage deshalb den Keim der Auflösung in
Form von Mischung in sich. B 12 sei ein physikali-
sches Modell dieser Auflösung ((2) 252). Ich halte
das für unhaltbar. Die Strukturen der Gestalten zeigen keinerlei Tendenz, sich ineinander aufzulösen
(sie vermögen sich nicht einmal wechselseitig zu erkennen (vgl. § 61)). Zwiefach betont P. ihre Trennung 8,55 f. Eher könnte man annehmen, daß es aufgrund ihrer Identität und mangelnden Dynamik eines
Dritten (der Göttin) bedarf, um sie zu vereinigen. -
Daß die Sterblichen die kontradiktorische Disjunktion nicht beherrschen, bedeutet noch lange nicht, daß
sie in bezug auf die Gestalten ἄκριτοι sind. Es ist
auch zweifelhaft, ob die κρίσις 8,15 und ἐκρίναντο
8,55 wirklich Parallelen sind. κρίσις heißt 8,15 Ent-
-scheidung (über das Sein des Seienden), ἐκρίναντο
8,55 bedeutet nur 'scheiden' von Qualitäten. -
Deichgräber nahm an, die Daimon sei den Elementen
inhärent (66), da sie erst nach dem Einschießen der
Flamme (12,2) erscheint, es also unabhängig von ihr
Mischung zu geben scheint. Nach Deichgräber müssen
die δυνάμεις (9,2) als die 'weltgestaltenden',
'weltbewegenden' Kräfte verstanden werden, die von

den 'dynamischen' Elementen, insbesondere vom Licht, ausgehen (62 f). Die ordnende Kraft im Aufeinanderwirken der δυνάμεις sei als Göttin personifiziert (87). Für Deichgräber spricht, daß Ananke-Dike-Moira dem Seienden immanent ist. Doch entgegen Deichgräbers Ansicht, es gäbe Mischung ohne personhafte Daimon, muß man πάντα B 12,3 auf B 12 insgesamt beziehen, weil das Fragment sonst unverständlich wird. Klar sagt P., daß den Geschlechtern keine eigene Dynamis zukommt, daß sie vielmehr von der Daimon ihren Antrieb erhalten: πέμπουσ' ἄρσενι θῆλυ μιγῆν τό τ' ἐναντίον αὖτις ἄρσεν θηλυτέρωι (B 12,5 f). Hier hat das Weibliche als das mit mehr Licht (als das Männliche) Begabte keinen Vorrang an Dynamik, wie man Deichgräber (62) zufolge annehmen müßte. – Ein Bericht des Aëtius (A 37) identifiziert die δαίμων mit Dike-Ananke. Mansfeld hat dies mit dem Hinweis darauf verteidigt, daß Dike nach B 1,14 Gewalt über das Tor hat, durch das Tag und Nacht in den Kosmos eintreten; das bedeute, daß die regelmäßige Bewegung von Licht und Dunkel im Weltall und im Menschen unter ihrer "Jurisdiktion" stünde ((1) 271). Für diese These spricht, daß nach B 10,6 Ananke das Himmelsgewölbe 'zwingt', die Gestirne zusammenzuhalten [168]. Es hat sich auch gezeigt (§ 58), daß die Sterblichen, indem sie die Gestalten benennen, der Krisis und der in ihr waltenden Ananke nicht völlig entgehen, insofern sie die Kontinuität des Seienden und die Homogenität seiner 'Seiendheit' nicht aufzuheben vermögen. Auch wäre es denkbar, daß Werden und Vergehen und die Verwicklung der Menschen in sie für P. eine Wesensnotwendigkeit waren, w e n n die Gestalten einmal von den Sterblichen gesetzt wurden. Wenn die δαίμων für P. auf solche Weise das systemimmanente Gesetz der Doxa-Welt war (Heitsch (4) 186), dann kann sie gleichwohl im Wesen nicht völlig identisch sein mit der Göttin des Aletheia-Teils, da nicht zu sehen ist, wie diese den Menschen in Licht und Nacht verstricken kann. Sie wäre dann allenfalls das Selbe, nicht das Gleiche wie die Ananke von B 8, 30, zumal da die Daimon als Lenkerin von Werden und Vergehen und als ἐν μέσωι der Ringe thronend (12,3) nicht der Doxa-Welt so immanent zu sein scheint wie Ananke-Dike dem Seienden immanent ist. So muß es denn letztlich unentschieden bleiben, ob und in welchem Sinne die δαίμων in B 12,3 von P. als Dike-Ananke aufgefaßt wurde.

Klarere Erkenntnisse über die parmenideische Theologie werden dagegen von B 13 und A 37 Cic. ermöglicht. Nach B 13 hat die Göttin als ersten unter einer Reihe von Göttern Eros "erdacht". Diese Götterreihe wird durch A 37 Cic. um Bellum, Discordia und Cupiditas (= Ἔρως oder Φιλότης) ergänzt. Umstritten ist, inwiefern sich sonst noch im ciceronianischen Text Götter verbergen:
multaque eiusdem ⟨ modi⟩ monstra; quippe qui Bellum, qui Discordiam qui Cupiditatem ceteraque generis eiusdem ad deum revocat, quae vel morbo vel somno vel oblivione vel vetustate delentur (Cic. de nat. deor. I 11,28).
Unbestritten ist, daß sich hinter ceteraque generis eiusdem die Komplemente zu morbus, somnus, oblivio und vetustas verbergen, daß wir also die Götterliste um Gestalten wie Ὑγίεια, Ἔγερσις, Μνημοσύνη, Ἥβη ergänzen dürfen. Anders wäre der epikuräische Kritiker, den Cicero zitiert, kaum zu seiner Kritik gekommen. Dieser Kritiker hält als Epikuräer morbus, somnus etc. nicht für Götter, sondern führt diese Phänomene nur an, um die Absurdität des parmenideischen Götterglaubens zu demonstrieren. Doch schließt das nicht aus, daß P. Götter dieses Namens gekannt hat. Es lassen sich im Gegenteil mehrere Argumente dafür beibringen:

(1) Cic. de nat.deor.I 11,28 impliziert, daß der Kritiker die von ihm genannten Götter für πάθη der Menschen hielt, die durch ihr Gegenteil aufgehoben werden.[169] Die negativen πάθη treten nach A 46 bzw. B 9,4 als ontologisch gleichrangig neben die positiven. Sollten dann nicht auch die Gedanken der Göttin (nichts anderes sind die Götter nach B 13), die die πάθη hervorbringen, alle gleichermaßen Götter heißen? Discordia dürfte jedenfalls eine 'negative' Gottheit sein, nämlich das Komplement zu Eros.

(2) Wir finden einen Teil dieser fraglichen Götter wieder in Emp. B 123, wo insbesondere Σωπή und Ὀμφαίη auf P. zurückweisen[170], während ein Zusammenhang mit pythagoräischen Verhaltensweisen unwahrscheinlich ist (anders Deichgräber 87

A. 1). Bei Empedokles handelt es sich um Mächte
von kosmischer Dimension, bei P. ist die Tendenz
dazu konjizierbar; demgegenüber bleiben die Begriffe bei den Pythagoräern auf der anthropologisch-ethischen Ebene.

(3) Eros, Discordia (Ἔρις) und vielleicht auch Cupiditas (wenn dies Φιλότης bedeutet) finden
sich wieder in Hesiods Theogonie. Dort finden
sich auch somnus, oblivio und vetustas als göttliche Mächte (211 ff). Auch aus anderen Gründen
ist es wahrscheinlich, daß P. Hesiod gekannt hat
und von ihm angeregt ist.

Wir werden also von mehreren, von einander unabhängigen Beobachtungen darauf geführt, daß somnus, morbus
etc. bei P. Götter gewesen sind, während Cicero keine ausschlaggebende Autorität haben kann, da sein
Verständnis des P. ohnehin fehlerhaft ist. (Er identifiziert z.B. die Daimon mit der äußersten στεφάνη.)

Die Götter haben nach B 13 ihren Ursprung in geistigen Akten der Daimon. Da die Göttin "alles lenkt",
müssen die Götter Werkzeuge der Göttin sein, Gedanken, mit denen sie die Welt steuert.[171] Die Göttin
bringt die πάθη der Menschen durch einen Denkakt
hervor, denn indem sie die Götter erzeugt, stellen
sich bei den Menschen wohl auch die entsprechenden
Phänomene ein. Die Götter sind noch undifferenziert
Mächte, die den Menschen übersteigen und zugleich
menschliche Zustände. Darin entspricht P. homerischem und hesiodischem Denken [172]. Überhaupt scheint
die ganze Struktur der Doxa-Theologie aus der Theologie Homers und Hesiods erwachsen zu sein. Auch sie
kennen die Vorstellung von der Allherrschaft eines
Gottes: τοῖς πᾶσανος /sc. Zeus/ θνητοῖσι καὶ
ἀθανάτοισιν ἀνάσσει Hes.Th. 506. Der Allmacht des
Zeus entspricht seine Allwissenheit: πάντα ἰδὼν
Διὸς ὀφθαλμὸς καὶ πάντα νοήσας Hes.Erg. 267.
Wir müssen Allwissenheit auch bei der Daimon des P.
voraussetzen (doch steht bei ihr, soweit man noch
erkennen kann, der Gedanke der bewirkenden und lenkenden Ursache im Vordergrund). Das Götterwirken
heißt schon bei Homer ein 'Sinnen' (Il. 15,242[173]),
vgl. auch Theognis 142). Zeus bestimmt in der homerischen und archaischen Dichtung die πάθη (Hes.
Erg. 242 f) bzw. den νόος der Menschen (Od.18,136 f,

Archil. 68D). Die Untergötter sind öfter als ausführende Werkzeuge, Diener des Herrschers Zeus vorgestellt (Hes.Erg. 60 f, 69) und die Musen sind Vermittler der Gedanken des Zeus (Hes.Erg. 661 f). Demnach läßt sich die Theologie des P. verstehen als eine Systematisierung älterer Vorstellungen, die dabei ihre spezifisch mythische Konkretion weitgehend verlieren. Die Götter werden nicht mehr von der übergeordneten oder zeitlich vorgeordneten Gottheit "gezeugt" (vgl. z.B. Hes. Th. 211 ff), sondern erdacht. Diese Tendenz zur Vergeistigung und Abstraktion entspricht völlig der Philosophie des P. Die Gestalten z.B. sind geistige Schöpfungen und werden durch Verknüpfung abstrakter Eigenschaften gewonnen.

Weil die Theologie des P. von der Homers und Hesiods her verständlich gemacht werden kann, ist es nicht notwendig, hier einen Einfluß des Xenophanes anzunehmen. Gegen diesen Einfluß spricht, daß die Theologie des Xenophanes sich von der des P. in einem entscheidenden Punkt nicht wenig unterscheidet[174]:
Zwar sind die Götter der beiden Denker darin gleich, daß sie allmächtig und allwissend sind (vgl. Xen. B 24 und B 25), doch sollte nicht übersehen werden, daß bei Xenophanes der Akzent auf der Einheit liegt, welcher Gedanke bei P. nicht wesentlich ist. Xenophanes unterscheidet nicht göttliche Funktionen von der Gottheit wie P.[175]. οὖλος ὁρᾶι, οὖλος δὲ νοεῖ, οὖλος δέ τ' ἀκούει (Xen. B 24) bedeutet, daß der eine Gott als ganzer sieht, hört, vernimmt, die besagten Funktionen also in ihm zusammenfallen[176]. Es ist folglich unwahrscheinlich, daß Xenophanes diese Funktionen als Götter bezeichnete, die dem einen Gott an Größe unterlegen wären (vgl. Xen. B 23,1). P. ist nicht wie Xenophanes den Weg des Monotheismus zu Ende gegangen. Das wäre sehr erstaunlich, wenn die Einzigkeit des Seienden als Konsequenz der Einzigkeit des xenophaneischen Gottes zu verstehen wäre. Eine Beeinflussung des P. durch Xenophanes kann somit sowohl in der Theologie wie in der Ontologie als unwahrscheinlich gelten. Die Analogie dürfte teils zufällig sein oder sich durch die Herkunft aus der gleichen Tradition erklären.
Die Frage stellt sich, warum P. den Weg zum Monotheismus nicht zu Ende gegangen ist, sondern dem Poly-

theismus Konzessionen macht,wiewohl doch eine Tendenz zum Monotheismus bei ihm nicht bestritten werden kann. Die Antwort kann nur aus der Funktion der Daimon bzw. der Götter im 'Doxa-System' als ganzem entwickelt werden. Diese Funktion ist jedoch nur dann verstanden, wenn folgende Widersprüche erklärt sind:

(1) Die Göttin schafft faktisch die Struktur der Einzeldinge, die 19,3 zufolge ihre Benennung erst nach dem kosmogonischen Prozeß erhalten. Nach B 9,2 (und B 8,38 ff) entstammt die Struktur der Einzeldinge dem Benennen der Sterblichen.

(2) Die πάϑη der Menschen sind ursprünglich mit der Setzung der Gestalten durch die Menschen gegeben, da aufgrund der Gestalten Kälte und Wärme, Schwere und Leichtigkeit wahrgenommen werden. Der Theogonie zufolge sind die πάϑη jedoch Gedanken der Daimon.

(3) Nach B 8,53 bzw. B 9,1-3 stehen die Menschen am Anfang der Weltentstehung. Aus A 1 (Diog. IX 22), A 51 (Censorin 4,7.8) und aus B 12,4 muß man jedoch schließen, daß sie von der Göttin aus den Elementen geschaffen sind.[177]

Für die Lösung dieser Schwierigkeiten legen sich folgende Annahmen nahe: Wenn es nur das eine, unveränderliche Seiende gibt, dann kann die Welt des ἔϑος πολύπειρον (B 7,3) für P. nur den nichtigen Annahmen der Sterblichen entstammen (vgl. dazu § 42). Diese Welt zeigt jedoch gewisse Strukturen, d.h. die Annahmen der Sterblichen zeigen gewisse Konstanten (z. B. Hell, Dunkel, Wärme, Kälte etc.), die durch die Einzelbenennungen hindurchgehen (B 9). Soll die Behauptung, daß die Welt ihre Entstehung den nichtigen Vorstellungen der Sterblichen verdankt,sinnvoll sein, so muß sie aus jenen durchgehenden Konstanten erklärt werden können. Bestimmte Konstanten bzw. Strukturen gehören nun für P. wesensmäßig zusammen und bilden eine Struktureinheit als mit sich selbst identische Gestalten, die auf kosmischer Ebene zu Elementen werden, die die Welt aufbauen. Darum (und vielleicht auch, weil die Analyse der Vorstellungen auf rein idealer Ebene undurchführbar war), kann die Analyse der menschlichen Vorstellungen (Benennungen), wie sie 9,2 implizit gefordert ist, nur über eine Kosmogonie erfolgen. Die Kosmogonie soll die Struktur der Einzeldinge durchsichtig machen mit der Absicht, sie auf die Setzung der Menschen zurückzuführen, also als wesenlos aufzuweisen. Der Sinn der Kosmogonie ist wie der der Doxa überhaupt, zwischen der Einzigkeit des Seienden und der Existenz der Erfahrungswelt (νῦν ἔασι B 19,1) eine Brücke zu errichten. Diese 'Vermittlung' forderte eine Durchsichtigmachung der Strukturen der Erfahrungswelt, mußte also die Welt als das zeigen, was sie für damaliges Denken war: ein gewaltiger, von übermächtigen göttlichen Kräften durchwalteter und zugleich sinnvoller, verstehbarer Kosmos (aus strukturiertem Seiendem). Entsprechend konnte die Welt gar nicht von unwissenden Sterblichen herrühren (sie konnten allenfalls den Grund dafür gelegt haben), denn diese waren (für das in der homerisch-archaischen Tradition stehende Denken und 'Lebensgefühl') selbst abhängig von den übergewaltigen göttlichen Gewalten, die im Kosmos walteten (man beachte die Entsprechung von B 16 mit Od. 18,136 f und Archil. 68 D (vgl. § 61)). Die unwissenden, hilflosen Menschen waren nicht wirklich in der Lage, das sinnvolle, gewaltige Gesamt des Seienden zu erzeugen und zu strukturieren (sie verstehen es nicht einmal in seinen Zusammenhängen); dies konnte nur eine Göttin mit den Prädikaten höchster göttlicher Macht (die δαίμων des P. weiß alles, lenkt alles und erschafft sogar Götter)[178]. Es ist unmöglich, daß diese Göttin von den hilflosen, ohnmächtigen Menschen hervorgebracht wurde, zumal sie sie garnicht kennen. Der menschlichen Schwäche entsprach im Horizont homerisch-archaischen Selbstverständnisses allenfalls der umgekehrte Sachverhalt, nämlich die 'Schöpfung' der Menschen durch die Gottheit. Jene oben aufgeführten Schwierigkeiten lassen sich also aufgrund folgender Prämissen erklären (die dadurch selbst wieder bestätigt werden):

(1) Die Doxa ist ein Versuch, zwischen ontologisch erkannter Realität und Erfahrung zu 'vermitteln'.

(2) Die Doxa ist eine Erklärung der Strukturen der Erfahrungswelt.

(3) P. versteht Mensch und Welt im Horizont traditionellen homerisch-archaischen Selbst- und Weltverständnisses[179]). Dies ist der Grund, warum er innerhalb der Doxa mit der Durchführung seines Ansatzes scheitern mußte und zu den gegenteiligen Ergebnissen gelangte, als der Ansatz erwarten ließe.

Man sollte darauf verzichten, bei P. ein System ohne jede logische Schwierigkeit rekonstruieren zu wollen. Ein solches System ist unmöglich, zu offenkundig sind die Widersprüche. Sätze etwa wie οὐδὲν γὰρ ⟨ἢ⟩ ἔστιν ἢ ἔσται ἄλλο παρὲξ τοῦ ἐόντος (8,36 f) und εἴσηι δ' αἰθερίαν τε φύσιν usw. (B 10,1) lassen sich nicht auf einen Nenner bringen. Fruchtbarer als nach einem logisch schlüssigen System zu suchen, ist es, nach den Motiven des P. zu fragen, wobei diese Motive nicht ohne weiteres als widerspruchslos oder auch nur von gleicher Tendenz vorausgesetzt werden dürfen.

Nun kann auch die Frage nach dem Sinn des parmenideischen Polytheismus beantwortet werden. Wie die Göttin das Prinzip ist, durch das das Entstehen der Einzeldinge im großen, übermächtigen Zusammenhang der Welt überhaupt erst erklärt werden kann, so sind die θεοί Erklärungsprinzipien der vielfältigen Sachverhalte (und ihrer Strukturen), die in dieser Welt und im Menschen gegeben sind. Die Vielheit der Götter spiegelt nur jene Vielfalt. Für P. gab es somit keinen Grund, einen konsequenten Monotheismus zu vertreten.

Eros ist, da er das Mischungsgeschehen noch am allgemeinsten vertritt, auch der oberste Gott nach der Daimon. Je weniger universal wirkend ein Gott ist, um so niedriger dürfte seine Rangordnung gewesen sein, d.h. um so später dürfte er in der Theogonie erschienen sein. So gelangte P. von der Erklärung der Mischung im allgemeinen zur Erklärung des Besonderen, Speziellen bis hin zu den πάθη der Menschen. Eine gewisse Ähnlichkeit mit der Ideenlehre Platons ist nicht zu übersehen. Aber noch sind die Gedanken der Göttin nicht nur Ideen, gedachte Formen; sie heißen noch Götter und behalten so einen letzten Rest mythischer Konkretion.

§ 61 DIE ERKLÄRUNG DER WAHRNEHMUNGEN DER STERBLICHEN NACH PARMENIDES B 16

Wie ungeklärt die Konstruktion des ὡς/τὼς-Satzes in Parm. B 16 im einzelnen auch sein mag [180], soviel darf wohl als gesichert gelten, daß er eine Entsprechung zwischen der Mischung der μέλη der Menschen und ihrem νόος zu Wort bringt. Die Mischung der vielirrenden Glieder bestimmt das menschliche Erkennen. Warum das so ist – auch darüber besteht Übereinstimmung – will das Folgende explizierend begründen, wie aus dem doppelten γάρ hervorgeht. Fast allgemein akzeptiert ist in der neueren Forschung auch die Auffassung, daß φρονέει (16,3) μελέων φύσις zum Subjekt und ὅπερ zum Objekt hat [181]. Hingegen sind Sinn und Konstruktion von τὸ γὰρ αὐτό ἐστιν und τὸ γὰρ πλέον ἐστὶ νόημα (16,4) nach wie vor umstritten. τὸ γὰρ αὐτό ἐστιν könnte auf Viererlei bezogen werden: (1) die κρᾶσις von 16,1, (2) den νόος von 16,2, (3) die μελέων φύσις von 16,3, (4) τὸ πλέον in 16,4. Zwischen der ersten und zweiten Lösung steht der Vorschlag Hölschers in "Anfängliches Fragen", nach dem τὸ αὐτό als τοῦτο αὐτό zu verstehen ist: "Das Demonstrativum τό nimmt τὼς vom Zeilenanfang auf: Wie die Mischung, so die Erkenntnis; denn das ist es, was unser Leib erkennt. Das heißt, der Leib erkennt so, wie er gemischt ist." (116) Doch zeichnet sich diese Interpretation weder durch besondere Klarheit aus, noch ist es wahrscheinlich, daß das, was die Glieder denken, das Wie des Nahetretens des Geistes ist. Dieses Wie wird durch die Mischung bestimmt, und sollte τὸ γὰρ αὐτό auf diese zurückweisen, würde man eher ἐκείνη oder vielleicht auch αὕτη erwarten. – Nimmt man an, das Subjekt von τὸ γὰρ αὐτό ἐστιν sei κρᾶσις (16,1), so wird τὸ αὐτό als Identitätsbezeichnung überflüssig. – Mansfeld folgt Möglichkeit (2): "Denn das Denken ist identisch mit demjenigen, was die Natur der Glieder für die Menschen denkt." ((1)191) Doch dürfte P. kaum das Erkennen und sein Erkanntes identifiziert haben (Mansfelds Interpretation spielt mit dem Doppelsinn des Wortes 'Gedanke', z.B. (1) 193 " νόος = Gedanke der Elemente"). – Hölscher hat in "Vom Wesen des Seienden" μελέων φύσις als Subjekt von ἔστιν 16,3 angenommen: "Denn die Beschaffenheit der Körperteile ist dasselbe, was sie denkt" ((3)44,vgl. auch 112)[182]. Doch wäre diese Konstruktionsweise ausgesprochen hart[183]. - Bollack hat, Emp. B 31 entsprechend, μέλη als die Glieder des Kosmos verstanden. "Le propre des μέλη, leur nature ... leur φύσις ... est de penser le même, τὸ αὐτό (qu'eux-mêmes)" (67). Abgesehen davon, daß es zweifelhaft ist, ob τὸ αὐτό an Stelle des Reflexivpronomens stehen würde, scheinen hier ähnliche Schwierigkeiten aufzutreten wie bei dem vorangehenden Vorschlag: Warum sollte das mit τὸ αὐτό Gemeinte als Subjekt des Nebensatzes nachfolgen? Außerdem enthält Bollacks Deutung sprachliche Schwierigkeiten: Es ist sinnvoll zu sagen, daß die Elemente ihre eigene Natur denken. Es ist jedoch nicht sinnvoll zu sagen: die Natur der Elemente denkt sich, die Natur der Elemente. φύσις erhält demgegenüber eine sinnvolle Funktion, wenn μέλεων die menschlichen Glieder meint: Die jeweilige Zusammensetzung der Glieder erkennt (etwas)[184]. φύσις würde auf den Grund des Erkennens der Glieder, die Elemente verweisen[185]. - Somit bleibt nur die Möglichkeit (4). Ihr folgen Tarán[186] und Heitsch: "For the same thing is that the nature of the body thinks in each and all men; for the full is thought" (Tarán 169); "Denn was die Beschaffenheit der Körperteile begreift, ist für die Menschen dasselbe ...: das Mehr nämlich ist die Erkenntnis" (Heitsch (4)49, vgl.198). Taráns Übersetzung "the same thing" ist unmöglich, da das Erkennen in der Zeit (ἑκάστοτε) und in den Menschen (καὶ πᾶσιν καὶ παντί) variiert. Das πλέον ist somit nicht ständig dasselbe[187]. Identisch ist aber in allen Variationen der φύσις, daß das πλέον der κρᾶσις Erkenntnis (Gedanke) ist. τὸ πλέον kann mit 'das Mehrere' oder 'das Volle' übersetzt werden. Ich möchte das letztere aus folgenden Gründen vorziehen.

(1) Bei der Bedeutung von τὸ πλέον = μᾶλλον bleiben die Abstufungen unberücksichtigt, die wir bei P. annehmen müssen. Der alte Mensch (A 46a) und der Tote hätten nach B 16,4 streng genommen dieselbe Wahrnehmung.

(2) Die Gleichung von B 16,1 f 'wie die Mischung, so der νόος' wäre eine ungenaue Ausdrucksweise, wenn damit gemeint wäre: 'wie das Überwiegende der Mischung, so der νόος'.

(3) Licht und Nacht haben wegen ihres gleichen Seinsranges auch ein gleichrangiges Denken. Es ist kein Grund zu sehen, warum das Erkennen des geringer vertretenen Elements wegfallen sollte, weil das andere überwiegt. Das würde bedeuten, daß es zeitweise eines wichtigen Seinscharakters verlustig ginge, wir also einen zeitweiligen Verlust der Identität der Elemente annehmen müßten, und das entgegen allen Angaben des P. Zu dieser Systemwidrigkeit kann auch die Autorität des Theophrast nicht zwingen.188)

Schwierig zu bestimmen ist der genaue Sinn von νόημα. 7,2; 8,50 und wohl auch 8,34 legen die Bedeutung 'Erkenntnis', 'Erkennen' nahe. Doch kann die Bedeutung 'Gedanke' nicht völlig ausgeschlossen werden.
Wie die Beschaffenheit der Glieder auch immer bei den Menschen im allgemeinen und bei jedem einzelnen in jedem beliebigen Zustand innerhalb des Zeitablaufs (ἑκάστοτε) beschaffen ist, in jedem Falle erkennen sie dasselbe. Denn das Volle der Mischung ist Erkennen, Wahrnehmen. Darum entspricht der νόος der Mischung der Glieder. Dieser Gedankengang wird verständlich, wenn man beachtet, daß (1) das Erkennen dem Begriffe nach Erkanntes impliziert, (2) der νόος für P. gar nicht anders zu definieren war als durch das Erkannte und (3) das Erkannte gleich ist mit dem erkennenden Element. Wenn die Mischung als ganze erkennt, dann muß das Erkannte (ὅπερ φρονέει ...) immer insofern dasselbe sein, als es dem Vollen der Mischung entspricht. Noch einfacher wird der logische Zusammenhang, wenn man νόημα als 'Gedanke' übersetzen und die Bedeutung 'das Gedachte' wenigstens mitdenken darf. Das Volle der Mischung wäre dann das Gedachte (weil Wahrgenommene, Erkannte) der Glieder, gleich welche Zusammensetzung sie haben. Der logische Zusammenhang des Fragments läßt sich dann wie folgt formalisieren: x und y seien die Quantitäten der Elemente, wie sie in der Mischung variieren. Sie stellen in der Gesamtheit der Glieder immer eine Summe dar: $x + y = K$ (κρᾶσις). Die Behauptung von 16,1-2a ist: n (νόος, Erkennen, Wahrnehmung) ist die Funktion der κρᾶσις, also $F(x + y)$

= F(K) = n. Die Variabeln x und y haben ihrerseits
N (νόημα , das Gedachte, Wahrgenommene) als Funktion: $F(x) = N_x$, wobei $N_x = x$, und $F(y) = N_y$, wobei
$N_y = y$. Nun ist x + y zwar nicht quantitativ, aber
logisch eine Konstante (τὸ αὐτό, τὸ πλέον): x + y =
K. Folglich ist $F(x + y) = N_x + N_y = x + y = K$: Was
die Mischung (Natur) der Glieder wahrnimmt, ist das
Volle der Mischung. Da der νόος aus dem νόημα bestimmt wird, gilt $n = N_x + N_y = N_k = K$. Wie die
κρᾶσις, so der νόος. - Diese Deutung hat zwar gegenüber der ersteren den Vorteil der größeren logischen Einfachheit, doch zugleich auch den Nachteil,
daß sie das Mißverständnis nahelegt, das νόημα sei
unmittelbar die Mischung der Glieder selbst.

Das Verhältnis der Elemente variiert nicht nur (1)
relativ zu den Menschen überhaupt und (2) im Individuum im Laufe der Zeit. Es ist (3) auch im Individuum in einem bestimmten Augenblick in den verschiedenen Organen verschieden [189]. Zu diesem Schluß führen
A 54 (Censorin 6,8), A 45 und B 17. Die Hände bestehen überwiegend aus Nacht, da der Mensch damit überwiegend Festes erkennt. Sie enthalten daneben auch
Feuer, weil man mit ihnen auch Wärme wahrnehmen kann.
Umgekehrt enthalten die Augen ihrem Erkenntnisvermögen entsprechend mehr Licht - daß sie auch Nacht
enthalten, zeigt sich daran, daß sie auch Dunkles
wahrnehmen können. Der Mensch konnte für P. nicht
einheitlich zusammengesetzt sein, wenn das νόημα der
jeweiligen κρᾶσις entspricht. Wäre der Körper einheitlich zusammengesetzt, so müßte er auch eine einheitliche Wahrnehmung besitzen.[190] Das Ganze der
komplexen Sinneswahrnehmungen der Organe bilden den
νόος, da die Organe eine Körperganzheit bilden.
Da die Elemente generell 'denken', ist jedes menschliche Organ zugleich Sinnesorgan, auch dann wenn es
nur aus reiner Nacht besteht. Das wird durch die
Mitteilung des Theophrast bestätigt, daß der Tote
eine gewisse Erkenntnis hat. Es besteht auch kein
Grund, an jener Mitteilung Theophrasts zu zweifeln,
daß das Seiende insgesamt eine gewisse Erkenntnis
hat (καὶ ὅλως δὲ πᾶν τὸ ὂν ἔχειν τινὰ γνῶσιν
A 46). Wenn auch der Tote ein Denken hat und die
Wahrnehmung aller Glieder den νόος konstituiert,
wenn ferner die Gestalten alles erfüllen und ihre

Identität strikte bewahren, so darf man annehmen,
daß alles Seiende die seiner Mischung entsprechende
Wahrnehmung hat.
Es zeigte sich oben, daß das νόημα bzw. der νόος von
dem her verstanden sind, was erkannt wird. Daß dies
nicht die eigene Körpermischung ist (wie man B 16
vielleicht auch verstehen könnte), sondern etwas anderes, bestätigt sich durch eine Reihe von Beobachtungen. Nach B 7,3 ff nimmt P. unzweifelhaft bei den
Sterblichen eine Wahrnehmung der Erfahrungswelt an.
In der Kosmologie werden die ἔργα der Himmelskörper
erklärt, die von den Menschen mit Sicherheit wahrgenommen werden. Der Sinn von B 16,1 f kann darum
nur sein, daß der Mensch insoweit die Elemente des
Kosmos erkennen kann, wie es seiner Mischung entspricht. Der Tote nimmt nur das Kalte, Feste, Schwei-
gende, kurz die Nacht um ihn herum wahr, der Leben-
de vor allem das Warme, die Stimme usw. (also ebenfalls das, was von anderem Seienden ausgeht (A 46)).
Daß das νοεῖν sich auf die Objektwelt bezieht, impliziert auch B 9,1 f:

αὐτὰρ ἐπειδὴ πάντα φάος καὶ νὺξ ὀνόμασται

καὶ τὰ κατὰ σφετέρας δυνάμεις ἐπὶ τοῖσί τε καὶ ἐπὶ τοῖς

Was B 7,3 ff nur widerlegt werden soll, wird B 16 in
seiner Struktur erklärt.[791] Den Menschen sind die
Fundamente ihres eigenen Erkennens unbekannt, da sie
weder ihre unbewußten Annahmen Licht und Nacht noch
die Konsequenz ihres Vorstellens, das Vollsein des
Seienden insgesamt mit diesen Annahmen kennen (vgl.
§ 59). Folglich muß den Menschen das eigene Sein
erklärt werden. Das ἄσκοπον ὄμμα, die ἠχήεσσα ἀ-
κουή (7,4) und das von ihnen Wahrgenommene: γίγνεσθαι, τόπον ἀλλάσσειν, διά τε χρόα φανὸν ἀμείβειν
(8,40 f) gibt es nur:

(1) weil alles voll von Licht und Nacht ist (aufgrund des ursprünglichen Benennens der Sterblichen),

(2) weil die Daimon die Elemente in Bewegung bringt
und mischt,

(3) weil der Mensch Licht und Nacht enthält, weshalb
er beides z.B. als Farben gemischt in seinem
Wechsel wahrzunehmen in der Lage ist.

Oben (vgl. § 57) versuchte ich zu zeigen, daß die Annahmen der Sterblichen wie Werden, Farbwechsel, Licht und Nacht 'ontologische' Bestimmungen sind: die Sterblichen halten die Gestalten und darum mittelbar auch Veränderung für seiend an Stelle des einen 'ewigen' Seienden. Das Erkennen von Licht und Nacht, d.h. von Stimme, Wärme, Schweigen, Kälte etc. bedeutet folglich ein Für-real-halten dieser Phänomene (πεποι-θότες εἶναι ἀληθῆ). B 16 erklärt, wie sich das Verhältnis der Sterblichen zur (Schein-)Realität gestaltet, d.h. wie und warum sie jeweils in einer verschiedenen 'Welt' leben.

Früher (§ 57) mußte die Frage offen bleiben, in welcher Weise die μορφαί dem Begriff nach das Wahrgenommenwerden einschließen. Das Wahrnehmen ist bei P., so sagt Theophrast, noetisch und sinnlich zugleich: τὸ γὰρ αἰσθάνεσθαι καὶ τὸ φρονεῖν ὡς ταὐτὸ λέγει (A 46). Theophrast kritisiert, daß P. diese aristotelische Unterscheidung nicht gemacht hat. Wir können nun sehen, warum das so ist: Das νόημα (der νόος) ist bei P. immer auf Sein bezogen; wenn sich im νόημα bzw. νόος dennoch Unterschiede ergeben, so liegt das dem Grundansatz entsprechend daran, daß der νόος neben der wahren Realität auch noch angenommene wahrzunehmen vermag. Die aristotelische Unterscheidung zwischen φρονεῖν und αἰσθάνεσθαι kehrt bei P. als νοεῖν von wahrem und irrtümlichem, auf 'falschen' Setzungen beruhendem Seiendem wieder.

Der Ansatz der Gestalten als etwas, das wahrgenommen, erkannt wird (ὅπερ φρονέει 16,3), bedeutet an sich noch nicht, daß sie selbst ihrerseits Erkenntnis, Wahrnehmung haben, wie es B 16 offensichtlich vorausgesetzt wird. Zur Erklärung könnte man nun annehmen, daß P. die damals weit verbreitete Vorstellung von der Erkenntnis durch Licht auf dieses Element übertragen hat.[192] Dann bleibt aber unverständlich, daß die Nacht eine gleichrangige Erkenntnis hat und daß beide Elemente ausdrücklich nur ihresgleichen erkennen. - Es sind Versuche gemacht worden, die Disjunktion oder den Wahrheitsteil überhaupt aus der Doxa abzuleiten. So setzen Schwabl (vgl. § 57) und Hölscher (in (2)) den Doxa-Teil oder bestimmte Gedanken darin als ältere Stufe des parmenideischen Denkens an. Doch das Prinzip der Erkenntnis des Gleichen durch Gleiches - das Wahrnehmen der Nacht ist darin impliziert, da Nacht wahrgenommen wird - läßt sich leicht aus dem im Wahrheitsteil entwickelten und auf die Gestalten übertragenen Identitätsbegriff ableiten, während es nicht zu verstehen ist, wie P. unabhängig davon diese Theorien entwickelt haben könnte, die doch einfachsten Erfahrungen widersprechen. Die Vorstellung von der Wahrnehmungsfähigkeit der Elemente könnte sich P. wie folgt ergeben haben:

(1) Nach B 8,53, B 9,1 sind die Gestalten Licht und Nacht Setzungen der Menschen. Sie betreffen das All
(2) und werden darum zu Weltmächten, die alles erfüllen und also auch die φύσις der Menschen bilden.[193)]
(3) Die μορφαί sind dem Begriffe nach wahrnehmbar. Als Weltmächte müssen sie wahrnehmbar sein, sonst würden sie ja gar nicht die Doxawelt konstituieren, zu deren 'Struktur' Wahrgenommen--sein gehört.
(4) Analog zum Seienden behalten die Elemente konsequent ihre Identität. Sie gehen niemals ineinander über.
(5) Zu ihrem Sein gehört das Wahrgenommenwerden. Da dieses Sein andererseits ständig mit sich identisch bleibt (4), darf kein Übergang des einen Elements zum anderen durch einen Erkenntnisprozeß erfolgen.
(6) Folglich bleiben die Elemente nur getrennt, wenn Gleiches durch Gleiches erkannt wird.

Der Inhalt von B 16 ist also konsequent aus dem Identitätsgedanken, wie er im Wahrheitsteil 8,29 und in der Doxa 8,57 zur Sprache kommt, entwickelt. (Die Identität von Erkennen und Seiendem (8,34 ff) ist hingegen durch die Einzigkeit des Seienden begründet (8,36b f).) Der Identitätsgedanke ist somit in der Doxa viel zu zentral, als daß man hypothetisch die Doxa als Vorstufe für den Wahrheitsteil annehmen könnte.

Als Vorbilder für B 16 werden für gewöhnlich Od. 18,136-7

τοῖος γὰρ νόος ἐστὶν ἐπιχθονίων ἀνθρώπων
οἷον ἐπ' ἦμαρ ἄγῃσι πατὴρ ἀνδρῶν τε θεῶν τε

und Archil. 68 D

Τοῖος ἀνθρώποισι θυμός, Γλαῦκε, Λεπτίνεω πάι,
γίγνεται θνητοῖσ', ὁκοίην Ζεὺς ἐφ' ἡμέρην ἄγηι

angeführt. Die Parallelen zeigen,daß der homerisch--archaische Determinismus für die parmenideische Anthropologie entscheidend ist. Dem Determinismus begegneten wir auch schon im Zusammenhang mit B 6,4-9 (vgl. § 40) und B 12 (vgl. § 60). Dieses Verhältnis von Gott und Mensch, so zeigte sich bei der Analyse von B 12, widerspricht sogar dem Grundansatz der Doxa. Das alles legt es nahe, die prägende Kraft des archaisch-deterministischen Selbstverständnisses auch für das Proömium und den Wahrheitsteil anzunehmen. Da der Mensch wie in der homerisch-archaischen Dichtung bei P. von Natur unwissend ist, kann die Herrschaft des Trugs nur durch eine Offenbarung durchbrochen werden. Diese Annahme wird durch die Analyse von B 16 bestätigt: nach diesem Fragment kann der menschliche νόος nur Licht und (oder) Nacht erkennen, welche beide trügerische Annahmen sind. Das bedeutet, daß die Form der Offenbarung, die P. seinem Gedicht gegeben hat, für die Sache selbst wesentlich ist.

Ist das homerisch-archaische Selbstverständnis für das Proömium bestimmend, so darf man auch strukturelle Parallelen zwischen dem Selbstverständnis des homerischen Dichters als des von den Musen Inspirierten und dem des P. als des Offenbarungsempfängers annehmen. Der homerische Dichter läßt Phemios sagen:

αὐτοδίδακτος δ' εἰμί, θεὸς δέ μοι ἐν φρεσὶν οἴμας
παντοίας ἐνέφυσεν ...

(Od. 22,347 f)

Die Menschen wissen nur, was vor Augen liegt oder was andere berichtet haben (vgl. § 42). Das Wissen des Dichters geht jedoch darüber hinaus und muß darum göttlichen Ursprungs sein. Indem ihn der Gott mit diesem Wissen begnadet, verändert sich die φύσις des Dichters, woher es kommt, daß er dem Anschein nach die Dichtung selbst hervorbringt.[194] Entsprechendes kann auch für das Selbstverständnis des P. angenommen werden. Auch er versteht sich als Wirkungsfeld einer ihm transzendenten göttlichen Macht, die seine ' φύσις ' verändert, indem sie sein bisheriges Denken aufhebt: Durch die Offenbarung durchschaut P.

Werden, Vergehen und die Vielheit der Dinge als trügerische Annahmen und wird ihm auch das bisher Entfernte gegenwärtig (B 4,1). Sein νόος wird so ein νόος im eigentlichen Sinn, ein νόος von göttlichem Rang in Analogie zum νόος der offenbarenden Göttin. Entsprechend wie die Inspiration des Dichters durch die Gottheit seine eigene menschliche Geistestätigkeit nicht aufhebt, sondern einschließt - sie ist gerade das Medium der Gottheit - so muß auch P. die Offenbarung verstehend nachvollziehen, denn nur so kann sie überhaupt in P. Wirklichkeit werden[195] und den Menschen weitergegeben werden. Mit der Offenbarung 'zusammenarbeitend' muß er seine bisherigen menschlichen Meinungen durch eigene und d.h. spezifisch menschliche Geistestätigkeit (sie hat die Gestalt einer δίζησις, wie sie eigentlich nicht allwissenden Göttern, sondern nur Menschen möglich ist) überwinden. So fordert ihn die Göttin auf:

κρῖναι δὲ λόγωι πολύδηριν ἔλγχον,   B 7,5,
und B 4,1 heißt es entsprechend:

λεῦσσε δ' ὅμως ἀπεόντα νόωι παρεόντα βεβαίως

Unklar ist hierbei allerdings, wie der ganze aus scheinbaren Elementen bestehende νόος überhaupt mit der Göttin zusammenarbeiten und ein κρίνειν λόγωι leisten kann, wie es die Göttin fordert. Für dieses Dilemma bieten sich folgende Lösungen an:

(1) P. hat die Beziehung von νόος gemäß B 4,1 und κρίνειν λόγωι gemäß B 7,5 einerseits und νόημα gemäß B 16,4 andererseits nicht weiter reflektiert.

(2) P. hat dem 'Denken' der μέλη eine latente Fähigkeit für 'richtige' Schlußfolgerungen zugesprochen.[196] Es wäre durchaus fähig, der Offenbarung zu folgen. Ist es richtig, daß sich 'Denkinhalt' und Struktur der Glieder entsprechen, so müßte der νόος bei der Aufnahme der Offenbarung zugleich seine Lichtnatur verlieren.

Mir scheint das erstere das Richtige zu sein. Für einen Eingriff in die elementare Struktur des νόος finden sich im Wahrheitsteil keine Anzeichen. Wie P. seine elementare Struktur verlieren konnte, ohne seine Individualität aufzugeben - diese bleibt im

Wahrheitsteil, wie sich zeigte (vgl. § 55), intakt - ist kaum vorzustellen. Man muß wohl das Problem wie so manches andere als nicht lösbar stehen lassen. Hier systematisieren zu wollen, könnte nur schaden, wie sich auch in der Analyse der parmenideischen Theologie gezeigt hat (vgl. § 60). Ist schon das Verhältnis des einen Seienden, der Reduktion der 'Welt' auf die δόξαι und der Kosmogonie bzw. Theologie zueinander systematisch nicht auf einen Nenner zu bringen, dann ist das auch beim Verhältnis von B 16 zum κρῖναι λόγωι B 7,5 (bzw. Wahrheitsteil überhaupt) der Fall, da dieses Problem mit jenem sachlich unlösbar verknüpft ist.

SECHSTES KAPITEL:

KRITISCHE BEMERKUNGEN ZU HEIDEGGERS AUSLEGUNG DES PARMENIDES

§ 62 ALLGEMEINE VORBEMERKUNG

Wenn in diesem Kapitel versucht wird, kritisch zu H.s Auslegung des Parmenides[1] Stellung zu nehmen, so geht es dabei nicht nur darum, die im fünften Kapitel vorgelegte Analyse der parmenideischen Fragmente gegenüber H.s Auslegung derselben zu rechtfertigen, es geht auch und noch mehr darum, H.s philologische Voraussetzungen und unbewußte Fehlentscheidungen durchsichtig zu machen: Die Kritik soll primär das von H. Gedachte gleichsam negativ profilieren und weitere Bezüge seiner Interpretation, nun nicht von innen wie in den früheren Kapiteln, sondern durch 'Beleuchtung von außen' deutlich machen. Die kritische Stellungnahme schließt auch eine Diskussion dessen ein, inwieweit sich H.s grundlegende Auffassungen über Parmenides vom Text der Fragmente her rechtfertigen lassen bzw. inwiefern dies nicht der Fall ist, und welche anderen Einzelauslegungen sich mit H.s Grundideen vereinbaren lassen bzw. welche nicht. Eine sachliche Kritik eines Entwurfs wie der H.s schließt schließlich auch den Aufweis dessen ein, was er positiv leistet, d.h. unter anderem, welche Schwierigkeiten er positiv löst und welche neuen, weiterführenden Perspektiven und Fragestellungen er eröffnet.

Es ist klar, daß H.s phänomenologische Auslegung des Parmenides und die mehr philologische Analyse seiner Fragmente in Kapitel V sich auf ziemlich verschiedenen Ebenen bewegen; darum scheint es fraglich, ob überhaupt das eine vom anderen aus kritisiert werden kann. Im Folgenden sollen darum der Kritik einige hermeneutische Überlegungen vorangestellt werden.

In SuZ zeigt H., daß die Auslegung des Seins des Seienden, und Entsprechendes gilt für den Inhalt eines Textes, aufgrund der Entwurfsstruktur des Verstehens bzw. der existentialen Vor-struktur des Daseins (SuZ 153) ständig von einem Vor-verständnis geleitet ist; es wäre für H. aus diesem Grund eine Verkennung der Struktur alles Verstehens, wollte man versuchen, diese 'Vor-urteilshaftigkeit' zu vermeiden. Was eine sachlich und methodisch zureichende Auslegung zu leisten hat, ist vielmehr, sich ihre unumgängliche Verhaftung an eine bestimmte Perspektive 'bewußt' zu machen (WD 109 f) und diese der Kritik durch Rückgang auf die auszulegende 'Sache' zu unterziehen. Der verständig-wissenschaftlichen Auslegung der 'Vorsokratiker' wäre von H.s Position aus vorzuwerfen, daß sie sich in ihrer Seinsvergessenheit von einem so unangemessenen wie 'unbewußten', unbefragten und von der Sache (den Texten) her ungesicherten 'Vorurteil' (im engen Sinn) bezüglich des Seins- und Daseinsverständnisses der 'Vorsokratiker' leiten läßt. Eben darum muß ihr das 'Denken' der 'Vorsokratiker' grundsätzlich unzugänglich bleiben: "Welche Auslegung ist die wahre, jene, die die Blickbahn ihres Verstehens einfach übernimmt, weil sie darein geraten ist ... oder ... jene ..., die die gewohnte Blickbahn von Grund aus in Frage stellt, weil es doch sein könnte und in der Tat so ist, daß diese Blickbahn gar nicht zu d e m hinweist, was es zu sehen gilt?" (EM 134). H. macht sich nicht nur die wesenhafte Vor-urteilshaftigkeit seiner Auslegung und die 'Struktur' des Horizonts derselben 'bewußt', er setzt sich auch kritisch mit den geläufigen Auslegungen hinsichtlich ihres Vorverständnisses auseinander, und zwar so, daß er in seiner Destruktion den Verfall der anfänglichen Seins-und Daseinserfahrung innerhalb der Geschichte des abendländischen Seinsverständnisses bzw. diese Erfahrung selbst als Ursprung jenes Vorverständnisses auf- und ausweist.

Die Voraus-setzung, an deren Leitfaden H. die Destruktion wie auch die positive Auslegung der 'Vorsokratiker' 'bewußt' vollzieht, ist die Seinsfrage bzw. die Frage, in welcher Weise und in welchen Grenzen jene die Phänomene 'gesehen' haben. Was die 'Vorsokratiker' erfragten, ontologisch begriffen und vorontologisch verstanden, kann nach H. nur dann zugänglich werden, wenn sich der Ausleger in die selbe

Fragehaltung und Sehweise bringt, die jenen eignete.
Darin liegt: Daß der verständig-wissenschaftlichen
Auslegung das von den 'Vorsokratikern' Verstandene
und Gesagte verschlossen bleibt, liegt darin begründet, daß sie un-entschlossen-seinsvergessen nicht
die gewesene Möglichkeit der 'Vorsokratiker' wieder--holt, d.h. sie überholend-verwandelnd zurück-holt
(EM 29) und so erst als solche aufschließt und auf
diese Weise 'erneut' s e i n läßt. Da die Wiederholung, auch die wieder-holende Interpretation der
'Vorsokratiker', existenzial in der vorlaufenden
Entschlossenheit gründet (385), einem entschlossenen Sichentwerfen entspringt (386), also letztlich
durch die Seinsstruktur der eigentlichen Zukünftigkeit ermöglicht ist (a.a.O.), muß umgekehrt die Fehlinterpretation jener Denker in der verständig-verfallenen Wissenschaft, wie schon angedeutet, in deren uneigentlichen, mithin un-geschichtlichen Existieren gründen. Dieses ist verschlossen für die Geschichtlichkeit des Daseins, also auch für seine Geschichte im ursprünglichen Sinne, nämlich das entschlossene Sichüberliefern ererbter und zugleich gewählter Möglichkeiten. Als Unentschlossenheit ist
die verständige Auslegung auch verschlossen für die
Seinsfrage der 'Vorsokratiker' als einer ererbten
Möglichkeit der eigentlichen Existenz. Demgegenüber
versteht sich H.s wiederholende Interpretation der
'Vorsokratiker' im Lichte der Seinsfrage als eine
radikalisierte 'Ausbildung' der eigentlichen Geschichtlichkeit und der mit solcher Ausbildung verbundenen Einsicht in die Geschichtlichkeit des Daseins, insbesondere des nach dem Sein fragenden:
"Hat ... das Dasein die in ihm liegende Möglichkeit
ergriffen, ... dem Sinn des Seins ... nachzufragen,
und hat sich in solchem Fragen der Blick für die
wesentliche Geschichtlichkeit des Daseins geöffnet,
dann ist die Einsicht unumgänglich: das Fragen nach
dem Sein ... ist selbst durch die Geschichtlichkeit
charakterisiert. Die Ausarbeitung der Seinsfrage muß
so aus dem eigensten Seinssinn des Fragens ... die
Anweisung vernehmen, seiner eigenen Geschichte nachzufragen ..." (20 f).

Wenn H. somit die 'Vorsokratiker' innerhalb einer
Perspektive, mit einem Anspruch und unter theoretischen Voraussetzungen auslegt, die jeder verständig-

-wissenschaftlichen Analyse fremd sind, dann liegt
darin, daß seine Entwürfe des frühen griechischen
Daseins nicht ohne weiteres auf dieselbe Weise zur
Ausweisung gebracht bzw. der Kritik unterzogen werden können wie eine verständig-wissenschaftliche Interpretation. Man kann also nicht einfach das, was
in letzterer als ausgewiesenes Ergebnis gewonnen wurde, unmittelbar gegen H.s Thesen ausspielen. Vielmehr scheint die wissenschaftliche Analyse der 'Vorsokratiker' ihrerseits von H. her mit Recht darin
kritisierbar, daß sie die 'vorsokratischen' Texte
nur positivistisch-antiquarisch behandelt und nach
den in ihnen eingeschlossenen geschichtlichen Möglichkeiten und Erfahrungen gar nicht oder nur auf
unzureichende Weise fragt und daß sie keine Kritik
ihres Vorverständnisses von Sein und Dasein vornimmt
und darum allzu leicht moderne Philosopheme in die
alten Texte hineininterpretiert. Sind nicht überhaupt H.s 'Vorsokratiker'-interpretationen durch
'methodisch-philosophische' Überlegungen so gut gegen Angriffe von seiten der Philologie und Philosophiehistorie abgesichert, daß sie von diesen aus
gar nicht mehr angegriffen werden können? Und erscheint nicht jedem, der H.s Philosophie und Fragestellungen an die Tradition auch nur in Grenzen für
sinnvoll hält, seine methodische Besinnung 'über'
die Auslegung der griechischen Texte im Vergleich
zur verständigen Wissenschaft als überlegen bzw.
diese im Vergleich zu H.s Hermeneutik als naiv und
dogmatisch? Hat also die 'Vorsokratiker'-forschung
nicht primär von H. zu lernen statt ihn zu kritisieren? Legt philologische Kritik nicht den Verdacht
nahe, hier würde so getan, als ließe sich unabhängig von den hermeneutischen Voraus-setzungen doch
ein positiv-faktischer Textsinn erheben, an dem H.s
Übersetzung gemessen werden kann? Läßt sich aber
andererseits nicht auch zeigen, daß H.s Auslegung
des Parmenides nicht nur von der in der Seinsfrage
sich eröffnenden Sichtmöglichkeit geleitet ist, sondern auch von im Text 'vorliegenden' 'Fakten' wie
z.B. daß $ἀλήθεια$ bei Homer von verba dicendi abhängig ist, und sich wandelt, wenn sich ihm diese 'Fakten' in einer neuen Weise zeigen[2])? Und ist nicht
auch für H. selbst trotz aller Gebundenheit an seine
'Perspektive' das, was 'da steht', die oberste In-

stanz für den Entwurf des Gesagten und Ungesagten[3]?
Könnte es nicht sein, daß zwar H.s Hermeneutik der
der verständig-wissenschaftlichen Auslegung überlegen ist, daß aber seine These, die 'Vorsokratiker'
hätten die ursprünglichsten Erfahrungen vor ihm, H.,
selbst gemacht, mehr von einer bestimmten These von
der 'Seinsgeschichte' als von den Texten selbst inspiriert ist? Diese Frage ist schon deshalb erlaubt,
weil H. seine Auslegungen im einzelnen selbst immer
wieder in Frage gestellt und teilweise sogar beträchtlich modifiziert hat, ohne je an jener Grundvoraussetzung zu rütteln.

Die Antwort auf die Frage, aus welchem Grunde H. ein Interesse an dieser These hat, ist
eher von komplexer Art. Gewiß mußte H., um
selbst glaubwürdig zu sein, zeigen, daß die
von ihm aufgewiesenen 'Seinsphänomene' wenigstens in Grenzen auch schon vor ihm gesehen
wurden (alle wesentlichen Denker sagen zudem
für H. das Selbe). Doch warum es gerade die
'Vorsokratiker' sein sollen, die die ursprünglichsten Erfahrungen machen, erklärt sich von
hier aus nicht. Wahrscheinlich verschränkten
sich hier bei H. linguistisch-philologische
und philosophische Thesen: (1) H. kam durch
verschiedene Beobachtungen an den Texten (vor
allem aufgrund der Auslegung der $\dot{\alpha}\lambda\dot{\eta}\vartheta\varepsilon\iota\alpha$ als
Unverborgenheit) zu der Auffassung, daß die
Griechen bis hin zu Aristoteles ursprüngliche
Erfahrungen der Phänomene machten, die später
verdeckt wurden (vgl. oben § 7). Später mußte
er einsehen, daß dies für Platon und Aristoteles in eingeschränkterer Weise gilt als für
die 'Vorsokratiker'. (2) H. hat das Schema,
wonach dem Sichverschließen des Daseins und
Verdecken des sonstigen Seienden im Verfallen
eine ursprüngliche Offenbarkeit des Seienden
im (befindlichen) Verstehen und Sagen vorausgeht, auf die Geschichte des Seinsverständnisses übertragen, weil diese gerade der Ort ist,
an dem jenes Verfallen geschieht.[4]

Aus dem bisher Gesagten ergibt sich, daß die Auseinandersetzung mit H.s Parmenidesauslegung eigentlich
auf demselben, wenn nicht höheren hermeneutischen

Niveau und nach derselben phänomenologischen Methode, mithin am Leitband derselben Fragestellung zu geschehen hätte. Da dies jedoch die Möglichkeit des Verfassers übersteigt und da es im Folgenden primär nicht um eine Widerlegung, sondern um eine negative Profilierung von H.s Auslegungen gehen soll, werden diese so diskutiert, als handelte es sich bei ihnen um philologische Analysen, die mit anderen in Konkurrenz treten.

§ 63   ZU HEIDEGGERS INTERPRETATION VON PARMENIDES B 2 (IN EM)

H. hat nicht erkannt, daß die beiden Wege in Parm. B 2 im Verhältnis einer kontradiktorischen und exklusiven Alternative zueinander stehen. Das zeigt sich daran, daß für ihn das, in bezug worauf Parmenides sich zu entscheiden hat, der "Dreiweg" ist: "Das Eröffnen und Bahnen der d r e i ⌜Sperrung von mir⌝ Wege ist das Denken im Anfang der Philosophie." (EM 84) Die drei Wege bilden ausdrücklich e i n e Wegkreuzung (84, WD 108), und Vernehmung ist als solche Durchgang durch die Kreuzung des Dreiwegs (EM 128). Es zeigt sich ferner auch daran, daß für H. "in der Besinnung auf die ⌜in B 2⌝ genannten zwei Wege ... die Auseinandersetzung mit einem dritten beschlossen" liegt (85). Und schließlich mischen die Vielen nicht nur Sein und Nichtsein, wie man B 6,8 f verstehen müßte, wenn es in B 2 um die Einsicht in das wahre Verhältnis von Sein und Nichtsein in Form einer exklusiven Alternative geht, sie vermischen vielmehr für H. auch Sein und Schein (85). H. versteht das Verhältnis der beiden Wege von B 2 ähnlich wie Reinhardt (35 f, 46) als kontrastierende Aufzählung und Aneinanderreihung: In Parm. B 2 sind, sagt er, "zunächst zwei Wege scharf gegeneinander abgesetzt" (EM 84). Für H. ist nicht die Disjunktion bzw. der durch sie definierte Begriff des "-ist" das Kriterium für die Bestimmung des $\overset{\text{'}}{\text{εόν}}$, sondern der " D r e i weg ⌜Sperrung von mir⌝ gibt die in sich einheitliche⌜!⌝ Anweisung" (86) für das Denken. Nicht unzufällig geht H. in den ganzen Parmenidesinterpretationen, die er bislang veröffentlicht hat, an keiner Stelle auf die Alternative ἔστιν ἢ οὐκ

ἔστιν in B 8,16 noch auf die in ὁδοὶ μοῦναι ...
εἰσι νοῆσαι ἡ μὲν... ἡ δ' ... (B 2)ausgesagte Exklusivität der ihr entsprechenden Wege ein. Das ἔστιν
des ersten Weges wird für H. von Parmenides nicht
in seinem 'Sinn' aus seinem exklusiv-kontradiktorischen Bezug zum οὐκ ἔστιν bestimmt, noch ist es für
ihn das Kriterium des Weges der Untersuchung. Eben
darum kann H. B 3 als " d i e /Sperrung von mir/
ontologische These des Parmenides" (SuZ 14) auffassen und kann bei ihm das νοεῖν, d.h. B 3 "zum Leitband der Auslegung des Seins" (25 f) eben anstelle
der Krisis bzw. des durch sie bestimmten ἔστιν werden. Das Vordrängen von Parm. B 3 in H.s Parmenides-Auslegungen entspricht genau dem Nichtauftreten von ἔστιν ἢ οὐκ ἔστιν (B 8,16a) und seinem
Übersehen der 'Tatsache', daß Parmenides laut B 2,2
im Folgenden die a l l e i n 'erkennbaren' Wege
(ὁδοὶ μοῦναι!) nennen will, dann jedoch nur zwei
Wege nennt, obwohl er noch einen dritten kennt und
von jenen zwei 'erkennbaren' Wegen gleich den zweiten vom Erkennen ausschließt[5]).

Weil H. nicht gesehen hat, daß Parmenides in B 2
beweisen will, das strenge existentiale ἔστιν (2,3a)
sei das Kriterium bei der Untersuchung von ἐόν, wobei ὡς οὐκ ἔστι μὴ εἶναι (2,3b) gleich den strengen, 'absoluten' Sinn dieses ἔστιν festlegt, bleibt
seine Deutung von B 2,3b unbefriedigend. Das ὅπως
ἔστιν, das für H. 'wie es um das Sein steht' bedeutet, ist eine allgemeine Angabe des auf dem ersten
Wege Zuerfragenden oder Zubestimmenden ohne jede
nähere Bestimmung desselben. H.s Übersetzung von
B 2,3b zufolge eröffnet das Erfragen des ersten
Weges auch, "wie ... unmöglich (ist) das Nichtsein" (EM 84), d.h. der erste Weg zum Sein erschließt auch, wie alles Nichtsein vom Sein ausgeschlossen ist[6]). Auf die allgemeine, unbestimmte
Angabe über das zu Bestimmende (das Sein) folgt
also nach H. schon gleich in B 2,3 und nicht erst,
wie zu erwarten wäre, in B 8,1 ff eine Näherbestimmung. Dabei wird nicht klar, warum Parmenides
gerade diese Näherbestimmung vorwegnehmen soll und
nicht eine andere. In diese Schwierigkeit kommt
H., weil er nicht gesehen hat, daß Parmenides in
B 2,3 als g a n z e m das Kriterium für die Untersuchung des ἐόν aufweist, und wohl auch, weil

er (H.) ὅπως bzw. ὡς in B 2,3 (und 2,5) mit "wie" übersetzt, um zur 'Formel' 'wie es um das Sein steht' zu gelangen.

Wenn nun Parmenides in B 2 tatsächlich eine Disjunktion von der genannten Art vorgelegt hat, dann stellt sich die Frage, ob immer noch gesagt werden kann, B 2 sei "die älteste Urkunde der Philosophie darüber, daß in eins mit dem Weg des Seins der Weg des Nichts eigens bedacht werden muß", da das Nichts "auf seine Weise zum Sein gehört" (85). Zwar sagt Parmenides einerseits, daß das μὴ ἐόν nicht erkannt und 'gesagt' (2,7 f) und also auch nicht "bedacht" (H.) werden kann, andererseits bestimmt die wahre Erkenntnis (εἰσι νοῆσαι B 2,2) für ihn das 'Ist', an dessen Leitband das ἐόν untersucht werden soll, gerade aus seinem kontradiktorischen und exklusiven Verhältnis zum 'Ist-nicht', also aus einem (negativen) Bezug zu demselben. An dem s o bestimmten Sinn des 'Ist' muß bei der Untersuchung des ἐόν streng festgehalten werden. Hierauf, insbesondere auf εἰσι νοῆσαι könnte sich H. berufen, wenn er trotzdem, daß der zweite Weg 'gemäß' dem Ist-nicht nach B 2,7 f nicht erkennbar und sagbar ist, sagt, daß für den wissenden Mann "in eins mit dem Weg des Seins der Weg des Nichts eigens b e d a c h t werden muß" (85).7)

Der Grund, weshalb bei H. und nach Kapitel V der vorliegenden Arbeit mit dem Sein zugleich auch das Nichtsein bedacht werden muß, ist verschieden. Für H. ist das Entgegensetzen von Sein und Nichts in B 2 wohl ein phänomenologisches Begreifen des Seins als des Anderen zum Nichts (60) bei gleichzeitigem vorontologischen Verstehen der (ungesagten) Zusammengehörigkeit von Sein und Nichts, mithin der (ungesagten) Endlichkeit des ersteren. Demgegenüber hat nach Kapitel V die Entgegensetzung der Wege 'des' Seins und Nichts zusammen mit dem Abweis des letzteren den Sinn, die wahre Bedeutung des 'Ist' aufzuweisen und als einzig mögliches Kriterium des Denkwegs zu beweisen. Hier stellt sich die Frage, was Parmenides nach seiner eigenen Sicht, so wie sie sich aus Kapitel V ergibt, veranlaßt haben könnte, diesen Aufweis und Beweis gerade durch den Rückgang auf die kontradiktorische Alternative von 'Ist' und 'Ist-nicht' durchzuführen. Denn wenn das Nichtseiende undenkbar und unsagbar ist (2,7 f; 8,8 f; 8,17), ist es um so erstaunlicher, daß der wissende Mann gleichwohl Sein und Nichtsein zugleich, wenn auch als kontradiktorische Alternative, denkend erkennen muß, um zur Erkenntnis des wahren Sinnes des 'Ist' zu gelangen. Auf der Basis von Kapitel V kann man dies wie folgt erklären: Der νόος der unwissenden Sterblichen ist 'unbewußt' von den vorurteilsartigen Annahmen bestimmt, Sein und Nichtsein seien dasselbe und nicht dasselbe (B 6,8 f), und Nichtseiendes sei (B 7,1), indem sie Werden, Vielheit usw. für seiend halten. Diese Herrschaft des Trugs kann nach Parmenides' eigenem Verständnis nur durch die in B 2 offenbarte Dis-junktion von 'Ist' und 'Ist-nicht' (bzw. der zugehörigen Wege) durchbrochen werden. Das Moment des Nichtseins innerhalb der Disjunktion könnte also auf die Annahmen der unwissenden Sterblichen zurückweisen. Wenn sie Werden, Vielheit usw. als seiend annehmen, so zeigt dies an, vorausgesetzt es ist erlaubt, hier einen Gedanken H.s einzutragen, daß ihnen ein Verstehen der Endlichkeit des Seienden und d.h. des Seins eignet. Da nun Parmenides seinerseits jede materiale Beziehung des Seins des Seienden zum Nichtsein aufhebt, strebt er 'unbewußt' gerade an, jenes in den Annahmen der Sterblichen eingeschlossene Verstehen der Endlichkeit des Seins in der eigenen These vom Sein des Seienden zu überwinden. So ist die Bestimmung des Ist aus dem kontradiktorischen Bezug zum Ist-nicht in der Dis--junktion wenn überhaupt, so nur in ganz gebrochener Weise ein 'Wissen' um die in der Endlichkeit des Seins gründende Zusammengehörigkeit von Sein und Nichts.

Zu ähnlichen Konsequenzen müßte eigentlich auch H. gelangen. Für ihn gründet die Zusammengehörigkeit von Sein und Nichts in der Endlichkeit des ersteren, gehört zum Seienden aufgrund dieser Endlichkeit ständig auch die Möglichkeit des Nichtseins, mithin auch die des Vergehens und sieht Parmenides diese Zusammenhänge. Andererseits zeigt sich nach EM das Sein bei Parmenides "als die eigene in sich gesammelte Gediegenheit des Ständigen, unberührt von Unrast und Wechsel" (EM 74). Haben nicht zwei Denker grundverschiedene Intentionen, wenn sich der eine (Parmenides) gegen das Nichtsein entscheidet (128) und es vom Sein fortsieht (74), da das Nichtsein unmöglich ist (84), und der andere die Nichtigkeit (Endlichkeit) des Daseins (Seins), also sozusagen die 'materiale Verschränktheit' von Sein und Nichts behauptet?

§ 64   ZUR PROBLEMATIK DER INTERPRETATION DES PARMENIDEISCHEN ἐόν

In der Parmenidesforschung bislang wenig methodisch diskutiert, aber gleichwohl zentral ist die Frage, ob das parmenideische ἐόν verbal, also als Äquivalent von εἶναι, oder nominal, also für 'das, was ist' stehend zu verstehen ist. Diese Frage enthält die weitere, ob für Parmenides die σήματα Bestimmungen des Alls dessen sind, was ist, also das Wie-Sein des Alls des Seienden angeben, oder ob sie das 'Wesen' des Ist als solchen bestimmen sollen. Ist das erste richtig, so würde Parmenides die These vertreten: aus dem 'Wirklichen' insgesamt ist alles Werden und Vergehen, jede Vielheit und Inhomogenität ausgeschlossen; es existiert überhaupt nur ein einziges, ewiges, homogenes, vollendetes Seiendes. Wäre das zweite richtig, so wären Einheit, Ungewordenheit usw. keine 'ontischen' Bestimmungen des Seienden insgesamt, sondern ontologische Aufweisungen dessen, was das Ist des Seienden als solches an Wesensbestimmungen einschließt. Daß das Seiende sich in eine Vielzahl von Seinsbereichen gliedert, entsteht und vergeht, wäre damit nicht unbedingt ausgeschlossen. H. vertritt, so ergab sich, in EM und ziemlich sicher auch schon nach SuZ die zweite Interpretationsmöglichkeit. Eine ausdrückliche Begründung seiner These vom Wortlaut der parmenideischen Fragmente her gibt H. in seinen bisher veröffentlichten Werken nicht. Wahrscheinlich sah er sie von seinem Gesamtentwurf des griechischen Denkens her gerechtfertigt.

> Ob Parmenides in die Nachbarschaft Platons und des Aristoteles gerückt werden darf, wäre nun aber gerade am Text seiner Fragmente nachzuprüfen. Auch die Konkurrenzinterpretation war, wie vor allem Mel. B 8 zeigt, für das

griechische 'Denken' eine Möglichkeit.

So wenig wie aus der möglichen verbalen Bedeutung von ἐόν etwas über den Sinn des Wortes bei Parmenides folgt, so wenig kann darüber etwas aus dem Umstand erschlossen werden, daß Parmenides, wie sich in § 38 zeigte, das ἐόν am Leitband des strengen ἔστιν bzw. der κρίσις untersucht: Auf diese Weise können sowohl das Wie-Sein dessen, was ist, als auch die Bestimmungen der Seiendheit des Seienden als solchen untersucht werden. Gegen die Annahme, das ἐόν sei das, was überhaupt ist, d.h. für H.s Lösung spricht, daß man bei dieser nicht anzunehmen braucht, Parmenides habe etwas vertreten, was aller Erfahrung in schärfster Weise widerspricht. Ferner vermeidet H.s Auslegung die Schwierigkeit der Gegenlösung, daß Parmenides einerseits die Vielheit des Seienden und damit das Sein der Erfahrungswelt des Menschen einschließlich das des letzteren widerlegt, andererseits jedoch das Sein des Menschen voraussetzt, wenn er die Erfahrungswelt aus den Setzungen herleitet und dann noch obendrein diesen Setzungen und der aus ihnen sich aufbauenden Erfahrungswirklichkeit schließlich in der Doxa unabweisbar wieder ein selbständiges Sein gibt. Die folgenden Beobachtungen und Überlegungen scheinen mir jedoch zu zeigen, daß diese Widersprüche und Schwierigkeiten dem Denken des Parmenides inhärent sind und man das ἐόν wie bei Melissos zu verstehen hat:

(1) τὰ ἐόντα hatte bis zu Parmenides 'das, was ist' bedeutet. Wenn Parmenides erstmals, wie H. annimmt, ἐόν im verbalen Sinn zum ausgesprochenen Grundwort und Thema seines Fragens macht, dann hätte er diesen neuen Sinn wohl irgendwie hervorgehoben, schon um Mißverständnisse abzuwehren (das ἐόν hätte ja auch, wie Melissos zeigt, als Singular von τὰ ἐόντα verstanden werden können) und auch, weil seine Frage seinen Zeitgenossen erst verständlich gemacht werden mußte. Daß Parmenides, soweit erkennbar, nirgends eine Erläuterung des Seinsproblems vorlegt und nie eine Abhebung des ἐόν von den ἐόντα vollzieht, spricht gegen die These, das ἐόν habe verbalen Sinn.

(2) Parmenides bezieht B 8,44 μεσσόθεν ἰσοπαλὲς direkt auf das ἐόν. Dieses wird also von ihm als mit einem Mittelpunkt 'versehen' und überhaupt, wie der

Kontext bestätigt, als von kugelförmiger Gestalt vorgestellt (vgl. § 52). Da Parmenides nun auf keine Weise deutlich macht, daß diese Vorstellung in einem nicht-räumlichen Sinne zu verstehen ist, muß angenommen werden, daß für ihn das ἐόν nominale Bedeutung hat. Hätte Parmenides die räumlichen 'Prädikate' in einem nichträumlich-ungegenständlichen Sinne verstanden, wie H. annimmt (vgl. Hw 277 f), dann stünde zu erwarten, daß er sich gegen das unvermeidliche Mißverständnis, das ἐόν sei als eine homogene Kugel ein Seiendes, abgesichert hätte, und dies schon deshalb, weil die gängige, im Meinen der Menschen fest verwurzelte Annahme, räumlich Prädiziertes sei Seiendes, zusammen mit der Neuigkeit und Fremdartigkeit der Frage nach dem Seienden als solchen jenes Mißverständnis notwendig erzwungen hätte.

(3) Hätte ἐόν für Parmenides in B 8 verbale Bedeutung, dann würde er behaupten, daß es nur das Sein und nichts anderes außer ihm, also auch kein Seiendes 'gibt': οὐδὲν γὰρ ⟨ἢ⟩ ἔστιν ἢ ἔσται ἄλλο πάρεξ τοῦ ἐόντος (B 8,36 f). Wollte man diese Konsequenz vermeiden, müßte man mit Riezler ἄλλο im adverbialen Sinne übersetzen: "Denn nichts ist und wird sein ein anderes neben und außer des Seins" (Riezler 35), d.h. ein Wechsel findet nur innerhalb des ἐόν statt. Doch paßt diese Übersetzung auf keine Weise in den Kontext. Daß H. in VA III bei seiner Auslegung der Stelle gezwungen ist, ἄλλο fallen zu lassen, spricht ebenfalls gegen seine Deutung des ἐόν.

(4) Parmenides spricht vom ἐόν in B 8,12 f gerade so, als wäre es ein τι, ein Seiendes. Folgt man H.s Auslegung des ἐόν, so würde Parmenides, gleichviel ob jenes τι dem Text zufolge aus dem μὴ ἐόν, ἐόν oder sonst etwas entsteht, behaupten, daß neben dem Sein (in Zukunft) kein τι, kein Seiendes 'entstehen' könne, eine Aussage, deren Absurdität auf der Hand liegt.

H.s Position ist allerdings nicht ohne jede Berechtigung. Parmenides nimmt, so zeigte sich in § 38, das strenge Ist zum Kriterium der Untersuchung dessen, was ist. Dem strengen Ist entsprechen, so ergab sich dann in § 44, die in B 8,1 ff aufgezählten σήματα: Sie konstituieren das, was ist, inso-

fern sie allein der Bedingung gerecht werden, die
mit dem strengen als dem einzig möglichen und angemessen verstandenen Ist gegeben ist; ihre Gegensätze
ließen das Seiende nicht-seiend sein, da sie jene
Bedingung des strengen Ist nicht erfüllen. Das Seiende wird also von Parmenides ausdrücklich als solches begriffen, das i s t ; nur darum kann er das
strenge Ist überhaupt zum Kriterium der Erforschung
des Seienden nehmen. Indem jedoch die Untersuchung
des Wie-Seins dessen, was IST, das IST selbst zum
Kriterium nimmt und zeigt, was aus diesem für das
Wie-Sein, das Ist des Seienden folgt, erschließt sie
implizit, was im Ist als solchen an Wesenseigent-
tümlichkeiten eingeschlossen ist. Parmenides legt
noch keine Bestimmung des Wesens des Ist als solchen
vor, doch ungedacht ist sie in seiner Untersuchung
des Seienden enthalten: Die streng und konsequent
verstandene Idee des Seins, so zeigt er implizit,
schließt die Einheit, Ewigkeit, Homogenität usw.
desselben ein. Doch diese Wesenseigentümlichkeiten
werden von ihm nicht für das Ist als solches bewiesen, sondern gleich auf das, was überhaupt ist, übertragen und als s e i n e 'Wesensbestimmungen' bewiesen, weil er 'nur' die Frage nach dem Wie-Sein
dessen, was überhaupt ist, stellt (stellen konnte?)
und noch nicht die nach den Bestimmungen des Seienden als solchen.

§ 65 ZU HEIDEGGERS INTERPRETATION DER DOXA

Geht man wie H. davon aus, das parmenideische ἐόν
nenne die Seiendheit des Seienden, so erscheint das
Auftreten von Menschen im Gegensatz zur Alternativauslegung, der zufolge das ἐόν 'das, was ist' bedeutet, als zur Seinsauslegung passend: Die Menschen
gehören in das Ganze des Seienden, dessen Sein Parmenides erfragt. Die Alternativauslegung des ἐόν,
der zufolge dieses wegen seiner Einheit und Homogenität keine unterschiedlichen Eigenschaften wie Hel-
ligkeit, Leichtigkeit, Dunkel, Schwere usw. haben
kann und die entsprechende Erfahrungswirklichkeit
rein auf Setzungen der Sterblichen zurückgeht, birgt
außer dem Auftreten von Menschen noch folgende Widersprüche in sich:

- Einerseits sind die Gestalten Licht und Nacht nach B 8,53 ff reine 'Vorstellungen' der Menschen, andererseits erscheinen sie in B 10 ff und A 46 als kosmische Elemente, universale Mächte, die sogar noch die μέλη der Menschen konstituieren.

- Einerseits stehen nach B 8,53 ff und B 9 die Menschen am Anfang des kosmogonischen Prozesses; Licht und Nacht wie auch das 'Entstehen' der Einzeldinge einschließlich ihrer 'Struktur' entstammen einzig den Setzungen bzw. Benennungen der Menschen (B 9). Andererseits lenkt nach B 12 die Daimon den kosmogonischen Prozeß, bestimmen ihre Gedanken die Bildung alles Seienden (vgl. § 60), und erst wenn alles auf diese Weise entstanden ist, erhält es vom Menschen einen Namen (19,3).

- Einerseits ist alles Erkennen nach B 8,34 ff an das eine ἐόν gebunden und gibt es nur dieses eine Seiende, andererseits sagt Parmenides in B 10,1 "εἴσῃ δ' αἰθερίαν τε φύσιν" usw.

Interpretiert man dagegen die Doxa-Fragmente auf der Basis von H.s Auffassung des Verhältnisses von Sein und Doxa, versteht man also Licht und Nacht als Erscheinungen, die zwar nicht als solche das Sein des Seienden ausmachen, aber gleichwohl zu ihm gehören, insofern es sich in ihnen für das unmittelbare Vernehmen der Menschen zeigt, dann lassen sich, so scheint es, die oben genannten Widersprüche auf folgende Weise aufheben:

- Licht (Tag) und Nacht sind jetzt von vornherein keine rein subjektiven Setzungen, sondern kosmische Mächte, die, obwohl nicht das Sein des Seienden, von den irrenden Sterblichen als dieses Sein aufgefaßt (gesetzt) werden. Von hier aus läßt sich, so scheint es, erklären, weshalb Licht und Nacht dem Ausleger einerseits als reine 'Vorstellungen' (Setzungen) und zugleich andererseits als Elemente mit kosmischen Dimensionen erscheinen können, aus welchen alles Seiende gebildet ist.

- Es erklärt sich auch, wie es dem Ausleger scheinen kann, daß bei Parmenides einerseits die Menschen am Anfang des kosmogonischen Prozesses stehen (insofern sie die Gestalten benennen) und sie die Schöpfer der Einzeldinge sind, und andererseits die Daimon alles Seiende einschließlich des Menschen aus den kosmischen Elementen bildet: Parmenides würde in Wahrheit nur sagen, daß die Menschen die kosmischen Erscheinungen, aus denen die Daimon die Erscheinungen des einzelnen Seienden bildet, trotz ihrer Unständigkeit als Wesen des Seienden auffassen. Damit würde auch B 19,3 vereinbar mit B 8,53 ff und B 9.

- H.s These über Sein und Vernehmen bei Parmenides wirkt geschlossener: Sein und Vernehmen stehen zwar nach B 8,34 in einem Wechselbezug, doch schließt das Vernehmen des Seins immer auch ein Wissen um den Schein ein, der ja auf seine Weise zum Sein gehört. Andererseits setzt das Wissen des Scheins immer auch die Zusammengehörigkeit von Vernehmen und Sein, d.h. das Geschehnis des Seinsverständnisses voraus, da nur von ihm aus und in ihm der Schein als solcher erfaßt werden kann.

Wenn innere Geschlossenheit und Widerspruchslosigkeit ein Kennzeichen für die Richtigkeit einer Parmenidesinterpretation ist, dann hat man, so scheint es, H.s Auslegung von φάος und νύξ der Interpretation zugrunde zu legen. Näheres Zusehen zeigt jedoch, daß der von H.s Ansatz her entwerfbare Interpretationstyp auch nicht frei von Spannungen ist und, was noch entscheidender ist, mit dem Sinngefüge von B 8,53 ff und B 9 in Widerspruch steht bzw. ohne Anhalt in ihm ist.

Wenn Licht und Nacht die 'Grund-Ansichten' sind, innerhalb derer das Seiende für das unmittelbare Vernehmen der Sterblichen begegnet, ohne daß sie selbst das Sein des Seienden ausmachen, dann stellt sich die Frage, wie solches auf das unmittelbare Vernehmen Bezogene die menschlichen μέλη, über diese die unmittelbaren Wahrnehmungen der Menschen und überhaupt das Ganze des Seienden auf eine Weise aufbauen kann, daß es von einer Daimon wie Weltelemente verbunden und getrennt werden kann. Um dies zu verstehen, müßte man schon davon ausgehen, daß die in der Doxa entfaltete Kosmogonie und Kosmologie für Parmenides nur d i e Weltentstehung und d a s Weltbild entfalten, wie sie (vielleicht im Anhalt an der unmittelbaren 'Erfahrung') auf der Basis der 'irrtümlichen' Setzung der unmittelbaren Erscheinungen als Sein (Elemente) zu entwickeln sind. Parmenides würde also zunächst in B 8,53 ff zeigen, wie die Grundauffassung der Vielen hinsichtlich des Seins des Seienden bestimmt sind; er gäbe also zunächst eine voll zutreffende Wahrheit über den Wahn, um später (B 10 ff) auf der Basis dieser verfehlten Grundauffassungen eine 'Theorie' über die φύσις der ἐόντα zu entwerfen (B 10, B 16,3), die nur wahr wäre, wenn die Menschen die sinnlichen Erscheinungen zu Recht mit jener φύσις identifizierten. Wie Parmenides bei der Bedeutung, die φύσις bei den 'Vorsokratikern' nach H.s Auffassung haben soll, überhaupt von ihr innerhalb einer solchen 'Theorie' sprechen kann, wäre nur schwer zu erklären. Ferner ergibt sich die Schwierigkeit, daß Parmenides die Art und den Wechsel der unmittelbaren Erscheinungen, die ja für H. nicht unwahr sind, sofern sie nur als Erscheinungen genommen werden, mit Hilfe einer 'Theorie' erklärt, deren Grundansatz, das 'Erheben' der Erscheinungen zu Welt-Elementen, zugleich der Grundirrtum ist.

Parmenides sagt nach B 8,53-56a grob gesagt: Die Sterblichen entschieden irrtümlicherweise, zwei Gestalten zu benennen; sie schieden ihre Gestalt auf entgegengesetzte Weise und setzten ihre σήματα voneinander getrennt. Wegen der parallelen Struktur von 8,53 und 8,55-56a muß man annehmen, daß das setzende Benennen der Gestalten in 8,53, das Scheiden der δέμας und das Setzen der σήματα in 8,55 ein und denselben Vorgang meinen (vgl. § 57). Das setzende Benennen der μορφαί geschieht im Auseinandersetzen ihrer σήματα, ihrer komplementär aufeinander bezogenen 'Erscheinungskomponenten'. Das bedeutet, daß es die μορφαί, die Erscheinung von Licht und Nacht überhaupt erst 'gibt', wenn die Sterblichen die Setzung ihrer ' Komponenten' (in zwei 'Einheiten' vereinigt) vollziehen. Wäre H.s Ansatz richtig, so müßten die σήματα der Erscheinungsweisen des Seienden im unmittelbaren Vernehmen u n a b h ä n g i g von der Setzung von Tag und Nacht als das Sein des Seienden durch die Menschen schon entgegengesetzten Wesens sein, weshalb zu erwarten wäre, daß Parmenides etwa wie folgt die Setzung der 'Elemente' beschreiben würde: 'Die Sterblichen haben in ihrem unmittelbaren Vernehmen die Erscheinung zweier wesensmäßig entgegengesetzter (aber im Sein geeinter) Erscheinungen (Licht und Nacht). Diese setzten sie als schon entgegengesetzte als Sein fest (wobei sie ihre Einheit auflösen).' Demgegenüber sagt Parmenides m. E. eindeutig, daß die Entgegengesetztheit der Erscheinung der Gestalten auf das τίθεσθαι der Sterblichen zurückgeht.

Wie man ʼΕΠΕΙΔῊ in Parm. B 9,1 auch übersetzt, sei es mit 'weil' oder 'nachdem', auf jeden Fall ist die logische Verknüpfung von 9,3 mit 9,1 solcher Art, daß man zu der Annahme gezwungen wird, das πᾶν sei für Parmenides nur aufgrund einer vorausgehenden Benennung mit Licht und Nacht voll mit denselben. Nach H.s Auslegung der Doxa müßte dagegen das Ganze des Seienden für das unmittelbare Vernehmen schon voll mit den Erscheinungen (!) Licht und Nacht sein, bevor und unabhängig davon, daß die Vielen diese Erscheinungen a l s Sein des Seienden setzen. Parmenides, so wäre zu erwarten, würde dann sagen: Das πᾶν ist (für das unmittelbare Vernehmen) voll von Licht und Nacht als wechselnden Erscheinungen (des Seienden); weil (oder: nachdem) nun aber die Menschen dieses (schon vorgegebene) Kontinuum der Erscheinungen als Sein auffaßten, darum ist (für sie) das πᾶν voll von Licht und Nacht (nun aber als 'Sein' und nicht nur als Erscheinung). B 9 enthält jedoch, wie gesagt, nichts, das auf den Gedanken des vorgängigen Voll-seins des πᾶν mit den Erscheinungen vor seiner Benennung durch die Sterblichen hinweist.

§ 66 ZUM PROBLEM DER VERSTEHENDEN 'EINSICHT' DES PARMENIDES IN DAS VERFALLENSEIN DER STERBLICHEN UND IN DIE ENT-SCHLOSSENHEIT DER DENKER

Lange Zeit war in der Parmenidesforschung die Ansicht vorherrschend, der Weg des Nichts B 2,5 sei der der Sterblichen und der zweite abzuweisende Weg von B 6,4-9 stelle nur einen Nebenweg des zweiten dar, genauer eine Polemik gegen eine besondere Gruppe unter den Sterblichen.[8] Seit Reinhardts Parmenidesbuch hat sich nun die Alternativthese, der dritte

Weg sei keine Polemik, sondern der der Sterblichen
überhaupt, bei den Parmenidesforschern bis auf wenige Ausnahmen durchgesetzt. Auch H. hat ganz offensichtlich auf Reinhardts Deutung aufgebaut: nur wenn
sich der dritte Weg in B 6,4-9 wie bei Reinhardt als
der der Menschen überhaupt erweist und nicht als der
einer Sondergruppe unter ihnen, kann er wie bei H.
als ein Zuwortbringen der 'Einsicht' in die Seinsweise und Ansichten des verfallen-seinsvergessenen
Daseins interpretiert werden. Da Reinhardts Auslegung des dritten Weges von B 6,4-9 sich in § 40 als
richtig erwiesen hat, H.s Auslegung der Stelle also
nicht von vornherein abgewiesen werden kann, soll
im Folgenden diskutiert werden, ob und inwieweit es
bei Parmenides eindeutige Hinweise auf die Haltbarkeit von H.s Auslegung gibt. Dabei muß gefragt werden, ob H.s These auch dann haltbar ist, wenn (1) in
B 2 von Parmenides nicht nur eine Entgegensetzung
der Wege zu Sein und Nichts, wie H. glaubt, sondern
eine exklusive Disjunktion im modus tollendo ponens
vorgelegt wird, und wenn (2) das parmenideische ἐόν
keine verbale Bedeutung hat, sondern 'das, was ist'
bedeutet.

(a) Die Erfahrung der Verfallenheit der Menschen
schließt nach H.s Ansatz immer auch ein 'Wissen' um
die Entgegengesetztheit von ein-samem, entschlosse-
nem Dasein (im Falle des Parmenides: des ein-samen
Denkers) und der vom 'kollektiven Vorurteil' be-
herrschten Vielen ein. Dieses Wissen kommt bei Parmenides, so könnte man zugunsten H.s argumentieren, darin zur Sprache, daß die Sterblichen auf einem gemeinsamen Weg umherirren, während Parmenides' Weg weitab
von diesem Weg der Menschen ist:

[ὁδοῦ] ἣν δὴ βροτοὶ ... πλάττονται ...   B 6,4 f
... πάντων δὲ παλίντροπός ἐστι κέλευθος   B 6,9

... χαῖρ', ἐπεὶ οὔτι σε μοῖρα κακὴ προὔπεμπε νέεσθαι
τήνδ' ὁδόν· (ἦ γὰρ ἀπ' ἀνθρώπων ἐκτὸς πάτου ἐστίν)...
                                              B 1,27 f

Nun könnte für Parmenides Auf-dem-Wege-der-Sterbli-
chen-gehen einfach nur bedeutet haben, heillos
(μοῖρα κακὴ) sich zu irren, da die Menschen 'von Natur'
εἰδότες οὐδέν (B 6,4) sind. Entsprechend könnte

umgekehrt das Gehen außerhalb des Pfades der Menschen 'nur' anzeigen, daß Parmenides auf dem wahren Wege ist. Die Entgegensetzung seines Weges zu dem der Vielen in B 1,27 f sagt also nichts Eindeutiges darüber aus, ob jener sich als einsamen Entschlossenen im Gegensatz zu den verfallenen Vielen gesehen hat.

(b) ὅσον τ' ἐπὶ θυμὸς ἱκάνοι B 1,1 könnte so verstanden werden, als hätte Parmenides im Verstehen seine Freiheit übernommen, wäre also ent-schlossen (der θυμὸς stünde dann für das Wollen, das nach EM das Wesen der Entschlossenheit ausmacht)[9]. Ließe sich jedoch zeigen, daß Parmenides den Menschen ausschließlich deterministisch, d.h. in seinem Wollen und 'Denken' dem Willen der Gottheit ausgeliefert sah[10], so wäre dies ein entscheidendes Argument dagegen, daß er sich selbst als Ent-schlossenen verstand, und da dies eine 'Voraussetzung' für die Einsicht in das Verfallensein des Daseins ist, auch dagegen, daß er dies letztere gesehen hat. Überhaupt ist die in Kapitel V vorgelegte These, der zufolge der Mensch nach Parmenides aufgrund seiner 'Endlichkeit' von sich aus zu keinerlei Erkenntnis der Wahrheit gelangen kann, grundsätzlich verschieden von H.s Behauptung, Parmenides bringe im dritten Weg (der Doxa) das In-der-Unwahrheit-sein des Daseins zu Wort, da das In-der-Unwahrheit-sein nach H. wesenhaft mit dem In-der-Wahrheit-sein zusammengehört, indem es einen einheitlichen Möglichkeitsspielraum mit ihm bildet.[11] Während für den H. der Phase von SuZ das In-der-Wahrheit-sein dem Dasein seinsmäßig 'immanent' ist, insofern es als solches ontologisch--existential diese ausgezeichnete Möglichkeit ist, ist es nach der archaisch-deterministischen Auffassung der Griechen nur insofern eine Möglichkeit des Menschen, als übermenschliche Mächte ihn in es versetzen. Die Schicksalhaftigkeit dieses Geschehens könnte im Rahmen H.scher Philosophie allenfalls als Erfahrung der Geschicklichkeit des Denkens der 'Wahrheit' interpretiert werden. Doch wird man zu solchen Interpretamenten nur greifen wollen, wenn sich auch sonst zeigt, daß Parmenides in gewissen Grenzen Erfahrungen der Phänomene zu Wort bringt.

(c) Auch dann, wenn das ἐόν für Parmenides tatsächlich 'das, was ist' bedeutet und er statt eines Dreiwegs nur den 'Zweiweg' der Disjunktion entscheidet, kann gesagt werden, daß er erstmals das Seinsverständnis der Menschen thematisiert: Die Sterblichen halten Sein und Nichtsein für dasselbe und nicht dasselbe (B 6,8 f). Parmenides, so kann auch bei den soeben genannten Voraussetzungen gesagt werden, weiß auch darum, daß die Sterblichen nicht fragen (δίζησις), sondern blindlings einer Wahrheit nachlaufen (EM 86), insofern nämlich, als ihnen jenes Seinsverständnis willkürlich als Gesetz, als Sitte gilt: νενόμισται (B 6,8) kann durchaus als 'Ausdruck' für das Festlegen und Festhalten an einem 'allgemeinen' Vorurteil, wie es für das uneigentliche Existieren charakteristisch ist, verstanden werden.

H.s Nichtsehen der Disjunktion hat allerdings in anderem Zusammenhang auf seine Interpretation von B 6,4-9 durchgeschlagen: Nur aufgrund dieses Nichtsehens kann er z.B. die ἄκριτα φῦλα als Sein und Schein durcheinander mischend (EM 85) interpretieren und kann er πέλειν τε καὶ οὐκ εἶναι usw. in direkter Weise auf das Wechselnde beziehen. H.s Deutung des εἰδότες οὐδὲν als 'nicht-wissende' setzt voraus, daß es die Vielheit der ἐόντα gibt, ist somit kaum aufrechtzuerhalten, wenn das ἐόν das eine existente 'Wirkliche' ist und die Erfahrungswirklichkeit nicht eigentlich ist.

Darin, daß Parmenides (neben dem angemessenen Seinsverständnis in der Disjunktion (B 2, B 8,16 ff)) das von ihnen unbedachte wie unangemessene Seinsverständnis der Sterblichen thematisiert, könnte liegen, daß er ihre Seinsvergessenheit gesehen hat. Doch dem widerspricht, daß er in B 8 nicht das Sein (Inf.), sondern nur 'das, was überhaupt ist' thematisiert. Wenn somit Parmenides die 'Seins'-Vergessenheit der Sterblichen allenfalls geahnt hat, so schließt das an sich noch nicht aus, daß sein Fragen einer Ent-schlossenheit entsprang, da ja auch ein 'ontisches' Fragen dieser zuzuordnen ist (dies gilt besonders für ein Fragen, das wie das des Parmenides sich mit äußerster Radikalität mit den gängigen Vorurteilen über das Seiende auseinandersetzt). Unter der Voraussetzung, das ἐόν bedeutet 'das, was ist', würde Parmenides zwar nicht völlig, aber doch weit mehr in der 'Seins'-Vergessenheit verharren, als H. annimmt. Das Verfallen wäre dann von Parmenides, wenn überhaupt, nicht als eine Abkehr vom einen Sein hin zur Vielheit des Seienden gesehen, sondern 'nur' als ein Festhalten an unbewußten, unbefragten Vorurteilen über das So-Sein des Alls des Seienden und über den Bezug des Seins zum Nichts. Daraus folgt umgekehrt: Die verbale Bedeutung des ἐόν ist eine der Voraussetzungen von H.s Auffassung der parmenideischen Erfahrung des Verfallens.

(d) Wenn Parmenides schon das Beherrschtwerden des Menschen durch Vorurteile, die ohne Halt in der Sache sind, erkannte, dann könnte es sein, daß er auch das damit verschränkte Phänomen des Geredes gesehen hat. Verschiedene von H. unabhängige Parmenidesforscher haben denn auch γλῶσσαν B 7,5 in diesem oder in ähnlichem Sinne interpretiert. Nach Tarán wird in B 7,5 die "costumary language" verworfen, wie die Nachbarschaft zu ἔθος πολύπειρον und die Attributlosigkeit von γλῶσσαν zeige (77,80). Nach Mansfeld, gefolgt von Bormann (105 A. 14), geht aus dem Gegensatz zu λόγωι 7,5 hervor, daß "die Zunge hier nicht als Organ des Geschmackssinnes, sondern als Werkzeug der Sprache gemeint ist" (Mansfeld (1) 43). Nun ist aber ganz deutlich, daß Parmenides in ὄμμα und ἀκουή zwei 'rezeptive' Erkenntnisorgane im Blick hat, die nach Ansicht der Sterblichen die φύσις des Seienden aufschließen. Das Bewegen der γλῶσσα im Sinne des haltlosen Geredes wäre jedoch kein 'rezeptives' Wahrnehmen wie Sehen und Hören, sondern würde von solchem allenfalls herkommen. Würde Parmenides dagegen Auge, Gehör und Geschmackssinn aneinanderreihen, wäre der Gedankengang geschlossener, da der Geschmackssinn ebenfalls ein rezeptives Wahrnehmen vollzieht.[12]

(e) Eine Hauptbelegstelle für die Entschlossenheit des Parmenides zum Wesen des Seins ist für H. wohl κρῖναι λόγωι [13] (umgekehrt muß entsprechend ἄκριτα φῦλα die Unentschlossenheit der Vielen zu Wort bringen). Sollte κρίνειν in diesem Zusammenhang tatsächlich, wie H. annimmt, auch Ent-scheiden bedeuten (EM 133), so würde das nicht notwendig seine These bestätigen. Das κρίνειν λόγωι B 7,5 betrifft den ἔλεγχος, d.h. wie man wohl aus B 8,16 (κέκριται) schließen darf, die Disjunktion. Es meint also den 'Erkenntnisakt' in bezug auf Sein und Nichts (bzw. die ihnen entsprechenden Wege). Dementsprechend sind die Sterblichen a l s nichts wissende (B 6,4) ἄκριτα φῦλα (6,7), d.h. ihre Unentschiedenheit bezüglich Sein und Nichts besagt nichts anderes als ihre Unwissenheit hierüber. Die Göttin wendet sich also in B 7,5 an die Einsichtsfähigkeit des Parmenides. Auf eine Ent-schlossenheit im Sinne einer Ent-schiedenheit führt in diesem Zusammenhange nichts.[14]

Nach H.s Auffassung muß Parmenides bei der Auslegung des ἐόν den dritten Weg ständig im Auge haben (wissen), soll er die ständig andrängende Verstrickung in den Schein abwehren können (EM 86, 128). Wenn es jedoch richtig ist, daß nicht die Anweisung des Dreiwegs, sondern der Zweiweg der Disjunktion das Kriterium für die Untersuchung des ἐόν ist, dann scheint die Einsicht in das 'Wesen' des dritten Weges nicht wesensmäßig zu jener Untersuchung, sondern allenfalls zur Rechtfertigung ihres der Erfahrung widersprechenden Ergebnisses notwendig zu sein. M.a.W.: Setzt H.s These von der Notwendigkeit der Einsicht in das 'Wesen' des dritten Weges für die Seinsenthüllung sein (H.s) Übersehen der Disjunktion und ihres Leitfadencharakters voraus? Dagegen sei an Folgendes erinnert: Wenn Parmenides die Ungewordenheit, Ganzheit, Vollendung des ἐόν beweist, indem er zeigt, daß ihr kontradiktorisches Gegenteil nicht die Bedingung erfüllt, die dem Begriff des Ist entspricht (vgl. § 44), dann liegt darin eingeschlossen, daß dieses Gegenteil zumindest eine Denkmöglichkeit für den Menschen ist. In B 8,38 ff sagt Parmenides darüber hinausgehend, daß die widerlegten Möglichkeiten das 'Meinen' der Sterblichen faktisch bestimmen. Der aufweisende Beweis des Wie-Seins des Seienden erfolgt also über eine Kritik an den Annahmen der Menschen. Es scheint somit nicht sinnlos anzunehmen, daß jener Beweis wesentlich ein Wissen über ihren Weg einschließt (d.h. auch über ihre Seinsweise, sofern man ihr 'sinnliches Vernehmen' (νωμᾶν ἄσκοπον ὄμμα usw.) so bezeichnen kann). Was nun der Widerlegung durch Beweise bedarf, übt seinerseits einen Zwang aus, ist also als Macht erfahren. Daß Parmenides die δόξαι durch Beweise widerlegt, könnte darum dahingehend verstanden werden, daß er gesehen hat, daß die δόξαι den Menschen als eine Macht beherrschen. Zweifelhaft erscheint mir jedoch, ob Parmenides auch gesehen hat, daß Sein und Schein zusammengehören. Letzterer gehört, soweit ich sehe, ganz auf die Seite der Sterblichen, die aufgrund ihrer konstitutiven Blindheit für das Seiende die Wahrheit nicht zu erkennen vermögen (vgl. § 42), es sei denn eine übermenschliche Macht öffnete ihnen die Augen. Das eine, unveränderlich-ewige Seiende kann nicht zugleich der Geschehnisort einer ἀ-λήθεια sein, zu der wesenhaft Verbergung gehört 15).

§ 67   ZUM PROBLEM DER OFFENBARUNG BEI PARMENIDES

Früher ergab sich, daß für H. die von Parmenides vollzogene Auslegung des Seins ein 'rein' 'daseinsimmanentes' Geschehen ist in dem Sinne, daß sie sich als Fragen nicht auf die Autorität einer göttlichen Macht stützt. Nun ist in der Tat unübersehbar, daß Parmenides als sich auf einer ὁδός διζήσιος bewegend ein fragender Denker ist. Es scheint also geboten anzunehmen, Parmenides sei ein entschlossener Denker, der sich nicht auf Autorität, auch nicht auf die einer Göttin stützt (ganz entsprechend tritt bei ihm auch die πίστις seiner Beweise an die Stelle göttlicher Autorität). Auch weil eine allwissende Göttin nicht wie Menschen Wege der fragenden Untersuchung geht, scheint H. im Recht, wenn er die 'Offenbarung' als nicht-übermenschlich interpretiert. Doch seiner wie überhaupt allen ähnlichen Interpretationen der Offenbarung steht entgegen, daß Parmenides ganz deutlich den Menschen im Anschluß an den homerisch-archaischen Determinismus als von sich aus zur Wahrheit unfähig und darum als der Offenbarung bedürftig versteht. Im Hinblick auf die in Kapitel V vorgelegte Interpretation läßt sich diese Schwierigkeit wie folgt auflösen: Die Wesensnotwendigkeit (Ananke) des So-Seins des Alls des Seienden, die sachliche Angemessenheit des Denkens (Dike) sind dem menschlichen νόος transzendente Mächte; sie offenbaren sich dem Menschen von sich aus, wenn er bereit ist, sich seine blinden Augen öffnen zu lassen, und dies Öffnen selbst im eigenen Fragen (δίζησις) vollbringt. Demgegenüber ist nicht leicht zu sehen, wie Parmenides' deterministische Sicht des Menschen mit der H.s vereinbar ist. Will man Parmenides' Determinismus mit Hilfe H.scher Philosopheme interpretieren, dann kann man vielleicht annehmen, daß Parmenides entschlossen nach dem Wie-Sein des Alls des Seienden gefragt und die zu solcher Seinsweise gehörige Erfahrung der Unverfügbarkeit der Wahrheit bzw. der Endlichkeit des Menschen mit Hilfe der deterministischen Vorstellung desselben zur Sprache gebracht hat. Aber auch so verstanden wäre die Spannung zwischen dem von Parmenides über seine Entschlossenheit gerade nur Angedeuteten und der ausdrücklichen deterministischen These über den Menschen schließlich doch zu groß.[16]

§ 68 ZU HEIDEGGERS INTERPRETATION VON PARMENIDES B 3 UND B 8,34

Klammert man zunächst H.s inhaltliche Auslegung von Parm. B 3 (so etwa die des εἶναι als Äquivalent von δίκη / φύσις) einmal ein, so kann gegen seine Konstruktion des Fragments kaum ein Einwand erhoben werden. H. versteht B 3 z.B. nicht wie Patin: Sein und Gedachtsein sind dasselbe (vgl. § 55), sondern hält am aktiven Sinn des νοεῖν streng fest. Ebenso wird er dem infinitivischen Charakter des εἶναι gerecht, da er es nicht wie z.B. Fränkel mit dem ἐόν in der Annahme identifiziert, in B 3 werde vom einheitlichen 'Bewußtsein' des 'Seins' (Seienden) von sich selbst gesprochen (vgl. § 55). Ferner ist die Verschiedenheit von εἶναι und νοεῖν, die Parmenides 'trotz' des αὐτό denkt, klar festgehalten. H.s Auslegung des αὐτό vermeidet (sowohl in EM wie auch in VA) die Schwierigkeiten der Übersetzung "denn dasselbe kann gedacht werden und sein". τε καί schließlich erhält bei H. einen guten Sinn.

Inhaltlich gesehen scheint mir H.s Interpretation vom Parm. B 3 problematisch. So hat seine Auslegung des parmenideischen νοεῖν nur eine beschränkte Grundlage im Text¹⁷⁾. Daß das νοεῖν ein Wissen ist, dessen Leidenschaft die des Fragens ist (EM 122), läßt sich vielleicht von daher rechtfertigen, daß das νόημα von B 8,50 zugleich eine ὁδός διζήσιος ist, ein Weg der Untersuchung, welches Suchen man als ein Fragen interpretieren kann.¹⁸⁾ Die mögliche Identität von δίζησις und νόημα von B 8,50 könnte auch H.s These stützen, daß, wie ein Gericht einen Zeugen vernimmt, so entsprechend das νοεῖν das Seiende vornimmt¹⁹⁾, um festzustellen, wie es um sein Sein steht (EM 105) - δίζησις und richterliche Zeugenvernehmung fügen sich gut zusammen. Daß das νοεῖν das ἐόν nicht nur untersucht (befragt), sondern darin auch seine Wesensbestimmungen, sie beweisend, erschließt, könnte für H.s Annahme angeführt werden, die δίζησις, das νοεῖν eröffne die Bestimmungen des Seins des Seienden als solchen. Daß für H. das νοεῖν hinnimmt, wie es um das Sein steht, hat ebenfalls einen guten Anhalt am Text, da das νοεῖν ganz deutlich ein Aufnehmen oder denkend-verstehendes 'Wahrnehmen' der Wesensbestimmungen des in sich ruhenden ἐόν ist. Demgegenüber vermag ich nicht zu sehen, wie sich H.s These, Parmenides habe B 3 und B 8,34 zufolge den Entwurfcharakter von νοεῖν (und λέγειν) erkannt, rechtfertigen läßt; es scheint mir nämlich unmöglich, anhand der Fragmente des Parmenides nachzuweisen, daß er in B 3 und B 8,34, wie H. annimmt, die Gebundenheit des Seins an das Vernehmen zu Wort gebracht hat.

Gegen diese These H.s möchte man zunächst einwenden, daß das ἐόν ἐν ταὐτῶι μένον ist und καθ' ἑαυτό κεῖται (B 8,29), also nicht von anderem wie etwa vom νοεῖν abhängig sein kann. H. würde sich jedoch möglicherweise nicht von diesem Einwand getroffen gefühlt haben. Es könnte nämlich sein, daß das καθ' ἑαυτό κεῖται für ihn das νοεῖν einschloß: Das Sein bildet für H. mit dem Vernehmen eine Wesenseinheit (EM 106) als ein Geschehen der Zeitigung von Zeit. Streng genommen müßten deshalb die Bestimmungen (σήματα) des Seins auf das Vernehmen zurückschlagen. Immerhin bringen die Gewalt-tätigen analog zur Ständigkeit des Seins ihr D a -sein "zum Stehen" im Sein des Seienden (101). Aus den überlieferten Fragmenten

> läßt sich allerdings nicht entnehmen, daß das
> ἐόν das νοεῖν so einschließt, daß seine Bestimmungen auch für dieses gelten. Der νόος
> des Parmenides bleibt für diesen offensichtlich eigenständig (vgl. § 55). Ferner sind
> B 3 und B 8,34 rein für sich gesehen mehrdeutig, erlauben also aus sich allein keinen
> Rückschluß auf den in ihnen gedachten Bezug
> von νοεῖν und εἶναι (bzw. ἐόν).

Nach EM ist B 8,34b mit "worumwillen Vernehmung geschieht" zu übersetzen; H.s Meinung nach bringt B 8,34 die Zugehörigkeit des Vernehmens zum Sein schärfer zu Wort als B 3 (vgl. §§ 17, 31). In der Tat kann B 8,34b, so wie bei H. übersetzt, als Hinweis oder Anhaltspunkt für H.s These genommen werden, Parmenides habe gesehen, daß das Vernehmen im Dienste des Seins steht, dieses also an jenes gebunden ist. Da sich außer in B 8,34b bei Parmenides sonst kein möglicher expliziter Beleg oder Hinweis für die Gebundenheit des Seins an das Vernehmen findet, entscheidet sich also die Haltbarkeit von H.s Deutung des Bezugs von Sein und 'Denken' (bzw. Mensch) am Sinn des οὕνεκεν von 8,34b. (Daß οὕνεκεν 8,34 mit umwillen übersetzt werden kann bzw. muß, ist also eine der 'philologischen' Voraussetzungen für die Haltbarkeit von H.s Auslegung des Bezugs von Sein und 'Denken' bei Parmenides. Eine solche Voraussetzung ist selbstverständlich auch, daß das Beziehungswort von οὕνεκεν nicht das eine Seiende, sondern das 'Sein' (Inf.) ist.)

> Wenn man von H.s Übersetzung des οὕνεκεν (bzw.
> von νοεῖν und ἐόν/εἶναι) einmal absieht, so
> kann gesagt werden, daß H. B 8,34 richtig gesehen hat. Seine Auslegung des ταὐτὸν vermeidet
> den Widerspruch, daß ein Satz, der die (reale)
> Identität zweier Begriffe behauptet, zugleich
> in einem Atemzug deren Verschiedenheit aussagt.[20]. οὕνεκεν k a n n in Parm. B 8,34
> entgegen Fränkels Behauptung durchaus finalkausale Bedeutung haben, zumal da die Übersetzung mit "daß" - Möglichkeit (3) nach § 53 -
> vor allem wegen der mit ihr verbundenen gezwungenen Wortfolge ausscheidet. H.s Übersetzung
> ist auch Möglichkeit (5) überlegen, weil sie

keine ganz unwahrscheinliche Ellipse eines
νοεῖν vor οὕνεκεν voraussetzt. Möglichkeit
(4) wäre im Verhältnis zu H.s Lösung eine banale Binsenweisheit. H.s Übersetzung vermeidet auch das Zeugma der Möglichkeiten (6) bis
(10). Seine Auslegung macht im Gegensatz zu
Möglichkeit (6) und (7) gut verständlich, weshalb Parmenides in B 8,34 ein ταὐτόν einführt:
νοεῖν und οὕνεκεν ἔστι νόημα werden von
ihm 'identifiziert', um den Wechselbezug von
Vernehmen und Sein zu Wort zu bringen. Da gegen Möglichkeit (1) dieselben Einwände entfallen bzw. diese dieselben Vorzüge hat wie H.s
Auslegung, bleibt sie als einzige Konkurrenzlösung.

Man muß annehmen, daß B 8,35-36a das νοεῖν an das
ἐόν, und zwar an das als einzig existent, homogen
und unveränderlich bewiesene bindet, weil sich sonst
B 8,36 ff nicht anschließen läßt. Das νοεῖν ist nur
als Erkennen d i e s e s ἐόν möglich, weil es
außer ihm "nichts anderes" gibt (8,36b f). Dies
sind die Zusammenhänge, die sich innerhalb von
8,34 ff mit einiger Sicherheit erschließen lassen.
Die Frage stellt sich, inwieweit sie eine Basis für
die Auslegung von B 8,34 bilden können. Begründet
B 8,35-36a B 8,34 als ganzes, so ist οὕνεκεν mit
"aufgrund dessen" zu übersetzen, da 8,34 dann keinen über 8,35-36a hinausführenden Gedanken enthalten kann. Begründet 8,35-36a jedoch nur die 'Identität' des νοεῖν in 8,34a mit dem im elliptischen
Beziehungswort (τό) des οὕνεκεν-Nebensatzes Genannten (8,34b hätte dann u.a. den Zweck, dieses als
das ἐόν zu bestimmen), dann k a n n οὕνεκεν auch
final-kausal übersetzt werden. Doch abgesehen davon, daß Parmenides mit dieser Übersetzung eine
nicht geringe sprachliche Härte unterstellt wird,
ist hiergegen einzuwenden, daß es wenig plausibel
wäre, wenn Parmenides in einem Zusammenhang, der,
soweit ersichtlich, die Bindung des νοεῖν an das
ἐόν betont (8,35-36a), einen Gedanken einführte, der diese Bindung, wenn nicht aufhebt, so
doch lockert: Besagt B 8,34b, das 'Denken' sei unterwegs zum 'Sein' (VA III 42), dann ist damit klar
gesagt, daß das νόημα in gewisser Hinsicht vom ἐόν
getrennt ist(42); wird B 8,34b als 'das, in dessen

Diensten das Vernehmen geschieht' verstanden, so ist hier ein zu 8,35-36a geradezu gegenläufiger Gedanke eingetragen: das Sein, so ist nämlich impliziert, braucht diesen Dienst, um zu erscheinen. Die Übersetzung von οὕνεκεν mit "aufgrund wovon" läßt somit nicht nur den Gedankengang von B 8,34 ff um einiges geschlossener erscheinen, sie ist auch die einzige, die sich dem griechischen Leser, wenn er vom unmittelbaren Kontext ausging, nahelegen mußte, da in diesem in eindeutiger Weise nur die Gebundenheit des Vernehmens ans ἐόν zu Wort kommt (8,35 f).

Nun könnte auch B 8,34a neben B 8,34b die Gebundenheit des Seins an das Vernehmen mitaussagen und darum zu einem final-kausalen Verständnis des οὕνεκεν 8,34b führen. Doch wenn das ταὐτὸν δ' ἐστι νοεῖν τε καὶ /εἶναι/..., wie H. behauptet, das wechselseitige Aneinandergebundensein von νοεῖν und εἶναι (ἐόν) zu Wort bringen würde, dann wäre es ausgesprochen befremdlich, daß Parmenides diesen W e c h - s e l bezug nur durch die Abhängigkeit des Vernehmens vom Sein begründet hat. (Das 'logische' Verhältnis von 8,34 und 8,35-36a - Parmenides verknüpft beide Sätze mit einem γάρ! - bleibt bei H., so ergibt sich zugleich, unklar.)

> Wenn B 8,34 mit 8,35-36a einen einheitlichen 'logischen' Begründungszusammenhang bildet, dann spricht alles dafür, daß das elliptische Bezugswort von οὕνεκεν nicht εἶναι, sondern ἐόν (das eine Seiende) ist. Wäre nämlich εἶναι das in B 8,34 mit νοεῖν Geglichene, würde der sachliche Begründungszusammenhang geradezu auf den Kopf gestellt, ist doch eindeutig die Gebundenheit des Vernehmens an das Sein die Bedingung für die Wahrheit des Hauptsatzes in B 8,35-36a. Ist jedoch das eine Seiende das Beziehungswort von οὕνεκεν, dann kann dieses nicht 'umwillen dessen' im Sinne von 'im Dienste dessen' (H. nach EM) bedeuten, da es das eine Seiende nach allem, was Parmenides von ihm sagt, auch unabhängig vom jeweiligen νοεῖν gibt. Die verbale Bedeutung des ἐόν in B 8 ist also Voraussetzung für H.s Auffassung des οὕνεκεν in B 8,34.

B 3 und B 8,34 ff sagen also, wie sich ergibt, nichts darüber aus, daß das νοεῖν das Sein, es entwerfend, in sein 'es gibt' einläßt und zum Sein als solchem das Vernehmen gehört. Die genannten Stellen sprechen somit zumindest nicht für H.s Behauptung, für Parmenides sei Sein wesenhaft auch Erscheinen.

Ebenso verhält es sich auch mit B 4. Hier spricht Parmenides lediglich davon, daß der νόος das Seiende[21] in seiner Kontinuität, mithin als ganzes gegenwärtig sein läßt. Das ἐόν ist als solches schon kontinuierlich, bevor es dem νόος des Parmenides gegenwärtig wird. Den νόος zeichnet gerade aus, daß er diese Kontinuität nicht auflöst, sondern sicher auch Abwesendes schaut. Somit ist auch in B 4 nicht vorausgesetzt, daß zum Sein des Seienden als solchem der Grundzug des Erscheinens, der Gegenwart gehört. Ganz fern liegt der Gedanke des Seins als von sich aus aufgehendem Erscheinen [22]. Wenn Parmenides ausdrücklich die φύσις der ἐόντα nennt (in B 10 und B 16), dann in der Bedeutung von 'Bildung' im Sinne von 'Werden' oder Konstitution; ein Bezug auf ein Erscheinen für das menschliche Erkennen ist an keiner Stelle erkennbar im Begriff enthalten.

ANMERKUNGEN ZU KAPITEL I

1) Lehmann (2)353.
2) Vgl. ZSD 81 ff.
3) Vielleicht ist die folgende Husserlkritik in manchem etwas überzogen. Sie scheint mir jedoch auf der Ebene von SuZ zu liegen, und hier kommt es darauf an zu zeigen, wie sich H. von Husserl absetzt. Ein Urteil über Husserl liegt außerhalb des Rahmens dieser Arbeit.
4) Vgl. H.s Brief an Husserl vom 22.10.1927, Anlage I, abgedruckt in Husserl (1)601 f.
5) Vgl. SuZ 100, 230, 357, GPh 319.
6) Was von H. das konkrete Sein des Menschen genannt wird, ist von den in der existentialen Analytik erhellten Strukturen her zu verstehen.
7) Vgl. z.B. "Logik" 520.
8) Vgl. DS 131.
9) DS 100 A. 1, 130 A. 1, 150, 234 A.
10) Wie sich die Hermeneutik H.s in DS zu der in SuZ verhält, kann hier nicht ausführlich besprochen werden. Folgende Bemerkungen müssen genügen: Am deutlichsten erinnert an H.s spätere Auslegung des parmenideischen bzw. des griechischen Denkens überhaupt als eines vorontologischen Verstehens der von der existenzialen Analytik ontologisch erfaßten Phänomene der Hinweis in DS darauf, daß 'Duns Scotus' in das unmittelbare Leben der Subjektivität hineingehört habe, "ohne daß ein scharfer Begriff des Subjekts gewonnen ist" (DS 231). Ähnlich wie erst die existentiale Analyse die existenzialen Phänomene analysiert, erreicht nach DS erst die Philosophie der Moderne ein methodisch zureichendes Problembewußtsein bezüglich des Eigenlebens des Subjekts. Nach DS gibt ähnlich wie nach SuZ erst die Verankerung des Seins-(Kategorien-)-problems im Subjekt als geschichtlichem die hermeneutische Grundlage dafür, "die einzelnen Epochen der Geistesgeschichte lebendig zu begreifen" (238). Vgl. dazu auch den Haupttext, ferner Pugliese 99, Garulli 115.
11) Vgl. Husserl (2)121.
12) Vgl. ZSD 82 f.
13) Vgl. Hobe (1)166 ff.
14) Lask (1)132.
15) Lask (2)74.
16) Lask (1)135.

17) a.a.O. 158.
18) a.a.O. 163.
19) Vgl. dazu Hobe (1)198 f, (2) 367 ff. - Eine auffällige Ähnlichkeit zwischen H.s und Lasks Sprache liegt vor in WW 88 und Lask (1)18.
20) Vgl. z.B. DS 232 mit Rickert 54.
21) Diese Stelle läßt konkreter sichtbar werden, auf welche Weise für DS die Rückführung des Kategorienproblems auf die Geschichtlichkeit des Geistes zum hermeneutisch grundlegenden "Mittel" wird, "um die einzelnen Epochen der Geistesgeschichte lebendig zu begreifen" (DS 238) (vgl. o. A.10).
22) Bollnow 19.
23) Vgl. a.a.O. 40.
24) Dilthey, Ges.Schr. VII (1927) 157.
25) a.a.O. V (1964) 131.
26) a.a.O. VIII (2. Aufl. 1960) 80.
27) a.a.O. V (1964) 378, VIII (1960) 81.
28) a.a.O. VIII (1960) 82.
29) a.a.O. II (1914) 58.
30) a.a.O. V (1964) 390.
31) a.a.O.
32) a.a.O. 385.
33) a.a.O. 382.
34) a.a.O. 390.
35) a.a.O. - Dilthey scheint hier auf Paulus, 1. Kor. 1,22 f anzuspielen, nach welcher Stelle das Kreuz den Griechen eine Torheit ist. Auf diese Stelle hat dann auch H. in seiner Augustinvorlesung von 1921 und später in WME 208 verwiesen, um die Differenz zwischen Philosophie und christlichem Glauben zu verdeutlichen (vgl. hierzu auch Pöggeler 40).
36) Vgl. zu H. Pöggeler 40 f, Lehmann (1)157.
37) Gadamer berichtet in "Wahrheit und Methode" (229 A. 3), daß H. ihm gegenüber "schon 1923 von den späten Schriften Georg Simmels mit Bewunderung gesprochen" habe.
38) Der Einfluß von Augustins Zeitauslegung in Confess. 11 auf Simmel ist an dieser Stelle besonders deutlich.
39) Vgl. seine Bemerkungen zur Lebensphilosophie S. 46.
40) Vgl. Lehmann (1)154, (2)343.
41) Sie erscheint nicht nur nicht unter den in AJ angeführten Aufgaben der Phänomenologie, sie ist hier auch nicht einmal als solche erwähnt. Entsprechend fehlt auch der in diesem Zusammenhang wichtige Begriff des Seinsverständnisses. Auch

ist das Sein noch nicht als die die verschiedenen Seinsarten umgreifende 'Idee' im Blick wie in SuZ (vgl. zu letzterem unten § 6). Zwar berührt H. in AJ der Sache nach die Frage nach einer die verschiedenen Seinsarten umgreifenden Idee, doch erklärt er die Gemeinsamkeit von bin- und ist-Sinn wie folgt: "Sofern das 'ich bin' als e t w a s artikuliert werden kann in 'er, sie, es ist' ..., kann formaliter Existenz als ein Seinssinn, ein Wie des Seins angesprochen werden ..." (AJ 90).

42) Auf H.s Einstellung zu Kierkegaard in AJ wirft auch die Bemerkung ein Licht, "daß nicht oft in der Philosophie beziehungsweise Theologie ... eine solche Höhe strengen Methodenbewußtseins erreicht worden ist wie gerade bei ihm" (AJ 98). Das strenge Methodenbewußtsein ist nach AJ Voraussetzung für die "Zueignung der Gegenstände der Philosophie" (98).

43) Vgl. AJ 79, SuZ 46.

44) Vgl. zum Folgenden Pöggeler 36 ff, Lehmann (1)141 ff.

45) Vgl. Pöggeler 36 f: "Nach Heidegger ist die urchristliche Lebenserfahrung ... deshalb eine faktische und historische ..., weil sie im Vollzugssinn ... die dominante Struktur des Lebens sieht." - Nach Pöggeler geht es bei Paulus um die Dominanz des Vollzugssinnes im Gegenzug zu der des Gehaltssinnes. Was Pöggeler die Vorherrschaft des letzteren nennt, faßt H. in AJ als "Abfall in die 'objektiven' Bedeutsamkeiten der ... Umwelt" (92). Während Pöggeler anzunehmen scheint, daß H. den Bezug auf die objektiven Bedeutsamkeiten der Umwelt als Gehaltssinn gefaßt hat, ergibt sich aus AJ ganz klar, daß Vollzugssinn, Gehaltssinn und Bezugssinn in einer Einheit (auch) den 'Selbst-bezug' der eigentlichen Existenz kennzeichnen: "Der volle Sinn eines Phänomens umspannt seinen ... Bezugs-, Gehalts- und Vollzugscharakter ..." (AJ 84). "Der seinem Bezugssinn nach auf das Selbst historisch gerichtete Erfahrungszusammenhang hat auch nach seinem Vollzugssinn historischen Charakter. Das 'Historische' ist dabei ... der ... Gehalt u n d das Wie der Bekümmerung des Selbst um sich selbst." (91)

46) Vgl. auch SuZ 314: Nur im "Horizont" der "Idee von Sein" "kann sich die Unterscheidung zwischen Existenz und Realität vollziehen. Beide meinen doch S e i n " . Nach GPh wird mit der Frage nach der möglichen Mannigfaltigkeit des Seins auch die nach der Einheit des Begriffes von Sein überhaupt brennend (GPh 170).
47) ZSD 81. Vgl. auch Usp 92 f, H.s Brief an Richardson (Richardson IX, XI). Zum Thema vgl. Pöggeler 17, ferner ders., Einleitung zu: Heidegger, Perspektiven zur Deutung seines Werkes, hrsg. von O. Pöggeler, Köln 1969 S. 32 f.
48) Vgl. ZSD 84.
49) Vgl. Oehler 185.
50) Vgl. a.a.O.
51) Vgl. a.a.O. 189.
52) Für Husserl sind die schlichten nominalen Setzungen ebenfalls wahr und falsch (vgl. Tugendhat 61 f, 97 ff).
53) Vgl. Joh. Classen, Über eine hervorstechende Eigentümlichkeit des griechischen Sprachgebrauchs, Lübeck 1851; wieder abgedruckt in: Beobachtungen über den homerischen Sprachgebrauch, Frankfurt 1867. Zur weiteren Geschichte der etymologischen Deutung von ἀλήθεια vgl. A.J. Bucher: Martin Heidegger, Metaphysik als Begriffsproblematik, Bonn 1972 S. 112 A. 349.
54) Vgl. ZSD 87.
55) Vgl. SuZ 35, 311.
56) Hier hat H. Aristoteles wohl falsch verstanden. Ἀποφαίνεσθαι bezeichnet bei Aristoteles nur die Eigenschaft der Aussage, wahr oder falsch zu sein (vgl. Tugendhat 338).
57) H.-G. Gadamer, Martin Heidegger u.d. Marburger Theologie 171. Vgl. auch AJ 92: "'Gewissen', hier verstanden als Gewissensvollzug ... ist seinem Grundsinn nach historisch charakterisiertes Wie des Selbsterfahrens ...".
58) Aristoteles (dasselbe gilt auch für Parmenides) ist nach SuZ nicht vorurteilsfrei. Das zeigt z.B. sein Zeitverständnis (SuZ 421 ff). Nach GPh bewegt sich auch Aristoteles wie alle Ontologie vor und nach ihm in einem "Durchschnittsbegriff von Sein". Doch ist bei ihm die Herrschaft des ontologischen Vorurteils, Sein sei identisch mit Vorhandenheit, noch nicht so weit fortgeschritten, daß sich ihm die Phänomene nicht wenigstens in begrenzter Weise zeigen können.

59) "Negierend verhält sich die Destruktion nicht zur Vergangenheit, ihre Kritik betrifft das 'Heute' und die herrschende Behandlungsart der Geschichte der Ontologie..." (SuZ 22 f). Nach SuZ (22) betrifft die Destruktion auch Aristoteles selbst: Weil er die Phänomene wegen der auch ihn beherrschenden ontologischen Vorurteile nur in Grenzen 'sieht', wird der 'eigentliche Sinn' des von ihm Gedachten nur durch eine Destruktion zugänglich. - Zum Begriff der Destruktion beim frühen H. vgl. auch AJ 73, 93, GPh 31.
60) Vgl. SuZ 21 f.
61) Der Aristoteles' Philosophie hervorbringende Lebensvollzug wird sich als Entschlossenheit erweisen. Zu dieser gehört jedoch das Existential der Situation (SuZ 299 f). Schon nach AJ ist die Destruktion der überlieferten Seinsbegriffe und Erkenntnisideale identisch "mit der Explikation der motivgebenden ursprünglichen Situationen, denen die philosophischen Grunderfahrungen entspringen" (AJ 72), als deren verfallene Ausformungen die überlieferten Seinsbegriffe und Erkenntnisideale zu verstehen sind.

ANMERKUNGEN ZU KAPITEL II

1) Husserl (1)256.
2) Es sei hier dahingestellt, welche Rolle die wiederholt von H. zitierte Stelle aus der Metaphysik des Aristoteles, wonach das in der Frage τί τὸ ὄν; Gesuchte das π ά λ α ι τε καὶ νῦν καὶ ἀεὶ ζ η τ ο ύ μ ε ν ο ν (Met. Z 1, 1029b 2 ff) ist, für H.s Interpretation des Parmenides gespielt hat.
3) Dieser Terminus kommt in SuZ zwar noch nicht vor, ist aber der Sache nach schon vorbereitet.
4) Vgl. dazu auch Tugendhat 353 ff.
5) Vgl. SuZ 28 f.
6) Im Einzelnen scheint sich H., wie EM 86 bestätigt, in seiner Bemerkung zu Parmenides in SuZ 222 f auf Parm. B 1,28-30 zu beziehen. - H.s Bezugnahme auf Reinhardts Parmenidesbuch in SuZ 223 A. 1 fordert wohl als solche noch einen Kommentar. H. bemerkt:
"K. Reinhardt hat ... zum erstenmal das vielverhandelte Problem des Zusammenhangs der beiden Teile des parmenideischen Lehrgedichts begriffen und gelöst, obwohl er das ontologische Fundament für den Zusammenhang von ἀλήθεια und

δόξα und seine Notwendigkeit nicht ausdrücklich aufweist." (SuZ 223 A. 1)
Eines der zentralen Probleme der Parmenidesforschung ist, warum Parmenides nach dem Logos über das 'Seiende' eine 'Beschreibung' der Annahmen der Sterblichen und des ihnen entsprechenden διάκοσμος folgen läßt, obwohl es neben dem Seienden 'nichts anderes' gibt und geben kann (B 8, 36 f). Das Problem, warum bei Parmenides überhaupt eine Doxa erscheint, schließt das weitere ein, wie sich die beiden Teile des Lehrgedichts zueinander verhalten. Vor Reinhardt war die Auffassung herrschend, die Doxa sei eine polemische Doxographie gegen andere Philosophen (Diels) oder eine wahrscheinliche Hypothese (Wilamowitz) (vgl. hierzu J. Beaufret, Dialogue S. 53 f. Bormann 10 ff). Die Doxa sank so zu einer Art Appendix herab, der, weil ohne jede Wahrheit, auch fehlen konnte. Reinhardt hatte nun demgegenüber in dem genannten Werk gezeigt, daß die Doxa ihre eigene Wahrheit beansprucht und in einem wesensmäßigen inneren Zusammenhang mit dem Wahrheitsteil steht. Die Doxa bringt, so sagt Reinhardt, "Wahrheit über den Wahn" der Menschen (25) und dies deshalb, weil die Entdeckung der übersinnlichen Erkenntnis die Kritik der Sinnenwelt erforderte (72), d.h. diese mußte in ihrem Ursprung auf einen "Sündenfall der Erkenntnis" (26) der Menschen zurückgeführt werden (80 ff). (Die 'Beschreibung' desselben gibt die genannte Wahrheit über den Wahn.) Wenn nun H. sagt, Reinhardt habe "zum erstenmal das vielverhandelte Problem des Zusammenhangs der beiden Teile des parmenideischen Lehrgedichts begriffen und gelöst", so meint er damit, Reinhardt mache die Doxa nicht zum Appendix wie die früheren Ausleger, sondern begreife die wesentliche Zusammengehörigkeit des Wahrheitsteils (d.h. der Erkenntnis der Wahrheit) mit der Doxa (d.h. mit der Einsicht in das 'Wesen' der Scheinwelt der Menschen). H. unterscheidet sich von Reinhardt aber hinsichtlich des Grundes dieser Zugehörigkeit: Die Doxa dient für ihn nicht zur Rechtfertigung der Wahrheit. Ihr Erscheinen hat seinen Grund vielmehr darin, daß das Dasein als geworfener Entwurf (d.h. aufgrund dieser Struktur) in der Wahrheit und z u g l e i c h in der Unwahrheit ist (SuZ 223). Dieses "ontologische Fundament für den Zusammenhang von ἀλήθεια und δόξα und seine Notwendigkeit" hat Reinhardt nicht "ausdrück-

lich" aufgewiesen. Doch Reinhardts Interpretation des Parmenides war für H. bedeutsamer, als es nach dieser Kritik vielleicht scheint. Indem Reinhardt die Doxa als "Wahrheit über den Wahn" der Menschen interpretiert, macht er es H. möglich, in ihr eine erste Entfaltung des 'Wesens' der Ansichten der Vielen zu sehen (vgl. unten § 14).

7) Damit wäre Heitschs Frage, ob H. mit 'bedeutet' an der genannten Stelle meint:
(a) Parmenides will damit nichts anderes sagen als ... oder
(b) es bedeutet für u n s , die wir die ontologische Bedingung der Möglichkeit der Aussagen des Parmenides freilegen, (Heitsch (2)204 A. 22),
beantwortet: beides ist richtig, doch auf verschiedenen Ebenen.

8) Vgl. SuZ 192: "Das Sich-vorweg-sein besagt voller gefaßt: Sich-vorweg-im- s c h o n -sein - i n --einer-Welt /die ganze Wortkontraktion bei H. kursiv/." "Sich-vorweg-im-schon-sein-in ..." besagt anders gewendet: "Existieren ist immer faktisches".

9) Vgl. a.a.O. 222: "Das Dasein ist ... i n der 'Unwahrheit' /der ganze Satz von H. kursiv/ ... Zur F a k t i z i t ä t des Daseins gehören Verschlossenheit und Verdecktheit."

10) Vgl. hierzu auch WD 103 und Pöggeler 200 f.

11) Zur Übernahme der Freiheit im ontologischen Fragen vgl. GPh 16, 26, 455, Schneeberger 21, 23, Schulz 115, EM 10, 130. - Als Bestätigung dessen, daß für H. der nach dem Sein fragende und darin seine Freiheit übernehmende Parmenides sich nicht zugleich auch auf die Autorität einer offenbarenden Gottheit berufen kann, sei auch auf H.s Gegenüberstellung von offenbarungsgläubiger christlicher und philosophischer Existenz in "Phänomenologie und Theologie" (1927, erschienen 1970) hingewiesen: Der " e x i s t e n z i e l l e   G e g e n s a t z zwischen Gläubigkeit und freier Selbstübernahme des ganzen Daseins" (32) im Philosophieren ist unter anderem der, daß in jener "das Dasein zum Knecht geworden" (19) ist und in dieser "das freie Fragen des rein auf sich gestellten Daseins" (31) geschieht. (Zur Vorgeschichte von H.s Entgegensetzung von Religion und Philosophie vgl. auch oben § 3.).

ANMERKUNGEN ZU KAPITEL III

1) Vgl. WM 315 und WD: "Jede Übersetzung ist ... schon Auslegung" (107).
2) Der Begriff des Ungedachten geht aber zweifellos bei H. über das vorontologisch Erfahrene hinaus. Der Einsturz der Unverborgenheit bei Platon (EM 145) ist zweifellos "Ungedachtes", aber keine vorontologische Erfahrung im eigentlichen Sinne.
3) Vgl. Couturier 235.
4) Vgl. KPM 185.
5) Fragen ist, nebenbei bemerkt, für H. wohl auch deshalb der Anfang der Philosophie, weil es ihrer eigenen Antwort (sofern eine solche überhaupt möglich ist) noch vorausliegt.
6) Vgl. dazu unten § 14.
7) Es könnte so scheinen, als hätte es für den späten H. vor ihm keinerlei eigentliche Ek-sistenz gegeben, weil er einerseits Ek-sistenz als ekstatisches Offenstehen für die Wahrheit des Seins bestimmt, andererseits sich aber diese Wahrheit des Seins vor H. in der Geschichte des Seins als solche verborgen hätte (so v.Herrmann (1)100 ff). Dagegen spricht aber obiges Zitat aus WW, ferner H.s Bemerkung in HB, bei Platon und Aristoteles gehe das ursprüngliche Denken zu Ende (HB 147). Weil das Denken in der großen Zeit der Griechen im 'Element' des Seins 'war', muß nach HB der Mensch, bevor er spricht, sich erst "wieder" vom Sein ansprechen lassen (150). Nur so werde dem Menschen die Behausung für das Wohnen in der Wahrheit des Seins "wieder" geschenkt (151). Letztere west, so heißt es entsprechend N II 29, schon im ersten Anfang der abendländischen Geschichte, wenn auch ungegründet.
8) Vgl. O. Pöggeler, Philosophie und Politik bei Heidegger, Freiburg/München 1972 S. 109.
9) Vgl. Hw 246, vgl. auch VA III 25.
10) Der Frage, warum H. in EM die Entgegensetzung Sein-Nichts der von Sein und Schein gleichstellt und sie dann doch nicht zu den Entgegensetzungen zählt, die das traditionelle und heute noch herrschende Seinsverständnis charakterisieren, obwohl doch unübersehbar ist, daß dieses Seinsverständnis auch die Entgegensetzung des Seins zum Nichts kennt, kann hier nicht nachgegangen werden.

11) Man könnte annehmen, daß in EM Dike an Stelle der Aletheia als offenbarende Göttin getreten ist: Ist die Dike als Schlüssel zu den Wegen des Entdeckens und Verbergens (EM 127) nicht ähnlich aufschließenden Wesens wie Aletheia nach SuZ, die Parmenides vor jene Wege stellt, indem sie sie aufweist? Andererseits scheint die These, Aletheia sei die offenbarende Göttin, eine der Konstanten in H.s Parmenidesauslegung zu sein, da er sie noch in WD (126); VA I (45); VA III (43) und KTS (306) vertritt. Wenn man den Text von EM genauer untersucht, bemerkt man denn auch leicht, daß es hier gar nicht Dike ist, die Parmenides vor die beiden Wege des Entdeckens und Verbergens stellt wie in SuZ Aletheia. H. sagt nicht, daß Dike jene Wege aufweist. Er sagt nur, daß der Mensch das Gefüge des Seins in den Blick nehmen und offenhalten muß, soll ihm das des Seienden offenbar werden.

12) Vgl. WD: "Über den einen unumgänglichen und deshalb vielleicht einzigen Weg ist noch nicht entschieden."(61)

13) Anders Richardson 284.

14) Für die Kongruenz von Sein und Ist bei Parmenides nach EM vgl. unten § 18. - ὅπως ἔστιν bedeutet für H. demnach auch: 'was es, das Ist, ist' oder 'wie es um das Ist steht'. Die Formulierung "was es, das Sein, ist" macht den Eindruck, als habe H. das Subjekt (das Sein) ergänzt. In Hw erklärt H. dagegen, das ἔστιν des Parmenides nenne das Anwesend des Anwesenden (Hw 324). Ist dies auch H.s Auffassung in EM, so würde in "wie es ist" das "ist" das Sein nennen und in der Formulierung 'wie es um das Ist steht' das Prädikat von H. irgendwie (von woher? aufgrund wovon?) gleichsam ergänzt sein (so schon Kranz: daß Ist ist, DK I 231). Diese Interpretation ist wohl die richtige, denn es ist ziemlich unwahrscheinlich, daß H. in der Formulierung 'wie es um das Sein (Ist) steht' "das Sein" 'von außen' ergänzt und "wie es ist" als bloßes 'wie es um - steht' verstanden hat.
V. 2,3b übersetzt H. mit "wie auch unmöglich (ist) das Nichtsein". μὴ εἶναι ist offensichtlich als Subjekt verstanden; darin liegt, daß das (οὐκ) ἔστι für H. keine finale Bedeutung hat. οὐκ ἔστι scheint für ihn vielmehr die absolute Negation nicht nur des faktischen Nichtseins, sondern auch der Möglichkeit derselben zu nennen. Ganz dunkel

ist mir H.s Übersetzung von V. 2,5b: "wie notwendig Nichtsein". Die Existenzbehauptung, die man leicht aus der Formulierung herauslesen kann, ist wohl vom Kontext her ausgeschlossen. H. meint vielleicht, in μὴ εἶναι sei eine radikale Negation des Seins ausgesprochen. (H. nimmt formal μὴ εἶναι als Subjekt des Satzes; er scheint also ähnlich wie bei seinen Auslegungen des χρὴ davon auszugehen, daß bei χρεών ἐστι ein Subjekt ergänzt werden darf.)
Wie die Interpretation ergab, sollen Parm. B 2,3a und 2,5a angeben, was auf den in B 2 genannten Wegen jeweils erfragt und gesichtet wird. Die parallele Übersetzung des ὡς in 2,3b und 2,5b mit "wie" und der Rückbezug dieser Stellen auf ὁδός διζήσιος (2,2) und auf 2,3a bzw. 2,5a lassen vermuten, daß auch 2,3b und 2,5b 'Angaben' machen sollen über das auf den Wegen jeweils Er-fragte und Gesichtete. Der erste Weg zum Sein würde dann auch entdecken, "wie ... unmöglich (ist) das Nichtsein" (EM 84), d.h. wohl wegen der Verbindung mit "wie es um Sein steht" wie alles Nichtsein vom Sein des Seienden ausgeschlossen ist (vgl. hierzu auch § 42). Entsprechend gehört das Werden, weil es "vom Nichtsein durchsetzt" ist (87), nicht zum Sein.

15) Das parmenideische ἔστιν "meint nicht das 'ist' als Copula des Satzes. Es nennt das ἐόν, das Anwesend des Anwesenden" (Hw 324).
16) Vgl. KPM 214, Schneeberger 21.
17) Während nach SuZ auch die Ontologie zu den Wissenschaften gehört, wird in WiM und EM der Titel "Wissenschaft" auf ein verfallenes Verhalten zum Seienden, wie es für die positiven Wissenschaften kennzeichnend ist, eingeschränkt. Wahrscheinlich war es (unter anderem) eine vertiefte Einsicht in das transzendierende Wesen der Philosophie und in die Orientierung der positiven Wissenschaften am Seienden (vgl. GPh 72, WiM 17), die zu diesem Wandel führte.
18) Das Unterscheiden der drei Wege gehört konstitutiv zur "Leidenschaft der Seinsenthüllung" (EM 81). Diese Sorge um die Wahrheit des Seienden würde sich selbst aufgeben, würde sie "blindlings" einer Wahrheit nachlaufen (86) und sich nicht ständig mit dem Schein auseinandersetzen, wo doch die "Verstrickung im Alltäglichen" eine "ständig andrängende" Möglichkeit ist (128). Entsprechend sagt H.,

das Unterscheiden der drei Wege stelle den Menschen "in die ständige Ent-scheidung" (84). Da die Entscheidung auf dem Grunde des Unterscheidens geschieht, muß auch dieses ein ständiges sein. "Ein wahrhaft wissender Mann ist ... nur jener, der ständig alle drei Wege ... weiß" (86). Es gibt Unverborgenheit des Seienden nur, wenn das Dasein sich des 'Ausschlusses' des Scheins und der ihm zugehörigen Existenzweise im Fragen ständig versichert, mithin Sein und Schein bzw. die zugehörigen Wege unterscheidet. Ganz entsprechend sagt H. in WD: Aletheia "ruft das Denken vor Weg, Unweg und Abweg in eine Wegkreuzung. Allein der Denkweg ist von einer Art, daß diese Wegkreuzung nie durch einen einmaligen Entscheid und Wegeinschlag durchmessen wird und der Weg als einmal zurückgelegt im Rücken gelassen werden könnte. Die Wegkreuzung geht unterwegs und jeden Augenblick mit."(WD 108)

19) Zum ontologischen Gehalt von H.s Methodenbegriff vgl. u. § 19.
20) Möglicherweise dachte H. bei dieser Formulierung an das ξυνόν in Her. B 2 (zu H.s Auslegung des Fragments in EM vgl. S. 97, 100).
21) Zum 'Existential' der Möglichkeit nach EM vgl. EM 34: Das Fragen der Seinsfrage "eröffnet" "das Geschehen des ... Daseins in seinen wesentlichen Bezügen ... zum Seienden ... nach unbefragten Möglichkeiten, Zu-künften ...".
22) Vgl. auch Campbell 397.
23) Nach Campbells Bericht interpretierte H. in seiner Vorlesung über Anaximander und Parmenides von 1932 den Übergang vom Weg des Scheins zur Wegkreuzung bzw. zum Weg zum Sein als vierten Weg, den Parmenides nicht entfaltet (Campbell 399).
24) Vgl. Usp 22 f, 266 f, VA II 51, VA III 49, 52, ZSD 75.
25) Vgl. Campbell 394.
26) Für H. bleibt bei Parmenides ungedacht, "in welchem Sinne von Gottheit die Ἀλήθεια Göttin ist" (VA III 43 f). Da H. nach dem Ungedachten (aber Verstandenen) der Denker fragt, darf man wohl annehmen, daß er die Gottheit der Aletheia bedacht hat.
27) Vgl. auch o. § 11. - Man wird wohl nicht fehlgehen mit der Annahme, daß sich diese Würdigung für H. vor allem in Parm. B 3 und B 8,34 ff ausspricht.

28) Vgl. Campbell: "non pas que cette foule n'ait aucune connaissance, au contraire elle n'en a que trop" (396).
29) Vgl. Campbell a.a.O.
30) Vgl. Campbell 397 f (zu τεθηπότες 6,7, H.: "verdutzt" (EM 85)): "Ils ne peuvent aller jusqu'à l'essentiel, jusqu'à l'étonnement fondamental ... 'Sie können nicht aushalten die scharfe Luft des ewigen Fragens.'"
31) Man wird hier neben der Sprache an die mythische Götterwelt des homerischen Epos zu denken haben (beides sind nach EM gewalt-tätige Entwürfe (120, 131)). Riezlers ähnliche Gedanken (vgl. Riezler 20 ff) dürften von H. angeregt sein.
32) Vgl. das Zitat bei Campbell: "'so gehören das Sosein und Nichtsosein zu demselben Wechselnden'" (398 A. 8).
33) Vgl. o. § 12.
34) Vgl. Campbell 395.
35) Vgl. Hw 40, VA III 43.
36) Vgl. zu dieser Übersetzung oben § 14.
37) Vgl. vor allem Kap. III. A. 18.
38) Hier verbirgt sich nach EM "der Ursprung der nachfolgenden Unterscheidung von existentia und essentia" (EM 138). Man sieht wie in H.s Parmenidesauslegung die Auseinandersetzung mit der Scholastik hineinspielt. In der vorliegenden Arbeit ist es allerdings nicht möglich, auf diese Zusammenhänge näher einzugehen. Vgl. dazu C. Fabro, Participation et causalité selon S. Thomas d'Aquin, Louvain/Paris 1961, und R. Echauri, Heidegger y la metafisica tomista Buenes Aires 1970.
39) H. ergänzt denn auch N II 459 (1941) und Hw 243 (1943) ein ἐόν hinter ἔστι: ἔστι (ἐὸν) γὰρ εἶναι.
40) Zur Differenz von Seiendem und Seiend bzw. 'Identität' von Seiend und Sein vgl. EM 23 f, 100, Hw 161.
41) Vgl. auch N II 362.
42) Vgl. dazu oben § 16.
43) Da dieses Wissen in Parm. B 6,4-9 zu Wort kommt, wird das λέγειν von H. auch von dieser Stelle, d.h. von seiner Nachbarschaft her ausgelegt. Daß H. das λέγειν in B 6,1 von der Zusammengehörigkeit von Sein und Schein, Wahrheit und Unwahrheit her deutet, zeigt an, daß es sich für ihn nicht auf die Disjunktion in B 2 bezieht.

44) Der parataktische Doppelpunkt hat nach EM anscheinend explikative Bedeutung: "Not ist das λέγειν sowohl als auch die Vernehmung, nämlich das Seiend in dessen Sein."(EM 107)
45) Not bedeutet nach dem Grimmschen Wörterbuch (s. s.v.) neben 'Notwendigkeit' auch (1) Gewalt(tat), Kampf und (2) die (damit verbundene) Gefahr und Bedrängnis. (1) ist z.B. an folgender Stelle in EM wenigstens konnotativ enthalten: "Der Logos ist eine Not und braucht in sich Gewalt zur Abwehr des Mundwerks ..." (133). (2) ist wenigstens als Konnotation in folgender Stelle herauszuhören: Vernehmung ist solches, "was Gewalt braucht und als Gewalt-tätigkeit eine Not ist und als Not nur in der Notwendigkeit eines Kampfes ... b e s t a n d e n ⟨Sperrung von mir⟩ wird." (EM 128). Möglicherweise ist an (2) auch an folgender Stelle zu denken: Der Wissende hat "den dritten Weg ... als ständige Not übernommen" (86). Not bedeutet wohl (auch) Mangel, wenn H. sagt, das Denken habe "die Not des Seins im Schein zu bändigen."(83)
46) Während H. in EM bestreitet, daß die ursprünglichste Bedeutung von λέγειν Reden, Sagen ist (EM 95), behauptet er in SuZ, die Grundbedeutung von λέγειν sei "Rede". Reden hat hier allerdings für ihn nicht den Sinn von Sprechen, vielmehr ist λέγειν ein Modus des (allgemeinen) Existenzials der Rede als der Artikulation der Verständlichkeit, und zwar der ausgezeichnete, in dem das Dasein Seiendes an ihm selbst entdeckt, aufweisend sehen läßt (SuZ 32 f, 165). - Daß H. die Bedeutung von λέγειν "Sammeln" in SuZ nicht nur ausklammert, sondern noch nicht vertritt, findet in Folgendem eine Bestätigung: (1) λόγωι in Parm. B 7,5 nennt nach SuZ 'nur' ein Verstehen (223). (2) Während H. in EM hervorhebt, daß Logos in Her. B 1 nicht Rede oder Sagen bedeutet (EM 98 f), ist es für den Logos Heraklits nach SuZ wesentlich, daß er als Sagen vollzogen wird: Der ent-schlossene, nach dem Sein fragende Philosoph ist der, "der ihn ⟨sc. den Logos⟩ sagt" (SuZ 219). Der Logos "sagt, wie das Seiende sich verhält" (219). - Die unterschiedliche Auslegung von λέγειν in SuZ und EM wirkt sich auch - neben der Kehre - auf H.s Auffassung der Formel ἄνθρωπος = ζῷον λόγον ἔχον in jenen Werken aus. Während nach EM jene Definition des Menschen ein Abfall ist gegenüber der

ursprünglicheren Erfahrung, der zufolge gilt: φύσις = λόγος ἄνθρωπον ἔχων (EM 134), spricht sich nach SuZ in jener Bestimmung eine ursprüngliche Erfahrung vom Sein des Menschen aus (er ist das Seiende, "das redet" (SuZ 165)). Das Verständnis der genannten Definition, demzufolge diese den Menschen als vernünftiges Lebewesen bestimmt, ist nach SuZ im Gegensatz zu EM eine spätere Auslegung, die den phänomenalen Boden, dem jene entnommen ist, verdeckt (165). Ganz entsprechend vertritt H. übrigens in SuZ noch nicht die These von EM, daß bei Aristoteles im Gegensatz zu Parmenides der Logos als Aussage bzw. Vernunft zum Gerichtshof über das Sein wird. Überhaupt scheint nach SuZ der Einsturz der Unverborgenheit nicht schon nach Parmenides (wie nach EM), sondern erst nach Aristoteles zu geschehen (vgl. SuZ 225). Im übrigen scheint H. Parmenides und Aristoteles in SuZ in engerer Nachbarschaft zur nachfolgenden, auch neuzeitlichen Philosophie stehend zu sehen als in EM: Das in Parm. B 3 erscheinende Fundament der abendländischen Philosophie macht in deren Geschichte, soweit erkennbar, nach SuZ verglichen mit EM nur geringfügige Wandlungen durch. Auch in GPh betont H. mehr die kontinuierliche Orientierung der abendländischen Philosophie am Subjektsproblem: Die Betonung des Subjekts seit Descartes "verschärft" nur, "was die Antike schon suchte" (GPh 220). Vgl. auch GPh 103 f, 173, 444.

47) Mit "noch" bezieht sich H. auf Heraklit zurück.
48) Andererseits hätte für H. auch die Möglichkeit bestanden, ἐόν in B 8,35 wie in B 8,3 mit "Sein" (EM 73) zu übersetzen. Vielleicht glaubte H. jedoch, mit seiner Deutung von B 8,35 zu einer besonders schlüssigen Erklärung von B 8,35b zu gelangen. Diese hat allerdings den Mangel, daß sie das Subjekt von 8,35b ohne klaren Anhalt im Text ergänzt.
49) Ebenso haben die methodischen Teile von SuZ nicht nur 'formalen' Charakter, sondern bergen für H. eine ontologische These in sich.
50) Zum substantivierten Infinitiv mit instrumentaler Bedeutung vgl. E. Schwyzer 360.
51) Logos heißt für H. schon früh auch Begreifen (GPh 457). Von einem ontologischen Begreifen der Wege des Entdeckens und Verbergens konnte aber bei Parmenides noch keine Rede sein, allenfalls von einem Verstehen.

52) Zu H.s Umgang mit der Sprache bzw. mit den Worten in SuZ und in den späteren Phasen vgl. Allemann 108 ff. - Ähnliches wie für λέγειν läßt sich auch für die griechischen Worte für Sein zeigen. Während H. sich in SuZ mit dem Hinweis begnügt, das Seinsverständnis der Griechen sei am Vorhandenen orientiert, gibt er in EM eine 'etymologische' Interpretation der griechischen Worte für Sein (54 ff). Da sich in SuZ schon Ansätze zu einer 'etymologischen' Auslegung finden (SuZ 54, 219, 222), darf man wohl annehmen, daß das später verstärkt sich durchsetzende 'etymologische' Verfahren zur Vollendung bringt, was H. im Grunde schon in SuZ anstrebte.
53) Ein Beispiel für eine derartige Interpretation findet sich bei Slonimsky. Nach ihm ist Parm. B 3 "die erste Fassung des Gedankens der transzendentalen Deduktion" (40).
54) Die "Grundzüge" der griechischen Welt "tragen" noch die unsrige, "wenngleich verbogen und verschoben, verlagert und verdeckt ..." (EM 96).

ANMERKUNGEN ZU KAPITEL IV

1) Vgl. v.Herrmann (1) 268 ff. - GPh ist nach S. 1 A. 1 die neue Bearbeitung von SuZ I, 3. Der diesbezüglich entscheidende § 21 von GPh denkt das Dasein wie SuZ existenzial-transzendental, nicht ek-sistenzial.
2) SuZ I,3 ist nach HB nicht erschienen, weil das Denken "im zureichenden Sagen" der Kehre von "'Sein und Zeit'" zu "'Zeit und Sein'" "mit Hilfe der Sprache der Metaphysik nicht durchkam" (159). Sprache der Metaphysik ist die transzendental-horizontale Begrifflichkeit, in der H. SuZ I,3 ausarbeiten wollte. H. will in seiner Rückbesinnung auf SuZ I,3 in HB sagen: Die Kehre von "Sein und Zeit" zu "Zeit und Sein" in SuZ I,3 führt als solche, dem Zug der Sache nach erst ganz in die Dimension der Ek-sistenz bzw. Seinslichtung. Wäre SuZ I,3 erschienen und nicht an H.s metaphysischer Begrifflichkeit gescheitert, dann wäre der zureichende Nachvollzug dessen erleichtert, daß das in SuZ versuchte Denken die Metaphysik und ihre Idee der Subjektivität verläßt und in die Dimension von Ek-sistenz und Seinslichtung einkehrt.

3) Vgl. auch SuZ 406, 437, GPh 323.
4) Vgl. v.Herrmann (1) 266, 273.
5) Damit zeigt sich näher, wie H.s formelhafter 'Ausdruck' "Kehre von 'Sein und Zeit' zu 'Zeit und Sein'" (HB 159) auf der Ebene von SuZ zu denken ist: In SuZ I,3 sollte nicht mehr nur wie in SuZ I,1-2 im Hinblick auf die Frage nach dem Sinn von S e i n die Z e i t lichkeit des Daseins herausgearbeitet, sondern von der Struktur dieser Z e i t lichkeit aus die Zeitbestimmtheit des S e i n s aufgewiesen werden.
6) Nach GPh ist der "Horizont der ekstatischen Einheit der Zeitlichkeit" das letzthin Ermöglichende (vgl. GPh 437).
7) v.Herrmann hat wesentliche Gedanken dieser Interpretation schon vorweggenommen ((1) 265 f). Er bezieht sie allerdings auf SuZ I,3 statt auf die Kehre vom frühen zum späten H. GPh § 21 zeigt jedoch deutlich, daß v.Herrmanns Annahme nicht zutrifft.
8) Darum besteht zu der hier vertretenen Interpretation kein Widerspruch, wenn nach SuZ 436 und GPh 26 die Ontologie "auf ein Seiendes", das Dasein, gegründet werden muß, nach dem späten H. jedoch das Denken des Seins "im Seienden" keinen Anhalt sucht (WMN 106): Das Da, Da-sein ist für letzteren kein Seiendes mehr, sondern gehört zur Wahrheit des Seins (HB 190).
9) Nach dem in der letzten Anmerkung Gesagten könnte man annehmen, daß für den späten H. Parmenides λέγειν und νοεῖν nicht mehr als Seiendes verstand. Nach VA III ("Moira") scheint jedoch das parmenideische νόημα Seiendes zu sein (vgl. dazu unten § 33), was wohl nach H. auf die Seinsvergessenheit der Griechen zurückweist.
10) Wie N II 42, 338, 355 zeigt, ist H. möglicherweise die soeben skizzierte Auslegung des Nichts genauerhin in einer seinsgeschichtlichen Auseinandersetzung mit dem Nihilismus innerhalb seiner Nietzscheauslegung erwachsen.
11) Vgl. auch N I 460, ZSF 247.
12) Auch in der temporalen Interpretation des Seins, wie sie H. in ersten Schritten in GPh vorgelegt hat, verbirgt sich entsprechend eine Fehlinterpretation (GPh 459).
13) Vgl. N I 73: "Selbstbehauptung ... ist ständig ein Zurückgehen in das Wesen ... i s t   u r s p r ü n g l i c h e   W e s e n s b e h a u p -

t u n g ". Vgl. hierzu auch Schulz 115 f.
14) Daß beim frühen H. das Dasein den Ort einnimmt, den das Subjekt in der Transzendentalphilosophie innehatte, bestätigt sich in WG: "die Transzendenz bezeichnet das Wesen des Subjekts, ist Grundstruktur der Subjektivität" (WG 34; vgl. auch WM 383 und GPh 220, 444). Der frühe H. strebte deutlich eine Neubestimmung der Subjektivität an (WG 54, 58), und nicht deren Verabschiedung (gegenteiliger Meinung ist v.Herrmann (2) 10).
15) Vgl. zum Folgenden auch Tugendhat 379, Pöggeler 161, 178 f.
16) Daß das Sein die Gewalt-tätigkeit braucht, um als solches zu erscheinen, ist 'derselbe' Gedanke wie der in SuZ, daß es Sein nur 'gibt', wenn Wahrheit ist (SuZ 230). Das führt darauf, daß hinter dem Wandel des H.schen Ansatzes (von der Geworfenheit ohne Werfer in SuZ zum Geworfensein durch das Sein in EM) unter anderem auch die These von der "Abhängigkeit des Seins ... von Seinsverständnis" (212) steht: Wenn es Sein nur 'gibt', wenn Wahrheit ist und zum Sein der Wesensbezug des Erscheines gehört, dann liegt eben letztlich im Wesen des Seins der 'Grund', weshalb Wahrheit ist und der Mensch in den 'Vollzug' derselben geworfen ist.
17) Vgl. hierzu auch Allemann 81.
18) Pöggeler 286.
19) Para-taktisch ist die Übersetzung, weil die Worte in ihr "nebeneinander gereiht" sind, einander unverbunden folgen (WD 111) und nicht miteinander (syn-taktisch) verbunden sind wie zumeist im gewöhnlichen Sprechen. H. gibt selbst ein Beispiel für ein paratakisches Sprechen aus der Kindersprache: Wauwau, bös, beißen (112). Ein weiteres Beispiel nennt Seidel 78 A. 73: vini, vidi, vici. Parataktisch ist auch H.s Übersetzung von Her. B 50 in VA III (22).
Die Bezeichnung des χρή-Satzes als paratakisch ist für H. nur eine Verlegenheit, da der Satz für ihn auch im Zwischenfeld zwischen den Worten, das die Doppelpunkte anzeigen, spricht (WD 114). Vielleicht sind die Bezüge, die H. im χρή-Satz zu Wort gebracht sieht, das 'in' den Doppelpunkten Gesprochene: "Das Bestimmende für das Wesen von λέγειν und νοεῖν ist ... Jenes, dem ihr Gefüge sich fügt. Sie fügen sich ... Solchem, was über das λέγειν und νοεῖν verfügt, indem es beide an das verweist..., worauf beide sich beziehen. Das ist

das ἐὸν ἔμμεναι ." (139)
20) Die Grundzüge des metaphysischen Denkens erscheinen für H. wohl deshalb bei Parmenides zum ersten Mal (WD 119), weil dieser zum ersten Mal die Zwiefalt beachtet.
21) H. scheint sogar beides stellenweise in eins zu setzen: "Vom Urteilen der Vernunft ... hörten wir durch den Spruch des Parmenides."(WD 138) Das Wesen des überlieferten Denkens kommt "durch die Übersetzung des Parmenides-Spruches zum Vorschein" (139).
22) In gewisser Hinsicht wird diese Wesensverschiedenheit in WD sogar noch verschärft. Im Gegensatz zu EM (129) hat Parmenides nach WD noch keinen festen Begriff vom Denken wie die spätere Logik: Weil in seinem λέγειν τε νοεῖν τε das, was später Denken heißt, erst angesagt wird, spricht der Spruch nicht über das Denken, als wäre es eine klar entschiedene Sache, sondern geleitet erst zum Wesen des Denkens hin (WD 119); entsprechend bereitet sich die Eingrenzung des Denkens durch einen Begriff erst vor (126).
23) Lassen hat hier wohl den Sinn von Freigeben: Nach VA III 41 ist das Vorliegen-lassen ein Entlassen des Vorliegens des Vorliegenden.
24) Ebenso bedeutet nach H.s Auslegung in WD λόγωι in Parm. B 7,5 nicht 'sagen', 'reden'.
25) Bezeichnenderweise fehlt beim späten H. die zur Gewalt-tätigkeit gehörige Terminologie (bis auf PLW 129) ganz. An einer Stelle wird sie sogar zurückgewiesen (WM 371). Zwar bleibt das λέγειν τε νοεῖν τε in Parm. B 6,1 beim späten H. in gewisser Hinsicht dasselbe wie die Gewalt-tätigkeit von EM, insofern es nämlich wie diese ein Entwerfen des Seins, ein Scheiden von Sein und Schein und ein Offenstehen für die Unheimlichkeit des Seienden ist (entsprechend ist das λέγειν nach WD "etwas Un-geheures"(WD 171) und das Anwesen der Götter nach SG das Unheimlichste (SG 140)). Doch verliert es das Spezifische der Gewalt-tätigkeit, Kampf des auf sich selbst gestellten, sich behaupten wollenden Fragenden gegen die Übermacht des Seins zu sein.
26) Vgl. auch Richardson 603 f.
27) H. macht anderenorts seine Sicht des Unterschiedes zwischen parmenideischem und platonisch-aristotelischem Denken noch wie folgt deutlich: Wie für H. so ist auch für die Frühzeit der Metaphysik Denken "engagement durch und für die Wahrheit des Seins"

(HB 146), die, wenn auch ungegründet, schon im ersten Anfang der abendländischen Geschichte west (N II 29). Mit dem beginnenden Herausfallen aus dem Element des Seins bei Platon und Aristoteles verliert das Denken seinen Wesenszug, engagement für die Wahrheit des Seins zu sein. Statt dessen beginnt sich eine technische Interpretation des Denkens – sie hat ihre Anfänge schon bei Platon (HB 146) – durchzusetzen, der das Denken als eine τέχνη, als ein Verfahren des Überlegens im Dienste des Tuns und Machens gilt (a.a.O.). Um die Eigenständigkeit des Denkens zu retten, wird es dann als theoretisches Verhalten im Unterschied zum praktischen bestimmt, wobei die Auslegung des Denkens die τέχνη als leitenden Hinblick behält. Für die 'Vorsokratiker' ereignet sich das Denken dagegen (wie für H.) vor der Unterscheidung von Theorie und Praxis (188), ist es ein Handeln im Sinne des Vollbringens des Bezugs des Seins zum Wesen des Menschen (145).

28) Die Position des späten H. ist hier nicht ganz konstant. Während nach ZSD die ganze (!) Metaphysik das Sein des Seienden zu Begriff bringt (ZSD 31), kommt es nach ZSF 230 und VA III 30 erst in der Neuzeit zum begreifenden Vorstellen.

29) Für das parmenideische νοεῖν läßt sich das noch wie folgt zeigen: Nach EM ist es wohl wesentlich ein Wissen-wollen (EM 16). Demgegenüber ist es wohl einem selbstinterpretierenden Zusatz H.s in EM (16) und seiner 'Einheit' mit dem λέγειν, Vorliegen-lassen nach WD zufolge für den späten H. wesentlich a u c h ein "Lassen" ('neben' dem Vorstellen).

30) Diese Absetzung von Parmenides dürfte H. in seiner Früh- und Mittelphase noch nicht so scharf vollzogen haben, da er sich hier selbst noch nicht 'bewußt' dem Vorstellen entwunden hat.

31) Diese Beziehung ist zu denken als "Bezug des Seins zum Menschenwesen" und "Beziehung dieses Wesens zum Sein" (WD 45). Sie trägt "alles", insofern sie das Erscheinen des Seins und das Wesen des Menschen zum Austrag bringt (45); sie gehört also in die Nähe dessen, was H. in ἀλήθεια und Ereignis denkt (vgl. dazu u. §§ 32, 35).

32) Nach EM steht χρή in Parm. B 6,1 für Notwendigkeit, Zwang, Kampf (vgl. oben § 31), da das Sein den Menschen in die Gewalt-tätigkeit wirft, zwingt (EM 125, Pöggeler 187). Diese Deutung des χρή muß

in WD schon deswegen entfallen, da das Sein den
Menschen jetzt nicht mehr in einen Kampf zwingt
(das Geschick ist nach VA I 24 kein Zwang). Die
'etymologische' Auslegung des χρή von ἡ χείρ, die
Hand her ist schon im Anaximanderaufsatz vorbereitet (Hw 337). Die sonst aber von der Auslegung des
χρή in WD wesentlich abweichende Interpretation
des χρεών in Hw zeigt an, daß H. zu jener nicht
mit einem Schritt gekommen ist und die Modifikation der Auslegung des χρή in WD durch mehrere
Faktoren bedingt ist. - Seltsamerweise ist H. zuletzt zu seiner Position in EM zurückgekehrt: nach
ZS 18 bedeutet χρή "es tut not".

33) H. nimmt sie zuletzt in ZSD 38 (1962) auf.
34) Wie die Auslegung des Gehens als Bewegung und andere Beobachtungen zeigen, tritt das Grundwort Weg
und die geschichtliche 'Kontingenz' des Denkwegs
in WD und beim späten H. überhaupt (vgl. z.B. WD
82, 103, 156, 160 f, 164 f, SG 106) stärker hervor
als in EM, was wohl mit H.s Besinnung auf die Wandlungen seines eigenen Denkens zusammenhängt: "Die
Wege der Besinnung wandeln sich stets, je nach der
Wegstelle, an der ein Gang beginnt, je nach der
Wegstrecke, die er durchmißt, je nach dem Weitblick,
der sich unterwegs in das Fragwürdige öffnet."(VA
I 62) Da das Sein letztlich nur fragend gewußt
wird (EM 157), entspricht ihm das Denken in einem
ständigen Fragen, somit in einem Unterwegsbleiben
(WD 164).
35) Hinter dieser Auslegung steht, daß H. die dis-junktive Struktur von Parm. B 2 nicht gesehen hat: nur
darum konnte sich ihm der in EM erkannte gegensätzliche Charakter von Sein und Nichts bei Parmenides
z.T. wieder verstellen.
36) Wenn sich Parmenides nach SuZ auch von 'sich' aus
für die 'Wahrheit' entscheidet, so ist diese Entscheidung schon nach jenem Werk eine bedingte
(durch das In-der-Wahrheit- und -Unwahrheit-sein
des Daseins). - Entsprechend dem Zurücktreten des
Entscheidungsgedankens interpretiert der späte H.
die Ent-schlossenheit nicht mehr als Zueignung der
vereinzelnden Verantwortung, sondern als Vereignung
des Menschen in das ihn angehende Sein (vgl. Pöggeler 172). Allerdings gehört auch zu letzterer ein
Frei-sein: Das Denken ist ein freies Sicheinlassen
auf das Seiende (ID 52 f). Nur denkt der späte H.
die Freiheit nicht mehr als eine zum Menschen als
solchen gehörige Struktur, sondern als vom Sichge-

ben der Zwiefalt gewährt (WD 153). Man kann sich fragen, warum das Geheiß, wenn es schon Freiheit gewährt, nicht auch in das Entscheiden schickt. Vielleicht kann die Antwort hierauf lauten: (1) Die Entscheidung, die den Menschen ins Denken bringt, ist für den späten H. die des Seins und nicht mehr die des Menschen. (2) Für den späten H. ist das Denken kein Wollen, sondern ein Lassen. Das Entscheiden fürs Denken gehört jedoch für den frühen und mittleren H. mit dem Wissen-wollen zusammen.

37) Vgl. SG 125, Phänomenologie und Theologie S. 41.
38) Die etymologisierende Auslegung von νοεῖν und seiner Derivate führt in VA offensichtlich zu einer durchgreifenden Modifikation der Auslegung auch von Parm. B 8,34: νόημα übersetzt H. in EM noch mit Vernehmung (EM 106,132). Die Endung -ung sollte wohl das -ημα erfassen. Nach VA III geschieht dies mit der Bildung Ge-danc. Der Schritt von Vernehmung zu Ge-danc schließt auch eine deutlichere Differenzierung zwischen νοεῖν und νόημα ein: Während in EM Vernehmung von Vernehmen sachlich nicht wesentlich unterschieden ist, ist nach VA III νόημα "das in die Acht Genommene eines achtenden Vernehmens"(VA III 38),das " νοούμενον des νοεῖν" (39). Man könnte also annehmen, νόημα bedeute nach VA III "ce qui est pris dans l'attention du noein" (Laffoucrière 57): "Die Zwiefalt birgt in sich das νοεῖν u n d sein Gedachtes (νόημα) ... Vernommen aber wird im Denken das Anwesen des Anwesenden."(VA III 49) Als Gedanc scheint νόημα aber eher ein nomen rei actae zu sein. Darauf weisen auch folgende Sätze: "Das νοεῖν ist ... ein Gesagtes. Allerdings ist nicht jedes Gesagte ... ein Gesprochenes. Es kann auch ... ein Geschwiegenes bleiben ..."(39). Zuweilen übersetzt H. νόημα einfach wie νοεῖν (dem entspricht auch, daß es mit νοεῖν in B 8,36 in Parallele steht): "Das Denken west der ... Zwiefalt wegen an" (38). "'Das Selbe ist In-die-Acht-nehmen und (jenes), unterwegs zu dem das achtende Vernehmen." (42)
39) Das ἔστι in Parm. B 8,34b nennt nach VA III den Wesensbezug des νόημα auf die Zwiefalt: "Auf die Zwiefalt z u west das in-die-Acht-Nehmen das Sein an. In solchen An-wesen gehört das Denken dem Sein zu." (39) Man beachte die unterschiedliche Übersetzung des ἔστι in EM ("geschieht") und in VA ("anwest").

40) H. denkt hier unter anderem an Stellen wie Parm.
B 6,2b, B 1,28 f, B 6,1.
41) H. sagt genau besehen nur Folgendes: Parmenides
hat die Aletheia im Gehör als das, was in das zu
Denkende die Weisung gibt. Dieses ist "im Rätselwort τὸ αὐτὸ ... genannt, welches Genannte vom
Verhältnis des Denkens zum Sein ausgesagt wird"
(VA III 45). Die Selbigkeit von Denken und Sein
nennt streng genommen nur deren Verhältnis, nicht
aber die Aletheia als Grund, in welchem jene übereinkommen (37). Nicht unzufällig wird H. in ID
zwischen der Selbigkeit des αὐτὸ und dem Zusammengehörenlassen des Ereignisses (der Aletheia) unterscheiden (ID 31).
42) In WD scheint H. Parm. B 3 letztlich wie in VA zu
interpretieren: "Welches ist das Element, worin
beide /sc. Sein und Denken/ zusammengehören? Ist
es das νοεῖν oder das εἶναι oder keines von beiden? Also ein drittes, das in Wahrheit für beide
das erste ist ...?" (WD 147). Schon nach N I meint
τὸ αὐτὸ in Parm. B 3 "ein Drittes oder Erstes,
das die Zusammengehörigkeit beider trägt: die
ἀλήθεια" (N I 528). Nach EM nennt das αὐτὸ zwar
noch das ἓν des Seins, doch bereitet sich die
Wandlung schon vor, insofern die Unverborgenheit
als das Innere, als der waltende Bezug zwischen
φύσις und λόγος gedacht wird (EM 145).
43) H. sieht ursprünglich den richtigen Zusammenhang:
"Fügt er doch ... durch ein γὰρ ... anknüpfend,
eine Begründung bei ..." (VA III 46).
44) Vgl. auch Pöggeler 201.
45) Im κρύπτεσθαι von Her. B 123 ist nach ZSD "zum ersten und zum letzten Mal das ausgesprochen, was
der Entzug ist" (ZSD 56). Auch nach SG 113 f ist
Her. B 123 seinsgeschicklich auszulegen. Eine
seinsgeschichtliche Interpretation des Fragments
fehlt noch beim mittleren H. (EM 87, WM 370 f, VA
III 66 ff).
46) Man kann sich nach der Berechtigung fragen, mit der
H. so verschiedene Sätze wie
(1) die Moira hat das ἐόν (in die Zwiefalt entbunden und so) in die Gänze und Ruhe gebunden (VA
III 48 f), und
(2) dadurch alles Anwesende im vermeintlichen Entbergen anwest, das die Herrschaft der Wörter
erbringt (51),
in Parm. B 8,37 ff miteinander verknüpft sein lassen kann. In (1) ist doch nur vom Entbergen der

Zwiefalt die Rede und nicht auch von der hierin
waltenden Verbergung. Erst letzteres würde (2) zureichend begründen. Nach H.s Ansicht kann (1) wohl
deshalb (2) begründen, weil (1) die Entfaltung der
Zwie-falt nennt (d.h. τό γε sich nicht auf ein
εἶναι, sondern auf das zwei-deutige ἐόν bezieht)
und damit auch das Erscheinen des Seienden,mithin
die Möglichkeit des Verstellens des Seins durch
das Seiende einschließt. Daß in (2) von ὄνομα die
Rede ist,in (1) hingegen ein Korrelat dazu (λέγειν
oder dergleichen) nicht auftritt, war für H. wohl
deshalb keine Schwierigkeit, weil die Entfaltung
der Zwiefalt sich für ihn als φάσις ereignet.

47) Das Identische spricht nach ID bei Parmenides "in
einem fast übermäßigen Sinne" (ID 18). H. könnte
neben B 3 und B 8,34 auch auf B 8,29 verweisen:
ταὐτόν τ' ἐν ταὐτῶι τε μένον. Hier kann Identität (unter H.s Voraussetzungen) allerdings nur
als Grundsatz des Seins, also im Sinne der späteren Tradition ausgelegt werden.
48) Vgl. v.Herrmann (1) 206.
49) Das Sein kann nach HB überhaupt nur vom Denken voll-
bracht werden, weil es "schon ist" (HB 145), und
die Sage des Denkens "läßt das Sein - sein" (188).
Die Lichtung des Seins ist übrigens schon nach Hw
41 (1936) seiender als das Seiende.
50) Vgl. auch H.s Bemerkung im Passus zu Parmenides in
"Wozu Dichter?" (1946): "Aber eigentlich anwesend
ist nur das Anwesen ..." (Hw 277).
51) In der KTS entsprechenden Paraphrase des parmenideischen ἔστι γάρ εἶναι als 'Sein gewährt, gibt
Anwesenheit', bräuchte 'Sein' nur durch 'Ereignis'
'ersetzt' und dieses als ungenannt aufgefaßt werden, um zur 'verborgenen' Bedeutung jener parmenideischen Worte nach ZS zu gelangen: Es, d.h. das
Ereignis, gibt das Sein.
52) Vgl. auch ZSD 3,4 f, 8,19, 29, SG 93.
53) H. zitiert von Trakl Stellen aus "Psalm" und "de
profundis".
54) Vgl. hierzu ZS: "Im Hinblick auf das Anwesende gedacht, zeigt sich Anwesen als Anwesenlassen." (5)
Erst im Folgenden vollzieht H. in KTS wie in ZS
den Schritt zurück.
55) H. scheint hier auf Aristoteles, Met. Δ 7 1017a-7
ff anzuspielen:
Τὸ ὂν λέγεται τὸ μὲν κατὰ συμβεβηκός τὸ δὲ καθ'
αὐτό ... καθ' αὐτὰ δὲ εἶναι λέγεται ὅσαπερ σημαίνει τὰ σχήματα τῆς κατηγορίας.

56) Hinter dieser Erkenntnis stehen wahrscheinlich nicht nur Einblicke in das 'sachlogische' Verhältnis von ἀλήθεια zu den verba dicendi, sondern wohl auch die skizzierten Verschiebungen in H.s Auslegung von Lichtung und Wahrheit. Diese gaben wohl den Blick für jenes Verhältnis frei.
57) Vgl. zur Stelle Marx (3) 103.

ANMERKUNGEN ZU KAPITEL V

1) Als Subjekt wurden vorgeschlagen: das Seiende (u. a. von Diels 33, Reinhardt 35), die Realität (Verdenius (1) 32 A. 3), die Wahrheit (Verdenius (2) 237), ὁδός (Untersteiner 85 ff), "was man erkennen und sagen kann" (Owen 94 f, Guthrie 15 ff). Gegen ein Subjekt wurde mit Recht geltend gemacht: (1) Nach B 2,1 ist B 2 der Beginn der Argumentation, die Göttin w i r d sprechen (ἐρέω), und P. soll die folgende Rede aufnehmen. Weil der unmittelbare Kontext somit auf kein bestimmtes Subjekt führt, ist man nicht berechtigt, ein solches zu ergänzen. Es wäre unverständlich, warum P. seine Leser das Subjekt hätte raten lassen.
(2) 8,1 μόνος δ' ἔτι μῦθος ὁδοῖο λείπεται ὡς ἔστιν und 8,16 ἔστιν ἢ οὐκ ἔστιν zeigen, daß für P. mit dem subjektlosen ἔστιν gesagt ist, was zu sagen war.
Heitsch übersetzt ἔστιν mit "es ist gegenwärtig". (Heitsch (3) 21, (4) 86 f, 141). B 2,6 ff würde dann einen allwissenden νόος voraussetzen, dem alles gegenwärtig ist (vgl. Heitsch (3) 28 f). Doch kann B 4 kaum vor B 2 gestanden haben, und in B 2 selbst führt nichts darauf, daß jene Voraussetzung gemacht ist. Ferner wäre dann nicht recht klar, mit welchem Recht der erste Weg von P. eine ὁδὸς διζήσιος genannt werden kann. (Heitschs These, εἶναι bedeute bei P. 'gegenwärtigsein', scheitert auch an B 6,1: ἐὸν ἔμμεναι kann hier unmöglich in diesem Sinne verstanden werden.)
2) (1) Mourelatos argumentiert, daß der Ausschluß negativer Existenziale keinen Schluß zuließe über das Wesen des Seienden ((2) 274). Doch zeigt P. B 8,6 ff, daß Werdendes ein existenziales οὐκ ἔστιν impliziert und darum nicht ist (8,8 f). Die existenziale Bedeutung dieses οὐκ ἔστιν ergibt sich daraus, daß P. dafür auch μὴ ἐόν (8,7), μηδέν

(8,10) sagt, womit offenkundig das Nichtexistente gemeint ist.
(2) Mourelatos' Übersetzung des ὡς οὐκ ἔστιν als 'wie es nicht ist' oder 'daß es nicht so oder so ist' (so schon Patin, Kahn, Boeder, Heidegger) ist vom Kontext her unhaltbar. Denn wie das Seiende nicht ist, läßt sich sowohl erkennen und aussagen. Man kann durchaus sagen und erkennen, daß das Seiende nicht entstanden ist. Der zweite Weg wäre ferner nach Mourelatos' Übersetzung von B 2,5, und das gilt überhaupt für jede Deutung des parmenideischen ἔστιν als ein veritatives, durchaus identifizierbar mit dem der Doxa oder dem ihrer Widerlegung (er wäre also nicht notwendig der des absoluten Nichtseins). Doch wird der der Doxa entsprechende Weg erst 6,4 ff eingeführt (vgl. §40).
(3) Seltsam wäre, warum P. den kopulativen Charakter des Ist verstellt, indem er es auch als Infinitiv formuliert: οὐκ ἔστι μὴ εἶναι (2,3), χρεών ἔστι μὴ εἶναι (2,5). Warum sagt P. im letzteren Falle nicht: es ist richtig, zu sagen, daß - ist nicht -?
(4) Die Interpretation von οὐκ ἔστ(ι) in 8,20 als Kopula ist unmöglich (vgl. § 38 Haupttext).
(5) "Die Sonne ist nicht Nacht" ist innerhalb der Doxa durchaus eine sinnvolle Aussage, die entgegen 2,6-8 durchaus zu einem Ergebnis führt (nämlich daß die Sonne Licht ist). Mourelatos nimmt an, daß Urteile dieser Art aus dem möglichen Aussagen ausgeschlossen seien ((2) 79). Diese wichtige Voraussetzung bliebe bei P. unverständlicherweise unbewiesen.

3) So Mansfeld (1) 82, Tarán 33 ff, Bormann 93 ff, Guthrie 14 ff.
4) Hölscher ((3) 78) verweist zur Begründung des allgemeinen Subjekts des ἔστιν auf Schwyzer 244 f. Vgl. ferner Gorgias B 3: τρία ... κεφάλαια κατασκευάζει, ἕν ... ὅτι οὐδὲν ἔστιν, δεύτερον ὅτι εἰ καὶ ἔστιν, ἀκατάληπτον ἀνθρώπωι ...
5) Wie Mansfeld ((1) 56 ff) gezeigt hat, enthalten B 2 und B 8,15 ff jeweils ad unguem alle Elemente einer exklusiven Disjunktion im modus tollendo ponens. Diese Elemente sind im einzelnen:
(1) Nach B 2,2 αἵπερ ὁδοὶ μοῦναι διζήσιός εἰσι νοῆσαι und ἡ μέν/ἡ δέ in 2,3 bzw. 2,5 haben wir in B 2 eine umfassende und exklusive Alternative vor uns.
(2) 2,3 und 2,5 sind sich gegenseitig ausschließende Gegensätze, ebenso ἔστιν ἢ οὐκ ἔστιν (8,16).

(3) 2,6-8 enthält die Aufhebung der zweiten Möglichkeit der Alternative.
(4) Die Konklusion lautet 8,15-18: ὥστε πέλειν καὶ ἐτήτυμον εἶναι (der Weg des Seins ist ein wirklicher, gangbarer Weg (vgl. § 43)). In B 2 ist die Konklusion nicht überliefert oder ist in 2,4 vorgezogen.
Die Gegenannahme, P. argumentiere nicht, sondern biete in B 2 nur eine überblickartige Aufzählung aller überhaupt 'denkbaren' Wege, scheidet aus, da er dann auch den dritten Weg hätte aufführen müssen; er führt ihn jedoch erst in B 6,4 ein, und zwar auf solche Weise, daß die Annahme unvermeidlich ist, dies geschehe zum ersten Mal (vgl. Klowski, Konstitution 406).

6) Daß 8,19 an 8,13b f anknüpft, wird noch wahrscheinlicher, wenn für 8,19 die Karsten-Kranzsche Emendation (ἀπόλοιτο) richtig ist. Sie scheint mir denn auch dem in den MSS überlieferten ἔπειτα πέλοι τὸ (ἐόν) vorzuziehen: γένοιτο 8,19b ist temporal unbetont, wozu ein temporales ἔπειτα πέλοι nicht gut paßt. Hölscher ((3) 53) bemerkt richtig, daß statt πέλοι das Futur gefordert wäre entsprechend B 19,2; auch könne die epische Wendung (Il. 9,437, Od 1,65) nur wie folgt verstanden werden: "Wie könnte dann Seiendes sein?". Daß auch die Gedankenführung des Abschnitts 8,13b-21 mit ἀπόλοιτο um einiges klarer würde, liegt auf der Hand. Der Einwand, daß 8,20 das Vergehen nicht erscheint, ist nicht stichhaltig. γένοιτο 8,19b wird vom ganzen Vers aufgenommen, der es in Vergangenheit und Zukunft auffächert. Entsprechend geschieht es auch mit dem Wachsen in 8,7 ff, wobei auch hier nicht ausdrücklich auf das Vergehen eingegangen wird (vgl. unten § 47), das aber gleichwohl, wie 8,14 zeigt, als widerlegt gilt. Die Verschreibung von ὅ zu ἑ erklärt sich aus der Silbenfolge ΠΕ im voranstehenden ἔπειτ'.

7) Schofield (125) hat angenommen, 8,20 werde auf das Werden in der Zukunft angewandt, was 8,6b ff für das Werden in der Vergangenheit gezeigt wurde. Er übersetzt: "Just as, if it came to be, it is not, so also, if it is one day going to exist, it is not."(a.a.O.) Doch scheint mir diese Übersetzung mehr zu ergänzen, als man darf. Ferner hebt Schofield unnötigerweise den Zusammenhang mit dem Kontext auf (Schofield (126) hält 8,19-21 für eine Interpolation). Er übersieht auch, daß das Werden

in der Zukunft bereits besprochen ist (nämlich 8, 12 f,vgl. § 47).
8) Es ist nicht anzunehmen, daß οὐκ ἔστ(ι) in 8,20 ein allgemeines Subjekt hat, da 8,21 voraussetzt, daß Werden schon negiert ist, was bei οὐκ ἔστ(ι) mit allgemeinem Subjekt aber nicht der Fall wäre. Das elliptische ἔστιν nach οὐδ' ist 'unterminologisch' gebraucht, folglich kann οὐκ ἔστ(ι) ebenfalls keine terminologische Bedeutung haben.
9) Zur Bedeutung von χρεών ἐστι vgl. Kap. V A. 134. - μὴ εἶναι ist von χρεών ἐστι abhängig, da dieses ein Impersonale ist. Das legt es nahe, auch 2,3b den Infinitiv von οὐκ ἔστι abhängig sein zu lassen. Würde man "Nichtsein ist nicht" übersetzen, würde auch für ὅπως ἔστιν ein (impliziertes) Subjekt nahegelegt, doch vgl. dazu Kap. V A. 1.
10) Vgl. auch Kap. V A. 5. - B 2,2 ist zu übersetzen mit: 'welche Wege der Untersuchung es allein zu erkennen gibt' (so zuerst Mourelatos (2) 55 A. 26, gefolgt von Kahn, Thesis 703 A. 4). Man vermeidet damit folgende Schwierigkeiten der üblichen Übersetzung des εἰσι νοῆσαι mit 'es ist möglich zu denken' oder Ähnlichem:
(1) Es sind nicht mehr zuerst zwei Wege erkennbar (2,2), dann aber nur noch einer (2,7).
(2) Man kann νοεῖν seinen normalen Sinn 'Erkennen' geben und braucht es nicht mit 'Vorstellen' zu übersetzen, um nicht in Widerspruch mit 2,7 f zu geraten.
Streng genommen ist die Ausschließlichkeit der zwei Wege das 'Objekt' des Erkennens. Das νοῆσαι 2,2 erhält seinen Sinn von μοῦναι her (vgl. Heitsch (3) 14).
11) Zur Stelle vgl. § 40.
12) Wenn die Krisis und d.h. ihr Ergebnis, daß nur der Weg des "-ist" gangbar ist, das Kriterium der Forschung ist, dann kann das nur bedeuten, daß der präzise Sinn des Ist Kriterium der Forschung ist. Sonst wäre jenes Ergebnis gar nicht verstanden.
13) So schon Tarán (37). Seine Begründung, alle Termini für Sein seien bei P. synonym (37), ist allerdings nicht stichhaltig. P. unterscheidet wohl zwischen dem "-ist" der Krisis und dem Seienden. Die angebliche Synonymität führt Tarán zu einer Identifikation des "-ist" mit dem Seienden, dessen 'Prädikate' darum nach Tarán nur negativen Charakter haben können, doch vgl. dazu § 44. Gegen Tarán ist auch

einzuwenden, daß auf der Grundlage seiner Position nicht einsichtig wird, warum P. im allgemeinen nur vom "Seienden" spricht und das Sein nur in der Krisis (8,1 f, 8,9) in Verbform ausspricht. Taráns Annahme ist aber nicht völlig falsch: Nicht nur ist das Sein in Unterschied zum Seienden bei P. nirgendwo erkennbar thematisiert, es gibt vielmehr Anzeichen auch dafür, daß er diesen Unterschied verwischt hat: φύσις bedeutet 16,3 das 'Wesen', die 'Natur' der Glieder. P. behandelt sie wie ein Seiendes, da sie zu erkennen vermag: τὸ γὰρ αὐτό ἐστιν ὅπερ φρονέει μελέων φύσις. Wäre φύσις hier streng gefaßt als 'Wesen', 'Sein' oder ähnlich, würde P. nicht sagen, daß sie etwas erkennt. φύσις ist also offenbar ein Seiendes (nur dieses kann erkennen). Gemeint sind die Elemente: Sie konstituieren das 'Sein' der Glieder, das aber zugleich als Seiendes vorgestellt wird.

14) Das widerspricht nicht der Behauptung, P. habe Sein und Seiendes nicht unterschieden (Kap. V A. 13). Der Unterschied von Sein und Seiendem ist bei P. zwar da, er wird aber nicht thematisch. Thematisch wird nur (1) das Seiende, (2) der absolute Gegensatz Sein-Nichtsein (bzw. die Erkennbarkeit seiner Glieder). Der Unterschied von (1) und (2) ist für P. nicht der zwischen Seiendem und Sein, sondern der zwischen (1) dem konkreten Wie-Sein des Seienden und (2) dem allgemeinen Kriterium für die Erkenntnis dieses Seins. Wie wenig P. der Unterschied des Seins vom Seienden bewußt ist, zeigt sich in seinem direkten Schluß vom Sein auf das Seiende (vgl. § 38 Haupttext).

15) Παναπευθής kann unerkundbar oder nichts erkundend heißen. Das zweite ist wohl das Richtige, weil ὁδός der räumlich erstreckt und gerichtet vorgestellte Gang (der Untersuchung) ist. Ein solcher Gang ist jedoch "nichts erkundend" und nicht unerkundbar. - Dafür daß ὁδός bei P. Weg im Sinne von Gang bedeutet, spricht (1) das Attribut διζήσιος, (2) daß die Sterblichen auf einer ὁδός umherirren (πλάττονται 6,5) und dieser Weg παλίντροπος ist (6,9), (3) der Ausdruck ὁδὸν δαίμονος (1,2 f) (vgl. hierzu auch O. Becker 19, 242, Fränkel WF 158). Das Moment der Erstreckung kommt in den Wegzeichen (8,2) zum Ausdruck. - Der Terminus δίζησις legt es nahe, einen Zusammenhang mit jonischer ἱστορίη anzunehmen, die mit diesem Wort ebenfalls die methodische Untersuchung eines Seienden

bezeichnen kann (vgl. Her. B 101, B 45; Hdt. 1, 139, 4,52. Hdt. 4,52 verknüpft ὁδός und δίζημαι unmittelbar).

16) Ungenauigkeiten in der Ausführung der Disjunktion (2,4 scheint das Ergebnis vorwegzunehmen, οὐ γὰρ ἀληθής ἐστιν ὁδός 8,17-18 ist in seiner logischen Funktion unklar, τήν δ'... καὶ ἐτήτυμον εἶναι 8,18 entspricht nicht der von B 2 her zu erwartenden Konklusion und scheint wie 2,4 und 2,6 eher eine Charakterisierung des ersten Weges zu sein) verstärken den Eindruck, daß P. keine logische Methode unabhängig von seiner Ontologie gekannt hat. Vor Aristoteles läßt sich keine Logik als Reflexion über Beweisverfahren nachweisen (vgl. Kahn, Rez. Mansfeld S. 114).

17) Anders Bormann 75 ff. Sein Versuch zu zeigen, daß sich bei P. Wirklichkeit, Notwendigkeit und Möglichkeit nach B 8,9 einander implizieren, scheitert an B 2,3b: οὐκ ἔστι μὴ εἶναι bedeutet nicht: es ist nicht nötig, daß - nicht ist, eine im Zusammenhang unsinnige Aussage.

18) Vgl. z.B. Od. 4,655 (weitere Beispiele Kühner-Gerth II 1. Bd. 576 (§ 457,1). - Eine stilistische Parallele des τό in B 6,1 ist bei Parmenides τοῦτο in B 7,1.

19) Zuerst in "Parmenidesstudien" NGG 1930-31 S. 181 A. 3. Später in WF S. 185 A. 4.

20) "... was möglich oder zulässig ist, das kann auch nicht sein" (Picht 242).

21) Vielleicht aufgrund solcher Überlegungen übersetzte Fränkel ἔστι γὰρ εἶναι mit "es gibt Sein", obwohl er das ἔστι 'potential' deutet (DPh 403 A. 13).

22) So Mansfeld (1) 90, Reinhardt 35. - Soweit ich sehe, hat zuerst Tarán erkannt, daß μηδὲν δ' οὐκ ἔστιν nicht dasselbe ist wie der zweite Weg (59 ff). Es entspricht am ehesten dem οὐκ ἔστι μὴ εἶναι 2,3b.- Bei Tarán findet sich zum ersten Mal der Gedanke, daß man nach 6,3 eine Lücke anzunehmen hat. (Leider hält er daran nicht fest.) Vgl. hierzu besonders Heitsch (3) 42 ff, (4) 148.

23) Der mit πρώτης γάρ usw. eingeführte Weg (6,3) wird als Begründung des Vorhergehenden eingeführt (γάρ). Das wird am ehesten verständlich, wenn man hier den Gedanken der exklusiven Disjunktion im modus tollendo ponens annimmt: Weil der zweite, in 6,3 eingeführte Weg falsch ist, kann nur der erste richtig sein. Für diese Aussage kommt jedoch nur

der χρή-Satz in Frage (s.o.).
24) Diese These wurde zuerst 1850 von J. Bernays (Rh. Mus. 7. Jg. 1850 S. 114 A. 2, vgl. auch Ges.Abh. 1885 Berlin S. 62 A. 1) aufgestellt und in der Folgezeit unter anderem von Patin (Parmenides im Kampfe gegen Heraklit), Diels (68), Burnet (174 A. 3) und unter den Neueren unter anderem von Kranz (1173 ff), Tarán (69 ff), Schwabl und Raven verteidigt. Für Schwabl sind die Sterblichen auf dem Nebenwege "alle jonischen Physiologen, einschließlich des Heraklit" ((1) 415), für Raven die Pythagoräer (Pythagoreans and Eleatics, Cambridge 1948 S. 41 f).
25) Vgl. Heinimann 75 f, Reinhardt 85 ff.
26) Vgl. Mourelatos (2) 67, 67 A. 48, Deichgräber 22 A. 2.
27) Vgl. dazu auch Stokes Cl.Rev. N.S. 10 1960 S. 193 f.
28) Zum Problem des Bezugs zu Heraklit vgl. Mansfeld (1) 32 ff, Guthrie 23 f, Hölscher (3) 86 f, Kirk, Heraclitus 210 ff.
29) Da P. den Unterschied von (formaler) Logik und Ontologie wahrscheinlich gar nicht gekannt hat (vgl. § 38), ist diese Interpretation gleichsam nur in Parenthese möglich.
30) Zu ἐλπίς als Illusion vgl. Wehrli 7 ff, Römisch 19 ff, Fränkel WF 30.
31) Mansfeld hat das richtig gesehen ((1) 87 f), doch hat er nicht die Konsequenz gezogen und die Setzung der Gestalten (B 8,53) der Freiheit der Menschen überlassen: Der Ursprung der Welt "ist ein Fehler, der ... keineswegs hätte gemacht zu werden brauchen" ((1) 219). Sind die Sterblichen unfähig zur Wahrheit, dann stand ihnen allenfalls das Wie der Setzung der Gestalten frei.
32) 6,8 f wird, grob gesagt, eine Aussage über die Ansichten der Sterblichen gemacht, 7,1 wird die Unmöglichkeit derselben behauptet. Beides kann nur durch ein 'doch' oder Ähnliches, niemals aber durch ein 'denn' oder 'nämlich' verbunden werden: 'Den Sterblichen gilt Sein und Nichtsein als dasselbe und nicht dasselbe, doch dies wird sich niemals erzwingen lassen: daß Nichtseiende ist.'
33) Vgl. Schreckenberg 106. Die Formulierung steht in Zusammenhang mit κέκριται ... ὥσπερ ἀνάγκη 8,16. Zum Beweis von εἶναι μὴ ἐόντα 7,1 müßte man eben diese ἀνάγκη aufheben.
34) Die Doxographie ist in dieser Frage nicht ganz einheitlich. Bis auf Platon Soph. 237a wird 7,1-2 zum

zweiten Weg gerechnet. - Die Doxographen verstanden μὴ ἐόντα als Nichtseiendes, nicht als Abwesendes wie Heitsch ((3) 59, (4) 158 ff). In B 8,6b ff bedeutet μὴ ἐόν, wie auch Heitsch ((4) 125) zugeben muß, zweifellos 'Nichtseiendes', 'Nichtexistentes'. Darum ist Heitschs These, εἶναι μὴ ἐόντα sei mit 'Nichtgegenwärtiges sei gegenwärtig' zu übersetzen (vgl. Heitsch (4) 158), nicht zureichend begründet (überhaupt würde diese Übersetzung eher in den Zusammenhang von B 4,1 passen, wonach der νόος des wissenden Mannes Nichtgegenwärtiges als gegenwärtig schaut).

35) Il. 12, 433, vgl. dazu T. Krischer 165.
36) Vgl. H. Boeder Aletheia 96.
37) Vgl. T. Krischer 164 ff, 168 ff.
38) Vgl. H. Boeder a.a.O. 97.
39) Vgl. a.a.O. 97 f.
40) Vgl. a.a.O. 111 f.
41) Vgl. hierzu §§ 7,10.
42) So etwa von P. Friedländer 234 f.
43) Vgl. Heitsch (1) 24 ff.
44) T. Krischer hat das Grundwort λήθω als 'Wahrnehmung findet nicht statt' (statt verborgen sein) verstanden (162 f) und ἀληθής als das, 'was ohne Beeinträchtigung wahrgenommen wird' (163). Doch kommt in den Beispielen bei Heitsch (vgl. Kap. V A. 43) der Gedanke der Unverborgenheit (wie allerdings auch der Bezug zum Sehen) klar zum Ausdruck. Vgl. auch Boeder a.a.O. 111 f.
45) Zur Kritik an Heidegger vgl. § 66, insbesondere Kap. VI A. 15.
46) Dabei lernt er zugleich deren Strukturen kennen (vgl. § 59), weshalb P. anders als Hesiod Wahrheit u n d 'Trug' erfahren soll.
47) Die Verbindung von Erkenntnisvermögen und Macht (bzw. Ohnmacht) der Götter (bzw. der Menschen) kommt klar Theognis 1075-78 zum Ausdruck:
Πρήγματος ἀπρήκτου χαλεπώτατον ἐστι τελευτήν
  γνῶναι, ὅπως μέλλει τοῦτο θεὸς τελέσαι
ὄρφνη γὰρ τέταται πρὸ δὲ τοῦ μέλλοντος ἔσεσθαι
  οὐ ξυνετὰ θνητοῖς πείρατ' ἀμηχανίης.
48) Vgl. C.J. Classen (94 f): "Für Platon ist ἀλήθεια, die echte Wirklichkeit, nicht verborgen; sie braucht nicht ent-deckt zu werden ... sie ist stets vorhanden und theoretisch schaubar ... Doch ist sie nur erfaßbar, wenn der erfassende Geist eine Wandlung durchmacht...".

49) Zu Peitho als Macht vgl. Fränkel DPh 550 f.
50) Vgl. Mourelatos (1) 137.
51) Mourelatos' Ergebnis ("ὁπηδεῖ refers to Persuasion's custody of truth, or to the favor that she bestows on truth" (2) 159) macht Peitho zu sehr zu einem denkenden Wesen; bei P. ist sie eine Eigenschaft der Untersuchung.
52) Dies spricht gegen Heitschs These, ἀλήθεια bedeute bei P. soviel wie Evidenz ((4) 90 ff). Gegen sie spricht auch B 8,50 f: Würde ἀλήθεια für P. Evidenz bedeuten, so würde man erwarten, daß P. sein Gedicht als λόγος ἀμφὶς ἀληθῶν statt als λόγος ἀμφὶς ἀληθείης kennzeichnet. 'Über die Evidenz' erfährt P. faktisch nichts von der Göttin, wohl aber etwas über das Evidente.
53) Vgl. Krischer 171.
54) Darum ist auch die von manchen vorgezogene Übersetzung von 8,18 'den anderen aber als vorhanden und wirklich zu betrachten' unhaltbar.
55) Heitsch macht mit Recht darauf aufmerksam, daß der Weg ὡς οὐκ ἔστιν in B 8,17 dieselben Prädikate erhält wie das μὴ ἐόν in B 2,7 f ((4)96 f). Doch seine Schlußfolgerung, οὐ ἀληθής 8,17 bedeute soviel wie παναπευθέα 2,6 und darum soviel wie "nicht evident", ist nicht zwingend.
56) Vgl. dazu Krischer 166.
57) Es herrscht weitgehende Übereinstimmung darüber, daß μῦθος einzig auf ὁδοῖο zu beziehen ist, nicht auch auf ὡς ἔστιν. Es folgt jetzt die Darstellung des Gangs der Untersuchung nach dem Maßstab des strengen existenzialen Ist.
58) Deichgräbers Auffassung, daß dem Weg die Prädikate zugesprochen werden ("daß er ⌊sc. der Weg⌋ als (da) nicht Gewordenes und nicht Vergehendes, ist" 48 A. 1) ist unhaltbar, weil der Weg der Untersuchung und das Seiende nicht identisch sind. Hätte Deichgräber recht, dann würde das ἐόν erst 8,19 ausdrücklich eingeführt.
59) Mourelatos ((2) 25 A. 40) verweist in diesem Zusammenhang auf die σήματα am Himmel B 10,2 und deutet diese als Wegzeichen für den Seefahrer.
60) Der unmittelbare Übergang von der Weg-Zeichen-Metapher zum Seienden beruht darauf, daß der Weg des Ist sich an das Kriterium 'Sein' hält und das Sein für P. ganz unproblematisch das des Seienden ist (vgl. § 38 und Kap. V A. 13). Der unmittelbare Übergang vom Weg des Seins zum Seienden 8,1 ff hat Entsprechungen in 8,18 f und 2,5 ff. Die Annahme Mansfelds ((1) 82 f), B 3 sei von P. an B 2

angefügt worden, um die Einführung des ἐόν in der conclusio zu rechtfertigen, entbehrt jeder Grundlage im überlieferten Text.

61) Dem widerspricht nicht, daß die Entscheidung über mehrere Prädikatpaare durch Ableitung aus schon bewiesenen Prädikaten erfolgt. Wenn das Seiende die Bedingung des Seins nur erfüllt durch Ungewordensein, so folgt, daß vom Prädikatpaar Anfangslosigkeit-zeitliche Endlichkeit nur das erstere jene Bedingung erfüllt, da Anfangslosigkeit aus Ungewordensein folgt (8,26 ff). Ein Anfang würde das Ungewordensein aufheben.

62) Vgl. Heitsch (4) 164 und ThWNT IV 745 f.

63) Vgl. Wiesner 22 f.

64) Die einzelnen Abschnitte nehmen jeweils Ergebnisse oder Implikation des vorhergehenden Beweises auf. Einschließlich des Programms ergibt sich folgendes Schema:
These: x (das Seiende) ist A + B + C + D ...
          (die Wegzeichen)
Beweis: denn (γὰρ 8,6) es ist A + B, weil (οὖλον) bzw. $C_1 + D_1$ (πᾶν, ἕν 8,11);

       weil es C ($C_1 + D_1$) ist, folgt weiter D 8,22-25;

       weil es A + B ist, folgt weiter E 8,26 ff.

Man erkennt leicht, daß γὰρ 8,6 nicht den ganzen Beweisgang einführen kann. Ferner ist 8,21 formal eine Konklusion mit Abschlußcharakter. Vgl. auch Schofield 118, der mit Recht auf den notwendigen Bezug von 8,11 (πάμπαν) auf 8,5 (πᾶν) hinweist.

65) Vgl. Wiesner 16.

66) Von hier aus wird verständlich, warum die Meinungen der Sterblichen fast am Ende des Beweisganges (8,38 ff) in wenigen Worten abgetan werden können, ohne im einzelnen widerlegt zu sein: Was aus dem wahren Begriff von Sein folgt, muß wahr sein, alles Gegenteilige muß 'falsch' sein.

67) Entsprechende Bedeutung scheint auch φῦν. 8,10 zu haben. - Wiesner (17,29) bezieht αὐξηθέν auf 8,12-13, was wegen des Aorist von αὐξηθέν nicht möglich ist.

68) Das seltsame οὐδέ 8,12 erklärt sich wie folgt: οὔτε - οὐδέ drückt nach Kühner-Gerth II 2.Bd. 290 § 535,2 g im zweiten Glied eine Steigerung der Verneinung aus: "Weder wuchs es ... noch wird es gar wachsen." Das Wachstum in der Vergangenheit schien wohl wahrscheinlicher als das in der Zukunft.

Darum mußte die Verneinung des letzteren noch
schärfer ausfallen.

69) Wie man οὐδ' ἐκ μὴ ἐόντος ἐάσσω φάσθαι σ' οὐδὲ
νοεῖν (8,7b-8a) zu konstruieren hat, ist nicht
ganz klar. Diels (37) ergänzt γένναν aus 6b, ebenso Mansfeld ((1) 94). Das ist möglich, doch wegen
des Abstands nicht besonders wahrscheinlich. Einfacher ist, die Ergänzung aus dem unmittelbar vorhergehenden πῆι πόθεν αὐξηθέν; zu entnehmen. Das
legt sich auch darum nahe, weil der Abschnitt
8,7-10 das Wachstum in der Vergangenheit behandelt:
"Wie und woher (ist es) gewachsen? Weder (daß es)
aus dem Nichtseienden (gewachsen ist), werde ich
dich sagen und erkennen lassen."

70) Mansfeld hat richtig gesehen, daß 8,22b nur formal
eine Prämisse ist. In der Tat wird 8,22-25 untersucht, "welches das gegenseitige Verhalten einiger
Kennzeichen ist" (Mansfeld (1) 98), wie sich daraus ergibt, daß der Abschnitt material keinerlei
Gedankenfortschritt bringt (ξυνεχὲς πᾶν ἐστιν 8,25
entspricht fast πᾶν ἐστιν ὁμοῖον 8,22; allenfalls
eine räumliche Vorstellung tritt hinzu).

71) Der Begriff der "Ganzheit" (πᾶν , οὖλον) legt es
nahe, ihn als Gegenteil der Geteiltheit zu verstehen. (Das Moment der quantitativen Vollständigkeit
kann freilich nicht ausgeschlossen werden. Es ist
deutlich bestimmend für οὐκ ἀτελεύτητον (8,32),
οὐδ' ἀτέλεστον (8,4) und τετελεσμένον (8,42) (vgl.
§ 52)).

72) Nach 9,3 bilden die Elemente ein Kontinuum, nach
9,4 sind sie von gleichem Seinsrang (vgl. § 58).
Die Seinsgrade 8,22-25 auf die 'Konzentration' der
Elemente zu beziehen, ist ausgeschlossen, da diese
ja den Seinsrang der Elemente nicht zu ändern vermag.

73) Diog. Laert. IX 19 führt diese Lehre auf Xenophanes
zurück, doch dürfte er hier einen Text des Pseudo-
Xenophanes vor sich gehabt haben (er berichtet z.B.
auch, daß der Gott des Xenophanes σφαιροειδής gewesein sei).

74) γενέσθαι ist hier als Werden aus dem Nichtseienden
verstanden wie ὄλλυσθαι nur Vergehen in Nichtseiendes bedeuten kann. Die Idee des Werdens überhaupt,
die man an dieser Stelle negiert gesehen hat, ist
aus denselben Gründen ausgeschlossen wie die Idee
des Werdens aus Seiendem für 8,12-13: P. kann auch
8,13b-21 nicht hinter den einzig denkbaren Begriff
von Sein und Nichtsein zurück.

75) Daß περὶ τούτων 8,15 sich nur auf 8,13b ff bezieht, ergibt sich (1) aus der unmittelbar evidenten Wahrheit von 8,6b ff, und (2) aus dem Abschlußcharakter von 8,13 b ff.
76) Wiesner hält beides für dasselbe (28), weil 8,20 und 8,6b-13a parallele Strukturen aufweisen (8,20a entspricht temporal 8,6b-11, 8,20b entspricht temporal 8,12 f, 8,20 wie 8,7-13a fehlt eine ausdrückliche Widerlegung des Vergehens).
77) Das ist die Lösung von Fränkel, Tarán, Schofield, Bormann. Daß diese Lösung lingustisch möglich ist, hat Schofield (123 f) gezeigt. – 'Etwas war ...' kann, wenn 'war' betont ist, tatsächlich bedeuten: Es ist nicht mehr. Vgl. die deutsche Redewendung: "das war einmal" (d.h. es ist jetzt nicht mehr, es ist vergangen).
78) So zuerst Patin und die Mehrheit der neueren Forscher.
79) Weitere Beispiele: Hes.Th. 38 εἰρεῦσαι τά τ' ἐόντα τά τ' ἐσσόμενα πρό τ' ἐόντα, Emp. B 21,9 πάνθ' ὅσα τ' ἦν ὅσα τ' ἔστι καὶ ἔσται, Her. B 30 ... ἦν ἀεὶ καὶ ἔστιν καὶ ἔσται πῦρ ἀείζωον ...
80) So Owen 100.
81) Diese (ältere) Interpretation der Stelle wurde zuletzt wieder von Guthrie (36) vertreten.
82) Vgl. dazu die ausführliche Analyse Mourelatos' (2) 117 ff.
83) Ähnlich zuerst Fränkel WF 193.
84) Ἦτορ ist bei Homer, Pindar, Aischylos der Sitz der Empfindung und Gefühle (vgl. Jameson 26 f), gelegentlich auch des Willens (Il. 1,188). Ἦτορ kann ferner auch das Innere des Menschen im Gegensatz zur äußeren Erscheinung bedeuten (vgl. Il. 1,188, Il. 20,169, Pi.N. 8,24, Aisch. Pers. 991). Hier scheint mir die Metapher des P. anzuknüpfen. Er soll die Wahrheit nicht in irgendeinem oberflächlichen Sinne, sondern in ihrer inneren Wesensnotwendigkeit (vgl. § 44) verstehen lernen.
85) ἐν ταὐτῶι hat lokalen Sinn aufgrund des vorausgehenden ταὐτόν. (An sich könnte ἐν ταὐτῶι durchaus übertragene Bedeutung haben und dem ταὐτόν entsprechen: τὴν ἀνθρωπηίην ὢν ἐπιστάμενος εὐδαιμονίην οὐδαμὰ ἐν τωὐτῷ μένουσαν Hdt. 1,5.) Entsprechend sind auch καθ' ἑαυτό 8,29 und αὖθι 8,30 Ortsangaben. Es fällt auf, daß der Ort nicht näher bestimmt ist. Wegen seiner Einzigkeit kann das Seiende nur "in sich" (nicht "für sich") ruhen. Das scheint auf den ersten Blick für eine übertragene Bedeutung von 8,29 f und ein raumloses Seiendes zu sprechen, doch vgl. § 52.

86) Vgl. Schreckenberger 78 ff.
87) Der Bezug zu orphischen Texten ist umstritten (vgl. Schreckenberger 131 ff); der Gebrauch von ἀνάγκη in der älteren Literatur variiert. Die Herrschaft der Ananke über nicht-menschliches Seiendes findet sich von P. abgesehen zuerst Hdt. 1,67: ἔνθ' ἄνεμοι πνείουσι δύω κρατερῆς ὑπ' ἀνάγκης (aus dem Zitat eines älteren Orakels).
88) An die Stelle der Ananke können auch die Fesseln (bzw. Grenzen) allein treten (8,26), wie es altem Sprachgebrauch entspricht (vgl. Schreckenberger, 108). Calogero (266 A. 44/244/7) und Schreckenberger (a.a.O.) haben daraus den richtigen Schluß gezogen, daß Ananke 8,30 und auch 10,6 die zum Rang einer personalen Göttin erhobene Fessel ist. Da πεῖρας und δεσμοί austauschbar sind (vgl. 8,26 mit 8,31) - wahrscheinlich kannte P. aus der Dichtung die ältere Bedeutung von πεῖραρ = Fessel - und jenes überhaupt an des letzteren Stelle treten kann (8,42), darf man annehmen, daß auch der Grenze Fesselfunktion zukommt. Auch die Grenze ist Ausdruck einer Wesensnotwendigkeit.
89) So Tarán 113 (it expresses his confidence in his method), Mansfeld (1) 99, Guthrie 34 u.a.
90) Unter anderem dies ist gegen Heitschs Auffassung einzuwenden, πίστις bedeute bei P. soviel wie Beweis (Heitsch (4) 95).
91) Vgl. Mourelatos (2) 150 f.
92) Bei P. fallen das Ontologische und das Ontische zusammen. Was ontologisch wahr ist, muß für P. auch existent sein. Das hat seinen Grund darin, daß P. den Unterschied von Sein und Seiendem nicht thematisiert, sondern Sein unreflektiert als das des faktischen Seienden versteht (vgl. § 38). Das Ist (2,3) ist verstanden als das Ist von 'etwas', und was aus dem Wesen des Ist (bzw. Ist nicht) folgt, muß darum für dieses 'Etwas' (das faktische Seiende) gelten.
93) Vgl. Mourelatos (2) 121 A. 18, Bormann 166 A. 4 (245).
94) Zur Begründung vgl. Tarán 114 f, Mourelatos (2) 112 A. 2. "Nichtseiendes entbehrte alles" ist banal und unmotiviert. Wenn man μὴ dennoch halten möchte, weil man annimmt, daß ἐόν bei P. terminologisch streng festgelegt ist und darum nicht verbale Bedeutung haben kann, so legt sich folgendes Verständnis nahe: Das Seiende ist unbedürftig. Als Alternative bleibt gemäß dem parmenideischen Be-

griff von Sein nur das Nichtseiende, das eo ipso völlig bedürftig ist (vgl. Fränkel WF 192 f). Doch wie das 8,32 begründen soll, ist nicht verständlich.

95) Wenn auch andere 'Prädikate' als ἀγένητον - ἀνώλεθρον aus der Krisis abgeleitet werden können und aus diesen wieder das Prädikatpaar ἀγένητον - ἀνώλεθρον, so bestätigt dies die Beobachtung, daß die 'Prädikate' wechselseitig auseinander ableitbar sind.

96) So Owen 100.

97) So Mourelatos (2) 124, weil das wörtliche Verständnis zu absurden Konsequenzen führen würde. Er muß aber zugeben: "we must ... concede that Parmenides is thinking of reality in terms of a sphere" (a.a.O.). - μεσσόθεν ἰσοπαλές /ἐστιν/ ist, so wie es im Text erscheint, von sich aus nicht als metaphorische Aussage erkennbar (wie das etwa für "Vietnam ist eine Hölle" der Fall ist) und forderte darum, soll es als solche genommen werden, ein 'gleichsam' oder Ähnliches, was aber von P. offensichtlich mit Absicht ausgelassen ist. Auch der vorhergehende Vergleich in 8,43 macht nicht deutlich, daß μεσσόθεν ἰσοπαλές usw. übertragen zu verstehen ist. Vielmehr erwartet man in einem philosophischen Text nach einem Vergleich eher eine Aussage, die den Sinn desselben direkt aussagt. Sie müßte schon als Vergleich oder Metapher gekennzeichnet sein, um als solche verstanden zu werden. Es bleibt ein Unterschied, ob ich sage (das folgende Beispiel ist frei gebildet): Sokrates ist weise wie Apollon, ist also wie der Gott oder: Sokrates ist weise wie Apollon, er ist also der Gott.

98) μεῖζον - βαιότερον (8,44 f) muß räumliche Bedeutung haben, weil sonst eine sinnlose Verdoppelung mit dem bestimmt auf den Seinsgrad bezogenen μᾶλλον - ἧσσον 8,48 vorläge und Homogenität durch Homogenität begründet würde.

99) Vgl. Mourelatos (2) 126.

100) Die ältesten Belege von ὄγκος legen diese Bedeutung nahe. Emp. B 100,13 ist ὄγκος die Ausdehnung der Luft, die in ein Gefäß kein Wasser eindringen läßt, Hdt. 4,62 betrifft das Wort die ausgedehnte Masse eines großen Scheiterhaufens, dessen Ausdehnung genau angegeben wird. - εὐκύκλου weist ausdrücklich auf die Form der σφαῖρα (vgl. Mourelatos (2) 126). Ebenso weist auf die Form πάντοθεν 8,43,

gleich ob man es zu εὐκύκλου (so Mourelatos (2) 123 A. 24) oder zu τετελεσμένον (so Heitsch (4) 176) zu ziehen hat. Im letzteren Fall träte der Gedanke der räumlichen Form des ἐόν sogar noch stärker hervor.

101) ἰσοπαλής ist wie μουνοπάλης, ὁπλιτοπάλης, λειοντοπαλής u.a. von παλαίω, kämpfen abzuleiten.

102) ἱκνεῖσθαι bezeichnet den Vollzug wie die deutschen Wörter "ankommen", "erreichen". Sachlich parallel ist bei P. ἐόν γὰρ ἐόντι πελάζει (8,25), das das Auftreffen des Seienden auf Seiendes im Sinne der angrenzenden Nachbarschaft zum Ausdruck bringt. Vgl. Xen. B 28 τὸ κάτω δ' ἐς ἄπειρον ἱκνεῖται, das unten (bezieht sich auf die Erde) erstreckt sich ins Unendliche. Man wird Xenophanes hier kaum eine dynamische Aktion der Erde unterstellen können.

103) Zur Bedeutung von πάντηι s. Cunliffe, A Lexicon of the Homeric Dialect, Norman 1964 (2. Aufl.), s.v.

104) Mansfeld ((1) 105 f) hat vorgeschlagen, B 5 auf die Interdependenz der 'Prädikate' zu beziehen. Das ist vielleicht möglich, doch scheint es mir einfacher anzunehmen, daß B 5 das Zusammenfallen der Ausgangs- und Schlußthese im Wahrheitsteil bezeichnet. Dies entspräche gut dem indikativischen ἵξομαι, während Mansfelds Deutung hier eher einen Konjunktiv erwarten ließe.

105) Vgl. Simpl. Phys. 502,6 ff: Παρμενίδης δὲ ὅλον λέγων αὐτό, ὡς δηλοῖ τὸ μεσόθεν ἰσοπαλές (τὸ γὰρ ἔχον μέσον καὶ πάντη ἴσον ἀπ' αὐτοῦ διηστηκὸς πάντως ἔχει καὶ ἔσχατον), ὅλον οὖν λέγων καὶ πεπερασμένον εἰκότως αὐτὸ φησιν.

106) Phy. 28,4 ff. Zum Problem im einzelnen vgl. Bicknell, Refutation 4.

107) Zur Interpretation des Fragments vgl. Klowski, Zum Entstehen der Begriffe Substanz und Materie S. 32 ff.

108) Simp.Phy. 87,17: ἕνεκα γὰρ τοῦ νοητοῦ, ταὐτὸν δὲ εἰπεῖν τοῦ ὄντος, ἔστι τὸ νοεῖν τέλος ὂν αὐτοῦ. "Umwillen des Denkbaren, und das würde dasselbe sagen, des Seienden, ist das Denken da, sein Ziel ist nämlich (das Seiende)."

109) Die Position des subjektiven Idealismus in der P.-Forschung war so stark, daß Mullach für 8,34 die Übersetzung wagen konnte: idem est cogitare atque illud cujus causa sit cogitatio. Natürlich kann von irgendeinem Subjektivismus bei P. keine Rede sein. Das Seiende ruht in sich (8,29), hat nichts neben sich (8,36 f), ein übermächtiger Zwang fesselt

es. Auch der parmenideische Begriff des νοεῖν läßt nicht zu, daß man bei P. ein erkenntnistheoretisches Problem annimmt. νοεῖν meint das verstehende 'Erfassen' des Wirklichen, ist also dem Begriffe nach auf Realität bezogen, und nicht (wenigstens nicht primär) auf Bewußtseinsinhalte und Reflexionsprozesse in einem denkenden Subjekt.

110) Vgl. Calogero 10 /107/, Verdenius (1) 39.
111) Zur Kritik von Möglichkeit (2) vgl. auch § 68.
112) Vgl. Hölscher (1) 391.
113) Unter den neueren Kritikern u.a. vertreten von v.Fritz (3) 306, Mansfeld (1) 84 f, Schwabl (3) 137 (er übersetzt: weswegen νόημα Existenz hat).
114) Das ist bei aller Verschiedenheit der Deutungen im einzelnen die Grundauffassung von v.Fritz (3) 308 f, Mansfeld (1) 84 f, Heidegger (vgl. oben §§ 16,32), Picht 236 ff.
115) Οὕνεκεν hat seinen Ursprung in οὗ ἕνεκα und kann darum immer zu dieser Bedeutung zurückkehren, vgl. v.Fritz a.a.O., Hölscher (1) 391, P. Chantraine, Grammaire homerique II Syntaxe Paris 1953 S. 286 ("La conjonction οὕνεκα est issue de la combinaison du relatif οὗ et de ἕνεκα: le sens originel de 'à cause de quoi' apparaît bien dans quelques passages...").
116) Weniger überzeugend ist das Argument von Verdenius, (1) 39, und Bormann (79 ff), daß Möglichkeit (3) ἐν ὧι πεφατισμένον ἐστιν 8,35b nicht verständlich mache, denn diese Stelle darf als noch ungeklärt gelten und kann darum nicht zur Prämisse einer Deutung von 8,34 gemacht werden.
117) Vgl. Varia 64 und 64 A. 10.
118) Vgl. Gnomon 12, 1936, S. 84, Varia 64 f.
119) Ebenso Bormann 82 ff mit Abweichungen in der Deutung.
120) Aus diesem Grunde scheitert mit Sicherheit Möglichkeit (10), die anfänglich von Hölscher (Der Logos bei Heraklit, Varia Variorum Festschr. K. Reinhardt Münster 1951 S. 80) vertreten wurde.
121) Vgl. Boeder, Grund 141-143.
122) Kühner-Gerth II. Bd. 2 S. 570 f: Beim Zeugma ist das Verb "immer ein solches, welches einen Begriff ausdrückt, der sich sowohl in einer weiteren als auch engeren Bedeutung auffassen läßt".
123) Vgl. auch Fränkel DPh 407.
124) Vgl. Calogero 13 f /137/.
125) Zur Wegmetapher vgl. Kap. V A. 15.

126) Für Fränkel ist denn auch das Seiende ohne räumliche Grenze.
127) Sein Argument, das redundante τε fordere Zellers Übersetzung ((2) 96 und 96 A. 20), ist wegen 6,8 im allgemeinen nicht akzeptiert worden (ausführlich dazu Heitsch (3) 25 A. 1). Für ein redundantes τε sei auch auf /Arist./ De MXG 979a28 verwiesen: εἰ δ' ὅμως τὸ μὴ εἶναι ἔστι, τὸ εἶναι, φησιν, οὐκ ἔστι, τὸ ἀντικείμενον· εἰ γὰρ τὸ μὴ εἶναι ἔστι, τὸ εἶναι μὴ εἶναι προσήκει· ὥστε οὐκ ἂν οὕτως, φησίν, οὐδὲν ἂν εἴη, εἰ μὴ ταὐτόν ἐστιν εἶναί τε καὶ μὴ εἶναι· εἰ δε ταὐτὸ ...
128) Um diese Konsequenz zu vermeiden, führt Mansfeld das Subjekt des Ist ein: "... weil ... festgestellt worden ist, daß a l l e i n das 'Ist' zu denken ist, besagt ... Fragment 3, daß ... Existenz gilt für das Subjekt zu 'Ist' ..." ((1) 82). Doch ist durch 'Ist' das (unbestimmte) Subjekt schon als seiend bestimmt.
129) Normalerweise heißt "sich entscheiden, seine Meinung festlegen" γνώμην κατατίθεσθαι (vgl. Theognis 717, Hdt 3,80). Die Krux wurde schon im Altertum empfunden, wie die Variante γνώμαις zeigt. Diels (92) hat γνώμας restauriert, doch ist Fränkel (DPh 410) zu γνώμαις zurückgekehrt. Die Aussage 'sie setzten aufgrund von Meinungen fest, zwei Formen zu benennen' (μορφὰς ist wegen B 9,1 zu ὀνομάζειν zu ziehen, vgl. Tarán 216 A. 37) ist nicht nur dunkel, sie macht auch den Eindruck einer ungeschickten Korrektur. Mourelatos ((2) 229 f) hat mit Recht darauf hingewiesen, daß δύο γνώμας dem Satz für griechische Leser unvermeidlich den Nebensinn des Unentschiedenen gibt. Daß γνώμας gerade an Stelle und im Kausus von μορφὰς erscheint, soll als Nebengedanken μορφὰς als γνώμας charakterisieren: "(Sie) als Gestalten (zu benennen), setzten sie zwei Meinungen fest." Grammatisch ist allerdings nur der Hauptsinn haltbar.
130) Die Lesart τῶι ὀνόμασται (ausführlich verteidigt von Mourelatos (2) 180 ff) scheint mir unhaltbar zu sein, weil sie in 9,1 (πάντα φάος καὶ νὺξ ὀνόμασται) statt πάντα πᾶσι erwarten ließe. Die Ellipse eines 'nur' ist gegenüber diesem Kasuswechsel immer noch wahrscheinlicher. ὄνομα ist, wie der Sinn von ὀνομάζειν bei P. ergibt, nicht nur eine Bezeichnung (19,3), sondern auch eine Setzung.

131.) Zum ἀλήθεια-Begriff vgl. § 42.
132) Anders Tarán 223 f. Nach ihm erklärt 8,53, warum es sich um δόξαι handelt. Aber das ist logisch um ein paar Schritte zu weit. Zuerst muß doch begründet werden, warum P. trotz der Einzigkeit des Seienden noch Annahmen der Menschen kennenlernen soll. Daß die Erfahrungswelt nur δόξα ist, wurde schon 8,38 f gesagt.
133) Vgl. Mourelatos (2) 82 f. - Heitsch ((4) 181) zufolge ist 8,54a aus der Perspektive der Menschen gesagt, da schon 8,54b ein Urteil der Göttin darstellt und 8,54a und 8,54b nicht 'dasselbe' sagen. In der Einzelauslegung von 8,54a folgt Heitsch im übrigen Hölscher.
134) Χρή, χρεών ἐστιν bedeuten in poetischer Sprache die einer Situation, Sache oder Person entsprechende Angemessenheit, die ein Sollen, ein Müssen (oft ethischen Charakters) aus sich entläßt. Auch bei P. ist diese Bedeutung wahrscheinlicher, als 'es ist notwendig'. Nichts legt bei χρεών ἐστι μὴ εἶναι 2,5 und χρεὼ δέ σε πάντα πυθέσθαι 1,28 diese Bedeutung nahe. Auch 6,1 (vgl. § 39), 8,11 und 8,45 ist die vorgeschlagene Bedeutung durchaus möglich: nur gleichgroße Ausdehnung vom Zentrum aus ist für das Seiende angemessen und folglich real gegeben (8,45). Es ist sachlich angemessen, daß das Seiende ganz ist oder gar nicht (8,11). Vgl. auch Mourelatos (2) 277 f, Hölscher (2) 107.
135) Vgl. Hölscher (3) 104, (2) 105.
136) Anders Deichgräber 56.
137) Bormann (133) nimmt an, 8,55 bedeute δέμας das Seiende (er verweist auf Aisch. Eu. 84 κτανεῖν... μητρῷον δέμας). Doch ist es unwahrscheinlich, daß das Wort 8,55 einen anderen Sinn hat als vier Zeilen danach. Auch sind ἐκρίναντο und ἔθεντο χωρὶς ἀπ' ἀλλήλων Parallelen, was es nahelegt, daß sich δέμας und σήματα entsprechen.
138) Die Eigenschaft als ein Stoff läßt sich schon im Weiberjambos des Simonides nachweisen (vgl. Fränkel DPh 236). - Klowski spricht in diesem Zusammenhang treffend von Qualitätsstoffen, weil bei den parmenideischen Gestalten die Qualität mit dem 'Ding' identisch ist. - Die Qualitäten des Lichts sind nach Fränkels treffender Formulierung "Spielarten der Lichthaftigkeit des Lichts" (WF 180).

139) Das deckt sich mit Mel. B 7(8): πυκνόν δὲ καὶ ἀραιὸν οὐκ ἂν εἴη ⌊sc. das ἐόν⌋.
140) Vgl. die Belege oben und Emp. B 21,2; B 137,1, ferner ThWNT IV 750 f.
141) κατ' αὐτό 8,58 wurde zuerst von Reinhardt (70) richtig als "für sich" erklärt.
142) Guthrie 54: Parmenides "is claiming that it is illogical to suppose ... that this plurality ⌊sc. der Welt⌋ arose from a single arché".
143) Vgl. hierzu auch Bormann 124, Mansfeld (1) 124.
144) Er versteht τῶν μίαν in Analogie zu Il. 14,267: Χαρίτων μίαν, eine unter vielen. – Mourelatos hat gegen Hölschers Deutung eingewandt, μίαν habe in ihr den Sinn von "one of two without the other" ((2) 81 A. 15), was eigentlich ἑτέρην heißen müsse. Dieser Einwand ist unrichtig, da 'without the other' im Text fehlt. Ohne dieses sagt der Satz, daß '(die) eine' von den beiden Gestalten nicht erlaubt ist. Das ist jedoch etwas anderes als Hölscher meint und würde in den Irrtum Zellers zurückfallen, daß allein das Licht (eigentlich die Nacht) unrichtig gesetzt ist. Der Bezug von μίαν auf nur zwei Gestalten ist im Sinne von 'nur einer' durchaus möglich: 'Jeder Mensch hat von Natur zwei Augen; (nur) eines zu haben ist nicht normal.' Da hier nicht zwischen einem der beiden Augen entschieden werden kann, muß 'eines' stehen, nicht 'das eine'.
145) Vgl. dazu § 41. – Demnach hätte der Gegensatz Licht-Nacht nur einen mittelbaren Bezug zum Gegensatz Seiendes-Nichtseiendes. Diese Auffassung ist nicht unbestritten. Zeller, Diels, Fränkel u.a. haben geglaubt, daß das Licht mit dem Seienden identisch ist und der Fehler der Sterblichen darin bestand, dem Nicht-Sein in Form der Nacht ein Sein zuzuschreiben. Doch dagegen bestehen folgende Bedenken:
(1) Beide Elemente sind Setzungen der Menschen. Die genannte Auffassung würde die logische Struktur von 8,53 zerstören.
(2) Dem Licht werden bestimmte Qualitäten zugeschrieben. Es ist nichts anderes als diese Qualitäten. Diese sind ebenfalls gesetzte (8,55). Sie könnten auch nicht im Wahrheitsteil fehlen.
(3) Der Tote, rein aus Nacht bestehend, hört Schweigen, fühlt Kälte. Da die Elemente komplementär sind, ist anzunehmen, daß ein aus reinem Licht bestehender Mensch Schall und Wärme ver-

nimmt. Wenn das Seiende überhaupt etwas vernimmt, käme allenfalls Schweigen in Frage.
(4) Das Feuer ist im Gegensatz zum Seienden beweglich. Diesem entspräche eher die schwere, zur Ruhe neigende Nacht (vgl. Mourelatos (2) 244). Ähnliche Überlegungen werden es gewesen sein, die Reinhardt veranlaßten, von Diels abzurücken (70); doch auch er versucht Licht und Nacht von Seiendem und Nichtseiendem abzuleiten. "Alles mußte darauf ankommen, das eine ⌊sc. die Welt⌋ aus dem anderen ⌊sc. dem Seienden⌋ abzuleiten ... Da stieg in ihm der Gedanke auf: wie wenn das Nichtseiende zum Seienden hinzutritt ...?" (80). Unklar ist, was diese Verbindung bedeutet. Mansfeld, der das Verhältnis von Sein und Nichtsein schärfer bestimmt hat, führt hier weiter. Nach ihm haben die Sterblichen die kontradiktorische Disjunktion von Sein und Nichtsein durch einen Denkfehler ((1) 219) in einen konträren Gegensatz verfälscht. Da diese Auffassung der Krisis der Wahrheit sehr nahekommt, wenn nicht die einzig mögliche ist, müßten die Gestalten auf diese Weise aus der Alternative Sein-Nichtsein abgeleitet sein, wenn eine solche Annahme überhaupt richtig ist. Mansfeld führt als Begründung seiner These, die Nacht sei das Analogon des Nichtseienden, deren Unbewußtheit an: "'Ἀδαής ... entspricht dem Prädikat ἀνόητος ..." ((1) 133). "Dadurch, daß Selbstidentität und Unkennbarkeit ... zu einer Einheit verquickt sind, wird die Undenkbarkeit als Eigenschaft einer selbstidentischen Form der Erfahrung zugänglich ..." (a.a.O. 134). In seiner Analyse von B 16 bezeichnet Mansfeld die Nacht jedoch richtig als bewußt (a.a.O. 189).
B 16 und A 46 beweisen, daß beide Gestalten, Licht und Nacht, mit einem Erkennen ausgestattet sind:
(1) Nach Theophrasts Zeugnis hat auch der Tote, der aus reiner Nacht besteht, eine Erkenntnis.
(2) Gleich ob man τὸ πλέον 16,4 mit 'das Volle' oder mit 'das Überwiegende' übersetzt, es ergibt sich aus B 16, daß die Nacht ein νόημα hat, sei es als Teil des πλέον oder als das 'Überwiegende'.

Wenn Theophrast davon spricht (A 46), daß das Licht die bessere und reinere Erkenntnis hat, so scheint das allein seine, Theophrasts Deutung zu sein. Denn das Licht hat nach eben seinem Zeugnis die Wahrnehmung von Stimme, Wärme; ihm sind Wachheit (A 46b), Jugend (A 46a), Gedächtnis (A 46) zugeordnet. Gleichwohl kann ἀδαῆ nicht mit unwissend übersetzt werden, denn Licht und Nacht sind gleichrangig in bezug auf das Sein (9,4). Aus diesem Grunde muß die Erkenntnis der Nacht, die nur dem Nacht-Wesen möglich ist, der des Lichts gleichrangig sein. (Es bleibt nur, ἀδαῆ wie ἀφάντου (9,3) zu verstehen. Eine Möglichkeit wäre auch, es von τὸ δάος, Licht, Leuchte, Fackel abzuleiten (vgl. DK I,240)). Mansfelds Versuch, aufgrund von ἀδαῆ ein Nichtdenken der Nacht und aufgrund dessen wieder die Gestalten aus der ontologischen Disjunktion herzuleiten, ist also unhaltbar (so schon Schwabl, (3) 135). Zudem hat Mourelatos gezeigt, daß es rein formal beim Licht auch negative und bei der Nacht auch positive Analogien zum Seienden gibt ((2) 241 ff). So deutet alles darauf, daß die Gestalten einen Neueinsatz darstellen.

146) So zuerst Patin (588), gefolgt von Schwabl (der die Stelle als Argument für das relative Sein der Gestalten anführt (1) 410 f), Mansfeld ((1) 150 ff), Hölscher ((3) 107), Mourelatos ((2) 85 f).
147) Zuerst Fränkel WF 180 f, gefolgt von Calogero, Verdenius, Tarán, Guthrie, Heitsch (4).
148) a.a.O.
149) Nach Fränkel bezieht sich 9,4b auf 9,3, nicht jedoch auf 9,4a. Dieses schiebt sich unerklärt ein zwischen Haupt- und Nebensatz. Ferner heißt μηδέν bei P. sonst 'Nichtseiendes', nicht 'kein Ding' (vgl. Mourelatos (2) 85 A. 29).
150) Vgl. Tarán 164.
151) Vgl. Burnet 68, Tarán 242 A. 34.
152) Vgl. Hölscher (2) 129 (später anscheinend aufgegeben).
153) Der Übergang wird verständlich, wenn man beachtet, daß ὀνομάζειν ein Setzen von Sein bedeutet. Von hier aus wird auch verständlich, daß das "Zuteilen" der Gestalten bei den Einzeldingen deren gegenwärtige Kräfte hervorbringt. (Taráns Interpretation von 9,2 (161), gefolgt von Heitsch ((4) 184), scheint mir die zwangloseste Möglichkeit zu sein. Ich ergänze lieber ein Verb am Ende des Verses statt ὀνόματα nach τά. Dieses ist als φάος καὶ νύξ aufnehmend am einfachsten verstanden.) - πᾶν 9,3 nimmt πάντα von 9,1 auf. 'Das All' müßte wohl τό πᾶν heißen. Der Einwand Mansfelds, πᾶν könne nicht 'jedes Ding' bedeuten ((1) 150), da es auch Seiendes gibt, das nur aus einem Ele-

ment besteht, ist nicht stichhaltig, wie πάντα
... ὀνόμασται 9,1 beweist.
154) Der argumentierend-begründende Gedankengang von
9,3 f legt für ΕΠΕΙΔΗ 9,1 kausale Bedeutung nahe.
155) Vgl. Mansfeld (1) 148 f.
156) Selbst die Gestalten scheinen in sich so etwas
wie eine Struktur zu haben in den Kennzeichen.
Das Strukturganze dieser Kennzeichen macht das
Wesen der Gestalten aus.
157) Das ist einzuwenden gegen Taráns These, die Doxa
sei wegen der Einzigkeit des Seienden auf keine
Weise 'wahr' (208), sondern nur eine wahrscheinliche Theorie.
158) Vgl. Heinimann 90.
159) Vgl. Heinimann 91 f. - ὁππόθεν ἐξεγένοντο 10,3
und ἔνθεν ἔφυ 10,6 scheinen mir auf einen vorkosmischen Zustand zu weisen. Auch B 11 scheint
sich darauf zu beziehen. πῶς ... ὡρμήθησαν gibt so
jedenfalls einen besseren Sinn als Taráns strove
eagerly (wie sollte, was noch nicht ist, danach
streben zu entstehen?).
160) Vgl. Fränkel WF 185.
161) Nach Heinimann richtet sich die (implizite) Polemik speziell gegen eine Anschauung, die das Wesen
der Dinge für etwas Gewordenes hält und darum mit
φύσις bezeichnet. Wahrscheinlicher scheint mir
aber zu sein, daß φύσις bei P. den verbalen Sinn
erhält, weil bei ihm das Werden erstmals prinzipiell der Reflexion unterworfen wird.
162) Vgl. Kerschensteiner 13,122. Nach Mourelatos ((2)
230) hat διάκοσμος Thuk. 4,93 statische Bedeutung:
Αὕτη μὲν Βοιωτῶν παρασκευὴ καὶ διάκοσμος ἦν.
Zuvor wechseln jedoch Verben des Anordnens (ἐτάξαντο) und des Zustandes (ἔτυχον).
163) Zu φύσις als die Natur der Einzeldinge vgl.
Schmalzriedt, 114 ff.
164) Vgl. Kerschensteiner 123, Hölscher (3) 106.
165) Picht (227 f) und Jüngel (14) nehmen ebenfalls
eine Entsprechung von 8,60 mit Xen. B 35 an, verstehen aber dahingehend, daß der διάκοσμος dem
ἐόν analog ist. Die Entsprechung bei Hes.Th. 27
sagt aber, daß das Ähnliche falsch ist. Ferner
widerspricht διάκοσμος, wenn die Übersetzung 'Anordnung' richtig ist. Der Bezug zum Seienden ist
relativ weit hergeholt, und der Zusammenhang mit
8,61 wird nicht recht klar.

166) Für die Entsprechung von ἐοικότα πάντα mit 9,1 f
vgl. Mansfeld (1) 149. Zur Entsprechung mit dem
Grundansatz (8,53-59) gehört ferner, daß die Dinge sich durch Mischung (κρᾶσις, μίξις) der Elemente bilden, diese also ständig ihre Identität bewahren. Es wird sich zeigen, daß auch das
Prinzip der Erkenntnis des Gleichen durch Gleiches, wie es B 16 zugrunde liegt (vgl. § 61), der
Identität der Elemente entspricht.
167) Die Stelle ist nicht mit Sicherheit deutbar, da
der Sinn des Vorhergehenden unklar ist. Handelt
es sich um eine Kosmogonie, so liegt es nahe, das
Weibliche und Männliche als Bezeichnungen für
Licht und Nacht zu deuten (so Calogero 54 /49/,
Verdenius (1) 6 f, Mansfeld (1) 164 f). Gehörte
B 12 in eine Kosmologie, so könnte 12,4-6 durchaus direkt das sexuelle Geschehen meinen, das
dann wohl exemplarisch für die ganze von der Göttin gesteuerte μίξις stehen würde.
168) Vgl. dazu § 59.
169) Das entspricht einer Philodemstelle, die auch
sonst mit Cicero (a.a.O.) übereinstimmt (vgl.
Diels, Doxographi graeci 534, zitiert bei Deichgräber 85).
170) Vgl. ferner Φυσώ mit 8,6b, Φθιμένη mit 8,13b f.
Ἔγερσις ist in A 37 Cic. impliziert.
171) Vgl. Mansfeld (1) 166, 194-197.
172) Vgl. Gigon 26 f, 32, Fränkel DPh 66 f.
173) Vgl. Schwabl (2) 284.
174) In der Doxa-Theologie kommt P. Xenophanes zweifellos am nächsten. Wenn hier ein Einfluß des
Xenophanes auf P. als unwahrscheinlich gelten
kann, so gilt das umso mehr in bezug auf das Seiende.
175) Anders Mansfeld (1) 166 f.
176) Vgl. Picht 212, ferner v.Fritz (3) 290: "Xenophanes will ... sagen, daß Gott nicht sieht oder hört
mit Hilfe spezieller Organe."
177) Das macht es auch unmöglich, die Göttin und ihre
Gedanken einerseits und die Menschen und ihre Annahmen andererseits für zwei Seiten derselben Sache zu halten.
178) P. scheint, soweit ich sehe, der erste gewesen zu
sein, der so etwas wie einen Demiurgen kennt. Die
Elemente Licht und Nacht entsprechen der Materie
der späteren Zeit.
179) Ähnlich in anderem Zusammenhang Calogero 57 /51 f/.

180) Da für B 16,1 nur schwer ein Subjekt erschlossen werden kann, haben manche Parmenidesforscher (so z.B. Calogero, Fränkel, Verdenius, Vlastos, Tarán, Mourelatos) das überlieferte κρᾶσιν in κρᾶσις korrigiert, obwohl nur schwer vorstellbar ist, wie aus einem klar konstruierbaren, leicht verständlichen Satz eine nur schwer verständliche Wortfolge werden konnte. Aus diesem Grunde hat es nicht an Versuchen gefehlt, ein Subjekt zu ἔχει κρᾶσιν zu erschließen. Besonders einleuchtend scheint Mansfelds Annahme ((1) 179 ff), aus dem vorangehenden Kontext hätte die δαίμων als Subjekt ergänzt werden können. Mansfelds Lösung hat den Vorteil, daß in ihr die Parallelität von B 16 mit Od. 18,136 f und Archilochos 68 D und die zweifellos vorhandene innere Beziehung von B 16 zu B 12,3 (... δαίμων ἣ πάντα κυβερνᾶι) schärfer hervortritt. Doch scheint ἔχει keine Bedeutung zu eignen, die zu einem Subjekt wie δαίμων paßt (vgl. Verdenius (3) Phron. XII S. 106 A. 30). Ellipse von τις oder ἄνθρωπος ist ausgeschlossen, da man in diesem Falle in B 16,2 statt ἀνθρώποισι einen entsprechenden Singular erwarten müßte. Bleibt noch die Möglichkeit, νόος von B 16,2 als Subjekt anzunehmen. Doch liegt in der Aussage: νόος ἔχει κρᾶσιν eine stärkere Identifizierung von νόος und κρᾶσιν als μελέων zuläßt: der νόος kann doch wohl nicht aus den Körpergliedern gemischt sein (so Mansfelds zweite Übersetzung (1) 184). Man müßte darum schon sehr frei paraphrasieren, wie z.B. Bormann: "Wie dem νόος die Mischung gegeben ist, wie er sie antrifft oder 'hat' ..." (107).
181) Vgl. Schwabl (1) 417, Mansfeld (1) 187 ff, Tarán 254 ff, Hölscher (3) 113 ff, Heitsch (4) 49, 198.
182) Ähnlich auch Fränkel WF 177, Deichgräber 71, Bormann 112.
183) Für die Nachstellung des gemeinsamen Subjekts von Haupt- und Nebensatz läßt sich kein Grund finden.
184) φρονέω scheint mit γιγνώσκω und νοέω Od. 16,136; 17,193,281 synonym zu sein. Der Kontext legt dies auch in Parm. B 16 nahe (vgl. Bormann 115).
185) Vgl. auch die Argumente Mansfelds (1) 188 f.
186) Taráns Übersetzung fällt mit der Bollacks zusammen (70); auch Hölscher, der (1) 397 das τὸ 16,2 als ein auf τὸ πλέον bezogenes Demonstrativum versteht (wogegen allerdings die Sperrung und das zweite, dann überflüssige γάρ spricht), könnte für

Taráns Ansatz anregend gewesen sein.
187) Vgl. Mourelatos (2) 254: "for the identity is one of the state or condition, not a numerical identity".
188) Nach Theophrast bedeutet τὸ πλέον 'das Überwiegende' (A 46): ὅτι δυοῖν ὄντοιν στοιχείοιν κατὰ τὸ ὑπερβάλλον ἐστὶν ἡ γνῶσις. Doch er sieht sich gezwungen, seine These wie folgt einzuschränken: οὐ μὴν ἀλλὰ καὶ ταύτην ⌊sc. διάνοιαν⌋ δεῖσθαί τινος συμμετρίας, worauf dann B 16 folgt. Συμμετρία bedeutet hier Mischungsverhältnis. (Darauf führt der Zusammenhang. οὐ μὴν ἀλλὰ führt eine Einschränkung dafür ein, daß nur das Überwiegende eine Rolle in der Erkenntnis spielt. Eine Einschränkung liegt aber eher darin, daß die Erkenntnis auf einem Mischungsverhältnis basiert als im Gedanken der Kommensurabilität (= συμμετρία nach Fränkel WF 175). Für συμμετρία = Mischungsverhältnis bei Theophrast vgl. z.B. de sens. 14.) Theophrast will sagen: das Erkennen entspricht dem Überwiegenden, doch basiert es auf einem Mischungsverhältnis, wie B 16 zeigt. Daß Theophrast auch sonst Unstimmigkeiten bei seiner Auslegung empfand, zeigt auch folgende Bemerkung: ἂν δ' ἰσάζωσι τῆι μίξει, πότερον ἔσται φρονεῖν ἢ οὔ, καὶ τίς ἡ διάθεσις, οὐδὲν ἔτι διώρικεν, ferner auch die über den Toten: ὅτι δὲ καὶ τῶι ἐναντίωι καθ' αὑτὸ ποιεῖ τὴν αἴσθησιν ...(Parm.A 46).
189) Vgl. Hölscher (2) 110 f, (3) 112.
190) Es empfiehlt sich darum, μέλη nicht nur als Körper insgesamt zu deuten, sondern auch die Bedeutung μέλος = Glied als Konnotation mitzudenken. Zum Begriff vgl. Snell, 22 ff.
191) Die Erklärung der Strukturen verdrängt in B 16 fast die Absicht, den Kosmos auf die fehlerhaften Annahmen der Sterblichen zurückzuführen. (Man hat darum B 16 auch schon zum Wahrheitsteil gerechnet.) Nur πολυπλάγκτων erinnert an das Scheinwesen des Gesagten.
192) Ähnliche Vorstellungen finden sich z.B. bei Heraklit (B 117) und Pindar (Nem. 7,12-3). Weiteres Material bei D. Tarrant, Greek Metaphors of Light Cl. Qu. 10 (1960) 181 ff.
193) Über den Grund des Eindringens des Weltgedankens vgl. § 60. Zum kosmologischen 'Kontext' von B 16 s. Schwabl (1) 417 ff, Mansfeld (1) 193.
194) αὐτοδίδακτος nennt sich Phemios, weil er eigene, nicht fremde Gedichte vorträgt, die er seiner

durch die Gottheit umgestalteten Natur verdankt. Somit sagt die Stelle nicht, Göttliches und Menschliches seien zwei Seiten desselben.

195) Darum ist das Erlangen der Wahrheit nicht nur unverfügbare Fügung, sondern auch ein gerechter Lohn: ἐπεὶ οὔτι σε μοῖρα κακὴ προὔπεμπε νέεσθαι τήνδ᾽ ὁδόν ... ἀλλὰ θέμις τε δίκη τε (B 1,26 ff).- Aus B 1,3 können keine weiter reichenden Schlüsse gezogen werden, da der Vers nicht mit Sicherheit rekonsturierbar ist (ἄστη findet sich in Wahrheit in keiner Handschrift, sondern geht auf eine falsch Reproduktion zurück, vgl. Coxon "The Text of Parmenides fr. 1,3" Cl. Qu. 18, 1968 S. 69). - Das Proömium stellt in Bildern den Erkenntnisprozeß in Parmenides und seine Begründung in der Offenbarung dar. Ein wörtliches Verständnis führt in Schwierigkeiten: Die Heliaden würden das Haus der Nacht verlassen zum Licht hin προλιποῦσαι δώματα Νυκτός, εἰς φάος (B 1,9 f, vgl. zur Stelle Kahn, Rez. Mansfeld 116 f), bevor sie das Tor der Straßen von Tag und Nacht (B 1,11) überschreiten.

196) Das κρίνειν λόγωι wäre dann wohl eine 'Funktion' des lichthaften Elements im Menschen, da es Gedächtnis voraussetzt. Der Tote hätte dementsprechend keine Fähigkeit zum κρίνειν λόγωι. Das bedeutete noch nicht, daß das Licht und das Seiende zusammenfallen.

ANMERKUNGEN ZU KAPITEL VI

1) Ich beschränke mich auf H.s Auslegung des Parmenides in EM. Die Kritik läßt sich sinngemäß auf die anderen Werke H.s übertragen.
2) Vgl. hierzu oben § 37.
3) Bei der Auslegung von Parm. B 6,1 ist nach WD "gleichsam aus der Frische des Wortes auf den Spruch zu hören". Dabei hat uns eine gewisse Vertrautheit mit all dem zu leiten, was uns von Parmenides an Gesagtem überliefert ist (WD 109).
4) Wenn die abendländische Seinsauslegung von Parmenides ermöglicht ist, dann muß, da im Felde der Ontologie alles Entspringen Degeneration ist (GPh 438) und nach Parmenides eine ursprünglichere Wieder-holung seines Anfangs ausbleibt (EM 146), die 'Seinsgeschichte' als Verfall gedacht werden.

5) Vgl. dazu auch oben Kap. V A. 5.
6) Vgl. dazu auch oben Kap. IV A. 14.
7) Anders sieht Wahl das Problem (Wahl 118).
8) Vgl. hierzu § 40, Kap. V A. 25 und Mansfeld (1) A 1.
9) H. scheint allerdings die Stelle in seiner Parmenidesvorlesung von 1932 in anderer Weise interpretiert zu haben. Nach Campbells Bericht ist der Optativ ἱκάνοι für H. "fréquentatif", d.h. er nennt die Wiederholbarkeit des Weges, von dem in B 1 die Rede ist, durch den θυμός. Dieser sagt für H. dasselbe wie das althochdeutsche Wort muot, das sich auch in Langmuot, Schweremuot, hochgemuot findet und soviel wie auf etwas gerichtete Stimmung, Gesinnung bedeutet (Campbell 394).
10) Daß Parmenides einen θυμός kennt, der auch noch sein Streben erreicht, widerspricht dieser Annahme nicht: Man braucht nur anzunehmen, daß das Erreichen des Ziels allein in der Macht der Gottheit steht. — Damit daß Parmenides in B 6,4-9 eindeutig Termini aus der deterministisch denkenden Dichtung aufgreift, ist H.s Auslegung der Stelle nicht widerlegt. Parmenides könnte ja das traditionelle Vokabular so weitgehend mit den neuen Inhalten gefüllt haben, daß es den ursprünglichen Sinn ganz verliert.
11) Vgl. hierzu auch Bormann 120.
12) Daß γλῶσσαν in Parm. B 7,5 den Geschmackssinn meint, wird vertreten durch Luther ((2)98 A. 128) und Hölscher ((3) 52). Beide verweisen auf Emp. B 3,10 ff.
13) Die Entschlossenheit ist nach EM "der entschiedene ... Anfang des Handelns" (16).
14) Der späte H. wird dagegen mit seiner Auffassung des κρῖναι (vgl. dazu oben § 29) dessen Bedeutung wohl eher gerecht.
15) Vgl. § 42. Zur Kritik an H.s Auslegung von ἀλήθεια vgl. auch Pöggeler 204 f, Heitsch (2) 203 A. 20, Friedländer 233 ff, Classen 94 f, Mourelatos (2) 64 f, E. Tugendhat, TI KATA TINOΣ, Freiburg/München 2. Aufl. 1968 S. 9 A. 10.
16) Daß Parmenides sich als radikal fragenden Denker verstand und auch sonst Andeutungen macht, die in eine Entschlossenheit weisen, wie z.B., daß er in B 2 und B 6,8 f das Seinsverständnis thematisiert, widerspricht nicht unbedingt der deterministischen Auslegung von B 16. Es könnte ja sein, daß Parmenides das Fragen noch nicht als der Seinsweise eigen-

tümlich verstand, in der sich der Mensch sein Freisein verstehend zugeeignet hat.
17) Im Folgenden sei zunächst davon abgesehen, daß das νοεῖν für H. als solches auf das Sein qua φύσις bezogen ist und s e i n e Bestimmungen eröffnet.
18) Die δίζησις erscheint bei Parmenides als eine Reihe von Beweisen in logisch analysierbaren Formen. Wo aber etwas nicht einfach angenommen, sondern bewiesen wird, da wurde es zuvor in Frage gestellt; das Beweisen selbst ist allerdings nicht mehr Frage, sondern schon 'Aufweisung', 'Antwort'. Dagegen, daß das parmenideische νοεῖν selbst dem Begriff nach ein Fragen ist, spricht, daß das νόημα die Aufweisung vernimmt und daß es nach B 8,34 ff am im vorhergehenden Beweisgang 'aufgewiesenen' einen Seienden festgemacht ist, also an dem, was sich in der δίζησις als 'Ergebnis' zeigt: Solches kann nur für das Erkennen, nicht aber für das Fragen sinnvoll sein.
19) Für den aktiven Charakter des parmenideischen νοεῖν kann auch auf Parm. B 4 verwiesen werden: Der νόος macht hiernach auch Abwesendes gegenwärtig (vgl. Moser 136).
20) Vgl. hierzu o. § 53.
21) ἐόν 4,2 meint nicht das Sein, wie sich aus der verklammernden Entgegensetzung von ἀπεόντα und παρεόντα mit jenem ἐόν ergibt (vgl. Gadamer, Rez. Riezler 83).
22) Vgl. auch Moser 136.

ABKÜRZUNGEN UND LITERATUR

Ergänzungen in /   / sind vom Verfasser der vorliegenden Arbeit, Sperrungen in Zitaten entsprechen, sofern nichts anderes angegeben ist, Hervorhebungen des Autors.

Das folgende Verzeichnis hat keine bibliographische Absicht, sondern soll nur das Auffinden der im Text genannten oder zitierten Stellen ermöglichen.

WERKE HEIDEGGERS

" Logik "	Neuere Forschungen über Logik;in: Literarische Rundsch. f. d. kath. Deutschland 38, 1912, Sp. 465-472; 517-524; 565-570
DS	Die Kategorien- und Bedeutungslehre des Duns Scotus, Tübingen 1916
———	Der Zeitbegriff in der Geschichtswissenschaft, in: Zeitschr. f. Philos. u. philos. Kritik 161 1916 173-188
AJ	Besprechung von Karl Jaspers: Psychologie der Weltanschauungen (1919), in: Karl Jaspers in der Diskussion, hrsg. von H. Saner, München 1973 S. 70-100
SuZ	Sein und Zeit, Tübingen 10. Aufl. 1963
SuZ I,1-2	= SuZ, erster Teil, erster und zweiter Abschnitt (veröffentlicht)
SuZ I,3	= SuZ, erster Teil, dritter Abschnitt (unveröffentlicht)
———	Phänomenologie und Theologie. Vortrag von 1927, ersch. in: Phänomenologie und Theologie, Frankfurt/M. 1970 S. 13-33
GPh	Die Grundprobleme der Phänomenologie, Frankfurt/M. 1975 Ges.ausg. 2. Abt. Bd. 24
WiM	Was ist Metaphysik? Zuerst Bonn 1929. Zitiert nach WM
KPM	Kant und das Problem der Metaphysik, Frankfurt/M. 1965 3. Aufl.
WG	Vom Wesen des Grundes, zuerst in: Jahrb. f. Philos. u. phän. Forschung Erg.bd. Halle 1929 S. 71-100. Zitiert nach WM.

SU	Die Selbstbehauptung der deutschen Universität. Rektoratsrede vom 27.5.1933, Breslau 1933
EM	Einführung in die Metaphysik, Tübingen 1966 3. Aufl. (Vorl. vom Sommersem. 1935)
PLW	Platons Lehre von der Wahrheit, zuerst in: Geistige Überlieferung (2), Berlin 1942 S. 92-124. Zitiert nach WM
WW	Vom Wesen der Wahrheit. Zuerst Frankfurt/M. 1943. Zitiert nach WM
N I, N II	Nietzsche, 1. und 2. Bd. Pfullingen 1961
WMN	Nachwort zur 4. Aufl. von WiM (1943). Zitiert nach WM
HB	Über den Humanismus, zuerst in: Platons Lehre von der Wahrheit, Bern 1947. Zitiert nach WM
Hw	Holzwege Frankfurt/M. 1963 4. Aufl.
WME	Einleitung zur 5. Aufl. von WiM (1949). Zitiert nach WM
VA	Vorträge und Aufsätze, Pfullingen 1967 3. Aufl., ersch. in 3 Bänden (I, II, III)
WD	Was heißt Denken? Tübingen 1961 2. Aufl.
ZSF	Zur Seinsfrage. Zuerst in: Freundschaftliche Begegnungen. Festschr. E. Jünger, Frankfurt/M. 1955. Zitiert nach WM
SG	Der Satz vom Grund, Pfullingen 1965 3. Aufl.
ID	Identität und Differenz, Pfullingen o.J. 3. Aufl.
Usp	Unterwegs zur Sprache, Pfullingen 1965 3. Aufl.
HG	Hegel und die Griechen. Zuerst in: Die Gegenwart d. Griechen im neueren Denken. Festschr. H.G. Gadamer, Tübingen 1960 S. 43-57. Zitiert nach WM
ZS	Zeit und Sein. Vortrag vom 31.1.62. Zuerst in: L'endurance de la pensée, Festschr. J. Beaufret, Paris 1968. Zitiert nach ZSD

KTS	Kants These über das Sein. Zuerst in: Existenz u. Ordnung, Festschr. E. Wolf, Frankfurt/M. 1962 S. 217-245. Zitiert nach WM
EPh	Das Ende der Philosophie und die Aufgabe des Denkens, zuerst als franz. Übers. in: Kierkegaard vivant, Paris 1966. Zitiert nach ZSD
WM	Wegmarken, Frankfurt/M. 1967
ZSD	Zur Sache des Denkens, Tübingen 1969
"Heraklit"	(von Heidegger und E. Fink) Heraklit. Seminar Wintersemester 1966/1967. Frankfurt/M. 1970

LITERATUR ZU DEN KAPITELN I BIS IV UND VI

ALLEMANN, B.:	Hölderlin und Heidegger, Zürich/Freiburg 1956 2. Aufl.
BEAUFRET, J.:	Dialogue avec Heidegger. (1) La philosophie grecque. Les éditions de minuit. Paris 1973
BOLLNOW, O.F.:	Dilthey. Eine Einführung in seine Philosophie, Stuttgart 1955 2. Aufl.
BRENTANO, F.:	Von der mannigfachen Bedeutung des Seienden nach Aristoteles, Freiburg 1862, Nachdr. Darmstadt 1960
CAMPBELL, R.:	Sur une interprétation de Parménide par Heidegger. Revue internationale de philosophie 5, 1951, S. 390-399
CECCHI DUSO, G.de:	L'interpretazione heideggeriana dei presocratici, Padova 1970
COUTURIER, F.:	Monde et être chez Heidegger, Montreal 1971
DILTHEY, W.:	Gesammelte Schriften, Stuttgart
DIWALD, J.:	Wilhelm Dilthey. Erkenntnistheorie und Philosophie der Geschichte. Göttingen 1963
ECHAURI, R.:	Parmenides y el ser. Anuario filosofico (Universidad de Navara) - Vol. VI 1973 S. 99 ff

GADAMER, H.G.: Martin Heidegger und die Marburger Theologie. Zuerst in: Zeit und Geschichte, Festschr. R. Bultmann, Tübingen 1964. Zitiert nach: Heidegger, hrsg. von O. Pöggeler. Köln/Berlin 1969

- Wahrheit und Methode, Tübingen 1960 1. Aufl.

GARULLI, E.: Problemi dell' Ur-Heidegger, Urbino 1969

HERRMANN, F.W.von: (1) Die Selbstinterpretation Martin Heideggers. Monogr. z. philos. Forsch. 32, Meisenheim 1964

- (2) Subjekt und Dasein, Frankfurt/M. 1974

HOBE, K.: (1) Emil Lask. Eine Untersuchung seines Denkens, Heidelberg 1968 Diss.

- (2) Zwischen Rickert und Heidegger. Versuch über eine Perspektive des Denkens von Emil Lask. Philos. Jb. 78, 1971, S. 360-376

HUSSERL, E.: (1) Encyclopaedia Britannica - Artikel über Phänomenologie, 1., 2., 4. Fassung in Husserliana IX, S. 237-301

- (2) Ideen I, Den Haag 1950, Husserliana III

LAFFOUCRIÈRE, O.: Le Destin de la Pensée et 'La Mort de Dieu' selon Heidegger. Den Haag 1968

LANDGREBE, L.: Husserls Phänomenologie und die Motive zu ihrer Umbildung, in: L. Landgrebe, der Weg der Phänomenologie, Gütersloh 1963, S. 9-39

LASK, E.: (1) Die Lehre vom Urteil, Tübingen 1912

- (2) Die Logik der Philosophie und die Kategorienlehre, Tübingen 1911

LEHMANN, K.: (1) Christliche Geschichtserfahrung und ontologische Frage beim jungen Heidegger. Zuerst in: Philos. Jb. 74, 1966, S. 126-153. Zitiert nach: Heidegger, hrsg. von O. Pöggeler, Köln/Berlin 1969

LEHMANN, K.:   (2) Metaphysik, Transzendentalphilosophie und Phänomenologie in den ersten Schriften Martin Heideggers (1912-1916), in: Philos. Jb. 71, 1963/64 S. 331-357

LÖWITH, K.:   Heidegger, Denker in dürftiger Zeit, Göttingen 1965, 3. Aufl.

MANSFELD, J.: Hermeneutische techniek. Heidegger's methodiek bij de interpretatie van enige vroeggriekse denkers: Algemeen Nederlands Tijdschrift voor Wijsbegeerte en Psychologie 58, 1966, S. 19-34

MARX, W.:   (1) Heidegger und die Tradition. Eine problemgeschichtliche Einführung in die Grundbestimmungen des Seins, Stuttgart 1961

–   (2) Heidegger und die Metaphysik. In: Beiträge zu Philosophie und Wissenschaft, Festschr. W. Szilasi, München 1960 S. 185-200

–   (3) Die Bestimmung des andersanfänglichen Denkens, in: W. Marx: Vernunft und Welt. Zwischen Tradition und anderem Anfang. Den Haag 1970 S. 98-112

MOSER, S.:   Metaphysik einst und jetzt. Kritische Untersuchungen zu Begriff und Ansatz der Ontologie, Berlin 1958

OEHLER, K.:   Die Lehre vom noetischen und dianoetischen Denken bei Platon und Aristoteles, München 1962, Zetemata 29

PÖGGELER, O.: Der Denkweg Martin Heideggers, Pfullingen 1963

PUGLIESE, O.: Vermittlung und Kehre. Grundzüge des Geschichtsdenkens bei Martin Heidegger. Freiburg/München 1965

RICHARDSON, W.J.: Heidegger. Through Phenomenology to Thought, Den Haag 1963

RICKERT, H.:   Der Gegenstand der Erkenntnis, Tübingen 1928, 6. Aufl.

ROSALES, A.:   Transzendenz und Differenz. Ein Beitrag zum Problem der ontologischen Differenz beim frühen Heidegger. Diss. Köln 1966

SCHNEEBERGER, G.: Ergänzungen zu einer Heidegger-Bibliographie, Bern 1960, daraus zitiert Beilage IV "Arbeitsgemeinschaft Cassirer-Heidegger" von "II. Davoser Hochschulkurse" 1929

SCHULZ, W.: Über den philosophiegeschichtlichen Ort Martin Heideggers. Zuerst in: Philos. Rundsch. 1, 1953/54 S. 65-93, 211-232. Zitiert nach: Heidegger, hrsg. von O. Pöggeler, Köln/Berlin 1969

SEIDEL, G.J.: Martin Heidegger and the Pre-Socratics. An Introduction to His Thought. Lincoln 1964

SIMMEL, G.: Lebensanschauung. Vier metaphysische Kapitel, München/Leipzig 1918

SLONIMSKY, H.: Heraklit und Parmenides. Philos. Arbeiten, hrsg. v. H. Cohen und P. Natorp, VII,1 Gießen 1912/13 S. 40 ff

TUGENDHAT, E.: Der Wahrheitsbegriff bei Husserl und Heidegger, Berlin 1967

WAHL, J.: Vers la fin de l'ontologie. Etude sur "l'Introduction dans la métaphysique" par Heidegger, Paris 1956

LITERATUR ZU KAPITEL V:

BEAUFRET, J.: Le poème de Parménide, Paris 1955

BECKER, O.: Das Bild des Weges und verwandte Vorstellungen im frühgriechischen Denken, Hermes Einzelschriften, 4, Berlin 1937

BICKNELL, P.J.: Parmenides' Refutation of Motion and an Implication, Phronesis, 12 (1967), 1-5

— Parmenides, Fragment 10. Hermes 96, 1968, 629-31

BOEDER, H.: "Der frühgriechische Wortgebrauch von Logos und Aletheia", Arch. f. Begriffsgesch. 4, 1959, 82-112

— Grund und Gegenwart als Frageziel der frühgriechischen Philosophie, Den Haag 1962

BOLLACK, J.:   Sur deux fragments de Parménide (4 et
                    16). Revue des études grecques 70,
                    1957, 56-71

BORMANN, K.:   Parmenides. Untersuchungen zu den Fragmenten. Hamburg 1971

BOWRA, C.M.:   The Proem of Parmenides, Cl. Ph. 32,
                    1937, 97-112

BURNET, J.:   Early Greek Philosophy. London 4. Auflage 1930

CALOGERO, G.:   Studi sull' eleatismo Rom 1932. Deutsch
                    von W. Raible, Darmstadt 1970

CHALMERS, W.R.:   Parmenides and the beliefs of mortals,
                    Phronesis 5, 1960, 5-22

CLARK, R.J.:   Parmenides and sense-perception, Revue
                    des études grecques 82, 1969, 14-32

CLASSEN, C.J.:   Sprachliche Deutung als Triebkraft platonischen und sokratischen Philsophierens. München 1959 (Zetemata 22)

CORNFORD, F.M.:   Plato and Parmenides. Parmenides' Way
                    of Truth and Plato's 'Parmenides' ...,
                    London ^{1}1939. ^{2}1950

COXON, A.H.:   The Philosophy of Parmenides, Cl. Qu.
                    28, 1934, 134-144

       -            The Text of Parmenides fr. 1.3, Cl. Qu.
                    N.S. 18, 1968, S. 69

CROISSANT, J.:   Le début de la δόξα de Parménide, in
                    Mélanges Desrousseaux, Paris 1937,
                    99-104

DEICHGRÄBER, K.:   Parmenides' Auffahrt zur Göttin des
                    Rechts. Untersuchungen zum Prooimion
                    seines Lehrgedichts, Ak. d. Wiss. u. d.
                    Lit. in Mainz 1958, Nr. 11, Wiesbaden
                    1959

DIELS, H.:   Parmenides, Lehrgedicht - griechisch
                    und deutsch, Berlin 1897

       -     - W. KRANZ: Die Fragmente der Vorsokratiker,
                    13. Aufl. Berlin 1968/69   DK

DILLER, H.:   Hesiod und die Anfänge der griechischen
                    Philosophie, Antike u.Abendl. 2, 1946,
                    140-151. Wieder abgedr.in: Kleine Schriften z.antik.Lit. München 1971, 19-34

FRÄNKEL, H.: Parmenidesstudien, in: Wege und Formen frühgriechischen Denkens (WF). München ²1960, S. 157-197

– Ἐφήμερος als Kennwort für die menschliche Natur. Ebd. 23-29

– Xenophanesstudien. Ebd. 335-349

– Dichtung und Philosophie des frühen Griechentums, München ²1962 (DPh)

FREDE, M.: Prädikation und Existenzaussage, Hypomnemata, 18, Göttingen 1967

FRIEDLÄNDER, P.: Platon Bd. I, Berlin ³1964

FRITZ, K.von: (1) Rez. von: G. Calogero, Studi sull' Eleatismo, Gnomon 14, 1938, 91-109 (neu abgedr. in der deutschen Üb. der Studi)

– (2) Νόος and Νοεῖν in the Homeric Poems, Cl. Ph. 38, 1943, 79-93. Deutsch von P. Wilpert, in: Um die Begriffswelt der Vorsokratiker, Darmstadt 1968, 246-276

– (3) Νοῦς, Νοεῖν and their Derivatives in Pre-Socratic Philosophy (Excluding Anaxagoras). Part I: From the Beginnings to Parmenides, Cl. Ph. 40, 1945, 223-242. Deutsch von P. Wilpert, in: Um die Begriffswelt der Vorsokratiker, Darmstadt 1968, 277-315

GADAMER, H.G.: Rez. zu K. Riezler, Parmenides, Gnomon 12, 1936, 77-86

– Retraktationen zum Lehrgedicht des Parmenides, in: Varia Variorum, Festgabe K. Reinhardt, Münster/Köln 1952, 58-68

GIGON, O.: Der Ursprung der griechischen Philosophie von Hesiod bis Parmenides, Basel 1945

GUTHRIE, W.K.C.: A History of Greek Philosophy, Bd. II The presocratic tradition from Parmenides to Democritus. Cambridge 1965.

HEIDEL, W.A.: On Certain Fragments of the Presocratics. Proceedings of the American Academy of Arts and Sciences 48, 1913, 681-734.

HEINIMANN, F.: Nomos und Physis - Herkunft und Bedeutung einer Antithese im griechischen Denken des 5. Jahrhunderts, Basel 1945. (Schweizerische Beiträge zur Altertumswissenschaft Heft 1).

HEITSCH, E.: (1) Die nicht-philosophische ἈΛΗΘΕΙΑ, Hermes 90, 1962, 24-33

- (2) Das Wissen des Xenophanes, Rh.Mus. 109, 1966, 193-235

- (3) Gegenwart und Evidenz bei Parmenides. Aus der Problemgeschichte der Aequivokation. Ak. d. Wiss. u. d. Lit. in Mainz 1970, Nr. 4, Wiesbaden 1970

- (4) Parmenides. Die Anfänge der Ontologie, Logik und Naturwissenschaft. Die Fragmente, hrsg., übers. u. erl., München 1974

- (5) Evidenz und Wahrscheinlichkeitsaussagen bei Parmenides. Hermes 102, 1974, S. 411-419

HÖLSCHER, U.: (1) Grammatisches zu Parmenides, Hermes 84, 1956-57, 385-397

- (2) Anfängliches Fragen - Studien zur frühen griechischen Philosophie, Göttingen 1968

- (3) Parmenides. Vom Wesen des Seienden. Die Fragmente, griechisch und deutsch. Hrsg., üb. und erl., Frankfurt/M. 1969

JAEGER, W.: Die Theologie der frühen griechischen Denker, Stuttgart 1953

JAMESON, G.: 'Well-rounded Truth' and Circular Thought in Parmenides. Phronesis 3, 1958, 15-30

JÜNGEL, E.: Zum Ursprung der Analogie bei Parmenides und Heraklit. Berlin 1964

KAHN, Ch.H.: The Thesis of Parmenides, The Review of Metaphysics 22, 1969, S. 700-724

- Rez. zu Tarán, Parmenides. Gnomon 40, 1968, 123-133

- Rez. zu Mansfeld (1). Gnomon 42, 1970, 113-119

KERSCHENSTEINER, J.: Kosmos. Quellenkritische Untersuchungen zu den Vorsokratikern. München 1962 (Zetemata 30)

KIRK, G.S.: Heraclitus, the cosmic fragments. Cambridge 1954

— — J.E. RAVEN: The Presocratic Philosophers. A critical history with a selection of texts. Cambridge 1957

— — M.C. STOKES: Parmenides' Refutation of Motion. Phronesis 5, 1960, 1-4

KLOWSKI, J.: Die Konstitution der Begriffe Nichts und Sein durch Parmenides, Kant-Studien 60, 1969, 404-416

— Das Entstehen der Begriffe Substanz und Materie. Arch.Gesch.Philos. 48, 1966, 2-42

— Zum Entstehen der Begriffe Sein und Nichts und der Weltentstehungs- und Weltschöpfungstheorien im strengen Sinne, Arch.Gesch.Philos. 49,1967, 121-148, 225-254

KRANZ, W.: Über Aufbau und Bedeutung des parmenideischen Gedichtes, Sitz.ber.Pr.Ak. Wiss. Berlin 47, 1916, 1158-1176

KRISCHER, T.: ΕΤΥΜΟΣ und ΑΛΗΘΗΣ. Philologus 109, 1965, 161-174

KÜHNER, R. - B. GERTH: Ausführliche Grammatik der griechischen Sprache, 2.Teil, 3.Aufl. Hannover/Leipzig 1. Bd. 1898, 2. Bd. 1904

KULLMANN, W.: Zenon und die Lehre des Parmenides. Hermes 86, 1958, 157-172

LUTHER, W.: (1) 'Wahrheit' und 'Lüge' im ältesten Griechentum, Leipzig 1935

— (2) Wahrheit, Licht und Erkenntnis in der griechischen Philosophie bis Demokrit. Ein Beitrag z. Erforschung des Zusammenhangs von Sprache und philos. Denken. Arch.f.Begriffsgesch. Bd. 10 (1966), S.1-240

MANSFELD, J.: (1) Die Offenbarung des Parmenides und die menschliche Welt. Assen 1964

— (2) Parmenides Fr. B 2,1. Rh.Mus. 109, 1966, 95-96

MARTEN, R.: ΟΥΣΙΑ im Denken Platons. Monographien zur philosophischen Forschung 29, Meisenheim 1962

MOURELATOS, A.P.D.: (1) Comments on "The Thesis of Parmenides" [von Ch.H. Kahn]. The Review of Metaphysics 22, 1969, 735-744

— (2) The Route of Parmenides. A study of word, image and argument in the fragments. New Haven - London 1970

OWEN, G.E.L.: Eleatic Questions. Cl. Qu. 10, 1960, 84-102

PATIN, A.: Parmenides im Kampfe gegen Heraklit. Jahrbücher f. class. Philol. Suppl. 25, Leipzig 1899, 489-660

PFEIFFER, H.: Die Stellung des parmenideischen Lehrgedichts in der epischen Tradition, Bonn 1975

PFEIFFER, R.: Gottheit und Individuum in der frühgriechischen Lyrik, in: Ausgewählte Schriften, München 1960, 42-54

PICHT, G.: Die Epiphanie der ewigen Gegenwart, in: Festschrift Wilhelm Szilasi, München 1960, 201-244

REDARD, G.: Du grec δέκομαι 'je recois' au sanskrit átka-'manteau': Sens de la racine *dek-, in: Sprachgeschichte und Wortbedeutung, Festschrift Albert Debrunner, 351-62, Bern 1954

REINHARDT, K.: Parmenides und die Geschichte der griechischen Philosophie, Bonn ^{1}1916, Frankfurt/M. ^{2}1959

RIEZLER, K.: Parmenides, Frankfurt/M. 1934, 2. Aufl. bearb. u. mit Nachwort von H.-G. Gadamer, Frankfurt/M. 1970

ROEMISCH, E.: Studien zur älteren griechischen Elegie. Frankfurt/M., 1933. (Frankfurter Studien zur Religion u. Kult. d. Antike 7)

SCHMALZRIEDT, E.: Peri Physeos. Zur Frühgeschichte der Buchtitel, München 1970

SCHOFIELD, M.: Did Parmenides discover Eternity? Arch. Gesch.Philos. 52, 1970, 113-135

SCHRECKENBERG, H.: Ananke. Untersuchungen zur Geschichte des Wortgebrauchs, München 1964 (Zemata 36)

SCHWABL, H.: (1) Sein und Doxa bei Parmenides. Wiener Studien 66, 1953, 50-75. Neu abgedruckt in und zitiert nach: Um die Begriffswelt der Vorsokratiker, Darmstadt 1968, 391-422

   -    (2) Zur "Theogenie" bei Parmenides und Empedokles. Wiener Studien 70, 1957, 278-289

   -    (3) Parmenides. I. Forschungsbericht, Anz.Alt.Wiss. 9, 1956, S. 129-156

   -    (4) Hesiod und Parmenides. Zur Forschung des parmenideischen Prooimions (28 B 1) Rh.Mus. 106 (1963) S. 134-142

SCHWYZER, E.: Griechische Grammatik 2. Bd., vervollst. u. hrsg. von A. Debrunner, München 1950

SNELL, B.: Die Entdeckung des Geistes, Hamburg ^{3}1955

STOKES, M.C.: Parmenides Fr. 6, Cl. Rev. N.S. 10, 1960, 193-194

STROHM, H.: Tyche. Zur Schicksalsauffassung bei Pindar und den frühgriechischen Dichtern, Stuttgart 1944

TARÁN, L.: Parmenides. A Text with Translation, Commentary, and Critical Essays, Princeton 1965

ThWNT Theologisches Wörterbuch zum Neuen Testament, hrsg. von G. Kittel, 3. Bd. 1950, 2. Aufl. Stuttgart, 4. Bd. Stuttgart (1942)

TUGENDHAT, E.: "Das Sein und das Nichts", in: Durchblicke, Festschr. M. Heidegger (80.Geb.) Frankfurt/M. 1970, S. 132-161

TUGWELL, S.: The Way of Truth. Cl. Qu. 14, 1964, 36-41

UNTERSTEINER, M.: Parmenide - Testimonianze et Frammenti (Introduzione, Traduzione e Commento), Florenz 1958

VERDENIUS, W.J.:   (1) Parmenides. Some comments on his poem. Groningen 1942, unveränd. Nachdr. Amsterdam 1964

—   (2) Parmenides B 2,3, Mnem. 1962, 237

—   (3) Der Logosbegriff bei Heraklit und Parmenides, Phronesis XI, 1966, 81-98, XII, 1967, 99-117

VLASTOS, G.:   Rez. von J. Zafiropoulo, L'école éléate. Gnomon 25, 1953, 166-169

WEHRLI, F.:   ΛΑΘΕ ΒΙΩΣΑΣ . Studien zur ältesten Ethik bei den Griechen, Leipzig, Berlin 1931

WIESNER, J.:   Die Negation der Entstehung des Seienden. Studien zu Parmenides B 8,5-21. Arch.Gesch.Philos. 52, 1970, 1-34

WILAMOWITZ-MOELLENDORFF, U.von: Lesefrüchte. Hermes 34, 1899, 203-205

WILSON, J.R.:   Parmenides, B 8.4, Cl. Qu. N.S. 20, 1970, 32-34

ZELLER, E.:   Die Philosophie der Griechen in ihrer geschichtlichen Entwicklung, I,1 Leipzig ^{6}1919, hrsg. von W. Nestle